叶南客卷

叶南客 著

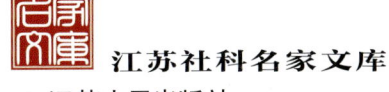 江苏社科名家文库

江苏人民出版社

图书在版编目(CIP)数据

江苏社科名家文库. 叶南客卷/叶南客著. —南京：江苏人民出版社，2019.12
 ISBN 978-7-214-23863-4

Ⅰ.①江… Ⅱ.①叶… Ⅲ.①社会科学—文集 Ⅳ.①C53

中国版本图书馆 CIP 数据核字(2019)第 165843 号

书　　名	江苏社科名家文库·叶南客卷
著　　者	叶南客
责任编辑	周晓阳
责任监制	王　娟
出版发行	江苏人民出版社
出版社地址	南京市湖南路 1 号 A 楼，邮编：210009
出版社网址	http://www.jspph.com
照　　排	江苏凤凰制版有限公司
印　　刷	江苏凤凰通达印刷有限公司
开　　本	718 毫米×1000 毫米　1/16
印　　张	27.25　插页 4
字　　数	400 千字
版　　次	2020 年 1 月第 1 版　2020 年 1 月第 1 次印刷
标准书号	ISBN 978-7-214-23863-4
定　　价	69.00 元

(江苏人民出版社图书凡印装错误可向承印厂调换)

《江苏社科名家文库》编委会

主　任：王燕文　王　江
副主任：赵金松　刘德海　梁　勇
委　员：徐之顺　尚庆飞　佘江涛
　　　　徐　海　刘必好

叶南客自述

"立言立人,求新求真"。

这是我主持南京市社科联(院)工作时,研制并确定的新时代"联院精神",事实上这也是我本人从事科研和管理工作近四十年做人做事的基本准则和做学问的根本遵循。在此,很乐意与看到我这本书的读者分享与共勉。

叶南客简介

叶南客,江苏社科名家、江苏省社科联副主席、南京市社会科学界联合会主席、南京市社科院院长、博士生导师、中国生活方式研究会会长,中国人民解放军预备役大校。

江苏涟水人,出生于1960年。

1982年1月在南京师范大学中文系完成本科学习,获文学学士学位,毕业后进入江苏省社科院工作,历任江苏省社科院社会学所副所长、所长,江苏省社科院副院长等职务,2004年4月至今任南京市社科联主席、南京市社科院院长。曾获得江苏省有突出贡献中青年专家(1997年)、国务院特殊津贴专家(2002年)、江苏省"333工程"科技领军人才(1998年)、江苏省优秀社会科学工作者(1998年)、江苏省社科名家(2018年)等荣誉。

叶南客研究员长期从事社会科学研究,学术造诣深厚,实践经验与教育经验丰富,是我国社会学、文化学领域有较大影响的专家和学者。在发展社会学、城市社会学、区域现代化等研究领域,围绕城市文化创新、文化创意产业等承担了一批立足国内学术前沿、服务国家和区域重大发展战略的课题。是中国较早研究社会转型时期人的现代化与文化战略问题的专家。迄今已主持完成国家和省级规划重点课题十多项;在《中国社会科学》《社会学研究》《政治学研究》《新华文摘》等国家级刊物上发表论文30余篇,出版专著、编著30多部,在国内外报刊发表论文、文章800余篇。

叶南客院长现为创新型城市研究院首席专家,江苏文化强省研究建设基地首席专家,目前主要的学术兼职有中国社会学会常务理事及学术委员会委员、中国和谐社区标准化社会专家委员会委员、中国生活方式研究会会长、中国老年教育学术委员会主任,江苏省委、省政府专家咨询组成员、江苏省政府参事室特约研究员,省社会发展综合实验区专家组成员,兼任南京大学、河海大学、南京师范大学、南京财经大学教授,博士研究生导师。

2018年与国家文化部中联部前任领导合影

2013年在哈佛大学留影

2013年在西点军校考察

2019年在深圳的华为公司总部调研

2018年荣获江苏社科名家证书

2018年"江苏社科名家"与省委省政府领导合影

2019年出席"江苏发展大会"时与南师校友返校留念

以更多的学术名家名品引领和推进
江苏社科强省建设

厉以宁

《江苏社科名家文库》（以下简称《文库》）收集的成果是由"江苏社科名家"完成的，涉及哲学、社会学、经济学等学科，这些成果展现出几个方面的鲜明特色。

开阔的学术视野。从时间维度看，《文库》的内容贯穿于改革开放以来的各个发展阶段，是历史与现实相对接的思维，是对经济社会热点问题的深邃思考，也是对30多年来的体制转型与发展转型实践的理论提炼。从空间维度看，《文库》成果从不发达区域到发达区域、从省内到省外、从国内到国外，全方位对经济和社会发展中的重大问题进行了理论阐释和实证分析，其中既有区域研究的战略思考、地域特色的人文探讨，也有江苏发展的实践总结、学术前沿的讨论争鸣。

独有的思维张力。《文库》的作者分别对多学科的众多理论与实践问题进行了深入探讨，成果中既有令人耳目一新的理论阐释，也有让人十分叹服的实践分析。

质朴的行文风格。细细浏览之后，感到《文库》的绝大部分内容都是引用经典而不晦涩，系统阐述但不乏味。作者们的行文没有从概念到概念的推演,更没有"要如何如何"的说教,而是用叙述取代推演,用事实取代空议,寓理论于事件、故事之中,真正做到了深入浅出,表述方式接地气,用语质朴亲切。阅读《文库》,犹如在听作者讲见闻、讲故事,在轻松有趣的交流中了解深刻的社会科学道理。

《文库》是江苏社科发展的缩影。与《文库》的光芒相辉映的是,改革开放以来江苏哲学社会科学研究的不断拓展。

一是涌现出一大批有创见、有价值的理论精品,创出了具有江苏特色的社科品牌。社会科学界的专家和学者们以极大的热情,坚持与时代同进步、与实践共发展,在经济社会发展的每一个重要阶段,都始终站在时代潮头,以不畏艰难、追求真理的科学精神,探索、发现中华历史文化的精髓和现代经济社会发展的规律,在各自长期从事的专业研究领域形成了独特的学术体系和学术观点,推出了一批重大理论创新成果,不仅在江苏甚至在全国都产生了重要影响。例如,上个世纪80年代由匡亚明发起主编、共200部6000万字的《中国思想家评传丛书》,成为我国影响重大的原创性思想文化项目;由全省160多名社科专家编撰的14卷本430多万字的《社会主义核心价值观研究丛书》,是目前国内第一套全面研究和阐释社会主义核心价值观具体范畴的系列研究著作,得到全国学术界的高度评价。

二是致力于研究经济社会发展的重点难点问题,提出建设性意见。改革开放之初,以胡福明为代表的一批社科工作者,以大无畏的理论勇气积极参与真理标准问题大讨论,为冲破"两个凡是"的禁锢与束缚,推动全民族思想大解放,开启拨乱反正和全面改革的历史新时期,发挥了应有作用。在经济建设大潮中,江苏一批经济学人,在提炼"苏南模式"、总结园区发展经验、完善创新驱动战略、优化全面小康和基本现代化建设目标内涵等方面,先后出版了近百部专著,发表了近千篇论文,提出了近万条决策咨询建议,为江苏经济发展提供了有力的理论指导和智力支撑。为了更好地担负起决策咨询的重任,成立于1997年的"江苏发展高层论坛"已连续举办数十次,先后有多任省委书记在论坛活动中向数百位专家学者问计。

《文库》的鲜明特点和江苏社科界取得的相应成就决定了它的出版至少具有两方面的价值。

首先,有助于促进江苏社科人才队伍建设。系统推出社科名家的个人专集,从一个侧面展示江苏深厚、丰富的社科研究底蕴,反映江苏社科界在改革开放的伟大实践中不断解放思想、创新理论的探索历程,彰显江苏哲学社会科学事业不断发展和壮大的辉煌成就,打造江苏哲学社会科学的高原和高峰,传播江苏学人丰硕的研究成果、严谨的治学态度、鲜明的学术个性和德学双馨的人格魅力。这是对江苏社科强省建设成果的最好展示,是对江苏社科名家影响力的再宣传、再放大,必将有助于增强广大社科工作者的荣誉感和使命感,从而有助于促进江苏社科人才队伍建设。

其次,有助于引导和激励江苏社科工作者更积极地投身于"迈上新台阶、建设新江苏"的伟大实践。习近平总书记2014年12月在江苏视察指导工作时殷切希望江苏积极适应经济发展新常态,紧紧围绕率先全面建成小康社会、率先基本实现现代化的光荣使命,协调推进全面建成小康社会、全面深化改革、全面推进依法治国、全面从严治党,努力建设经济强、百姓富、环境美、社会文明程度高的新江苏。实现习总书记为江苏发展明确的新坐标和新任务,迫切需要广大社科工作者对人民群众创造的新鲜经验进行科学总结和理论升华,以便更好地指导和引领新的发展实践。《文库》的出版,将进一步发挥江苏社科名家对整个江苏社科界的引领、示范和激励作用,从而增强江苏广大社科工作者的责任心和主动性,促使他们更加积极地投身于"迈上新台阶、建设新江苏"的伟大实践。

我是江苏仪征人,1948年毕业于南京金陵中学高中部。我在这里衷心地向故乡的杰出学者们致敬,希望他们在各自专长的领域内做出新成绩。

(2015年5月27日)

目 录

学术小传

一　求学经历 …………………………………………………… 002
二　治学之路 …………………………………………………… 004
三　学术贡献 …………………………………………………… 008
四　人才培养 …………………………………………………… 011

代表性学术成果

第一篇　主要学术论文 ………………………………………… 014
　　刻苦钻研锁"黄龙" ………………………………………… 014
　　巴尔扎克笔下的"善"
　　　　——从《无神论者做弥撒》说起 ……………………… 015
　　雄姿与深情
　　　　——小李杜诗歌文化特点比较研究 …………………… 020
　　超与不超之间
　　　　——M.埃美与法国当代文学发展讨论 ………………… 029
　　16—18岁，犯罪高峰
　　　　——近十年内美国犯罪状况简述 ……………………… 035
　　对社会学研究的启示 ……………………………………… 036
　　城市社会学 ………………………………………………… 037
　　大众传播社会学 …………………………………………… 038

费孝通和中国的社会学 ·· 039
集镇社区初探
　　——兼议创立集镇社会学 ·· 040
社会改革对现代人的挑战
　　——关于"现代化与社会主义新人"研究的思考 ·············· 047
政治社会学一览 ·· 055
边际人
　　——现代青年人格转型论纲 ·· 059
跨世纪的社会学使命 ·· 062
苏南城乡居民生活质量评估与提高战略 ·· 063
现代城市文明的理论基石
　　——马克思主义城市观的四重理论述略 ·· 080
试论社会发展模式与中国现代化战略 ·· 095
马克思主义妇女发展理论初探 ·· 104
发展：苏南现代化的成功之路与战略导向
　　——"苏南工农业协调发展和现代化"研究报告 ·············· 112
边际人
　　——现代中国的文化移民 ·· 130
三元革命、四个长波、五大特征
　　——世界现代化历程与特征的社会学透视 ·· 132
长江三角洲文化经济一体化战略对策 ·· 142
面对21世纪青年的选择
　　——论中国青年的现代化 ·· 146
关于我省"十五"期间注重提升居民生活质量的建议 ·············· 155
21世纪的南京形象定位 ·· 158
腐败与反腐败的心理预期 ·· 159
城市现代化进程中的老年生活考察
　　——南京市老年人生活方式与生活质量变迁的个案研究 ·············· 161
致力于人的全面发展 ·· 178
21世纪中国城市的再生战略 ·· 180
新生活方式　新文化整合　新城市主义 ·· 188
中国文化现代化的递进轨迹与转型机理 ·· 192
城乡公共文化服务均等化的理论与实践思考 ·· 202

城市文化现代化指标体系构建与发展水平实证评价
　　——以南京为例 ············· 212
"三社联动"的内涵拓展、运行逻辑与推进策略 ········· 222

第二篇　主要学术著作摘选 ············· 232
《重建人的时代震颤》 ············· 232
《社会学基础》 ············· 238
《现代化与社会主义新人》 ············· 246
《小康社会的理论与实践》 ············· 257
《中国现代化的历史进程》 ············· 269
《边际人——大过渡时代的转型人格》 ············· 276
《中国人的现代化》 ············· 288
《江苏社会发展50年》 ············· 300
2005年:《中国长三角区域发展报告》 ············· 318
《中国社区发展报告(2007—2008)》 ············· 321
《中国特色社会主义在江苏的成功实践》 ············· 332
《区域现代化的理论探索与创新实践——以江苏为例》 ············· 343
《迈上新台阶——南京的战略使命》 ············· 351
《国家治理与社会发展》 ············· 356
《决策之前》 ············· 364

第三篇　著作序言 ············· 368
《大都市发展的顶层设计——以南京为例》 ············· 368
《南京市经济社会发展蓝皮书(2018—2019)》 ············· 370
《创新力——江宁民企创新故事》 ············· 372

第四篇　书评文章 ············· 374
探索四化建设中的大问题 ············· 374
社会系统的新透视 ············· 376
送给你生存的自信
　　——《走向社会的名片》评介 ············· 377
现代化的曙光初照
　　——《苏锡常发展报告》评介 ············· 379
专家点评:神童,你中了什么"邪" ············· 381
城市建设理念的转型
　　——议《城市设计》的科学价值 ············· 382

现代化过程的诊断与整治
　　——《大转型》的三点新意 ………………………… 384
中国现代化的三大主题
　　——《中国农民富裕化道路》的深层启迪 …………… 387
原创而厚重
　　——读杨建华主编《经验中国——以浙江七村为个案》 … 390

第五篇　他人书评 …………………………………………… 393
向您推荐：《重建人的时代震颤》
江苏省青年研究会推荐意见《重建人的时代震颤
　　——青年生活方式变迁》 …………………………… 393
唤起同时代人的共鸣
　　——《重建人的时代震颤——青年生活方式变迁》读后 … 394
新世纪城市管理的新钥匙
　　——《战略与目标——城市管理系统与操作新论》简评 … 395
《一个智库学者群体》 ………………………………………… 396
评叶南客等著《中国区域文化竞争力研究》 ………………… 397
《江苏社会学史》 ……………………………………………… 400

第六篇　诗词选 ……………………………………………… 402
井冈山即景 …………………………………………………… 402
忆秦娥　黄洋界 ……………………………………………… 402
2012 礼赞 ……………………………………………………… 402
贺新年 ………………………………………………………… 403
《核算人生》读后 ……………………………………………… 403
贺羊年 ………………………………………………………… 403
元宵追梦 ……………………………………………………… 403
金湖爱莲说 …………………………………………………… 404
七月赏莲 ……………………………………………………… 404
丁酉何处寄景 ………………………………………………… 404
破阵子·立言求真 …………………………………………… 404
送旧迎新咏 …………………………………………………… 405
戊戌贺春　调寄南乡一剪梅 ………………………………… 405
雨花慰忠魂 …………………………………………………… 405
鹧鸪天·感恩良师学友 ……………………………………… 406

| 浣溪沙·贺新年 | 406 |
| 渔歌子·己亥迎春 | 406 |

第七篇　随园记事

随园日记五则 …………………………………………………… 407

随园旧事

——访南京师范学院校友叶南客 …………………………… 410

学术年谱 …………………………………………………… 418

后记 ………………………………………………………… 425

学术小传

一　求学经历

1977年，一个历史的标志，这一年，恢复了高考招生。这一年，年仅17岁的我以应届高考生的身份参加了这场考试，顺利地被南京师范大学中文系新闻专业录取。

1. 文艺青年的学术梦，奠定了社科研究路。南京师范大学中文系拥有"江南文枢"的美誉，是我国高等文科教育的东南重镇、人文科学研究的重要学术基地。唐圭璋、孙望、段熙仲、徐复等诸多学术大师曾经长期耕耘于此，形成了深博厚重的学术底蕴和严谨朴实的治学传统。走进东方最美丽的校园，名师们严谨的治学，深深地影响了我；图书馆丰厚的藏书，让我扑进了知识的海洋。我每周以3-4本的阅读速度，往返于家、教室与图书馆之间。及至大学毕业，我的借书证上密密麻麻地登录着400多本的借书记录。

2. 学术研究的启蒙人，坚定了社科研究路。大量的阅读，让我找到了研究的方向——文艺理论。这一研究方向的确立，也要感恩我治学道路上的两位领路人。一位是我的母亲，江苏文艺出版社的编辑，是她，领我走进了文学的殿堂。犹记得，对外国文学的讨论是我俩生活的常态，从中国文学到法国、俄罗斯文学，从浪漫主义到批判现实主义等，让我对文艺理论产生了浓厚的兴趣。第二位是我的严师——王臻中教授。王老师是文艺理论课的授课老师，我是他班上的课代表。王老师业务水平高超，教学态度严谨，思维缜密、措辞严谨、不苟言笑，颇有大家风度，上课时他眼睛炯炯有神、不怒而威，说话完全是书面语言，经常以非常复杂的句型，把所有要表达的意思修饰限定得非常严密，没什么人敢在他的课上不遵守纪律或心不在焉。王老师学术风范诚朴、教育理念仁爱。记得大三第一学期，我因生病休学了一个多月，错过了期末考试。新学期的补考，按理说老师肯定会给个考试范围，但王老师却没给任何复习范围，我当时就很纳闷："这可怎么复习啊，怎么着自己也是课代表唉，不说给点'优惠'，也要有个复习范围呀。"但王老师就真一点范围都没给，而是让我把教科书、上课笔记、文艺理论参考等书看一看，结合自己的兴趣特长写一篇文章。这一考试方式让我既兴奋又害怕。论文提交后，王老师进行了认真的评改，并给出了"优秀"的学习等级。

后来我才意识到,王老师其实是在考察我的基本功,并引导我进行学术研究。正是在王老师的学术引领下,我对科研工作产生了真正的兴趣。大学时期,我写了《巴尔扎克笔下的"善"——从〈无神论者做弥撒〉说起》《小李杜诗歌文化特点比较研究》与《艾美与法国当代文学发展讨论》等三篇小论文,其中《巴尔扎克笔下的"善"——从〈无神论者做弥撒〉说起》发表于1983年第6期的《名作欣赏》。这给予了我极大的鼓舞,也坚定了我从事社科研究的信心。1982年1月,大学毕业分配时,班上大多数人选择去新华日报或电视台做职业记者,但于我而言,出于对文学与理论研究的喜爱,便和陈颐同学一起分配到江苏省社会科学院,开始了我的学术研究生涯。

3. 全国社会学人才培训,助力了研究方向的转型。1982年3月至6月,我参加了在武汉华中工学院举办的全国第三期社会学人才的培训。该培训班由费孝通、雷洁琼等中国社会学界的前辈创办,旨在为中国社会学的恢复发展培养亟需的人才。第一期于1980年在北京举办,第二期于1981年在南开大学开办,第三期规模最大,面向全国共招收了120多人。从武汉社会学研究班中培养出来的人才绝大部分成了中国社会学界的骨干人才,目前大部分人也已经退休。正是这一次的专业培训,让我的研究方向实现了从文学向社会学的转向。

二　治学之路

1. 从文学青年向社会学者的转型

1982年1月,我毕业分配到了江苏省社会科学院社会学所。这一待就是18年,我从一个刚毕业的本科生转变为专业研究人员;从一名普通的研究人员,逐步成长为副所长、所长,乃至成了院里的学术骨干;从一名文艺青年,成长为关注社会民生的社会学教授,其间得到的锻炼和荣誉是绝大部分同龄人所难得到的。我的学术成长,主要得益于多位名家良师的耳提面命:

一是参加费孝通先生的江苏社会学调查。费孝通先生出生于江苏,时刻关注着家乡的建设。1983年开始,费老开始在其老家江苏吴江主持吴江县中国小城镇建设的国家课题研究,此后的数年中,对苏南、苏北以及苏中的小城镇建设进行了系统性调研。我有幸全程参与了费老的这一课题调研。在费老的言传身教与耳濡目染下,我学习了其大量的治学经验和理念,学会了如何去做实证研究、如何与群众打成一片、如何在吻合中央要求的前提下将科学服务于人民;并且对农村研究、社区建设有了一定了解。得益于这一时期的学习,我与邹农俭、叶克林等共同提出了"集镇社会学"的概念,后合作出版了《集镇社会学》一书,这是我国该领域的第一本研究论著。

二是参加胡福明先生的现代化调研。1992－1997年期间,著名学者胡福明同志任江苏省社会科学院院长。胡福明是当代思想解放的理论先驱,提出了"实践是检验真理的唯一标准"。20世纪90年代开始,胡院长主张要把思想解放和现代化建设联系起来,认为解放思想是现代化的必要条件、必要前提,是现代化的先导,并以苏南为重点研究区域,开展了苏南现代化调研。这一时期,我跟着胡院长的课题组跑遍苏南全境,对整个苏南的发展历程进行了全面而深入的调研。胡老的哲学见解、政治学思维、经济学视野以及做人原则和做事的洞察力,他对苏南农民的关怀和关切,加深了我对家乡土地的热爱,滋养了我写学术文章时的理念、措辞,也提升了我个人的表达能力。在胡老的指导下,我参与了他主编的《中国现代化的历史进程》《苏南现代化》等书的撰写工作，并个人撰写出版了《边际人》《中国人的现代化》两本著作，均荣获"江苏省哲学社会科学优秀成果二等奖"。

在此期间，我还与同是江苏老乡的中国社会学会会长、中国社会科学院社会学研究所所长陆学艺研究员、上海大学邓伟志教授有较长期深入友好的学术交集，学习了他们对中国社会的敏锐思考与观察。曾任中国社会学会会长的宋林飞教授在任江苏省社会科学院院长期间，也给了我很多工作和专业上的扶持、做人做事的指导，使我受益良深。

2. 从区域社会学向文化社会学的转向

2000年后，我的研究方向又有了进一步拓展。2000年1月，我开始担任江苏省社会科学院副院长，分管纪检监察与文史哲所的科研工作。这一时期，我的研究方向开始向文化领域转向，先后主持完成了两个国家规划项目。主持了"江苏文化大省建设""江苏文化与经济协调发展""南京市民精神研究"等重要课题，与课题组成员一道从南京需要国际化人格的发展取向出发，提出了"开明开放、诚朴诚信、博爱博雅、创业创新"的南京市民精神，得到了南京市政府和学界与市民的广泛认同。结合实际工作需要，我带领江苏省社会科学院哲学文化所的同仁建立了文化产业方向，编辑出版了江苏省第一本文化产业蓝皮书。2002年，我参与并主持了江苏通史的编撰工作，《江苏通史》是第一部系统记述和研究江苏历史的10卷本文献性、学术性巨著，细致展示了江苏的文化积淀和人文内涵，我主要负责总体方案设计、写作安排等方面工作；到南京市社会科学院工作后，我参与了《南京百年城市史：1912－2012》丛书的组织编撰工作，该丛书荣获江苏省第十四届哲学社会科学优秀成果二等奖。此外，我翻译了大量国外研究资料。早在1988－1993年间，我担任理论编译室主任，翻译出版了20多万字的青少年研究、工业社会学研究、生活方式研究和妇女研究的论文。

3. 从理论研究向资政研究的转型

2004年6月，我作为专家型领导被引进到南京市社科联（院）主持工作。与省社科院的定位不同，市社科院是以决策咨询为主。我也从科研人员转为公务员领导干部，在前期工作积累和各位领导同事的帮助下，我很快实现了转型，顺利开展工作。

一是联合省市政府部门建立了多个智库队伍。在我的领导下，南京市社科联（院）先后与省市区多部门成立了国际和平研究所、河西战略研究院、长三角经济文化研究中心、中国南京战略发展研究院、宁镇扬智库联盟、扬子江创新型城市发展研究院；建成了"江苏文化强省建设研究基地"，这是唯一一个在市级层面设立的省级文化智库，承担了省市区各类课题上百项。主持的多项课题成功转化为政策文件。在资政服务中，让我感受最深的是，2010年，我率领南京社科院文化所的同仁，从佛教典籍记载、历史文献研究、考古发掘考证等方面，成功进行了释迦牟尼佛顶骨的论证，这一论证得到了国家主管部门的肯定与认可；2010年，我率领市社科院专家团队参与了南京市申办青奥会的论证工作，为南京市走向国际化和打造世界体育名城作出了贡献。

二是积极推动社科普及与社科立法。我作为人大常委，在市人大工作期间，积极呼吁加强社科普及工作，并在市委宣传部指导下首开了南京市民学堂，邀请了易中天、纪连海等名家向市民开展宣讲服务工作。在此基础上，呼吁市人大加强对社会科学的普及与立法工作，明确了市社科联为全市社科普及工作的主要组织和载体，通过立法争取到了社会科学普及的专项经费。创办了《学习与传播》期刊，这是国内第一个社会科学类科普性期刊；已连续八年编辑出版《南京小史》，深受群众喜爱，我也因此被推选为"全国优秀社会科学普及名家"。

三是推进城市社科院的国际化建设。2004年以来，我带领团队多次承担了南京历史文化名城博览会市长论坛的策划，2010年承办了第九届城市竞争力国际论坛，2015年承办了"和平交流发展——郑和与21世纪海上丝绸之路论坛"，2018年承办了"中国社会科学论坛——新型全球城市国际研讨会暨南京城市国际化发展论坛"，2019年主持编写了《南京国际化蓝皮书》等。

四是打造了《南京社会科学》杂志品牌。在我的领导下，2015年至2018年间，《南京社会科学》连续4年在人大复印报刊资料转载数及综合指数排名中位列前10，多次荣获江苏省重点社科理论优秀期刊一等奖，连续多年获全国社科规划办国家社科基金专项资助。2018年，中国科学文献计量评价中心推出的《世界学术期刊学术影响力指数（WAJCI）年报》，《南京社会科学》入选综合性人文、社会科学Q2区，位列第3位，居全省之首。

五是打造了民调与舆情建设品牌。2006年成立的南京市民意调查中心是为市委、市政府提供决策服务的民意调查专门工作机构，致力于通过"调查方案的科学化、调查操作的规范化、调查结果的客观化",成为沟通人民群众与党和政府的桥梁和纽带,成为决策科学化、民主化的载体。2016年成立的南京市舆情中心作为全国唯一的地市级理论舆情重点直报点,在全国舆情工作中成绩突出。成立3年来,在被选用的200多篇舆情信息文章中有30多篇获国家主要领导人批示,南京社会科学院和我本人得到了中宣部的多次表彰。

三　学术贡献

40年来,我一直坚守学术第一线,坚持运用中国特色的社会主义理论统领资政服务和学术研究,在发展社会学、城市社会学、区域现代化等研究领域,围绕区域现代化、人的现代化、城市文化创新、文化发展战略等承担了一批立足国内学术前沿、服务国家和区域重大发展战略的课题;作为国内较早研究社会转型时期人的现代化的专家之一,我出版了《中国人的现代化》《社会和谐可持续发展的新型态》等三十多本著作;在国内外期刊发表了700多篇论文、译文和调研报告,科研成果在国内学术界有较大影响,为推进理论创新做出了一定的贡献。

1. 现代化研究

在江苏省社会科学院期间,我主要从事小城镇研究、区域社会学研究、集镇社区研究和现代化研究,以及青年研究、妇女研究等。其中,现代化研究是我早期社会学研究的重要方向,我在这方面进行的探索得到了学界的瞩目与好评。1990年,我撰写的《人的现代化的实证比较分析——江苏等五省调查》发表在《社会学研究》当年第5期,随后,《中国人的现代化发展因素的综合研究》《协调发展:苏南现代化的成功之路与战略导向——"苏南工农业协调发展和现代化"研究报告》《论现代人格的转型动力与转型机制》《中国人的现代化战略之我见》《城市现代化进程中的老年生活考察》等5篇现代化的系列论文分别发表于《社会学研究》的1992年第2期、1994年第5期、1995年第2期、1999年第2期与2001年第4期。与此同时,出版了《重建人的时代震颤》《现代化与社会主义新人》《边际人:大过渡时代的转型人格》《中国人的现代化》等专著。如《中国人的现代化发展因素的综合研究》结合对大量第一手调查数据的实证分析,对影响我国人的社会化、现代化的三大类诱发因素:群体型诱因、文化型诱因和结构型诱因作了定量化描述分析,揭示了影响现代人成长、发展的各种类型因素的内涵、特征和作用强度,对社会学科有关人的社会化、现代化理论做了一定的创新发展。《协调发展:苏南现代化的成功之路与战略导向——"苏南工农业协调发展和现代化"研究报告》从经济社会学的角度对苏南工农业协调发展中的利益协调、要素协调、结构协调、进度协调等标志进行了理论概括,论述了促成工农业协调发展的四种作用机制及其社会效应,对工农产业间若干不够协调乃至于失调的现象作出了分析,进而提出了在深化改革和发展社会主义市场经济过程中实现苏南工农业进一步协调发展的战略构想。这一系列研究为我国现代化理论建设作出了一定的贡献,为国内 90 年代开始人的现代化研究作出了开拓性贡献。此外,我还在《政治学研究》《新华文摘》《读书》《中国社会科学》等国家级期刊发表十多篇相关论文,研究成果得到了学界的广泛关注。据《政法研究》1999 年第 1 期发表的《中国社会学报刊统计与分析(1980－1995)》统计分析,1980－1995 年间,全国社会学领域研究中发文量最高的是费孝通,共 76 篇,我的发文量在全国社会学家中位列第四。评价社会学家的学术影响,不是仅看他的论文数量,还要看他的论文质量,被摘率是重要的衡量指标,我的论文被摘率在全国社会学研究者中也位列第四。见表 1、表 2。

表 1　社会学家发文量排名

排名	作者	发文	排名	作者	发文	排名	作者	发文
1	费孝通	75	10	赵喜顺	21	25	丁元竹	16
2	邓伟志	72	14	刘崇顺	20	25	桂世勋	16
3	潘允康	42	14	赵子祥	20	25	李银河	16
4	叶南客	36	16	丁水木	19	25	陆建华	16
4	朱庆芳	36	16	李金	19	25	唐仲勋	16
6	郑杭生	32	16	魏章玲	19	25	田森	16
7	孙立平	30	19	李培林	18	25	夏邦新	16
8	吴忠民	28	19	严家明	18	25	徐勇	16
9	风笑天	24	21	庞树奇	17	33	邵道生	15
10	顾晓鸣	21	21	王雅林	17	33	谭建光	15
10	王康	21	21	袁缉辉	17	33	于光远	15
10	徐安琪	21	21	张敏杰	17			

表 2 社会学作者被摘率排名

排名	作者	被摘率	排名	作者	被摘率	排名	作者	被摘率
1	费孝通	39	9	朱庆芳	11	18	顾晓鸣	6
2	郑杭生	25	11	李金	10	18	刘达临	6
3	邓伟志	17	12	陈树德	9	18	孙金楼	6
4	叶南客	16	13	丁元竹	8	18	叶小文	6
5	潘允康	13	13	风笑天	8	18	于光远	6
5	孙立平	13	13	吴忠民	8	18	张敏杰	6
5	严家明	13	16	司马云	7	18	朱力	6
8	王康	12	16	赵子祥	7			
9	王雅林	11	18	丁水木	6			

2. 文化研究

2000年以后,我的研究方向主要集中于文化发展理论和城市现代化战略方面。2000年至今,我先后主持了《提升文化竞争力,实现向文化强省的战略转型》《社会主义核心价值观研究·文明篇》《提升江苏文化软实力》《文化建设迈上新台阶》《扶持通俗文化　引导流行文化　改造落后文化　抵制有害文化的对策研究》等多项文化研究领域的国家和省社科基金项目。出版了《文化中国:先进文化的建设与创新》《中国区域文化竞争力研究——走向文化强省的江苏之路》《中国特色社会主义在江苏的成功实践(文化卷)》《幸福城市论:现代人与文明城市的理想诉求》《文化建设迈上新台阶》等多本文化研究著作。发表了《传承优秀传统文化　推动文化强省建设》《当代文化经济一体化的生成动因与实现途径》《城市形象塑造战略新论》等数十篇城市文化发展研究的论文。

四 人才培养

作为地方社科院的领导、作为一个专家、作为一个老师，无论是从哪个身份，我都将人才建设作为推进学术研究的重要基点，为研究培养学术骨干、为未来储备研究力量。

作为单位领导，我大力引进人才、培养人才。我主持的南京社科院近十年先后引进了青年博士人才16人，社科院培养了在职博士7人。截至目前，南京市社科院的研究人员中博士占比超过90%，南京市社科院的人才数量和质量以及国内的知名度都位居全国同类城市社科院前列。为了更好地培养人才，近年来，南京社科院又新成立了城市研究所与佛教文化研究院两个研究机构，大大增强了城市研究的力量。而且，为了开拓研究视野，我院与韩国创新研究院等单位开展了合作交流。

作为老师，我大力培养学生成长。2012年，南京市社科院开始与南京师范大学、南京财经大学、河海大学等高校共建研究生培养基地。由于对学生的认真教育、精心培养，南京市社科院与河海大学共建的文科研究生基地被省科技厅、教育厅评为江苏省唯一的优秀文科研究基地，我自己也成功培养了一大批社会学、管理学、经济学方向的博士、硕士。其中社会学博士河海大学马克思主义学院的颜玉凡教授获得了江苏社科优秀青年人才和省教育系统"青蓝工程"多项荣誉，另一名社会学博士生南京市社科院李惠芬研究员当选为南京市"五个一批"人才。

作为专家，我注重学术团队的打造。以综合型团队研究综合性课题为抓手，我从经济学、文化学、社会学、政治学、管理学等多学科、多角度培养学术群体，培养了市社科院多个综合性、多元化的科研团队，形成了一整套有特点的城市学研究团队、研究路径和研究方法。学术团队中的一批年轻人已成长为地方文化、地域经济、城市社会学研究的学术骨干。

代表性学术成果

第一篇 主要学术论文

刻苦钻研锁"黄龙"

原载《新华日报》1980年8月

叶南客

一项新工艺——尿素溶丝法,锁住了华东电子管厂一条危害生产二十多年的"黄龙"。新工艺的主要完善者是这个厂的青年技术员王少华同志。

华电从1953年生产日光灯起,就有这条"黄龙"了,在生产日光灯灯丝的时候,工艺规定先将丝绕在钼芯上,经过高温定型后,再用酸水溶去钼芯,留下钨丝。在用硫酸、硝酸等配制的混合酸溶解钼芯时,激烈的化学反应产生大量的氮氧化物气体,从烟囱里冒出来,污染环境。因为它是黄色的,所以被人们称作"黄龙"。"黄龙"缭绕,随风蜿蜒,周围两三百米的行人经过时都要捂住鼻子赶快走开;若逢雨天,黄烟遇水成"酸雨",人们更是不敢从烟囱旁边路过。这条"黄龙"实为"毒龙",能引起呼吸道疾病,目前在我国灯泡行业,在有酸洗工艺的单位,普遍存在着"黄龙"污染问题。为了锁住"黄龙",王少华动了不少脑筋,出了很大的力。

小王今年刚满30岁,是1978年的大学毕业生。到厂不久,他协助化工车间治理了汞害。接着,他又同卫生科同志一起,对全厂的污染进行了监测和综合调查。调查中,职工、家属要求消除"黄龙"危害的呼声很高,小王深感锁"龙"迫在眉睫,暗暗下定决心为民除害。

恰好这时北京灯泡厂来人向他们了解治汞的情况。在交谈中,小王得知北京灯泡厂在混合酸中加入尿素,能够消除"黄龙",甚为高兴。去年6月下旬,他学习兄弟单位的经验,进行了锁"龙"试验。

一天上午九时左右,小王和3车间张富宝、马基标等技术人员,工人一起,穿上白大褂,戴上橡皮手套,挖了一勺尿素倒在混合酸中,投入钼丝后,横行了20多年的"黄龙"果然消失了。参加试验的人们高兴极了,但是小王却没有就此止步。他想,尿素可以锁"龙",看来路子是走对了,但配制比例和操作程序是什么?又为什么延长了溶丝的时间?所有这些问题有关的资料上都没有说明,应该继续去研究和探索。他认为,作为一项新工艺,应该具有科学性,像这样不计量、无程序的做法是不行的。小王决心沿着这条路子走下去,努力寻找尿素消除"黄龙"的规律,把这项新工艺完善地、科学地确定下来。他的想法得到了领导和同志们的赞同和支持。

新的试验又开始了。小王他们先是发现少掺些水,可以使芯加快溶解。然后继续反复配制,终于寻得了能最大限度缩短溶丝时间的加水参数。他们又一鼓作气,经过数十次试验,选出了尿素掺入混合酸的最佳配比方案。至此,可以说尿素溶丝法新工艺正式诞生了。

然而,谁也没想到,就在这项新工艺于去年冬季第一次用于生产时,半路上杀出了个"程咬金":钼芯溶去了,钨丝上却又莫名其妙地附上了一种沉淀物,用自来水难以清除,不仅给工人操作带来了麻烦,而且严重地威胁着产品的质量。小王弄了一些沉淀物放在盘子里,倒了一盆子开水,心想:要是能像盐一样化开就好了。然而事与愿违,那东西丝毫未溶。沉淀物是什么东西?怎样消除呢?在领导的支持下,小王几次到南京图书馆在成千上万份资料里查找有关内容,但是毫无结果。

"路既然走对了,就要走到底!"小王横下一条心,和同伴们一连几天苦战在操作柜前,用各种溶液连续进行了几十次试验,终于判断出沉淀物是一种硫钼化合物。他们继续攻关,又经过数十次的试验,终于找到了消除沉淀物的办法。当这个顽固的沉淀物最终在众目睽睽之下销形匿迹时,人们都高兴地向他们祝贺。

王少华同志善于学习,勤于钻研,勇于探索,在进厂不满两年的时间里,就为环保事业做出了重大贡献。采访结束的时候,我们请小王谈体会,他说:"没有领导的支持和大家的努力,我纵有天大本事,也是不会成功的。"

南师新闻班实习生　叶南客
本报记者　阮以德

巴尔扎克笔下的"善"
——从《无神论者做弥撒》说起

原载《名作欣赏》1983 年第 6 期

叶南客

文学史上早有定评的批判现实主义大师巴尔扎克以他的鸿篇巨制

《人间喜剧》名重于世,凡是接触过外国文学的人,无不为这位文坛巨子对法国19世纪前期这幅巨型风俗画的广阔和深邃所折服。但是,百余年来,巴依扎克创作倾向中一个比较重要的方面却被研究者忽视了,起码说是没有得到应有的重视。这个曾被巴尔扎克本人多次强调了的问题,就是《人间喜剧》中所显示的理想主义倾向,即巴尔扎克作品中对真、善、美的颂扬。

过去我在读巴尔扎克的小说时,就曾对他不少名著中的美学产生过共鸣,如他的代表作之一《欧也妮·葛朗台》中对女主角的善良纯洁以及她为爱情做出的牺牲所作的赞美,长篇《邦斯舅舅》中对纯朴的性格和真挚动人的友谊的歌颂;还有《幻灭》中对大卫·赛查和吕西安的妹妹夏娃等人具有的美德所作的褒誉……不过这些美的形象大都被本书中对其他丑恶的伪善人物的揭露,遮住了其应有的光辉,因而被人们忽略了。我最近重看了巴尔扎克的一部精彩的短篇《无神论者做弥撒》后,《人间喜剧》中的美学倾向更在我头脑中留下了鲜明突出的印象。下面就这一个短篇谈谈我对巴尔扎克作品中具有的美学倾向的初步看法。

一

《无神论者做弥撒》堪称巴尔扎克短篇中的一部杰作。小说写于1836年,属"私人生活场景",它着力刻画了挑水夫布尔雅这个朴实善良、毫不自私而勇于自我牺牲的形象。作者用了戏剧性手法,开头就布下疑阵:一个彻底的无神论者,"伟大的外科医生",古怪的德斯普兰,被他的高足皮安训(巴许多作品中出现过的著名医生)发现,曾不止一次去教堂做弥撒。这个无神论者德斯普兰医生一边把做弥撒比做滑稽剧,并讽刺它"使基督徒流过的血比拿破仑的所有战役和布鲁塞尔的所有水蛭所付出的血还要多!",而一边又诚惶诚恐地沿着墙走进圣絮尔皮斯教堂,恭恭敬敬地跪在……圣母小堂前面。莫不是这个"伟大的人物"言行不一,或是个隐瞒自己观点的人吗?可皮安训根据在德斯普兰身旁多年的经验,知道他的老师不是这样的人。他们彼此相知太深了,因而老师信仰与行为之间有这样明显的矛盾使皮安训极费猜详。从而,小说便具有了一股使读者急于揭开谜底的魅力。原来在德斯普兰未成名之前,他是一个连买书、喝咖啡都没有钱的穷大学生,在"贫困的沼泽中跋涉了许久",他一直在发狂似地用功读书,过着孤苦无援的生活,直到有一次因欠房东三个月的租金,临被赶走之际,和一个素昧平生的挑水夫布尔雅萍水相逢。布尔雅是一个孤儿,从未被人爱过,也从未爱过别人,他苦熬了二十三年之后,已积下一笔存款。在了解了新相识的"穷先生"的窘况之后,他放弃了憧憬一生的"野心"——买一只水桶和一匹马,而把所有的钱用来供给德斯普兰准备毕业论文,他知道德斯普兰的"才智的需要"比他的需要更重要。为了使德斯普兰有咖啡提神好开夜车,布尔雅自己便只吃大蒜涂面包,真是把全部的爱都倾注到别人的身上。就这样,差点饿死的穷大学生终于成了名人,布尔雅的高兴是可以想象的。但这个高尚的挑水夫,感情极其淳厚深沉,他所要求的只是真挚的友爱,而不是像当时社会中的一些小人,势利眼睛只顾盯着报酬,布尔雅从不曾流露过"这个人多亏了我"这种施恩的表示,可以说他的自我牺牲精神完全是出自崇高的爱、无私的善。

布尔雅是个天真而单纯的天主教信徒,他为德斯普兰事业上的成功掏尽了心血,临终前,虽然他对天主教信仰十分虔诚,但他不愿劝德斯普兰这个无神论者用做弥撒来使自己灵魂安息,因为他绝不企图别人的报恩。但德斯普兰在这个世界上没有任何其他方式可表示出自己对恩人的无限感谢和思念,便超出自己的无神论信仰,以布尔雅的名义做了台弥撒,每年四季都去教堂虔诚地祈祷让善良的挑水夫早日进天堂。

揭开谜底之后,细心的读者可能还会注意到,开始渲染的彻底的无神论者为什么虔诚地做弥撒这一矛盾的气氛,除了在艺术上引人入胜外,巴尔扎克的真正用意还是在于通过描绘出善良和信仰之间的矛盾,而进一步讴歌了人的灵魂深处的善与美。布尔雅这个高尚纯朴的劳动人民形象确实是巴尔扎克笔下一个不朽的善良的典型。

二

以往,《人间喜剧》为人所熟知的两个主题是:揭露资本主义的金钱关系;对行将崩溃的贵族社会作"挽歌"。然而《无神论者做弥撒》等却为我们揭示了巴尔扎克作品中的第三个主题:歌颂善与美。

在小说中,巴尔扎克并不是仅用些善良、美德的空洞词句来简单概括人物性格,而是通过德斯普兰充满激情的回忆,于细枝末节处揭示出人物灵魂中的善与美,对挑水夫高贵人格的热烈歌颂的感情在字里行间到处洋溢。如果拿这篇小说跟巴尔扎克自己的另一些名著,如《高老头》《高利贷者》《纽沁根银行》等相比,真令人难以置信是出自一人手笔。《无神论者做弥撒》中的高尚感情是那样热烈奔放,它引导人们向善向美;而像《高老头》等作品中则对眼前的金钱世界洞察得那么深,对丑恶的事物揭露批判得那样淋漓尽致。在《高老头》中,通过伏脱冷之口,把当时的巴黎社会比作一个"垃圾坑",并说:"凡是浑身污泥而坐在车上的都是正人君子,浑身污泥而搬着两条腿走的都是小人流氓。扒窃一件随便什么东西,你就给牵到法院广场上去展览,大家拿你当把戏看。偷上一百万,交际场中就说你大贤大德。"这一席话把法国金钱社会的现状挖苦得入木三分。

　　拿这两类出自一人笔下的作品相对比,又使我想起关于巴尔扎克创作倾向的争议。早在巴尔扎克生前,就有人因为他在作品中对当时社会的嘲弄过于激烈而指责他的小说"不道德",当时巴尔扎克本人就曾挺身抗辩道:"如果一个青年读了《人间喜剧》之后……,不喜欢向那些在《人间喜剧》中比在实际世界中数目还众多的善良的、有品德的人学习,对这样的人,即使充满了天主教教义的、最道德的书籍,也起不了什么作用"(见《致卡斯狄叶先生书》)。并且巴尔扎克在他的《人间喜剧·前言》中也强调要"看看各个社会在什么地方离开了永恒的法则,离开了真,离开了美,或者在什么地方同它们接近……"。他还声明:"……在我所作的社会的图画里,有德行的人物却多于应该受到谴责的人物。值得非难的行为、过失、罪恶,从最轻微的直到最严重的,在这幅图画里总是受到人间的或神明的、显著的或隐秘的惩罚。"同时巴尔扎克认为自己对布尔雅等正面人物的描写是"把在文学上使一个有德行的人能够引人入胜的难题解决了……"。因此我得出了这样的看法:巴尔扎克在一个接一个完成他的杰作之际,并没忘记对真、善、美的追求,他自认:"道德是绝对的。"

　　但是直到今天,总有些人不愿意承认巴尔扎克作品中的民主主义和理想主义的倾向,不是避而不谈巴尔扎克笔下所流露的善美观点,就是指摘巴尔扎克正面典型的塑造和美学内容表现得"单薄""苍白",把问题一带而过。我们说,分析事物,始终不应脱离具体的历史环境,分析巴尔扎克作品有没有理想主义的光辉,表现得强烈与否,以及观点是否正确,也都应从历史唯物主义的原则出发。巴尔扎克在《人间喜剧》中专门辟出一栏"乡间生活场景"来表现"最纯洁的性格,以及秩序、政治、道德的伟大原则的应用"(《人间喜剧·前言》)。这个"场景"中的多数小说,如《幽谷百合》和《乡下医生》等都集中体现了巴尔扎克的理想主义的审美观。当然这些作品有不少内容都表现了不够现实的乌托邦思想,但作为批判现实主义大师的巴尔扎克来讲,其思想的积极意义,还是不由得人钦佩的。

三

以批判现实著名的巴尔扎克歌颂善与美的目的何在呢？让我们看看他自己是怎样解释的吧:"教育,是民族最伟大的生存原则,是一切社会里把恶的数量减少、把善的数量增加的唯一的手段"(《人间喜剧·前言》)。"教育他的时代,是每一个作家应该向自己提出的任务"(《致卡斯狄叶先生书》)。巴尔扎克充满热情地刻画了一个挑水夫的善良品格,其目的显然是为了在广大读者面前树起一个德行的丰碑,用一个美的形象来教育自己的时代,引导人们向往真、善、美。因此巴尔扎克在这里自觉地使他的作品强烈地发挥出文学所独具的审美教育作用。同时,他在人们面前塑造出栩栩如生的善与美的典型,目的又是与现实中的丑恶作一突出的对比,正像巴尔扎克说的:"我为《人间喜剧》所付出的孜孜不倦的辛勤劳动,就是这种善与恶的有益的对立。"通过小说主人公的善行和客观现实中的种种丑恶相对照,启示人们起来抵抗和消除身边的假、丑、恶,追求崇高的理想。

我们超出《无神论者做弥撒》这篇小说来看巴尔扎克的理论和其他作品,应不难看出,巴尔扎克对社会的腐败所进行的揭露和批判固然是主流,但在这其中,真、善、美的流露还是处处都闪烁出了耀眼的光芒。在巴尔扎克早期的一篇《风雅生活论》的文章里,他曾发人深省地提出:"有没有可能创造一种人不可能胡作非为的形式？一种人关心善胜过关心恶的形式？"(李健吾译《巴尔扎克论文选》)可见在巴尔扎克的世界观中,对善良和美的追求是十分明显的。其他还有一些比较动人的作品,如《于絮尔·弥罗埃》《奥诺太佛》《比哀兰德》等等也都表现出对善与美的颂扬和求索。因此我想回过头来再强调一句:《无神论者做弥撒》这篇小说是十分动人的,并且它有力地向人们证实了这样一个观点:巴尔扎克没有忘记"善"。

雄姿与深情
——小李杜诗歌文化特点比较研究

第三稿修改于1980年8月

叶南客

综观晚唐诗坛，李商隐与杜牧不仅称霸一时、最为显赫，并且各树一帜、并驾齐驱。两大诗人所处时代背景相同，都是以七言律绝的手法娴熟、韵味隽永名垂诗史，但诗风迥异，正如清人刘熙载在《艺概》中所说："杜樊川诗雄姿英发；李樊南诗深情绵邈"。所以李杜诗词风异同值得我们研究。

（一）

李、杜二人的生活与创作期基本相同。杜牧（803—853）比李商隐（813—858）大十岁，同处于晚唐多事之秋，唐帝国的盛世已经"夕阳无限好，只是近黄昏"。当时朝外藩镇割据，民生日窘，唐朝统治濒于崩溃，朝内宦官擅权，朋党倾轧，统治阶级内部矛盾复杂混乱，并且趋向激烈。面临亡国的威胁，两大诗人的诗中都充满了爱国主义的激情。他们诗里抒发了自己的政治理想，抨击醉心利禄的奸臣，如杜牧《感怀》诗中，暴露了"夷狄日开张，黎元愈憔悴"的兵连祸结的黑暗局面，倾吐了自己虽有远大抱负却无从施展的衷肠。李商隐则在"永忆江湖归白发，欲回天地入扁舟"（《宝安城楼》）的名句中，抒发自己忧伤国事和"欲回天地"的政治理想，并且在这首诗的尾联"才知腐鼠成滋味，猜忌鹓雏竟未休"中，鞭挞了利欲熏心、嫉贤妒能的当朝权贵。杜牧诗中多次提出要收复失地，削平藩镇，巩固国防；而李商隐在《复京》《浑河中》《韩碑》等大量诗中也热烈拥护朝廷历次平叛战争，歌颂了对国家统一事业作出过贡献的爱国将领。这是他们二人诗中思想相通的一面。还有李、杜二人虽都出身于官僚家庭，但在政治上受到排挤，一生并不如意。李商隐成了李、牛两党权势相争的牺牲品，晚年生活如其自叙："故园芜已平"，"我亦举家清"（《蝉》）。杜牧有远大的政治主张，但平素不肯敷衍权贵，自称性格"褊狷"，因此空有抱负却不为人所赏识，一生就像《新唐书·杜牧传》中所说："牧刚直有奇节……因踬不自振。"生活遭遇上的颠簸失意，使李、李诗中更强烈地表现出对唐末腐败政治的不满和对民生疾苦的同情。边患成灾，民不聊生、朝廷内部的钩心斗角，这一系列问题的根源在于最高统治者皇帝,李、杜都有相当数量的政治诗,把批判矛头指向了皇帝。如李商隐的《隋宫》两首诗中,就用隋炀帝、陈后主这两个亡国之君的典故,揭示荒淫糜烂的生活必然招致国破身亡的结局这一深刻的历史教训。杜牧更是锋芒毕露,在散文《阿房宫赋》中,他就曾借秦朝,以讽当世,矛头直对唐敬宗"大起宫室,广声色"(《上知己文章启》)的劣行。在诗中,杜牧更是借典抒愤,如他的《过华清宫绝句》三首,从"一骑红尘妃子笑",到"霓裳一曲千峰上,舞破中原始下来",最后又"雪中乱拍禄山舞",再三批判了唐玄宗昏聩享乐的腐朽生活,实际上是隐刺晚唐统治者过着纸醉金迷的生活,必然也要像历代昏君一样落得个"不暇自哀"的悲惨结局,措辞委婉,寓意极深。

李、杜诗中也不乏对劳动人民表示深刻同情的良篇。如《灞岸》诗中,李商隐以"山东今岁点行频,几处冤魂哭庙尘"的名句,通过想望中东都一带兵士应征,北方边地百姓号哭的情景,表现了诗人对百姓苦难的深切同情和哀叹。杜牧的《题村舍》一诗中,也深刻形象地反映出农民长年处在"潜销暗铄"的贫困折磨之中,谴责了"万指侯家"过着豪华淫佚的生活。从以上这些诗中可以看出李、杜作为具有进步思想、忧国忧民的士大夫,他们对统治者和统治阶级揭露批判得最为深刻;在政治抱负上,他们既都有"欲回天地"的"凌云一寸心",又都感伤地发出了"谁其为我听"(杜牧《感怀》)的怀才不遇之叹;他们都有"哀民生之我艰"的诗篇,但毕竟受到阶级、时代的局限,虽偶有佳作,但内容上不够丰富,思想性比不上杜甫、白居易等现实主义的史诗那样深邃。在这里要提出的是李、杜在诗歌的人民性表现上也各有特点:因为两人环境遭遇的殊异,因此在表现民生疾苦、关心劳动人民的诗作方面,杜牧不及李商隐的多;而在思想内容上,李商隐又不及杜牧那样积极向上。杜牧诗中对"黎元愈憔悴"体现的是"忧"与"愤",而李商隐只流露出"叹"和"怨",因此李诗较为消沉颓伤。

(二)

由于时代背景相同,李、杜同是爱国诗人,所以他们之间诗歌的思想性,同者多于异。然而从他们诗中描写的具体内容以及怎样表现,格调的高低浓淡,展示的详略深浅等角度来看,他们便人各有体,风格之异远多于同了。

先从他们诗中主要描写的对象来说,杜牧诗中对时事反映得最多的是藩镇跋扈与外族侵凌,他认为必须除此二患,国家方得安宁,他的许多诗篇都是表示这种政治主张与忧国忧民的情怀,这也与杜牧受其祖父杜佑的影响,喜欢研究古今治乱得失,爱好兵学有关。李商隐诗中却多是忧伤朝政衰落以及抒发自己失意的怅然感叹,他诗中近千年来引人注目的"无题"诗,不论从政治性还是从爱情诗的曲折描写来看,都可以说明这点。

另外,李、杜二人诗中对自然景物的描绘却还有相近处。他们都不愧是写景言情的能工巧匠,山水柳桥、雨雾蝉鸟在他们笔下都是栩栩如生,画境清雅,余味悠然。但二人写景的匠心所重却不完全相同,杜牧精于描景,李商隐擅于抒情。先看李商隐早期的《初食笋呈座中》,首尾两句:"嫩箨香苞初出林","忍剪凌云一寸心",状物言志,以问句结尾更显其含蓄,已初步形成了诗人咏物诗的风格。到他后期的一首《流莺》诗中,则是更具特色,这首诗抓住"流莺飘荡"的特征,突出勾勒了它"风朝露夜阴晴里",以展现作者自己流落漂泊,无所栖托的政治遭遇,最后又以"凤城何处有花枝"的问句结尾,形象婉转地抒写自己不为人所理解和无法掌握自己命运的精神苦闷,借凄丽悲凉的景色,流露了浓郁深沉的迷惘情绪。从这前后期两首写景言情的诗中,我们可以窥探到李商隐咏物诗所具有的"沉博""绵邈"的风格。再看杜牧的写景咏物诗,虽也有蕴蓄深曲的情思,但意境却是重在表现:山光水色、风华流美,春花秋月清雅入画。如果说李商隐诗令人于翩翩遐想中沉湎于深情幽境,杜牧诗则令人于玩味无尽处更感景秀情美,流连忘返。请看杜牧《寄扬州韩绰判官》一诗:"青山隐隐水迢迢,秋尽江南草未凋,二十四桥明月夜,玉人何处教吹箫?",诗中特别是后十个字,通过弓桥泛月,玉人吹箫,真个把扬州的良宵美景勾勒得怡然出画,画境入幽,使人不禁想象自己徘徊于古城名桥之上,仰视皎月明,遥闻箫声咽,油然升起一番雅趣。杜牧也有一首提到莺的诗,"千里莺啼绿映红"(《江南春绝句》),但这里的啼莺和李商隐眼中的啼莺又有不同,李是从啼莺越陌临流,无所栖息的角度着眼;而在杜诗中,可以说莺只是江南春景中的一个自然尤物,它引人想象到江南春季里的"山村水郭"和"烟雨楼台"。虽则诗中也流露出伤春伤世之感,侧重点却还在展现胜境,因此风格显得清雅俊致,与李诗的幽美蕴藉迥异。

李、杜二人有伤春伤别的诗,可以说这是他们风格中的相同点,但李商隐比杜牧表现得更加多还深并且曲缓，大多盘桓于个人浓郁朦胧的希望失望之间。特别是李的一些"无题"诗，伤春伤别之情读者一目了然。但索其寓托，却难以捉摸。如他的一首著名无题诗"相见时难别亦难，东风无力百花残。……蓬山到此无多路，青鸟殷勤为探看"。这到底是一首隐蔽的政治诗，以显示其对统治阶级的希望，像"青鸟探看"是相劝朋党之人回心转意呢，还是一首情意深远的爱情诗？或者还是另有所寄？各人理解不尽一致。而杜牧的伤春伤别诗却是多直抒胸臆，风格清朗淡雅，即使有些深叹人事变幻，含不尽忘于言外的诗，也都能使人比较清晰地看出诗人心中的无限感慨。如杜牧的名篇《杜秋娘》一诗，从这位金陵名妓的"红粉"与"唱金缕衣"，"有宠于景陵"（即唐宪宗）到"铜雀分香悲"后的"感其穷且老"，反复低吟，慨叹了杜秋娘一生命运漂泊变化。上推历代男女，下及"己身不自晓，此外何思惟？"深感自己也不能免此"似梦复疑难"的人世沧桑。这首诗确实是深情幽怨，细腻动人，但它表现得却不像李商隐那样"意旨微茫，令人测之无端"（清沈德潜《唐诗别裁集》卷四），而是意深情绵处见慷慨豪畅。值得一提的是李商隐对杜牧这首反映世事无常、天涯沦落的感伤诗颇加推崇，在《赠习勋杜十三员外》一首诗中赞道："清秋一首杜牧诗，……羊祜韦丹尽有碑。"盛赞了杜牧的文才，并且从积极的方面劝慰诗友"鬓丝休叹雪霜垂"，也表现了李商隐关怀国家大事的豁达胸襟。这首诗的调子较为明快，显然学自杜牧清畅的特色。这里特别还要提出李商隐的一首七绝诗《杜司勋》："高楼风雨感斯文，短翼差池不及群。刻意伤春复伤别，人间惟有杜司勋。""伤春伤别"不仅是杜牧，更是李商隐诗中的重要主题，李称扬杜，实际上是引牧之为同调，在对杜牧的赞誉中也寄寓了很深的同感。一方面向人们揭示杜牧诗中含有深刻的政治内容，一方面也折光式地道出了自己的隐衷。最后一句"人间惟有杜司勋"，我觉得如果单以字面去理解，是难以道出诗中之味的，这个"人间惟有"还应包含作者本人，也不妨引申为"惟有"作者自身才是杜司勋伤春伤别的知音者啊。

由此可见，杜牧抒情诗即使于"刻意伤春复伤别"之际，也有着"远韵远神"中见"拗峭"的特色（沈德潜《唐诗别裁集》）；同时又可鉴出李商隐诗歌内容中的特色确像后人评述的那样："造意幽邃，感人尤深，学者皆宜寻味"（《漫堂说诗》）。

(三)

　　同样的政治抱负,相近的"困踬"遭遇,为什么李、杜写景抒情诗给人欣赏后的感觉卓然有别呢?我们说除了表现角度和深浅等不同外,主要还在于他俩在作诗中所运用的艺术手法不同。李诗曲而沉博;杜诗畅还凝练。两人的七言律绝都给人以隽永之感,但隽永之源流向殊途,李诗是幽婉顿挫,杜诗则旷达俊逸。

　　有比较才有鉴别,现试从他们几首手法相近的诗中分析一下,同中愈能见异。所谓诗的艺术表现手法,不外比兴、描叙和用典等等。李、杜诗中都有很多比兴的佳句。先看杜牧的《初冬夜饮》一诗:"淮阴多病偶求欢,客袖侵霜与烛盘。砌下梨花一堆雪,明年谁此凭栏干?"前两句以古人比自己,"淮阴多病"是指西汉汲黯因刚直敢言,不得久留朝廷,汲黯出东海太守,多病卧,当他又被任命为淮阴太守时,他对武帝说:"臣常有狗马病,力不能任郡。"杜牧这里用此句,是以汲黯自比,表露自己出守外郡抑郁不得志的心情。后两句中,以一物喻他物,更强调气氛。明明是冬夜落雪,杜牧却说是砌了一堆梨花,梨花是洁白的,把雪花看作梨花,即使冬景生趣盎然,又可怜落花无数的恻隐,突出了"明年谁此凭栏干"的怅惘心绪。短短四句,前后用比,各含深意不同,衔接得如此自然贴切,不由人不佩服杜牧的诗才。谈到诗中的兴,不妨再推敲一下杜牧的《将赴吴兴登乐游原》诗中的最后两句:"欲罢一麾江海去,乐游原上望昭陵。"昭陵乃唐太宗的坟墓,杜牧用"昭陵"二字煞尾,诗虽尽,意又起,实际上是在托物起兴,令人想到唐太宗时的贞观之治,回忆和赞叹前人盛世之余,再面对晚唐政衰民困的现状,杜牧诗中对当时的政治之不满,已经不言自喻了。杜牧诗中比兴虽用的巧妙含蓄,但还易于揣摸。然李商隐的诗中,虽比兴句俯拾皆是,但若要落到实处,却颇费猜详。如他的一个广为流传的佳句:"春蚕到死丝方尽,蜡炬成灰泪始干。"以自然界两个事物惟妙惟肖地比喻了情人之间缠绵深挚的情思,但要说是象征作者对事业坚贞的追求,以爱人寓理解,寄托无限相思也未尝不可。再看李商隐晚年一首较重要的诗,《锦瑟》:"锦瑟无端五十弦,一弦一柱思华年。庄生晓梦迷蝴蝶,望帝春心托杜鹃。沧海月明珠有泪,蓝田日暖玉生烟。此情可待成追忆?只是当时已惘然。"这首诗语调铿锵顿挫,意境悲壮典丽,托物思喻,喻中起兴。但比兴究竟为何物,各家争论不一。刘攽《中山诗话》说锦瑟是令狐楚家婢女之名,这是爱情诗,黄朝英《缃素杂记》中说锦瑟这种乐器共有四调,诗中四句,各占一调,似乎是首咏物诗;冯浩《玉溪生诗笺注》说,这是追念亡妻王氏的一首悼亡诗。而我们今天从本诗角度出发,却同意汪师韩在《诗学纂闻》中所有谓"锦瑟乃是以古瑟自况……,'晓梦'喻少年时事"。就是说李商隐这里用比兴、象征等手法,通过对"少年时事"的追忆,感叹身世,流露出浓郁的迷惘情绪,李诗中的比兴句语言优美,读起来回肠荡气,字面内的含意往往令人费猜,因是其意境深远。杜牧比兴诗句,虽也精炼含蓄,但和李商隐相比就显得是直抒胸臆了,正如杜牧在《樊川文集》中自叙的那样:"某苦心为诗,未求高绝,不务奇丽"。

　　再从表现手法之一的用典来看,李、杜也是同中有异,异过于同。在讽刺晚唐的昏暗政治,敲响看起来歌舞升平,实际上日落西山的当时朝政局面的警钟时,他二人都曾以杨贵妃、后庭花等等名典,告诫当朝统治者,倘再效法隋炀帝、唐明皇那样游乐无度,撇政务于一边,则必然导致国破身亡的后果,详见李商隐《隋宫》《龙池》《马嵬》和杜牧的《过华清宫绝句》《泊秦淮》等一些名诗。在抒发自己怀才不遇的慨叹方面,他俩也不乏用典的诗例。李商隐在《安定城楼》诗中自况"贾生年少虚垂泪";杜牧在《感怀》中写道:"聊书感怀韵,焚之遗贾生"。碰巧两人都是以西汉贾谊少年才高,对政治有抱负、有见解来引为千古知己,事虽偶然,也不愧是"心有灵犀一点通"。不过两大诗人用典同属工巧,取境却各不相同。李商隐用典寄寓较为隐微,如他的《梦宫》一诗,终篇不提吊屈,注重以抒情的笔调表现迷魂难招的不幸遭遇,又借彩丝惧蛟的传说,倾吐楚国人民对屈原的崇敬与追思的心性。从字面上很难看出李商隐是在吊屈的同时,又表现了自己对现实政治的不满。而杜牧的《兰溪》一诗,就直接写道:"楚国大夫憔悴日,应寻此路去潇湘"。使人能清楚地察觉到杜牧有同情屈原怀才不遇的身世、借以自叹之意。杜诗中大多借古喻今,直抒胸臆,所用典也较更近于现实生活,易于为众所了解,并且杜牧诗中用典也不及李商隐多而曲,从这里也可以看出,俊爽晓畅确是杜诗的一贯风格。李商隐在用典的手法方面也提供了一些成功的经验,比如他有时能对典故加以别出新意的发挥,使他的咏史诗显得波新澜,笔势摇曳,意境更上层楼。如《贾生》诗中,他把"贾生才调更无伦"的典故,转为讽刺晚唐的诸代皇帝只顾服药求仙,不顾民生疾苦,不能识贤任贤,使其政事荒废。诗中用典在可怜汉文帝不识贾生之才,而别出新意之外却在于把批判矛头指向了"不问苍生问鬼神"的晚唐统治者。可以看出这首咏史诗在诗人别出心裁的表现下，讽刺效果是极为强烈的。但另外也要指出，由于李商隐片面追求用典工巧，深曲，他的诗有时难免从优点转为了弱点。他的一些诗正如鲁迅所指出的"用典太多"，显得过于深僻，流于堆砌，使诗旨晦涩费解，甚至古人就曾指出李诗"……顾其境中，讽刺太深，往往失之轻薄"（沈德潜《唐诗别裁》）。

（四）

　　诗是语言艺术的集中反映。让我们试从李杜二人诗中的语言表现来解剖一下他们文风的异同。鲁迅曾赞誉李商隐的诗是"清辞丽句"，这点从李商隐的名篇《夜雨寄北》中可以清楚地看出。在这首诗中，诗人精工雅致地描绘了一幅"巴山夜雨图"，以清幽婉丽的语言，成功地状物抒情，既渲染了"夜雨涨秋池"的孤寂气氛，又以"何当共剪西窗烛，却话巴山夜雨时"的深情，含蓄地表现了对爱人的依依思念。感情细腻丰富，取境新而深幽。再看杜牧诗中的语言，则既有俊爽峭健的风格，又有清淡流美的韵致，特别是他的一些抒情写景的语言，更是俊逸明丽，风韵悠然。请看他的《山行》："远上寒山石径斜，白云生处有人家，停车坐爱枫林晚，霜叶红于二月花"。前两联以朗词丽句造境，寒山、白云的诗境可谓峭俊；后两句中"枫林晚"则是寒山秋色的点缀物，而"霜叶红于二月花"这个名句则是这首写景诗的神来点睛之笔，一个特写镜头，使前三句中峭俊的风景又附上了一层情韵缠绵的思绪，使得这首诗于"独持拗峭"中更显顿挫隽永。大凡作诗，豪健者常失曲婉，蕴蓄者易于萎靡，而杜牧这首七绝却是将豪健、蕴蓄这二者巧妙地融为一体，全诗的语言既精炼含蓄，又于气势豪宕中显其风韵叠起，可以说这首诗在语言的精工典丽方面反映了杜牧诗歌既健拔昂扬又风华流美的风格。再把李、杜这两首七绝相比较，虽不能把两风格异同一言说尽，也能稍见二者异趣之一斑了。我觉得，《夜雨寄北》和《山行》的语言都可称为清丽。李商隐的诗是于清幽中见凝重绮丽，显其风韵浓郁；杜牧则是于清朗中见俊峭明丽，显其风调悠扬。二者的"清词丽句"倘交杂一处，亦迥然可辨。

　　这里要指出，两大诗人虽然都是语言艺术的巨匠，但也都存在一些不足之处。《夜雨寄北》在李商隐的抒情诗中，风格是较为清新流畅的，而他有些诗中的语言，有时刻意追求浓艳，爱好含意朦胧的境界，使他的不少诗于典丽华美之外,不免流于雕琢装饰,加之他有时明显地堆砌典故,讲究对仗精工,使得诗句"令人测之无端",出现了词浮于情的毛病,因而易于失却内容的深刻。并且在他的后期诗中,语言明显受佛家思想影响,意境更是空虚。再者,他一生受窘况的束缚,格调尤为颓伤凄丽,常给人以消极的影响。杜牧的诗中虽也有少数忧伤凄婉的词句,但他的主调偏向"雄姿英发"。不过他的诗句由于追求清淡晓畅,过于"不务奇丽",因而他的少数写景言情诗,虽造境娓娓入画,但词情却失于浅而平淡,不能像李商隐诗那样,令人在欣赏之余,有更深的启思之感。因此杜牧的一些诗(除《山行》等突出的诗),在情景交融方面虽说比李诗来得积极,但从艺术性而言却不及李诗那样精巧、深幽了。

(五)

最后谈谈小李杜的诗在晚唐诗坛上所起的承前启后的作用。杜牧根据"以意为主,以气为辅,以辞采章句为之兵卫"(《答庄充书》)的文学原则,对当时流行的浮艳轻薄的元和体诗风表示了不满,他自己提倡是"不务奇丽,不涉习俗"。在唐代诗人中,他最推崇是李白、杜甫、韩愈、柳宗元,在《冬日寄小侄阿宜》诗中曾赞道:"李杜泛浩浩,韩柳摩苍苍。近者四君子,与古争强梁。"因而可以看出在杜牧诗中,既继承了李白诗的清新质朴,格调俊逸;也继承了韩愈诗中壮丽豪健的风格,但他的诗却又没有因袭前人的痕迹,在晚唐诗坛上别开生面。

李商隐之所以取得独特的艺术成就,与他善于学习前代优良诗歌传统有关。他的不少作品,在情思文采上显然受《九歌》《招魂》的影响,屈原以香草美人寄托政治理想的比兴手法,更为李商隐潜移默化地加以发展。更要指出的是李商隐的七律在学杜甫诗的沉郁顿挫、深厚蕴蓄方面可谓炉火纯青。他的咏史诗、怀古诗"深沉凝重,汪洋万里,苍凉悲壮,直薄少陵"(吴调公:《论李商隐诗歌风格的形成和发展》)。可以说李商隐诗风中的"沉博",是独承杜甫,而他绝丽的韵致又是远学屈原,近效韩愈。这又与杜牧学韩愈的豪健有异曲同工之妙,两人虽都借鉴韩诗成功之处,却是建立在各取所需的基础上,因而自己的诗风也便脱颖而出了。在他们之前不久的诗人中,小李杜共同推崇李贺的诗才。杜牧在《李长吉歌诗序》里称李贺是"盖骚之苗裔,理虽不及,辞或过之"。在创作中,杜牧吸取了李贺七言诗峭丽凝练的精华,抛却了李贺诗诡丽恢奇的风格,连李商隐在所著的《李长吉小传》中也说道:"京北杜牧……状长吉之奇甚尽"。同时李商隐本人在其诗中也熔铸了李贺诗中想象奇特、曲笔幽丽的艺术巧。不难看出李、杜都善于根据自身所长，吸取前人艺术中的精髓，即使同学一个人，也是各取所需，功力亦不尽相同。何焯在《义门读书记》中就曾说："晚唐中，牧之与义山学子美，然牧之豪健跌宕不免过于放，……不如义山顿挫曲折，有声有色，有情有味，所得为多。"

二人七言诗在晚唐齐名，但从对后代的影响来看，显然杜牧不及李商隐，主要的原因是晚唐的时代风气特征便是颓废，政治上的昏暗局面，前途渺茫，使得大多数文人的诗歌里，多是卿卿我我，凄凄切切；形式上都追求绮靡、艳佚，而失去了盛唐时诗歌积极豪爽、生气勃勃的气派。虽然杜牧诗清新峭劲，于前些时的唐代诗歌有所发展，对当时的诗坛也起了一定的影响，但从整个晚唐诗的发展而论，比起李商隐来，就堪为逊色了。李商隐的诗可以说是迎合了那一时代的潮流，晚唐诗派总的趋向便是偏向以李商隐为代表的唯美主义。特别是李商隐那"深情绵邈"的七律更可称是开了唐诗中绮丽派的诗风，连曹雪芹在其名著《红楼梦》中的许多咏物诗里，都明显有效李商隐的踪迹。每当一个社会制度行将崩溃的时候与它相适应的意识形态，特别是文学，必然反映出颓废消极，甚至文坛上出现"黑云压城城欲摧"的局势。当然李商隐自己也曾写过像《二月二日》《无题·八岁初照镜》这样一些风格清新流畅的诗篇，但他的后期由于平生不得志，因而诗中流露的失望怅惘情绪更为浓郁，他的诗风便趋向深细婉曲、精工典丽，以至于当时便对唐末的婉约派词的发展产生了很大影响。由于他的诗幽丽含蓄，易于引起多数文人的共鸣，从晚唐韩偓等人一直到清代的黄景仁、龚自珍等在诗的风格上都较明显地受到李的影响，而其中影响最大的则是宋初的西昆诗派，他们的诗，特点便是专从形式上模拟李商隐，追求词藻、堆砌典故。因此说李商隐诗虽开创了唐诗绮丽的风格，却也带来了一些不良效果。

杜牧"雄姿英发"的诗风也是在唐以后的诗界留有余响的，如北宋的江西诗就有效杜牧"力求峭劲"之处。不过因为时代的局限，杜牧诗虽然至今脍炙人口，但后人仿效他的风格的为数不多，加上杜牧的诗"豪健跌宕不免过于放，学之者不得其门而入，未有不入于江西派"。因此说，就连江西诗派由于杜诗的"过于放"，其实也未真正入杜诗之门，以致后来"好奇尚硬"，遂致剽袭，成为流弊。看来"过于放"也是杜牧诗风流传欠广的一个重要原因。

总的说来,小李杜诗风殊异,虽有相近处,如:忧国忧民的思想;伤春伤别的内容;咏史借典以讽当世的表现手法;艺术上对前人诗风加以扬弃;语言清丽隽永;七言律绝的诗韵悠长等等,但杜牧之积极豪爽,李商隐则消沉绵邈;杜牧诗于风华流美中见峭劲,李商隐于沉博绝丽中见幽婉,一个直畅洒脱,一个曲缓凄迷,等等这些,都是我们区别两大诗人风格之异的着眼点。同时我们说事物总是一分为二,杜牧诗亦不免有消极颓伤之情,李诗中也多可见这样的诗句;杜牧诗中也有词句曲婉,言旨微茫的痕迹,李商隐也有些语言清新、感情明朗的好诗。但他们的诗风主旨却仍如胡应麟在《诗薮》中所说:"俊爽若牧之","精深若义山"。这两位爱国诗人的良篇佳作毕竟使人在欣赏之余,感到其味迥异,并且这两种诗风的影响也是不相同的。但我们说,杜牧和李商隐的确不愧称作"皆晚唐铮铮者"(《诗薮》)。

超与不超之间
——M. 埃美与法国当代文学发展讨论
第三稿修改于1981年12月5日
叶南客

一

"埃美没有成为法兰西学士院院士,正如莫里哀不是其中的成员一样,不是他自己的损失,而是法兰西学士院的莫大损失。"——人们这样认为。

马塞尔·埃美(1902—1967)是法国当代文学史上声誉卓著的作家。他不仅多产,而且他的众多作品都有很大的社会影响;他不仅为成年人写书,还是位著名的儿童文学作家;他既是杰出的小说家,在戏剧、散文方面也有着突出的贡献。从他24岁登上文坛到去世,共写出了17部长篇、9个短篇小说集、10出戏剧以及3本童话集。他的一些作品被改编成电影或电视,更使得他的名字在法兰西差不多家喻户晓。尤其引人注目的是,关于埃美独特新颖的创作风格,多年来在欧美文艺理论界一直是个争执不休的题目。

埃美小说创作中的一个突出之处,便是他的构思借助于极其大胆奇特的想象，作品的情节、人物粗粗看来绝大多数荒诞不稽。他的代表作《穿墙记》中，描写一个普通的具有"特异功能"的公务员忽然发现自己有了毫不费事穿墙越壁的特异功能，接着是主角一连串的偷钱盗物、越狱、捉弄社会的经历，直到最后，他在一次偷情时，又突然钻不出墙去，"同石头混为一体"。类似这样的情节，不论在埃美的《绿色的母马》等长篇小说中，还是在他其他短篇集中都是遍处可见。因而，有不少人以"只有超现实主义作家才会作类似的虚构"出发，判定埃美是"超现实主义"作家；或者称他是"不纯正的超现实主义者"。同时，也有人不同意这样的分析。他们认为埃美作品的语言泼辣幽默、通俗上口，不同于超现实主义作品中语言的晦涩荒诞；而且埃美作品中思想深刻明快又与超现实主义的玄虚诡秘截然不同，从而把他归入传统的幽默作家之列。那么，埃美究竟属现代派之列，还是传统派的继承者？他的创作倾向究竟具有怎样的独特风格？

二

埃美果真是超现实主义作家吗？

评价一个作家的风格，最好的办法是分析他的作品。埃美有一篇侦探小说，写得很是令人惊心动魄。书名是《图发尔案件》，写一个叫图发尔的亿万富翁，在庆贺其 87 岁生辰的夜晚，阖家老小十三口人全被残酷谋杀。侦探界的泰斗奥杜波瓦，通过对周围事物的详尽了解和精确的分析，竟得出一个骇人听闻的论断。原来这起血案的罪魁是"国家"。目前国家正财政拮据，收支难以平衡，便用了一条"天才"的妙计，杀了孤儿院出身的图发尔夫妇及其所有的后裔，这样"国家"便自然而然地承袭了这一实业界巨头的亿万遗产。面对这种触目惊心的案件，书中极高明的大侦探不但不敢单枪匹马与国家作对，而且只有在逃离得远远之后才敢慨叹道："我心里就感到不平，可惜我实在爱莫能助呀。"埃美这一个杰作，在其深度上远远超过了现时流行的侦探推理小说，同时可以说它是传统现实主义文学的一次新闪光。作者用他那幽默锐利的笔锋，假以侦探小说的面具，给予整个资产阶级国家机器深深一戳。再赏析一下埃美较著名的《一位执达吏的故事》《擦鞋垫下的钥匙》等等，都可以使人看出，埃美通过诙谐的笔调，寓讽刺于离奇，对资本主义社会中的伪善面孔、肮脏灵魂、卑鄙手段进行了从上到下，从表到里的揭露和鞭挞。这与"超现实主义"等现代派文学中对社会的批判则躲躲藏藏,而醉心于发掘个人内心潜意识活动等等,有着质的差异。埃美对社会的批判是直接继承了他的同胞巴尔杜克、阿纳托尔·法朗士一脉的批判现实主义方法,他对观点阐发的深刻而且直截了当,和在他创作时代前期的超现实主义的荒诞以及后期"新小说"的晦涩形成了鲜明的对照。

埃美的创作受传统表现形式的影响比较大。在他的小说里,很难找到像意识流小说那样,对人物心理断断续续的工笔描绘,也很难找到"新小说"中所具的"对物的微观描述达到使人不堪卒读的程度;故事的叙述常常没有时间上的连贯性……"(《二十世纪法国主要文学流派》,载译林 1981.2.263 页)。埃美是相当注重环境和细节的描写的,但他不同于现代派文学中描写本身就是目的的作法,而是和传统小说相一致,是为人物性格和情节发展服务的。如《小矮人》写主人公瓦朗丹所见街上"景物单调异常","路上行人寥落,街巷灰溜溜的,光线暗淡",都是服从于表现他当时孤独、厌倦的心理。现代派文学特别是法国的超现实主义的新小说都完全摒弃了塑造典型人物,而埃美在他的作品里却唱起了"老调"。《一个执达吏的故事》中,玛利高纳就是现代资本主义社会中一种伪善者的典型。他作为执达吏,对穷人恣意欺凌算是"忠于职守",而同时他又从不误时地做早祷、晚祷。在上帝劝善之后,他便用金钱做了不少"好事",并且一毫不漏地载入账册,目的正如埃美自己一针见血所揭开的:"用金钱购买你在天堂里的栖身之处。"西方现代的金钱社会中,宗教信仰、伦理道德已经全面崩溃,人与人之间充满了自私、争斗……而在这些肮脏的东西之上,又蒙上了文明、道德、怜悯心等一系列伪善的轻纱,而玛利高纳的形象恰恰正是现代资本主义文明披上这一伪装后的缩影。当然,埃美笔下的典型人物,其思想深度都比巴尔扎克时代的典型人物有创新、发展,还具有时代精神,他的独特贡献是值得称道的。

如果再看看埃美的儿童文学作品,那就更得承认埃美创作中传统形式的痕迹之深了。如在《孔雀》中,作者的活泼的文学,通俗的语言,阐明了人类应该怎样脚踏实地地追求美这一对成年人也颇有教益的哲理。整个故事运用了大量的细节描写、动态描写、大众化口语,使故事既引人入胜又耐人寻味。这里的幽默语气、白描手法和哲理意味,使得即使持有埃美是超现实主义作家观点的人也不得不承认,埃美是在自己的琴键上弹唱着法兰西文学的古典雅调。

有人说埃美的作品具有典型的黑色幽默风格,其实研究过法国古典文学巨匠拉伯雷作品的人都会惊讶地发现,他们的气质如此地相同,只不过一个是 16 世纪的传说,一个活在今天。从埃美的短篇《保尔代沃的传说》就可得知他和拉伯雷的代表作《巨人传》多么地相似。两者都是在表现一场荒唐的战争时,通过高卢式的诙谐语调,娓娓动听地讲述了一个寓言式的故事。《巨人传》中,通过对教士若望等人物的塑造,既嘲讽又有力地抨击了当时黑暗的宗教体系;而已为当代人所熟知《保尔代沃的传说》通过一个一辈子虔信上帝的老小姐死后进不了天堂,还是由她流氓成性的侄子把这个圣洁的老小姐藏于战争烈士队列中,假充军妓才夹带上了天堂,对宗教制度以及人的道德观进行了痛快淋漓的嘲弄。埃美作品中,内容幽默、场景荒诞,语言机警粗犷而富有表现力,同拉伯雷有酷肖之处。当然,两者也还有所不同。虽然他们都用喜剧的夸张手法,讽刺现实,抨击宗教,拉伯雷更多的是提出了人文主义理想,具有文艺复兴时代的特征;而埃美则侧重于用细腻的笔触揭示出社会的怪诞现象,表现出反理性的主题,具有 20 世纪的时代精神,因此难怪有人称呼埃美是"现代的拉伯雷"。

三

正是因为埃美是现代的拉伯雷,那些把埃美归入现代派作家的人有失偏颇但也并非无一点道理。

如果更多地分析一些埃美的作品,不难看出他的作品是明显受到了现代派文学的熏染,特别是和"超现实主义""黑色幽默"这样的一些文学流派还有着内在姻缘。埃美有一篇别具匠心的小说《擦鞋垫下的钥匙》,记叙一个风流大盗从侦探小说家书中溜出后,莫名其妙地被"道德的芬芳"唤醒,立誓要悔过自新,然而充满私念邪欲的社会使他走投无路,离别十八年的亲人和他的感情丝毫不能沟通,他不得不收拾起一片从善的愿望,回到侦探小说中去重新闯荡江湖。这篇小说,无论从故事本身来龙去脉的荒谬臆造,还是从内容的非理性、否认客观现实来看,都具有现代派文学的重要特征。

超现实主义文学最重要的特色是通过对人的心灵秘密的开发,对潜意识的发掘,对幻觉或梦境的自然主义记述,创造一种阴沉、虚无、朦胧的气氛,用以表达反逻辑、反理性,"只接受思想的启示,没有任何理性的控制,没有任何美学或道德的偏见"(1924 年《超现实主义宣言》)。

虽然这方面的表露在埃美作品中并不太多,但也有若干反映。他的《时间供应卡》就是典型的例子。故事悖乎常理,以"儒尔·弗来梦的日记"的形式,通过记叙人类生活得不到正常的保障,时间要供应,给人一种世纪末的感觉。书中人皆惶惶不安,有的人精神失常,有的人更骄奢淫逸,有的人面对如此世界感到不可思议。人与人之间展开了生命的掠夺,富人可以靠金钱买得穷人的"时间供应卡",以供自己在世上享受荒唐的生活。这则小说从表面上看,是一个有时间顺序的完整故事,但深入一分析,故事是解体了的,如同现代派作品一般,"表现了无秩序的生活本身,形成开放的世界,无所谓起源和结局。"这篇小说中的具体时间,被安排得断断续续、荒诞不经,甚至出现了这样的情况:"对我来说,六月三十日是昨天,对别的一些人来说,昨天是三十二日或者四十三日。"要说埃美作品中游荡着"超现实主义"的影子的话,《时间供应卡》这样一幅阴森而荒诞的画面堪为实证。

《时间供应卡》里还有和"黑色幽默"相沟通的一点,就是使人在荒诞中有一种末日临头之感,具有阴沉神秘的启示录气氛。"黑色幽默"的代表性作品《第二十二条军规》中尤素林夜游罗马街道、《猫的摇篮》中大海被"九号冰"封结等场面给人以仿佛是世纪末的恐怖感。《时间供应卡》中由于人人都知道自己暂时性死亡的时间,故而随时都让书中角色饱尝了死之前的不安、焦虑、伤感、畏惧还有翘首盼望"复活"的神秘感、等待感。

"黑色幽默"的特点是冷漠的逗笑,极度的夸张,喜剧性地反映整个世界的黑暗、丑恶和荒谬。埃美的名篇《小矮人》也颇具这一特色。书中通过马戏团的畸形演员小矮人突然间变成了"身材修硕的须眉男子"这一极其夸张的情节,揭露了他所面临着的社会是现实的、荒唐的,一个正常的人在这个世界上远不如一个奇形怪状的人能感到生存的快乐并得到人类的爱(这点上,埃美也表现出现代派作家的一致处,即描写"异化的人""异化的社会")。"小矮人"没有笑,反而是惆怅、孤独,但他的一举一动都可以说是对世人的"冷漠的逗笑"。

从《时间供应卡》的情节荒谬、气氛阴森到《小矮人》中的极度夸张、冷嘲热讽,可见埃美的艺术表现手法和传统的现实主义或者浪漫主义创作方法之间,都已隔着一段时代的距离。埃美的艺术是和他的社会现实紧密相连的,说他是一位纯传统作家,显然不切合实际,但若反过来将他纳入现代派的文学行列中,或说他就是个超现实主义作家,我以为也不很科学。因为我们通过对埃美作品的解剖,得出了这一结论:"现代的"和"传统的"烙印在埃美身上共存,但在文学创作原则上,他既没有"超现实",也没有沉浸在"传统"之中,而是以其本身的特色游移于两者之间,但从本质而言他是法兰西传统文学在今天的折射。

四

以传统的形式着力揭露和批判现实;被描绘出的荒诞世界又独具现代的内容,埃美的大部分作品都具备着这样的个性。因而我认为埃美创作风格的独特之处就在于他善于将矛盾着的形式和内容双方融进一个整体,使现代派文学色彩和传统文学的特征辩证统一在一起;他的绝大多数作品都充满了半真半假的交织。漫画般将现实和真实性的幻想交织,令人似信非信,"使读者在含笑掩卷之时,领悟到原来见多不怪的社会现实,的确有这般的荒诞不稽。"埃美笔下的小说,样式庞杂繁多:传统批判现实的、哲理的、侦探推理的、儿童文学、"不纯正"的"超现实"以及"黑色幽默"的,真是五色缤纷,交相辉映。这些作品题材五花八门,艺术形式五光十色,它们的组合,向人们显示出了一个光怪陆离的西方现实世界。

西方现代文坛上,大致可分出两类作家:一类是以英国的格雷厄姆·格林和毛姆为代表的传统文学作家,一类则是至今方兴未艾的"现代派"作家,如福克纳、罗布·格里耶、梅勒等等。至于格林、毛姆这一类的传统作家,他们笔下虽然也时不时流露出一些现代派的气质,但那毕竟在他们的创作风格中没有占据显要地位;而谈到西方真正的现代派作家,他们更是对传统的表现手法不屑一顾,诸如以罗布·格里耶为代表的"新小说"就坚决摒弃传统的"巴尔扎克式"的小说概念。再如超现实主义的代表性作品《可溶解的鱼》(普勒东写于1924年),讲的完全是梦境,没有中心人物,没有连贯情节,一会儿描绘幽灵,一会儿是写昆虫,一会又出现了三只手的慈菇,完全没有情节和人物提供给读者。传统作家中借鉴现代派表现手法的不多,即使有也是凤毛麟角般的;现代派作家中同传统文学样式沾边的更是寥寥无几。

这两者之外,自然也有为数不多的作家,他们的创作中同时继承、发扬了"过去的""现代的"文学因素。如和埃美同时代的作家莫里亚克,他在表现没落阶级人物的变态心理和悲观情绪时,既用了细节描写揭示人物性格等现实主义手法,也借用了意识流等新的表现方法,因而又有人评价莫里亚克具有"新小说"或是"心理现实主义"的倾向。然而和埃美的众多作品相比,莫里亚克显然没有埃美更具有高卢式的幽默和传统现实主义的特点;但从另一角度出发,埃美描述西方现代社会中荒诞色彩的强烈又远超过了莫里亚克。

综上所述,M. 埃美这样一个同时具有传统和现代文学气质的作家在当代西方文学界实是罕见;更何况,他把这两者恰到好处地熔于一炉,而又不属于任何一个流派,这在西方现代文坛上的确是独树一帜了。正是因为他发扬了传统现实主义的长处,在艺术表现上给人以合乎内在逻辑的人物形象和较详尽完整的故事情节,使他的艺术比起"超现实主义"等现代派文学的晦涩、荒谬更高出一等;也正是由于他同时在创作中巧妙地运用了现代派的一些表现手法,使作品具有浓厚的时代气息,反映了现代西方世界的现实生活,使得他的作品也更易于为现代人所接受。

16—18岁,犯罪高峰
——近十年内美国犯罪状况简述

原载《青少年犯罪研究》1983 年第 9 期

叶南客　译

在整个 60 年代到 70 年代初期,美国的犯罪状况日趋严重,次数激增。自 70 年代中期到 1982 年上半年以来,犯罪现象处于较稳定状态,犯罪率稍有下降。联邦调查局的统计表明,美国近十年来较之过去,暴力犯罪率下降了 3％,非暴力犯罪率下降 6％。

据多数专家认为,犯罪率之所以下降,是由于这一代为数众多的青少年年龄的增长,16—18 岁的男性青少年犯罪率最高;此后,随着年龄的增长,犯罪指数下降。这说明,犯罪与人的年龄有着明显的联系。另外,上述犯罪行为的受害者,大多数也是年轻人。例如,20—24 岁的黑人男青年就是经常谋杀的对象。美国卡内奇·默隆大学的都市学教授阿弗莱得·布隆斯坦指出:"我们发现,在一定的总人口中,年龄构成的较大变动,对于犯罪行为的发生率有很大影响。"青年发育到晚期,其犯罪发生的高峰期也已过去。于是,布隆斯坦教授建议,美国政府应该设法在青少年进入发育高峰的前几年,即着手加强他们的"社会化"教育,使他们避免堕入各种罪行的深渊,同时也为控制犯罪打下了基础。

但就罪犯人数而言,布隆斯坦教授预计还将继续上升。其原因在于,美国当局除了极严重地触犯了刑律的人之外,一般从不拘捕未成年的人。所以一些不满20岁的青少年在犯罪之后,往往因一些罪行较轻而得以解脱。布隆斯坦预言,像这些青少年因放任自流,发展到他们成人之际,终将会落得个锒铛入狱的下场。这样看来,美国的罪犯人数将在1990年前后达到高峰。此后,将可能开始下降。

附表:

1971—1981年美国暴力犯罪情况统计

(以百万分之一人口为单位)

年度	谋杀	强奸	抢劫	暴力袭击	总数
1971	8.6	20.5	188.0	178.8	395.9
1972	9.0	22.5	180.7	188.8	401.0
1973	9.4	24.5	183.1	200.5	417.5
1974	9.8	26.2	209.3	215.8	461.1
1975	9.6	26.3	218.2	227.4	481.5
1976	8.8	26.4	195.8	228.7	459.7
1977	8.8	29.1	187.1	241.5	466.5
1978	9.0	30.8	191.3	255.9	487.0
1979	9.7	34.5	212.1	279.1	535.4
1980	10.2	36.4	243.5	290.6	580.7
1981	9.8	35.6	250.6	280.9	576.9

(译自1983年1月17日美国《新闻周刊》,原题:"Crime and the law")

对社会学研究的启示

原载《江海学刊》1983年第5期

叶南客

社会学是以研究社会现象为出发点,以解决社会问题、促进社会高度文明为己任的。要在新时期创建新中国的、具有社会主义特色的社会学理论体系,学习《邓小平文选》,把握住《文选》中的基本思想,具有特别深远的意义。

在《坚持四项基本原则》一文的第三部分"思想理论工作的任务"中,邓小平同志指出,对于社会学的研究,"需要赶快补课"。这对于我们搞社会学研究的同志是很大的鼓舞。在这一章中，小平同志强调思想理论工作者要"深入研究中国实现四个现代化所遇到的新情况、新问题，并且作出有重大指导意义的答案"。这实际上为我们开展社会学研究确定了原则，指明了方向。在《党和国家领导制度改革》一文中，小平同志指出当前和今后一个时期要努力实现三方面的要求：加快经济建设、促进安定团结（主要是建设高度的社会主义精神文明）、培养大量建设人才。这三点是建立在对我国国情作了精辟分析的基础上的，具有伟大的战略意义。这三点是贯穿于小平同志政治理论体系中的重要方面，也是我们当前开展社会学研究，促进四化建设的中心任务。

最近在学习《文选》中《尊重知识、尊重人才》一文时，深感如何发掘人才因素，发挥知识分子作用，研究扩大智力投资、保护智力能源，是我们进行微观社会学研究的重要课题。当前尤其需要对中年知识分子的作用、地位和改善其生活进行研究。小平同志强调在党内造成尊重知识、尊重人才的空气。智力、人才也是一种能源，不仅要大力开发，而且要积极保护，使得人尽其才，才尽其用。因此有必要及时开展中年社会学的研究，特别是研究解决中年知识分子中的一系列问题。研究中，学习领会《文选》中的有关论述，无疑会给我们以极大的启示。

城市社会学

原载《国外社会科学快报》1983年第30期
叶南客　编译
J. L. 史派特、J. J. 马西尼合著
（纽约：圣·马丁出版公司，1982年，共574页，英文）

该书较通俗而全面地阐述了城市社会学的一般原理，并通过大量的调查研究，对世界上一些主要类型的城市作了一定深度的剖析，有较强的史料价值。此书另一特点是运用了历史和比较的研究方法，对于世界城市的起源、现状和未来作了综合考察和展望。另外此书还用一部分篇幅介绍了城市社会学的若干理论流派，以及相邻学科如城市经济学、城市生态学和城市地理学的基础理论观点，对于我们当前开展城市社会学的研究，有一定的借鉴作用。

本书除序言和前言外，共有6章15个小节。第1章：城市和社会，着重介绍了城市社会学的一般理论。第2章：认识城市，介绍了城市学

的若干理论流派，以及城市和文明进步的相互关系。第3章：西方城市的历史考察，描述了欧美城市的历史衍变过程。第4章：世界城市化，用比较研究的方式，论及拉丁美洲、非洲和亚洲各国的城市化过程，并作了世界性城市化的展望。第5章：当代美国城市的解剖，主要阐述了当代美国城市的模型、功能及其社会问题。第6章：城市规划及其评价，通过历史地分析研究，对城市规划的历史、现状和理想中的未来城市作了理论上的探讨。

（江苏省社会科学院情报所索书号：C912.810806）

大众传播社会学

原载《国外社会科学快报》1983年第30期
叶南客　编译
D. 麦奎尔主编
（纽约：企鹅出版公司，1979年，共477页，英文）

　　《大众传播社会学》为美国企鹅出版公司的现代社会学丛书之一。书中收集了20篇自40年代到70年代有关文化传播理论、信息传播工具研究、大众传播的社会学分析等方面的学术文章，既有一定深度的理论探讨，又有大量的调查资料分析；因而虽是一部论文集，但比较系统全面。

　　书中根据各篇论文的具体研究内容分为6个部分：1. 传播学概论；2. 大众社会和大众工具；3. 大众传播的对象研究；4. 大众传播机构；5. 大众传播的结构分析；6. 传播中的政策问题及其社会关注。书中主要的篇目有：《传播学理论观点介绍》《大众工具和人际传播理论》《对社会名人的社会学研究及理论》《艺术因素及其结构主义社会学》《美国文化政策的社会学分析》《传播工具的理论要素》《电影对观众态度行为的社会影响研究》等等。

　　《大众传播社会学》初版1972年问世后，于1976年、1979年数次再版，这本书较全面地反映了国外学者70年代从社会学角度对大众传播进行研究的学术水平。对于我们当前研究报刊、广播、电视、电影的社会效果，进行改革，促进精神文明建设，有一定的借鉴价值。

（江苏省社会科学院情报所资料室索书号：C/913/0664）

费孝通和中国的社会学

原载《上海译报》1984年第55期

叶南客

中国，这个世界上最大的国家经历着史无前例的变化，强烈的学习风气和对社会物质利益的关心标志着崭新的文明时代的到来。无疑，这也势将带动中国社会科学的振兴。然而令人遗憾的是，1949年后不久，社会学及其相邻近的学科被作为资产阶级伪科学遭到排斥。当时被认为很有希望的年轻学者，像费孝通等人都被迫陷于沉默。费孝通，于1949年之前在英国伦敦经济学院受业于著名学者马林洛斯基，获得博士学位。他曾对中国不同地区的农村进行了富有创造性的研究，就多方面内容，写了大量引人注目的文章。然而1949年以后，他发表的文章很少，特别是1957年反右运动之后，就从论坛上销声匿迹了。1978年，社会学在中国得到恢复，费孝通和其他沉默几十年的学者一样，重新提笔上阵，他们的工作引起了我们的极大兴趣。

在短短的一两年中，费孝通写出了大量文章，并且一发而不可收。他强调要建立起新中国的社会学，呼吁有关部门对一系列社会问题引起重视。他提出通过试验来改革社会，这样可以走弯路而不致花过高的代价。他还指出，要实现现代化，就必须走适合中国社会的道路，要求有受过社会调查训练的人员来做扎实可靠的社会研究。

同意农村工业化是提高农民生活水平的途径，因为仅靠有限的农业经济增长来解决严重的人口压力是不现实的。他建议，要使农民接受现代技术，必须改善农民教育状况。另外，费孝通还撰文探讨了现今的中国家庭结构。作为知识分子的代言人，他还强调实现中国现代化的关键之一是尊重知识分子并改善他们的生活状况。他还将自己最近跑了许多地方的亲身感受都通过文章表述出来并通过英文翻译，将19世纪欧美的现代化进程和现今新加坡、日本等国的发展事例介绍给国人。

在浪费了二十多年之后，费孝通不再是那么年轻了，显然可从他最近的文章中看出，他已将注意力更多地集中于培养新一代的中国社会学工作者。他认为重建社会学的重点就是师资和教材。据他估计，在近年内，将需要一千名社会学教师。现在要料定在费的手上是否能成功地建立起知识界所感兴趣的新中国社会学理论体系，为时还过早。

我们寄希望于费孝通和他的同事们投身于这项有益而意义深远的事业。

（叶南客译自《亚洲研究杂志》）

集镇社区初探
——兼议创立集镇社会学

原载《河北学刊》1985 第 6 期

叶南客　唐仲勋

社区，即一定地域内的人口共生集团，简言之为地域共同体。本世纪初，以芝加哥学派为主的美国社会学家们，通过研究人类不同类型的聚落系统，从对都市、农村的综合区位分析中，提出了地域共同体的理论。自此，对人类社会的地域缩影——社区的研究，成为社会学研究的重要内容之一。考察当前的社区研究，我们发现国内外有关社会学著作中至今仍沿袭美国芝加哥学派的理论，将人类地域共同体的类型划分为都市社区和乡村社区；而且在人口学、地理学、建筑学等学科领域中，也都仅对这两种人类聚落类型有所描述。我们认为，仅有都市、乡村两类社区已经不足以构成今天人类聚落体系的全貌，在都市和乡村之间还存在一种不容忽视的中介型社区，这就是集镇社区。集镇社区在其漫长的衍化过程中，自身结构不断得到强化，功能越加完备，社区特征越加明显，已成为社会聚落系统中的主体构成之一。

明确集镇是与都市、乡村并列的一大类型社区，这对于我们从社会学角度系统研究人类不同聚落形态的社会特征，正确认识社区发展规律具有重要的理论价值；另外，揭示集镇社区在我国社会大系统中扮演的重要角色，对于在社会主义四化建设中制定正确的城镇乡发展政策，促进社会经济结构的合理布局、均衡发展，开拓具有中国特色的城乡融合之路，有着深刻的意义。

一、集镇作为一种独立社区形态存在的客观性

集镇作为一种类型的社区而独立存在，首先表现在它具备构成社区系统所应有的基本要素，并且这些要素在其组合方式和组合规模等许多方面，又显示出与城市、乡村社区不尽相同的特征。社会学含义中的社区一般应包括下述要素：一个有境界的人口集团；一套相对完整稳

定的社会生存机制,如区域组织机构、服务性设施、人际互动中心等;一种地缘的感觉或相同的集团意识和行为。集镇是指县城和县以下、村以上的基层行政区域单位,是以工商业活动为主的小于城市的居民区。我国目前对于建制镇的划分标准主要是:凡县级地方国家机关所在地均应设镇建制;总人口在2万人以下的乡,乡政府驻地非农业人口超过2千的可以建镇;总人口在2万人以上的乡,乡政府驻地非农业人口占全乡人口10%以上的也可以建镇。① 据1984年底统计,我国现有建制镇5698个②,这些集镇中的人口集团构成具有和都市、乡村明显不同的特征。首先是人口数量大多是在两三千到四五万人之间,镇上的人口规模和聚集密度小于城市大于乡村;其次是集镇中从事第一、第二、第三产业的人员各占一定比例,甚至还有亦工亦农、亦商亦农的"两栖型人口"。这一人口集团的特征在我国另外5万多个尚未设镇建制的县城、工矿区和乡村市镇中都程度不等地存在着。

集镇一般都是县、乡行政机关所在地,是一定区域内农村中的政治、经济、文化中心。镇上一般都设有县级或乡级的政府机构以及工商业经济组织,为广大农村服务的学校、医院、农技站、电影院等文化设施和活动中心,也都基本聚集于集镇,因而集镇上拥有相对完备的服务于社区成员的社会生存机制系统。

从社区意识来看,作为一种独立的地缘感觉,集镇在城乡之间也是别具一格的。在苏南群众的日常口语中,他们对居民点分层模式有着清楚的传统称谓,即"城里人""街上人""乡下人"。这三个层次的居民都有各自的风俗习惯和社会心理。"街上人"熟悉集镇的历史沿革,镇上的名胜古迹,名人趣闻、名牌特产,他们是如数家珍、引以为荣的,即使在外工作多年的人,对故乡集镇也怀有深厚的感情。

其次,集镇社区的结构、层次、类型自成一体,具有独立性和特殊性。剖析集镇社区的内在结构,不难看出集镇社区既有萌发城市社区因分工复杂而具备的多层次、专业化结构因素,又有农村社区遗留的简单、初级的结构痕迹,更有融城乡于一体、规模适中、独具一格的结构特色。集镇社区经济结构上的明显特色便是产业门类齐全,农工商各业各占一定比值,这与城市中主要只有工业商业、农村中一般只经营农业

---

① 见1984年11月30日《经济日报》。
② 见1984年12月5日《人民日报》。

相比,显示出混合性特征。产业结构决定了职业构成,在集镇中,工人、农民、营业员、知识分子、管理人员一应皆有,并且相互交叠(如兼业人口),显示了社会结构和分层上的复杂性。集镇社区成员文化程度高于农民,居民文化生活较农村丰富多彩,但和大中城市相比,集镇中的文化设施和社区成员的文化素质仍有很大差距,因而集镇社区中的文化结构具有中间性特征。在空间结构上,集镇社区规模大于乡村居民点而小于城市,由于规模适中,既消除了农村因社区小而分散所导致的信息传递缓慢的封闭性状态,又利于避免城市过于集中庞杂而出现的"生态膨胀病",成为人类未来比较理想的聚落形式。

在集镇聚落系统中,虽然成千上万个集镇大小不一,功能各异,但也构成一个多层次的独立复合体系,体现了秩序井然的层次性,并表明集镇聚落系统向纵深发展。我国的集镇社区主要由三大层次构成。其中最高层次的城镇,是国家批准的建制城,人口一般都在万人以上,属县辖。县属镇又分两个级别,第一级是县政府所在地的城关镇,第二级是与乡平级的建制镇,这两级县属镇的社会经济作用力较强,多为一县或附近若干乡的中心集镇。第二个层次为乡镇,是乡政府所在地,人口在两三千到万人左右,镇上有完全中学、电影院、卫生院等社会服务设施,为一个乡的区域服务中心。集镇社区中的最低层次的中心村镇,人口约在五百到两千之间,虽然行政管辖范围仅一个村,但其经济文化影响一般达周围几个村,是乡村村落之间的小区域中心。

作为一个相对独立的聚落系统,集镇社区在自身发展中,各种社会经济功能的特征愈加突出,各种社区类型趋于完备。根据江苏省小城镇研究,我国集镇社区主要有五大类型,即行政管理型、文化景观型、工业密集型、商品集散型和交通枢纽型。考察不同类型的集镇社区,我们发现与美国学者 G. 施瓦茨和 C. D. 哈里斯依据聚落功能分类法所划分的城市类型,在聚落性质上有着相同的一面,但在人口经济的聚集规模和聚集效益等方面,却又截然不同。这也反映出集镇系统中各社区类型在发展层次上有其特殊性。

二、集镇社区的发展有其历史的必然性

集镇作为一个独立社区在我国形成,是传统集市和行政建制镇相融合的结果。这两者本身都有着久远的历史。农村集市是人类进入文明社会的最初产物,建制镇作为一种特定行政区域,也在不迟于封建社会早期汉代时便有了明确的划分。在西方,集镇社区这一社会实体在事实上也早已为人们所认识。在欧洲的历史记载中,集市和小集镇早在奴隶社会中已出现,在中世纪已成为具有普遍意义的聚落场所。在工业化、城市化突飞猛进的今天,我们看到不仅小城镇在我国已成为人所瞩目的"大问题";在世界范围内,特别是一些发达国家亦掀起了"小城镇热"的浪潮。这说明集镇社区的发生发展绝不是可有可无,也不是某一国家、地区的"特产",而是人类聚落系统中的重要组成部分,体现着一种社会历史发展的必然性。

距今四千多年前,我国进入了原始社会向奴隶社会过渡时期。随着生产力发展和农业剩余产品的出现,需要提供比较方便、固定的交易场所进行商品交换,最早的集市便在殷商之初形成。当时这些刚具雏形的集市在空间上是流动场所,在时间上没有固定日期。随着商品经济的发展,东晋时出现了乡村中定期定点的交易集市——草市。到了唐代,传统集市和自汉以来所设置的军事戍镇还是作为两个独立的社会实体并驾齐驱地发展,一方面唐代的草市规模和数量都有了较大的发展,基本上遍及乡村和城郊;另一方面原来以行政管辖为主要职能的镇也开始具有相同规模的商业活动职能,成为低于都城的小区域内的政治、经济中心。北宋年间,为了强化中央集权,将镇权统一归于知县,镇消失了独立的军事职能,正式和集市聚合一处,形成了一个统一的社区单位。根据《元丰九域志》记载,宋代全国已有明确纪录的集镇1884个。明清之际,我国商品经济进一步发展,一些沿江、沿海发达地区自给自足经济逐步解体,集镇功能进一步强化,并由单一的商品集散中心转化为多功能或者有专业化特色的明星集镇。集镇中人口迅速增长带来了社区规模的扩大,同时也促使集镇数量增多,分布范围向农村腹地扩展。鸦片战争之后,一直到中华人民共和国成立前,由于一方面也受长达百年之久的战争摧残,一方面资本主义势力迅速蔓延,我国集镇社区处于一种动荡不定的畸形发展之中。从总体上看,集镇经济发展滞缓,社会功能逐步削弱。

中华人民共和国成立后,集镇社区迎来了广阔发展的前景。但前些年由于我们政策上的失误,商品经济未被纳入正常轨道,集镇几经兴衰。直到党的十一届三中全会以后,党中央制定了正确的方针政策,大力发展农村商品生产,并且明确提出要注意加强小城镇的建设。正是由于集镇作为联结城乡的纽带、吸收农村剩余劳力的最佳场所等社会经济功能为人们所充分认识,近年来,我国集镇社区得到较大的发展,呈现出如下趋势:(1)不少地区已形成一个县城镇、数个中心集位、每乡一个乡镇的集镇网络合理布局。(2)在集镇商品经济初步繁荣的基础上,一些经济发达地区,已出现了大量以工业生产为主体的集镇经济。(3)集镇社区由单功能向多功能发展,呈现了"消费——生产——综合经营服务"的发展序列。(4)集镇社区由封闭型逐步发展为开放型,城市、集镇、农村各社区之间的人才对流、物资对流、信息对流日益频繁。(6)集镇社区中社会成员的文化生活和消费结构日趋城市化。

　　翻开世界历史,我们同样可以看到,在西方城市化过程中,随着城市、乡村系统的衍进,集镇社区也处于不断的新陈代谢之中,成为社会聚落系统中的主体层次之一。根据历史学家和考古学家的推论,早在公元前3500年,地球上的第一批城镇已在世界文明的几大发祥地诞生,如两河流域、尼罗河中下游、中安第斯山脉等处都已城邦、集镇星罗棋布。第三次社会大分工加快了人类聚落形态的分化,到了中世纪,集镇作为一种聚落形态在欧洲、中亚、北非等地先后产生、定型;特别是西欧,地方性的定期集市已经普遍存在。从中世纪到18世纪的产业革命之前,由于交通、贸易的发展,政治格局的分化,以及宗教、军事等因素,西方的集镇社区在这一漫长的变迁过程中,类型逐渐齐全,功能逐渐完备,并由初步定型向集镇网络体系发展。自18世纪中期英国产业革命爆发直到20世纪初,工业化的冲击波给集镇社区也带来了一场急剧的变化。表现在:第一,新陈代谢加速,特别在欧美,集镇大量涌现,规模迅速膨胀。第二,集镇社区开始遍及全球。由于世界人口的增长,人类生存条件的改变,特别是资本主义势力的世界性扩张,非洲、拉美、南亚等地民族聚落形式出现了由部落流动到定居再到大规模聚居的现象。同时,东欧、东亚、大洋洲等地定期集市大量出现。第三,工业化促使集镇社区中各种产业得到全面发展,促使社区中的科学、文化以快于农村的速度向现代接近,继而使集镇社区真正成为一定区域中的多功能中心。第四,近百年来,人们对集镇社区的认识逐渐深化。20世纪初兴起的英国"花园城镇"运动,标志着人们开始从工业和人口的合理分布着眼,科学地、现实地规划城市与集镇的现在和未来了。20世纪中期以来,西方城市化潮流中出现了一个新的引人注目的现象,即在欧美等发达国家的所谓"后工业社会"中掀起了"新镇"(New Town)运动,大城市工业和人口迅速地有计划地向集镇社区扩散,集镇上升为社会聚落的主体。如1970年到1975年间,美国人口增长4.8%,而规模在2500到25500人之间和规模在2500人以下的集镇社区中的人口却分别增长了7.5%和8.7%。产生这一趋势的主要原因有两条,一是企图用强化大城市功能来根治自身内部住房、饮水、交通、污染、犯罪、失业等等城市生态问题、社会问题、经济问题十分困难,而具有田园风味的集镇生活方式却为避免种种"城市病"提供了可能;二是高度发达的科学技术为工业和人口的分散提供了物质保证。随着新技术革命的到来,中小企业大量增加。这类从集中到分散的企业,较容易采用新技术,进行设备更新换代投资少,见效快,新技术也容易发挥作用。

中外历史证明,集镇社区是社会经济发展的必然产物,农业生产力提高后的社会分工是它赖以生存的土壤,农村中的商品化经济是它发展的直接诱因,而工业化则为它壮大成为独立的社会经济实体提供了根本的动力。随着人类文明的不断进步,集镇社区所特有的种种优点已开始为人们所重视,对它的建设已从自发阶段进入自觉阶段。可以预见,在不久的将来,集镇社区在世界范围内将得到更大的发展,将对人类社会聚落系统的均衡发展产生更显要的影响。

三、发展集镇建设在实现四化、加速社会一体化进程中的重要性

消灭三大差别,实现共产主义,最主要的是要在社会中消灭城乡差别,而实现这一目标的关键在于如何将工业和农业相结合,使农业人口和非农业人口的生活条件相接近。这也正是我们研究集镇社区的最终目的,它涉及研究探索社会发展方向这一重大理论问题和现实问题。

我国的国情和三十多年的实践证明,我们无法人为地采取乡村向城市看齐的"结合"方式,这从我国农村生产力远远落后于城市,以及农村还有为数众多的剩余劳力来看是不现实的;也不可能企图将城市水平拉下来向乡村俯就以实现"结合",否则将违背生产力发展的客观要求。这时,一个现实而具有战略意义的方案被提上了议事日程,即我们必须将着眼点放在发展城乡之间不可缺少的中介环节——集镇社区之上。这些年的实践证明,哪个地方集镇建设得好,发展得快,那里城乡人民生活差距便在明显缩小;只有在集镇中大力兴办各种乡镇企业,才能为工业和农业的结合寻得最好的方式和场所。因此,集镇社区在昨天产生有其历史必然性,在今天壮大更是社会发展的必然要求,这一必然要求则是由它在我国城乡社会网络中所处的重要地位决定的。具体

说来,集镇社区在实现四化、促进农村两个文明建设、加速社会一体化进程中所具有的重要性表现在如下几个方面:

第一,对于广大农村而言,集镇社区是农民进行各种社会交往、经济活动的区域中心,是改变农村面貌的"前进基地"。作为农村的政治中心,集镇大多为县、乡、村各级基层行政组织的所在地,对周围农村有行政管辖职能,上级各项政策指示和社会信息通过集镇传播向农村腹地。作为农村的经济中心,集镇自古以来就是周围四方农民交易农副产品的集散场所。随着集镇商品流通、社会服务职能的强化,为了提高能源、交通、供电、给水、排污等方面的经济效益,一般农村工业也都集中在集镇中布点。商业的繁荣刺激了工业的发展,工业的发展又要求商业提供更多的产前产后服务,最终促进产品增值,满足消费需要。这一集镇社区中流通—生产—消费的良性循环正是增强集镇经济实力,扩大对农村辐射功能的内在动力。作为农村的文化中心,由于集镇上聚集了农村中绝大部分各级行政部门和工商服务组织,使得集镇中各类文化福利设施的规模和层次都远远高于分散在农村聚落中的文化服务设施,集镇中的文化生活、社会服务对农村具有很强的吸引力,因此集镇社区的文化设施不仅要满足集镇居民的生活需要,更为周围农民提供了休息、娱乐、接受教育、医疗和各种社会服务的场所和设施,使广大农民在潜移默化中接受社会主义精神文明的熏陶。

第二,对于城市建设、大工业发展而言,集镇社区既是其经济和科学技术向农村辐射的直接落点,又是农村为城市、为大工业提供生产、生活原料的必经桥梁,具有城乡物资交流的中转枢纽功能。由于城市过于集中,农村高度分散,城市输送到农村的种类繁多的农业生产资料和生活消费资料不可能直接到达广大农民手中,而必须先流汇到一个枢纽点——集镇上,再由四乡八村的农民在集镇上用出售农副产品得到的货币同这些城市扩散的商品再次交换,从而满足农村居民生产生活的需要。同样是因为城市集中农村分散的原因,农村大量的农、牧、副、渔产品以及初级加工后的手工业产品,也必须首先根据经济合理的物资流向进入附近集镇,再由集镇这个中介环节输送到大中城市的消费者手中,从而完成生产、交换、消费的全部过程。

第三,对于社会总体发展而言,集镇社区的繁荣兴旺是促进城乡交融、加强工农联盟的最佳途径,它代表着具有我国社会主义特色的城镇化发展趋势。目前我国各社区人口分布不合理现象比较严重,突出表现在多数大中城市人口膨胀，农村劳力相对过剩，而集镇社区基础薄弱、人口规模偏小，形成人口分布两头粗中间细的"葫芦状"。任其这样下去，势必对消灭城乡差别、工农差别极为不利。怎样才能实现马恩为我们指出的使工业和人口在全社会平衡分布后而消灭三大差别呢？加快发展集镇社区是一理想途径。集镇接近原料产地，本身有较好的能源、交通、公共设施等条件，适于因地制宜兴办各类工厂。集镇工业化时代的到来，不仅可以有效地控制城市人口规模和城市工业"大而全"的臃肿局面，而且对农村剩余劳力可起到截流分流的作用，从而积极有效地促进了城乡交融。同时，越来越多的农业大军将转移进入乡镇企业的领域，这些今天的工人就是昨天的农民，他们与农民有着更直接的天然联盟，具有我国特色的工农差别的消灭将在集镇社区中得到生动体现。

综上所述，集镇社区在历史的变迁中，其相对独立的结构体系和对社会发展所产生的深远影响已越来越被人们所认识。不仅在当前，集镇和城市、乡村正在相辅相成共同发展，在未来的理想社会中，集镇社区也将是大工业和人口平衡分布的最佳落点，是城乡融合的最佳途径。因此我们认为，集镇社区是和城市社区、农村社区相并列的一大聚落体系。为了使我们对集镇社区的认识更加接近于科学，进一步将集镇社区的研究系统化、理论化，我们建议，如同对农村、城市社区的理论研究上升为农村社会学、城市社会学一样，应尽快地建立起一门具有我国社会主义特色的社会学分支学科——集镇社会学。

（作者单位：江苏省社会科学院社会学研究所）

社会改革对现代人的挑战
——关于"现代化与社会主义新人"研究的思考

原载《江海学刊》1986年第3期

叶南客

实现具有中国社会主义特色的现代化是由社会整体结构的现代化和人的行为观念现代化这双轨系统有机交织而成的变迁过程。如何在加速实现四个现代化的同时，有目的、尽快地造就一代有较高文化素质和高尚精神境界的社会主义新人？这是社会改革向社会学者提出的重大的历史性课题。

一、"人的现代化"研究的背景及其战略价值

"现代化与社会主义新人"研究的提出,是基于当今社会改革对我们产生全面挑战的时代背景下,探索促进个人和社会现代化同步进行的理想方案,以保证我国社会主义现代化的最终完满实现。从社会变迁的意义上讲,实现人的现代化不仅是社会改革中日益突出的现实需求,也是现代文化变迁的必然结果。它生动地体现了我国的现代化由低级向高级、由外在向内在发生深刻变迁的历史进程。相应地,对于现代化过程中社会主义新人的总体研究也必然是一个巨大的系统开发工程。这首先须对它的价值、目的作出明确的理论判断,从而对整个研究过程产生导向功能。这里,我们试图对研究价值的分解提供三个层次的思路。

从微观上分析,人的现代化过程是一个复杂的动态系统,其运行环境、表层结构甚至部分机体都不可避免地存在障碍性因素,寻找消除这些障碍因素的途径,正是我们研究的出发点。当前社会改革促使人民经济生活的富裕促成了购买力上升,闲暇时间增加促成精神生活需求的增长。如果忽略人们社会和精神的需求,经济发展了,闲暇时间增多了,社会问题反而会增加。近年来我国现代化发展中出现的一系列不良现象亟须引起我们的重视,如:"消极亚文化"——封建保守的反现代倾向、资产阶级拜金主义;"消费饥饿症"——不合理的消费结构、盲目攀比心理;"病态时序"——不合理的闲暇消费以及青少年越轨现象增多等等。通过对人的现代化的环境、过程机制、目标的研究,便是力图从提高人的精神素质的角度出发,寻找解决社会问题的答案,促进社会主义精神文明的建设,为今天的改革创造良好的社会条件和外在环境。

从中观上分析,人的现代化实质上意味着社会改革要求现代人个性世界趋于开放和合理化,它和传统文化中某些因素对人个性的长期压抑所形成的冲突已是历史的必然;因此,社会改革的挑战向人的现代化研究首先提出了两个必须回答的课题:① 对于中国传统文化的评价和扬弃;② 对于现代外来文化的分析和取舍。只有对这两个问题作出较为圆满的解释,对新旧文化的输入输出作出正确的选择,才能为人的发展确立起一个良好的内在行为规范体系,保证人的个性得到全面充分自由的发挥;对于社会发展,才能形成一个与社会开放体制改革相适应的文化意识形态,为我国现代化道路作出保护

和引导。就现代化变迁对现代人行为状态的决定性影响而言,实现文化的现代化和人的现代化是一个问题的两个方面。我们今天的各项改革事业必须有一个积极进取型的文化意识环境,近百年来中国社会前进步履维艰,其主要原因便在于对建设一个良性的内在文化心理环境未曾加以重视,没有为人的个性发挥和社会进步两者同步运行创造积极条件。

从宏观上分析,如果我们将视野从对现实问题的解决和进步环境的考察转向于综观文明进步的历史长河,今天提出造就现代化的社会主义新人,从某种意义上说,实质上是在致力于完成"五·四"新文化运动的未竟之业。自从19世纪中叶鸦片战争的炮声敲开了我国沉重的封建大门后,我国便开始了现代化变迁。1949年我国社会摆脱了封建、殖民的束缚,已具备了包容现代化的政体条件;从社会主义制度建立直到1979年开始的经济体制改革,我们才用教训换来了包容现代化的经济条件。但是,政治、经济的改革只是推翻了有形的封建制度,本世纪初开始的不彻底的文化革命并未能铲除人们一系列落后的封建意识,这些与现代化发展格格不入的无形文化余毒正在从各方面对我们的改革事业产生严重腐蚀。我们今天强调造就社会主义现代化新人,意味着中国新文化革命第二次高潮的到来,在这场革命中,我们要努力彻底洗涤一切不良的文化环境,要将民主和科学这两位"先生"真正移植渗进中国的国民性之中。这一创造新人、创造新文化的价值就在于促使中国的历史变迁真正实现质的飞跃,为我国全体社会成员自觉接受共产主义观念和目标奠定坚实的心理基石。

二、对"人的现代化"系统内容的分析

人的现代化过程,是个有既定运行目标、多层次、多因子、开放型的动态有机系统,这项富有历史意义的系统研究工程,必须从当前仅停留在对人的现代性倾向的外部特征的归纳上进一步深入到这个系统内部展开机制分析,也就是说要渗透于人的现代化的内部过程,对该系统内在的构成以及运行原理进行剖析,这样才能深刻把握住研究客体的本质和趋势。

人的现代化运行系统,通过功能模拟的简化,可以看作是由内部三个亚系统的互动而构成的有机整体,如图:

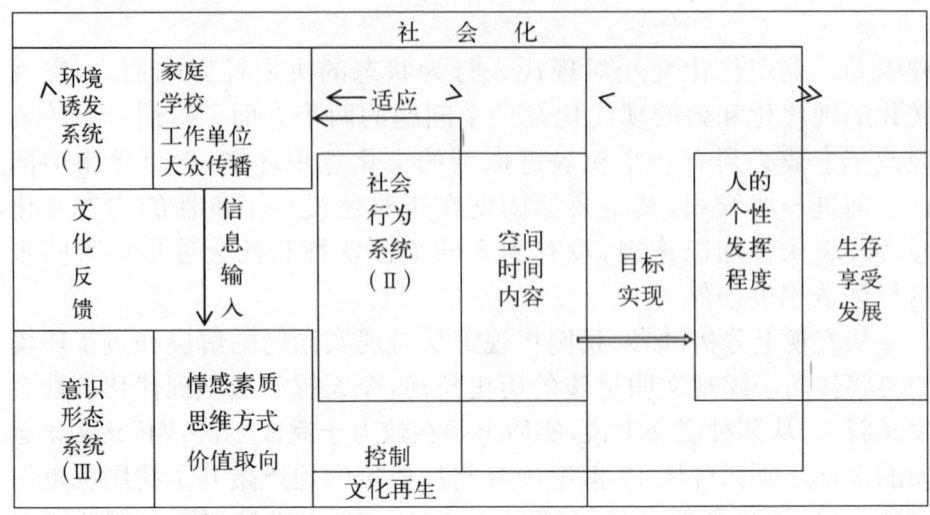

这三个亚系统通过信息对流互相刺激调整速度和目标,共同构成了向有利于"人的个性发挥"这一现代化目标趋前运动的整体。这三组系统既是人的现代化的运行主体,又是这一运动过程中不可或缺的因素链。因此,在研究人的现代化时,应首先着眼于对这三个主要亚系统的分析,通过大量定性、定量研究,探索人的现代化得以产生、发展和实现的各种作用机制。

环境诱发系统(Ⅰ)任何事物的发生发展都是在一特定的环境中进行的,环境构成了主要外因,内因必须通过外因而起作用;同时环境因素和运动体本身又是时常渗透重合的,环境的变化也正是考察事物变化的一个显著标志。环境系统具有"双向机制"。同样在人的现代化过程中,环境作为一个独立的诱发系统,它作用于人的社会化程度也正从外部特征上反映了人的现代化程度。因此恰如英格尔斯在《人的现代化》中所分析的:"个人向现代化转变本身是人的环境和他的社会环境相互影响的过程。"①

在对大量复杂的社会现象进行归纳分析之后,我们看到环境系统中主要有四种因素对人的社会化以至现代化产生重要而直接的影响,即家庭、教育、职业和大众传播。它们对于人的现代化的诱发作用体现在:1. 家庭是人类接受社会化的第一个环境也是终生的环境,在家庭中,父母承担着极重要的社会义务——向新生的社会成员传递文化。这里既是传统文化更新继替的基地,又是现代化文化灌输形成的前站。"家庭是帮助建立现代化社会的重要因素,现代化过程有理由要求家庭

---

① 《人的现代化》第266页。

从小培养儿女具有能适合现代化社会环境的品质"。① 2. 教育是社会文明传递进步的主要载体,人的现代化作为社会文明的高级形态,在这个实现过程中,教育无疑负有更重大的社会化功能。目前我们在研究教育与人的现代化关系时,应着重探索如何更新我们长期以来对教育目标所持有的观念。传统的教育目标是传授知识和技能;现代化社会中,教育必须促成人的个性全面发展,向着造就智慧、幸福的"新人"方向努力。3. 工作单位是人的社会化过程的中、长期环境,是人的现代化和社会现代化的主要结节点。在职业环境刺激下,人的现代化诸种特征得到了鲜明的体现:如效能感、时间观、计划性、进取心、对新事物的接受、人际交往中的异质,等等。4. 大众传播在今天的信息社会中,作为"第三次浪潮"中的主流对于实现人的现代化产生了巨大而神奇的冲击力。它在最短的时间内将最新的知识、信息、观念传递到最僻远落后的人群之中,有效地缩短了全社会中的城乡距离、时空距离、心理距离,加快了全社会中人的现代化进程。

在明确了环境系统中四因素对人的现代化所呈现的主要诱发功能之后,还须深入一步对四因素所构成的环境系统作出机制分析:① 要分析家庭、教育、职业、大众传播对于人的现代化过程的刺激强度,对它们各自的作用程度作出科学测量。② 要分析这四个环境媒介在人的现代化运动中显示出的"适应态"和"非适应态",研究其相互作用是促进还是消减。③要研究如何对环境机制作出有效的控制和整合,以利于人的社会化和人的现代化良性运行。

社会行为系统(Ⅱ)社会行为是人和物的社会因素在一定时间和空间中的结合,由于行为方式具有直观、具体、生动等外部可测性特征,因而在考察人的现代化系统运动时,社会行为系统的变迁是最为直接、突出而引人注目的。事实上,环境的改造、观念的确立、物质文明与精神文明的同步建设等等社会进步因素,常常凭借人们行为方式的更新得以鲜明地再现。

人类的一切活动都是社会行为的体现,在描述人的现代化过程时,首先应从功能的角度观察现代人的生产行为和生活行为。社会现代化实际上是工业文明向社会整体的渗透过程,人们生产方式趋于产业深化、专业分化是这一过程的起点也是其结果,同时马克思主义的原理也

---

① 《人的现代化》第84页。

告诉我们：一旦新的生产方式得到确立，必然导致人们传统的生产、生活方式产生连锁变迁。正是透过对现代生产、生活方式的分析，我们可以理出一条工业社会中人们的经济行为、文化行为向专业化、城市化变迁的主线，从而真正把握社会行为系统的变迁原因、现状特征、发展趋势。其次，从结构角度观察现代人生活的时间、空间和内容的变迁方向。社会行为系统是由时间、空间、内容三维坐标系统运动的延伸而组成，在对这三维序列的分析观察中，可看到现代人的生活节奏感在加快，他们的视野在迅速拓宽，而差别、距离在迅速缩小，他们的生活内容趋于丰富而积极向上，在追求个性发挥的过程中，正在接近社会学家E.迪尔凯姆曾阐述的现代化社会进步目标——"精神密度的增大"。

仅仅把握社会行为变迁的起因和结果特征是不够的，在进行人的现代化研究时，还须进一步从对变迁过程的考察上，对行为机制作出分析，探索生产行为、生活行为的互动模式，研究行为系统的三维结构之间的关系，找出它们得以共同运行的规律，从而使我们达到这样的目的：了解现代人的行为模式是怎样，将怎样转向智能型、交往型、经营型、事业型、思考型、进取型的。

意识形态系统（Ⅲ）人的现代化最终要求是培养造就一代具有集体主义和共产主义精神境界的、头脑中沸腾着创造意识和革新意识的社会主义新人。因此说，只有人类意识形态系统的进步以至现代化，才意味着人的现代化开始了真正深刻的运动，精神境界的现代化是人的现代化最本质的反映。对于我们的研究来说，也正如英格尔斯所揭示的："从社会心理学的观点来看，最具有挑战性的工作，莫过于研究和解释人们如何从传统人格逐渐转向现代化的人格了。"[1]

这里说的人格转化，就是人的意识形态系统变迁的过程和结果。人的意识形态系统是由人的情感素质、思维方式、价值取向层次要素构成的。情感素质是人的意识和行为沟通的基础，传统人向现代人转变的特征之一便在于其情感类型由封闭保守、注重血亲关系转向开朗求新、注重理性。思维方式的转变是人的现代化的关键性条件，在工业化时代里，我们要适应多元化、开放型、富有动态感的社会，首先必须使我们的思维方式由过去单一静止、非此即彼地考虑问题转向多样性、全方位、连续性地进行选择。价值取向是人们对事物的评判态度以及产生社

---

[1]《人的现代化》第9页。

会行为的原则和目标。传统的人格中，典型的价值取向是尊古崇权，评判一切行为以经验为准绳，以古训为依据。现代人的价值取向与之截然相反，他们对于经验和古训的取舍，不仅要看其是否科学，还要看其是否适用于今天。现代人强调行为的合理，强调个性、才智的发挥，对行为的评判以是否有利于目标实现为依据，面向未来是他们的最高准绳。

对于人的意识形态系统现代化的研究，首先要对上述亚系统内部三层次要素进行机制分析，探索促成现代化人格转向的途径，并要探索如何解决文化进步中的一些文化失调现象。其次，将意识形态系统放在人的现代化大系统中进行考察，通过对它和另外两个亚系统（系统Ⅰ和系统Ⅱ）之间关系变量的分析，对它在实现社会现代化中所产生的影响程度作出准确评价。

三、对人的现代化研究起点的若干设想

关于人的现代化的研究起点可以从以下三个方面进行思考：

目标起点。在人的现代化运行系统中，我们予以揭示的研究目标应是这样两点：人的发展，其宏观目标是什么？实现这一目标的调节杠杆是什么？

社会主义物质文明和精神文明的建设要一起抓，这是我们党坚定不移的方针。在创立充满生机和活力的社会主义经济体制的同时，要努力在全社会形成适应现代生产力发展和社会进步要求的、文明的、健康、科学的生活方式，摒弃那些落后的、愚昧的、腐朽的东西；要努力在全社会振奋起积极的、向上的、进取的精神，克服那些安于现状、思想懒惰、惧怕变革、墨守成规的习惯势力。这样的生活方式和精神状态，是社会主义精神文明建设的重要内容，是推进经济体制改革和物质文明建设的巨大力量。人的现代化的宏观目标便在于努力使社会成员在共产主义的教育和实践中，成长为一代有理想、有道德、有文化、有纪律的新人。

从微观上讲，如何造就新人，还须充分认识并掌握实现现代化中的主要调节杠杆，这就是在建设精神文明过程中，要加强对文化建设的研究，通过对传统文化的继承和选择、对外来文化的引进和包融，进一步研究社会主义精神文明与我国历史遗产的关系，研究社会主义精神文明与资本主义精神文明的区别，总结中华人民共和国成立以来精神文明建设的历史经验，从而寻找得出我国社会主义精神文明的特征。

对象起点。近年来的探索证明，人的现代化研究应首先放在对农村变迁的考察上,新一代的农民形象是我们开展研究的理想入口。这是因为:① 中国是一个农业大国,十亿人中有八亿是农民,这一客观存在本身便是有力的结论,中国的现代化,其主体必然是中国农业的现代化,中国农民的现代化。从1979年开始的我国农村经济体制改革已取得巨大成功,这不仅为全社会的健康发展打下了坚实基础,也为广大农民迈向现代化提供了现实可能,更为我们的研究提供了非常有利的时代背景。② 经济较发达地区的农民已开始在生产方式、生活方式、生活观念等方面展现了全面而生动的现代化图景,而具有我国特色的乡村集镇则是农民走向现代化的大舞台。江苏农民的生活变迁已较早、较具体地体现了中国由农业社会向工业化、城市化转变的一系列典型特征,有待我们及时捕捉和再现。

技术起点。研究人的现代化的技术起点就是要探索和现代化社会变迁特征相适应的研究方式、方法。

指导思想要以历史唯物主义为理论基石,探讨在中国建设社会主义精神文明的科学含义和具体内容,正确理解物质文明和精神文明的辩证关系,从而确立起有中国社会主义特色的文化环境和文化体系。

从方法论来看,研究的技术起点应探索系列能体现当代社会发展特征并和研究客体的特征相吻合的方法和工具,当务之急,是要使研究系统化、定量化。我们面临着的是一个复杂的有机的动态整体,因此必须学习和汲取当代科学分析的先进方法——系统工程分析法,从系统整体的角度对客体进行多层次、多维度、开放式的动态分析,这样便有可能更加贴切地认识研究对象的本质及规律。

人的现代化倾向是一个有机的具有某些共同因素的整体性趋势,要令人信服地展示这一点,仅靠个案调查或定性分析是难以做到的,因此我们研究的技术起点中要特别重视寻找可行的分析工具。当前便须在大量调查研究的基础上,自行设计或自外引进加以改造一整套的能反映现代化社会变迁的指标体系,并将它尽快地运用到研究中去。这样,对于社会发展而言,可以科学地测量为实现社会变迁目标在每个特定发展时期所利用的手段与资源的效果;对于人的现代化而言,可以"对个人的社会态度实现系统的调节,可以制订措施系统以改进组织工作和思想工作。"①

---

① 《苏联社会学研究的理论和实践》第234页。

政治社会学一览

原载《未定稿》1987年第13期

叶南客　唐仲勋

政治社会学,是通过分析社会和政治过程的相互作用来研究政治体制的特征和演变、政治组织和角色的行为规律、各种政治活动的社会关联性和社会效应的一门新兴的社会学分支学科。作为一门独立的学科,它得以确立、发展只是近十几年的事。在各种分支社会学最为发达的美国,60年代以前连一名讲授政治社会学的讲师都没有。除R.赫伯尔的《社会运动——政治社会学导言》一书早在1951年就出版了以外,另外两本较为系统完整的政治社会学教科书都是在1970年代才问世的。

政治社会学在1960年代开始崭露头角,而在1970年代的欧美得到了迅速的发展。这主要是因为:(1)当代的政治斗争和国际政治关系日趋复杂,政治现象在社会生活中日益突出,并且和各种社会现象紧密相关,这就要求人们从社会整体角度分析国家组织的政治过程和社会成员的政治行为。如当前美国的政治社会学就在研究大众投票行为、官僚体制、自愿组合体内部的政治权力分配等问题。(2)70年代后期掀起的全球范围的社会体制改革热潮,要求人们运用社会学的视角探索政治体制的改革目标和发展模式。东欧等社会主义国家在研究社会主义社会的新型管理体制的过程中,都十分重视政治社会学的特殊功能。南斯拉夫学者指出,政治社会学的"基本出发点"是"首先研究社会影响国家的各种变化"[1]。(3)1970年代盛行于欧美社会科学界的"韦伯热",对政治社会学的确立也具有重要的诱发作用。德国著名社会学家M.韦伯在20世纪初提出的关于合法的概念、关于合法权威的三重类型学说、关于国家和权力的定义以及把科层组织作为权力结构的论述于五六十年代流行于欧美,对政治社会学系统理论的形成产生了深远的影响。因此,美国学者科隆指出:"政治社会学如同形式、组织和社会科层化问题一样,是在韦伯社会学著作最早的译文出版不久后才作为一门专业开始出现的。"[2]

从社会整体的角度研究政治行为规律的政治社会观古已有之。两

---

[1] 南斯拉夫《观点》杂志1979年第10期,转引自《当代国外社会学漫谈》第182页。
[2] 见《国外社会科学》1983年第8期。

千多年以前，西方政治学之父亚里士多德在研究了古希腊城邦社会的各种社会问题和管理经验的基础上，写出了《政治学》一书。在这部古典名著中，作者超越了现代意义上的政治学范围，从城市社会的整体角度，从"天生的政治动物"——人的角度，提出了国家制度与政体建立、国家的社会管理活动、国家和人民的关系等一系列重大问题，这不仅奠定了西方政治学的理论基础，也直接影响了当代政治社会学中的一系列新观念的形成。他所使用的"政治学"词的含义就是关于城邦社会的知识和研究城邦问题的理论和技术。

西方古典社会学诞生以来，历代学者们都曾从社会学的角度对国家管理、社会控制、阶级冲突等政治现象作过思考和探究。实证社会学的创始人A.孔德在他的"实证的社会进步论"思想指导下写出了《实证政治体系——或建立人类宗教的社会学论文》四卷本著作，系统地提出了他的主观主义和实证主义相掺和的社会政治理论。孔德主义的中心是把社会当作一个有机整体，他鼓吹友谊、博爱和道德教育，要求建立一个"最终的完善的宗教"，他坚持认为他所处的社会中的两大对立阶级——资本家和工人——应该团结，并断定"每一个阶级都行使社会所必需的职能"。因此，国家政治管理便是运用"世俗政权"和"精神政权"，支持社会团结，以达到共同的目标——"秩序和进步"。稍后一些的生物学主义的社会学代表人物H.斯宾塞发展了孔德的有机整体功能理论，从生物进化论的意义上提出了"社会有机体"学说。他认为社会阶级的分化正如有机体内部各种有机的机能分化，从而引出阶级协调的政治思想。他在《人与国家》等一系列社会学著作中，提出人与人的社会关系也是"生存竞争，强存弱汰"的自然选择关系，国家与法律的任务便仅是保护个人的自由权利，如竞争权、财产权、契约自由等权利。这些社会政治理论对当时和以后的欧美社会学者影响之大，远在孔德的学说之上。

从19世纪末到20世纪初，欧美的社会学研究进一步扩展到了对于所有的社会现象进行研究的程度，逐渐形成了独立的学科体系。这一时期的政治社会学也有所发展。在法国，E.迪尔凯姆从社会分工道德整合等客观角度，提出了他的宗教改革、集体主义、世俗化等社会政治理想。

在德国，M.韦伯通过对多国经济社会体制的比较分析，对科层组织趋向、阶级的产生和合法性、国家力量过分集中后的弓形结构等问题作了全面探索，为后人研究不同历史情况下的社会政治结构及其互动变化奠定了理论基石。在美国,罗斯等人更进一步地从微观的社会心理、政治心理出发进行分析,提出了政治社会学的一个重要研究课题——"社会控制"。

20世纪40年代以来西方行为主义政治学理论的发展直接导致了政治社会学的形成。行为主义政治学者们认为政治学应当重视亚里士多德的传统,对人的政治行为作出解释。它不仅应当研究人的外在行动,还应当研究人的心理活动,以及影响人的行为的周围因素,如家庭、教育、职业等等。因此,他们把社会学、心理学、统计学以及自然科学中的某些知识运用到了政治学领域,促成了政治学和社会学之间的交叉学科——政治社会学的出现。

政治社会学和政治学的研究有着许多实质性的差别,两者的分析角度、分析方法、分析内容有很大不同。政治学的分析角度是国家政权体制的发生发展、其内在权力的分配和制约;它的分析内容是透过政治现象对政权建设、国家管理的规律作出定性研究,因而它具有独特的对象——研究有阶级社会以来,以国家为中心的各种政治现象和政治关系及其发展规律。与此相比,政治社会学的分析角度是政治现象与社会现象的各种联系,要求研究者运用整体的、动态的分析方式,对各种政治行为及其社会原因和后续变化进行定性和定量相结合的实证研究。因此,A.奥伦在《政治社会学导论》中提出了与政治学的研究对象不同的政治社会学的特定研究对象——政治是由什么构成的,政治如何造成社会上的各种事件。[①]

马克思主义的社会改造观出现以后,政治学的发展出现了重大转折,无产阶级政治社会学的科学基础逐渐形成。19世纪上半叶,随着资本主义体系的建立,资本主义社会的矛盾逐渐暴露,资本主义危机逐渐发展,无产阶级开始以资本主义掘墓人的形象步入历史舞台。马克思主义的唯物史观便是在这一社会背景下出现的。马克思主义的经典作家们一开始便从分析资本主义经济结构入手,建立了阶级分析的基本观点,对资本主义的社会政治现象进行了全面深入的分析,其内容包括:

(1) 研究剥削的起源和性质,研究政治压迫、统治和异化。

(2) 阐明社会的基本结构,阐明对国家、政府、宗教等问题的看法,确定它们在整个政治关系中的职能。

---

① 参见《当代国外社会学漫谈》第182页。

(3) 强调社会阶级组织的作用和它们之间的关系,特别是统治阶级和被统治阶级之间的关系。

(4) 研究社会基本变化的原因和形式。①

马克思主义政治社会学说的典范之作是《共产党宣言》,这也是无产阶级的第一个社会政治纲领。今天我们重温这一经典著作,对于建设马克思主义政治社会学具有十分重大的意义。《共产党宣言》揭示了马克思主义社会政治思想的五层内涵。首先,提出了国家是阶级统治的组织的观点,批判了资产阶级关于国家是超阶级的社会联合体的观点;第二,提出了人类阶级社会的历史是阶级斗争的历史、阶级斗争的根本问题是政权的归属问题的观点;第三,指出了无产阶级专政是无产阶级革命的第一步,无产阶级的政治目的是建设共产主义;第四,指出了无产阶级的政治体制不是用共和制代替君主制,而必将有自己的创造;第五,系统地阐述了无产阶级政党学说。

《共产党宣言》对马克思主义政治社会学的基本原理作出了高度的概括。此后,马克思的《法兰西内战》《政治冷淡主义》,恩格斯的《家庭、私有制和国家的起源》《论权威》,列宁的《国家与革命》《论国家》,斯大林的《论列宁主义基础》,毛泽东的《论人民民主专政》《关于正确处理人民内部矛盾的问题》以及《邓小平文选》中关于改革国家机构的论述,都对马克思主义政治社会学的发展作出了重大贡献,它们对于我们用唯物史观和科学的社会学方法分析社会变迁中的政治结构、政治管理和民主建设具有极其重要的指导意义。

随着当前社会学研究的逐渐深入和分化,随着马克思主义政治社会学说与我国的全面改革实践的进一步结合,政治社会学这门具有重大理论意义和实践意义的社会学分支学科在我国已处于不断发展的状态之中。我们社会学工作者应当不失时机,以总结中国的基本国情为前提,以历史唯物主义为理论指导,以大量的社会调查为研究的出发点,积极探索、创建具有中国特色的马克思主义政治社会学的理论体系。笔者认为,就政治社会学的内容体系而言,可有以下两个层次的分析思路:

(一) 基础理论和方法

首先,应认真总结各个时期的马克思主义理论家的有关论述,运用

---

① 参见《当代国外社会学漫谈》第184—185页。

科学的唯物史观把握住各个历史阶段中政治行为变迁的基本脉络；同时还要批判地汲取欧美资产阶级学者的政治学说中的合理成分，对我国历史上的社会政治思想加以总结、分析和扬弃。使前人的成果为我所用。

其次，要在积累大量的国内外有关资料的基础上，对各个历史时期、世界各大文明区的政治体制发展与社会整体进步的互动关系进行综合比较分析，从而使政治社会学这一学科的建立具有宏观的理论意义和普遍的应用价值。

再者，在政治社会学的研究中应注意引进现代科学研究的方法和手段，如系统动力学的分析法则、定性描述和定量分析相结合的法则，还应汲取政治心理学、政治地理学、政治组织学等领导科学、行为科学的理论成果，进而不断丰富政治社会学的理论构架。

(二) 研究对象

(1) 政治体制的建设、发展与社会变迁的相互作用。既要研究现有政体、国体的社会基础，又要研究社会进步对政治结构、阶级关系、党政关系、领袖与大众的关系等等产生何种影响，还要研究政治管理及其变革对社会、经济、文化等各方面的种种联动作用。

(2) 政治行为的社会过程。对于国家行为中的权力分配、行使、监督、制衡，组织行为中的决策程序与管理合理化程度，个人行为中的政治角色参与等问题，都应当进行有社会学意义的理论判断。

(3) 政治活动的社会效应。如何造成社会体制的良性运行，促进社会整体的有序发展——具体地讲，如何通过改善并强化政治体制功能，建立健全社会主义法制，维护人民的民主权利和根本利益，是当前政治社会学所面临的重大而迫切的课题。

(叶南客　唐仲勋)

边际人
——现代青年人格转型论纲

原载《南京日报》1989 年 1 月 17 日第 3650 期

叶南客

就像 19 世纪俄国文学中出现了"多余人""新人"形象一样，在 20 世纪的欧美文学中也出现了"局外人""边际人"形象。但是在社会科学领域,最早揭示人的"边际性"这一现代特征的,乃是美国著名的社会学家罗伯特·E.帕克。1928年,帕克在《美国社会学杂志》第3期上发表了"人类的流动与边际人"。这一观点是他在研究人口城市化流动时得出的。

20世纪五六十年代,在关于现代青年本质、青年人格特征的国际大讨论中,美国以及东欧的一些青年学专家(如K.卢因、I.萨尔诺夫、罗森马耶尔等人)先后重提了青年边际性(或边缘性)的概念及特征。当时的出发点仅是就青年的年龄过渡性和社会权力特征而言,针对面窄,理论揭示层次较浅。至此,"边际人"便成为学术界专指的一种现代青年特征或用来分析青年人格的一种思维角度。

我国青年学界刚刚接受了这一概念,但尚未予以更多的注意。

如何归纳我们这一代人的人格特征?查询书刊,我们常遇到这样一些总结性词汇:"开拓性、主体性、展望性、计划性、继承性"……;肯定者有之,指责者亦有之,如称其"失范性""没良心"……。我不一概否定上述特性,但从科学化、现代化的角度反思,总觉得都还未能搔着"痒处"。因此我提出补充性的观点:"边际人"是大动荡时期现代青年人格转型中的"典型缩影"。

我所表述的"边际人"其逻辑内涵由三层意思组成:① 作为一个事物的边界处、边缘处,如青年处在少年期末、处在社会权力的边缘;② 作为两个事物间的转折点,就像当年恩格斯称但丁是"中世纪最后一个诗人和新时代最初一位诗人"一样;③ "边际"不止一个转折点,还表现为双轨制转型中的冲突区或过渡带。正是基于这一内涵,现代青年心态中所呈现的茫然、失范、无序、失衡等现象便得到了合理的解释。

"边际人"的表述不在于哗众取宠地抛出一个新概念,而在于对促进现代青年研究具有以下较重要的理论价值:① 满足对现代青年本质特征合理表述的科学要求,不论从外延归纳还是内涵挖掘上我们都可发现现代青年的边际特征(后文再证明之);② 满足了现代科学要求揭示事实中的"价值中立"原则,这一范畴具有客观性和可验证性,和已往的一些青年特征表述相比,它不含作者自己的价值倾向,不论对与错,只判断真与假;③ 体现了从时空连续体角度来考察客体的新思维特征,即动态感;④ 边际性是一个高度概括的形容词,具有明显的综合、整体表述的特征,故符合一个科学范畴要有"最大含量"的要求。

为什么说"边际人"是现代青年的人格特征?对此,须予以多元的解释。但各种解释的起点,都应建立在对现代人青春期本性的反思上。

在《青春的本性》一书中,英国人 J. C. 考尔曼指出,青少年产生了自我同一性危机,在社会学家看来,"首先,青春期既是角色转变、也是角色冲突的一个时期。其次,年龄隔阂的加剧意味着青年很少接受成人的示范作用,从而使其成长道路上充满着艰难困苦。"这段话表明,处在自我人格分裂中的青年,正在痛苦困惑的角色转变、冲突中,寻找并争取自我的统一,一旦这种生理、心理的自然属性得到确立统一,主体人格便形成了。

不少人论证青年人是最具有主体意识的人,在我看来,有、无并非关键,关键在于他是否在不断追求自我的统一和主体的形成;"边际人"的内在特质本来就意味着人的自然属性从不成熟走向成熟。

青春期的角色转型,更多更突出地表现为青年由"自然人"向"社会人"的过渡。在这一时期青年开始加入各种各样正式或非正式的组织群体,他们在物质上摆脱依附,精神上趋向叛逆,在追求主体性的过程中勇于承担社会责任。一句话,"边际人"的又一本质表现在离开家庭的温室走向社会。

"时代的性质就是青年的性格"(恩格斯语)。青年作为每一个时代的"边际人",总是新文化浪头上的弄潮儿,他们以自己不断变动、不断创新的文化型态表明:青年一直在试图踏上未来世界的"边际"。因此,当我们看到今天的年轻人在生活方式、价值观念等方面发生急剧变化或显得迷茫、无序时,应视为是中国社会的体制、文化在告别过去向新时代过渡的一种浓缩反映。

这样,"边际人"便又为我们揭示了现代青年人格转型中的一项内在特质:青年代表了我们农业大国中最先觉醒的一批人,他们正由传统走向现代。

通过对现代人青春期本性的反思,我们不难发现,我们这一代青年从内里到表层、从微观到宏观都逐一呈现了"边际人"的特性,亦可表述为:生理成长的边际性、心理特质的边际性、社会人格的边际性、时代转型的边际性。

马克思早就提出:思辨终止的地方,正是描述人们的实践活动和实际发展过程的真正实证的科学开始的地方。如果我们换一个角度观察,"边际人"特征事实上非常明显、非常普遍地存在于现代青年的各种生活方式中。

现代青年物质生活的边际性,首先表现于青年在家庭生活特别是消费方式中开始了自主选择并试图与父母逆反,紧接着因进入职业生活而实现了经济生活的自主便真正开始挣脱对家庭的依附。如因受高等教育而延缓就职,则边际冲突更长期、更激烈。

现代青年群体生活的边际性,表现为青年人的社交对象,范围正在发生三重变化:① 从以父母为主的家庭交往对象转为以同龄朋友、单位同事为主的社会交往对象;② 从以娱乐为主的少年游戏群体转向以爱好、事业、信息交流为主的成人边缘群体;③ 从以与少数人交往为主的初级群体转为以与各类人、各类组织大规模、大范围为主的社会交往。

现代青年政治生活的边际性,表现为青年由不懂任何社会责任、为权力集团所忽视,转为勇于以天下事为己任,强烈要求参与社会的决策和管理。

现代青年精神生活的边际性,则更是俯拾皆是而又一言难尽的文化事实了。我们处处可见现代青年对父母楷模文化(即前喻文化)由摹仿到叛逆并创造出前所未有的后喻文化(参见 M. 米德《文化与承诺》一书);我们自己也曾感受过由少年时代的天真烂漫到青春期对爱的渴求和骚动;我们现在还在听同龄人高歌"我不知道、我不知道……",以及"我要给你我的追求,还有我的自由……"。

这就是我们这一代人。当地球上的"空间移民"结束后,20 世纪开始人类的"文化移民""时代移民",现代青年之所以成为"边际人",便是因为他们是第一批"时代的移民",他们自身的价值观和生活方式都表明,他们正在走向新世纪。

跨世纪的社会学使命

原载《社会科学报(理论专版)》1990 年第 202 期

叶南客

如果将 20 世纪中国的社会变迁分作两段,前 50 年的使命是破旧与立新,后 50 年是创业和加速发展。如何圆满完成 20 世纪的社会发展使命,使祖国走进繁荣发达的 21 世纪?具有综合、整体、应用特征的社会学研究,应确立起特殊的贡献意识。

社会发展需要制订战略,社会学也要明确本学科建设在跨世纪探索过程中所应有的战略重点。

一、深入学习历史唯物主义原理、研究发展马克思主义社会学说,确立当代社会学的方法论和发展观。首先,马克思主义哲学不仅是对社会学,也是每门社会科学应予确立贯彻的方法论,唯物观念、发展观念、整体观念、对立统一观念、实践观念,无一不将对现代社会学的理论、方法和应用产生积极影响。其次,马克思主义本身便是一种科学的社会发展观,马克思、恩格斯、列宁等人对资本主义、帝国主义。科学社会主义等历史形态的研究,既是我们今天研究社会主义健康发展的理论指导,又为我们探索建立有中国特色的发展社会学树立了科学典范。再者,学习和掌握马克思主义的正确原则立场,有助于我们在开放时代引进借鉴大量不同学术观点时,增强对一些错误思潮的抗干扰能力。学习研究是为了发展和应用。我们有必要在领会马克思主义原理的基础上,促进社会学的中国化,使马克思主义社会学为中国现实发展作出贡献。

二、深入研究社会稳定机制和发展战略。社会学要研究稳定,应发扬本学科的系统、实证的优势,深入剖析并建立起新的社会整合机制、保障机制、导向机制、协调发展机制。

三、深入探索社会改革开放的新情况、新问题,研究新对策。改革需要科学的理论作指导,需要综合配套。我们的理论特别是社会学研究,要发挥"过滤器"和"肠胃"的功能,教会人民如何识别、选择和消化国外的各种物质、技术、知识、观念。

四、深入开展精神文明建设研究,探索塑造社会主义新人的有效途径。马克思主义者一向认为人是社会关系的总和、社会发展的主体。培养一代新人,是中国实现现代化的重要标志。不论是传统社会学还是现代社会学,新人格的塑造、人的生活方式、价值观念变革、人的生活质量的提高等,是本学科的重要范畴。确立人的发展研究方向,是社会发展新阶段的必然要求。

(作者系江苏省社科院社会学所理论室主任)

苏南城乡居民生活质量评估与提高战略

原载《中国社会科学》1992年第3期

叶南客

本文提出生活质量是由消费水平、消费结构、生活方式、生活感受四类范畴组成的动态系统。作者依据这一理论假设,根据对苏南地区的大量调查,对20世纪80年代末苏南城乡居民的生活质量进行了综合实证分析与评估,得出了苏南居民"消费水平小康化,消费结构多样化,生活方式丰富拓展,生活感受喜忧参半"的结论。在此基础上,作者提出了苏南居民生活质量进一步提高的指导原则、战略目标及对策。

作者叶南客,1960年生,江苏省社会科学院社会学研究所助理研究员。

苏南地区①是我国经济社会发展较快的地区之一,将超前于全国多数地区进入小康。而生活质量所达到的水平,是衡量小康水平的重要指标。对苏南城乡居民的生活质量作出恰当的评估并研究其进一步提高的战略,不仅对促进该地区经济社会均衡、协调的发展有意义,而且,由此也可窥见全国走向小康的大致轨迹。

评估生活质量有不同的指标体系。有的指标体系较着重客观生活状况的分析,有的则侧重人的主观态度反映。本文试图将二者结合起来,将生活质量视为一个多因素多层次的动态系统,其主体要素由消费水平、消费结构、生活方式和生活感受四类范畴组成。根据以上理论假设,现对苏南地区城乡居民生活质量及其提高战略作一些分析和探讨。

苏南城乡居民生活质量的分析

1. 消费水平的小康化

消费水平是人们对生活资料的拥有和劳务消费的数量标志,消费水平提高是实现小康的基础,根据国家计划部门的构想,2000年实现小康水平首先是人民消费水平的提高,即,全国人均消费水平为700到800元,达到20世纪80年代中期的城市居民的人均水平;城市居民消费水平将高于1200元,乡镇居民超过600元,城乡居民平均消费水平差距缩小,由1981年的2.71倍降至1.95倍②。从这一目标来看,到20世纪80年代末,苏南城乡人民的消费水平已经实现小康化,具体标志有如下三点:

第一,人均消费水平达标。参见表1。

---

① 苏南是指江苏南部的苏州、无锡、常州三市所辖城乡。
② 参见《2000年中国的人民消费》,中国社会科学出版社1988年版第177页;《小康生活战略目标与农村经济发展》,《消费经济》1988年第2期。

表 1　苏、锡、常地区城乡居民消费水平变化　　　　单位：元/年

年度 \ 地区	苏州		无锡		常州	
	城市	农村	城市	农村	城市	农村
1978	414(1981年)	212	473(1981年)	305(1982年)	482	165
1989	1619	1281	1611	1329	1469	1255

从表1可见，苏南在20世纪80年代短短十年中人民的消费水平基本上翻了2番，城市年人均水平均在1400元以上，农村也已超过了1200元，已达到20世纪末全国城镇居民的消费水平目标，在全国处于领先地位，和全国平均发展水平相比超前了10年之多。

第二，城乡人民的消费水平差距明显缩小。苏、锡、常三市城乡居民消费之比分别从20世纪70年代末或80年代初的1.95∶1、1.58∶1、2.92∶1下降为80年代末的1.26∶1、1.22∶1、1.17∶1。这一城乡比率也已低于2000年的全国平均标准。

第三，消费水平的提高还表现为城乡居民吃、穿、用、住等消费的全面增长和消费质量的提高。苏南居民的食品消费已由过去主食型向副食型发展，如无锡城乡居民1988年主食费用在食品费用中仅占7.8%，比1981年的19.4%下降了11.6个百分点，而肉、禽、蛋、水产品等消费比重则相应从27.2%上升到38.7%。穿着消费也由过去的低档单调向高档、多样、成衣化、套装化发展。在耐用品方面，1989年，苏州城镇居民主要家用电器拥有率分别为：黑白电视机67%，彩电58%，电扇233%，电冰箱79%。苏南居民消费呈现了电气化、高档化的趋势，甚至连空调、电话和摩托车也开始进入平民百姓家庭。更令人瞩目的是人口稠密的苏南地区居住条件的较大改善，苏南农村各地目前人均居住面积均远超过2000年时人均15平方米的全国规划指标，如苏州农村在1989年已达到人均生活用房36.97平方米。但是，当前苏南地区居民消费生活中还存在一些不合理现象：

（1）居民支出与收入的比例和消费支出与生产投入的比例不尽合理。20世纪80年代中后期，由于种种原因苏南地区和全国多数地区一样一度抢购成风，盲目攀比，在总体经济水平不高的情况下，农村向大城市攀比，低消费层向高消费层攀比，城市人向国外攀比。消费行为短期化，导致1988年苏南城乡都出现了年内支大于收的赤字消费状况。另一不合理之处是居民生活消费增长快于生产消费增长速度，如1984年到1988年，常州农村居民人均消费年均增长45.2%，而同期生产性

支出增长仅为39.4%。

(2) 近年来农民摊派负担较重,成为影响农村居民生活水平提高的制约因素。根据1989年江苏农村的有关调查,目前农民负担项目多达6大类50多项,农民直接负担近六成,并且在近两年呈现负担增长超过收入增长速度的趋势,其中又以苏南农民负担明显较重。1989年调查表明,苏南发达地区农村人均直接负担高达99.2元,占纯收入的9.93%,而苏中和苏北等次发达地区,人均负担仅为43—44元,占其纯收入的6%—8%左右。这是因为经济愈发展,兴办的事业愈多,投资(负担)的项目和款额也愈多。

(3) 苏南城乡消费生活中浪费现象较普遍和严重,这在农村居民中表现尤为突出,如建房盲目攀比,更新加速,婚丧嫁娶、升学招工中请客送礼、大吃大喝现象十分严重。调查发现,苏州市太仓县1988年户户都有送礼支出,互相送来送去,实际上造成不必要的浪费。农村家用电器闲置也颇为可观,如常州市武进县调查,1988年抢购风中购买商品后又闲置的农户占68.6%。这种种不健康的消费行为,既影响了居民的正常生活,也制约对再生产的投入。

2. 消费结构的多样化

消费结构是反映人们生活质量变化状况以及内在构成合理化程度的重要标志,一般用各项消费在生活消费总额中所占的比例来表示。据调查,近十年来苏南城乡居民的消费结构发生了显著变化。见表2。

表2 无锡城乡80年代居民消费结构变化*   单位:(%)

地区 年份 用项	城市居民			农村居民		
	1981	1988	1989	1982	1988	1989
食品	54.1	51.3	54.3	52.5	39.5	45.3
衣着	14.9	12.7	11.1	10.5	5.8	8.1
日用品	20.1	28.7	26.1	9.2	13	14.2
住房	—	—	—	22.6	36.3	26.3
燃料	2.2	0.7	0.7	2.9	1.9	1.8
非商品支出	8.7	6.6	7.8	2.3	3.5	4.3

* 由于苏南地区发展较均衡,故用无锡的数据亦可反映苏南状况。

从上表看,苏南居民消费中食品支出额比重仍较高,这主要是副食品及烟酒茶消费增长较快,说明食品结构由原来的温饱型向营养型转变。穿的支出比例虽有所下降,但讲究美观舒适,质量提高;日用品的支出比例增加,并且购买高档耐用消费品的增多,这既是20世纪80年代苏南轻工业快速发展,居民购买力增强的结果;也受到前几年讲究室内装饰或装修趋势的影响。从恩格尔系数看,苏南城市地区仍在50%以上,这是因为城市居民享受着各种补贴,他们的房租、交通、医疗等消费支出比重偏低,从而造成恩格尔系数偏高。而在苏南农村,其食品支出比例早在1985年就降到46.1%,1989年又降到45.3%。这是因为农村居民的食品自给性强,许多食物是自己生产的,因此,恩格尔系数偏低。

苏南居民的消费结构变化是多重社会、经济、心理因素变动的产物,从宏观上看受宏观产业结构、政策导向、价格波动等影响,中观上受本地区经济水平发展和供求关系调节的制约。微观上是由不同群体成员文化素质、心理需求促成的,在本地区宏观、中观条件相似的前提下,不同社会群体的消费意向会有所不同,从而影响该地区居民消费结构的变化走向。1990年的问卷调查中,我们就"如果您手头较富裕,您最想办的事是什么",作了一项不同类型人的消费选择倾向心理测量。见表3。

表3 苏南居民消费选择 单位:% 择三项,样本数:617

消费群体		改善住房	改善营养	添置衣服	请保姆	准备结婚费用	买书、报、刊物	文化学习	子女教育	赡养老人	买高档家用电器	买金首饰	外出旅游
性别	男	23	16	10	1	11	4	3	9	7	8	1	7
	女	20	15	14	1	9	5	2	8	6	9	3	9
社区	城	28	17	11	1	9	6	2	8	5	9	3	10
	镇	26	9	4	3	10	4	3	10	4	16	4	9
	乡	25	14	13	0.4	11	3	9	9	8	7	0.5	4
文化程度	小学	25	16	15	0	13	3	3	7	4	7	1	5
	初中	24	14	12	1	11	4	0.1	9	7	8	2	6
	高中	18	15	11	0	8	7	6	9	5	11	2	7
	大专以上	16	13	9	1	9	9	9	3	6	7	1	16
合计		21.4	15.4	11.7	0.8	10.2	4.4	2.7	8.8	6.3	8.7	1.9	7.7
选择位次		1	2	3	12	4	9	10	5	8	6	11	7

由表3可见,住、食、衣、结婚费用和子女教育处于苏南居民消费意向的前五位,而文化生活和享受性消费处在较后位置。这反映在今后几年

人们的消费意愿仍侧重于改善自己的物质生活和培养子女,而提高精神文化生活尚未得到普遍的重视。进一步分析,不同类型人的消费选择倾向是有差异的,如不同的性别中,女性更多人倾向于购衣、买家电、买金首饰和旅游;而男性更多地倾向于建房、准备结婚费用以及赡养老人等等。文化程度较高的居民对买书和报刊、文化学习、子女教育和旅游的需求比重较大;而初中和小学以下文化程度的人则更倾向于衣、食、住和筹备婚费事宜。城镇居民注重改善营养、买高档家电、旅游和买书刊、请保姆减轻家务负担;农村居民在住房、添衣、赡养老人等方面需求更大。这一系列消费选择倾向的差异体现了苏南人民消费结构的多样化趋势。

20世纪80年代,苏南人的消费结构变化中还存在一些不良倾向,与小康化的文明进程相悖。主要表现为:

(1) 消费层次浅表化,即在苏南城乡居民消费水平提高到相当程度时,消费支出重点和选择倾向没有及时地向更深层的发展型方向转移,用于提高自身素质和丰富文化,精神生活的消费比重长期偏低,例如苏南较富裕的苏州城乡,1989年城市居民用于文娱用品和书报刊物的人均文化消费比重仅为9.70%,农村居民更少,仅为0.78%。即使在微薄的文化消费中,目前多数人也属于浅层文化的消费,即注重看电影、录像、电视的娱乐性消费,而忽略购买书报,参加业余学习等发展性消费,这种情况是不利于居民整体素质提高的。

(2) 消费形态的福利化,即在城市居民消费中含有国家、地方、企业的多种福利补贴项目的因素,在苏南农村由于乡镇企业发展较早、农村集体经济较发达,也部分地采用了这种福利化的消费体制。名目繁多的货币补贴和实物福利,一方面降低了居民的非商品支出,如1989年无锡城乡居民的各种非商品支出比重仅为7.8%和4.4%;另一方面又在很大程度上提高了居民实际收入水平,扩大了现期货币收入的购买力,加剧了消费结构的不合理。城市居民因医疗和养老保险由国家企业统包,使国家和集体的财力负担过重;再加上目前"企业办社会"的集体福利设施有增无减,不仅造成居民职工劳务消费支出的萎缩,而且抑制了第三产业的发展,严重影响着苏南小康化中的消费结构商品化、社会化进程。

(3) 苏南居民在消费过程中由于消费需求冲动性强,出现了购买物品高度集中,转移速度快、多种消费品需求同时起步、饱和加速的现象,从而引起市场波动。也有人称之为"雪崩效应"。具有代表性的是1988年前后的抢购消费,导致苏南消费结构失常。造成这一问题的原因,一是由于近年来发达地区居民收入增长较快但消费选择面过窄,二是由于习惯平均化消费的居民在"示范效应"、"攀比效应"以及"恐涨(价)心理"的支配下,消费结构和行为出现盲目和畸形。1989年以来,由于多种政策调整和价格逐步稳定,消费结构失常现象得到缓解,但今后也不是完全没有再现的可能。

3. 生活方式的丰富拓展

健康、文明、科学的生活方式是人们生活质量提高的本质要求,也是衡量小康社会进程的主体性标志。个体生活中的闲暇生活方式和群体生活中的社交生活方式是生活方式中两个主要方面。这里就苏南居民生活方式中的这两个方面作一些分析。

(1) 闲暇生活时间及其分配

根据1990年对苏南600多城乡居民的抽样调查,苏南居民人均拥有的闲暇时间量较少,仅为2.8小时,不同性别、年龄、职业、社区的角色群体,其闲暇时间的占有量和活动构成又有所不同。见表4。

表4 苏南居民闲暇时间的人均容置　　单位:小时

分类	容量	闲暇时间	分类	容量	闲暇时间
性别	男	2.94	社区	城市	2.75
				集镇	3.04
	女	2.62		农村	2.84
年龄	20岁以下	3.38	职业	工人	2.84
	21—25	3.28		农民	2.93
	26—30	2.91		农民工(乡镇企业干部)	2.67
	31—40	2.62		行政干部	2.76
	41—50	2.51		商业职工	2.75
	51—60	2.92		个体户	3.75
	61岁以上	3.34		专业技术人员	2.57

表4显示,不同群体的闲暇时间,男性多于女性;乡镇居民略多于城市居民;25岁以下未婚青年和61岁以上老人多于其他年龄的人;个体劳动者多于专业技术人员和乡镇企业职工。那么,在每天两三个小时的闲暇生活中,人们的活动内容有哪些,侧重点是什么呢?对此我们进行了问卷调查,见表5、表6。

表5 闲暇时间活动内容的时间分配　单位:%　择三项,样本数:570

活动内容 分类	逛商店	学习文化	听广播	看电视	看报纸	看杂志	读小说	听录音	看电影听音乐会	打牌下棋	串门聊天	体育活动	逛公园	其他
男	3.05	18.59	25.91	86.59	54.88	18.9	16.16	13.41	8.23	15.85	13.41	5.79	6.09	13.11
女	16.94	12.4	27.27	87.6	40.08	20.25	12.4	23.55	10.33	5.79	19.42	4.54	1.24	18.59
城市	14.43	15.75	26.56	88.85	51.48	18.03	15.08	20	10.16	9.51	7.54	5.57	6.23	10.82
农村	2.04	15.51	28.16	85.71	45.31	20.82	13.47	14.69	8.16	13.47	26.94	4.08	0	20.82
小学	7.06	4.71	45.88	90.59	34.12	7.06	10.59	14.12	8.24	11.76	37.65	2.35	3.53	22.35
初中	7.76	13.36	27.16	89.66	50.86	18.97	12.07	19.4	8.62	13.36	16.81	5.17	3.45	13.79
高中	11.43	20	16.67	84.29	49.05	23.33	20	18.1	10.95	11.43	10	6.67	3.33	15.24
大专以上	6.82	36.36	31.82	77.27	65.91	25	9.1	13.64	4.55	2.27	2.27	2.27	11.36	11.36

表6　您现在参加哪些业余活动　　单位:%　样本数:390

分类	内容	科技活动	体育活动	文艺活动	文化娱乐	社会讲习班	社会工作	综合性沙龙	其他
	男	6	21	1	24	2	18	6	22
	女	3	12	1	34	2	14	1	33
	城	1	18	1	33	3	10	1	33
	乡	8	16	1	22	0	25	6	22

表5、表6表明,苏南居民的闲暇生活还是以"受传型活动"为主,即以看电视、看报纸、听广播、看杂志这几种接受大众传播的休闲活动为主,而较高层次发展型的科技、文艺活动、社会讲习、自修等活动则很少。在不同群体中,男性用于文化学习、打牌下棋、看报纸的比例高于女性,而女性用于逛商店、听录音、串门聊天的时间比重较大。城市人在逛商店、逛公园、体育活动等方面明显多于农民,而农村居民则相对较多是打牌、串门、聊天等活动。文化程度越高的人用于文化学习、看报刊和逛公园时间越多,文化较低者更多的是看电视、打牌、聊天。我们发现在调查中各类人回答投入"其他"活动的比重都比较大,这反映了苏南人闲暇内容多样化、分散化的特征。

(2) 群体交往与人际关系特征

在苏南调查中,我们发现社交活动正在成为人们闲暇生活的重要内容,人们的社交对象日益广泛,社交圈也在不断扩大。作进一步的分类分析,可以看出,在直接交往的规模上,男性大于女性,干部、个体户大于工人,农村居民大于城市居民。见表7。

表7　各类人员闲暇交往规模　　　　　　　　　　单位:%

分类	规模	1—2人	3—5人	6—9人	10人以上	几乎没有
性别	男	13.21	36.9	14.05	23.06	8.6
	女	27.22	35.17	9.17	12.84	11.93
居住地	城市	19.41	38.47	10.4	15.94	11.44
	集镇	13.33	33.33	14.44	30	5.56
	农村	21.17	28.47	17.52	23.36	6.57

从表7看,似乎农村里的农民日常社交规模大于城里的工人、学

生,事实上这仅是一种直接的面对面的初级群体交往,而随交通、通讯、邮电的现代化发展,城市居民越来越多地倾向于写信、打电话等间接交往;而且城镇居民每年外出旅游、出差等远距离社交的机会也比农村居民多。

在社交对象选择中,目前苏南人闲暇交往仍是以"同学""同事""邻居"为主,而与"新朋友""能帮助我的人"交往不多,这说明苏南居民中多数人的群体生活尚缺乏开拓性,交往面较窄。但是,人们的交往选择呈现了"血缘—地缘—业缘—机缘"的发展趋向,这是符合现代社会社交转型趋势的。

(3)与现代化生活方式的差距

苏南地区的生活方式变革相对于经济增长呈现出滞后特征,尚未充分发挥调节人们身心发展、提高人的闲暇生活质量、促进社会整体进步的职能。主要表现为:首先,居民闲暇时间不足,由于第三产业的不发达,社会化服务水平低,沉重的家务负担占去了人们大量的业余时间,从而闲暇时间大为减少。如无锡市居民在工作日中每天家务耗时是男性1小时46分,女性为2小时48分,在休息日高达男性5小时4分,女性6小时31分。在苏南农村,由于本地乡镇企业发展快,多数中青年农民都是亦工亦农,用他们的话说是:"工业三班倒,农业晚中早"。这些兼业者整天忙于工农业生产,甚至有些节假日还要加班,几乎没有闲暇时间,从而生活节奏显得单调忙碌。其次,各级政府对丰富人们闲暇生活的设施建设和文化引导重视不够,在居民家务社会化短缺的同时并存着文化娱乐的社会化短缺,人们在工作之余缺乏多种多样的活动场所、设施,再者,目前居民的主体素质和创造新生活方式的能力有待提高,尽管他们感觉到自己业余生活单调,但由于缺少业余爱好、缺乏开拓意识,只好继续自我封闭、以"被动受传"的闲暇生活打发时光。

4. 生活感受的喜忧参半

生活感受是人们对自身生活环境、生活水平、生活方式的主观评估。通过对苏南各类居民生活感受的实证研究,我们发现,其中绝大多数人认为10年来生活发生了显著的变化。在对具体生活各方面的评估中,尽管他们的满足程度还不算高,但总体上高于江苏全省以及全国的平均水平。

在有关生活目标选择的心理测量中,苏南居民目前关注的重点还是基本生活需求的满足。见表8。

表8 您认为生活中最重要的事是(择三项) 单位：%

分类\生活内容	衣食不愁生活安定	有幸福美满的家庭	有钱	有地位	有权力	事业成功	良好的人际关系	身体健康
男(351人)	22	27	4	2	2	10	9	24
女(260人)	21	29	5	2	2	6	11	24

表8显示，对幸福家庭、身体健康和衣食不愁、生活安定的追求构成了现阶段苏南城乡居民生活目标的主体，这同刚超越温饱而进入小康生活初级阶段的苏南社会现状较为吻合。

1989、1990年，我们以全国为比较参照系，以苏南为重点，对居民的生活感受作了两次大型问卷调查。问卷设计中，我们将生活感受划分成两组，第一组为职业生活质量感受，即职业满意度，包含劳动方式、强度，工作环境、条件，工资福利待遇，职业声望，本单位改革情况等10个项目；第二组为社会生活质量感受，即综合满意度，包括物质、文化生活各方面14个项目。然后以五级计分的方法，测出了各地区生活感受的综合数值。见表9。

表9 全国五省区生活满意度平均数值＊

满意度\地区	全国平均	苏南	南京	苏北	河南	吉林	四川	广东
综合满意度	46.3	49.2	44.3	46.6	44.9	49.3	45.4	45.2
职业满意度	31.3	33.1	29.5	33.3	31.1	34.6	32.4	31.1

＊ 平均数值的计算采取对满意度指数逐项计分再分类汇总的方法。

表9显示，生活满意度和经济发达与否存在相互的影响，如苏南地区社会经济较发达，人们对生活的满意度高于全省、全国的平均水平。

在人们对自己的生活质量作出判断时，职业和收入差别是重要的比较参数。我们的调查表明，苏南乡镇企业职工和个体劳动者收入水平相对较高，其生活质量得分也高，而作为脑力劳动者的专业技术人员以及学生生活满意度则偏低。见表10。

表10　不同职业和收入居民的生活质量得分(1989、1990年调查)

生活质量 \ 职业类别	工人	农民	乡镇企业职工	行政干部	个体劳动者	专业技术人员	学生
职业质量	31.2	32.3	34.8	32.3	34.5	29.1	33.8
社会生活质量	46.7	46	49.4	46.3	47	43.6	43.2
生活质量 \ 年收入(元)	1000以下	1001—1500	1501—2000	2001—2500	2501—3000	3001—5000	5000元以上
职业质量	28.8	29.7	30.7	30.8	31.2	32.8	35
社会生活质量	44	44.5	46.2	45.4	46.1	47.2	51

由表10可见，人们的经济收入和他们对职业生活的满意程度呈正相关，收入水平对综合性的生活状况的评价也具有较大的影响，收入越高，生活质量相对也越高。

在文化程度和职业、社会生活质量的相关分析中，我们发现两者呈负相关，R＝－0.13，说明学历越高的人，对自己的生活质量评价反而越低，在各学历组中，初中文化程度的人在职业和社会生活质置中得分都是最高，如下图。

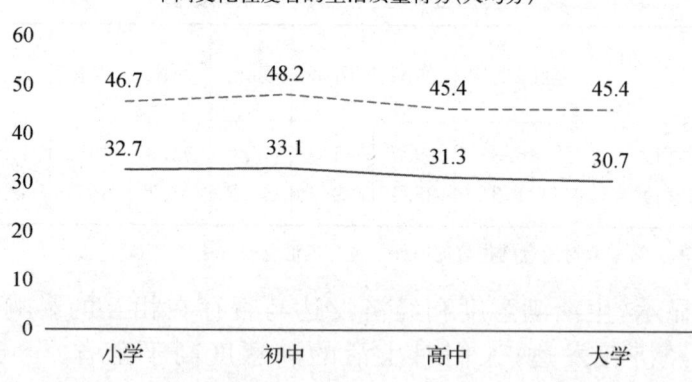

不同文化程度者的生活质量得分(人均分)

这一数据从一个侧面反映了目前社会分配中的"脑体倒挂"现象，这一现象在对职业分层的分析时也出现过，即从事脑力劳动的各类专业技术人员以及行政干部的收入水平普遍低于其他职业阶层，生活水平没有其他职业阶层提高得快，都低于平均水平。这一现象将有碍于较高文化层的人的工作热情和创造性的充分发挥。

再从全体被调查者对生活质量各构成要素的自我认知来看，可以概括为"喜忧参半"。见表11。

表11 苏南居民生活质量分类评估* 样本数:613

生活质量构成		满意度平均得分	生活质量构成		满意度平均得分
职业生活	劳动方式强度	3.25	人际关系	和同事关系	3.74
	工作环境条件	3.24		和领导关系	3.36
	工资福利待遇	2.94		和父母关系	3.89
	职业社会声望	2.98		和子女关系	3.92
	晋级提升机会	2.68		社交关系	3.29
	本单位改革情况	2.77			
物质生活	经济收入	3.05	精神生活	业余精神生活	3.11
	住房条件	3.01		医疗卫生状况	3.12
	饮食状况	3.24		周围社会风气	2.78
	衣着打扮	3.08		生活安全感	3.39
	拥有高档消费品	2.7		婚姻生活	3.87
	家务负担	3.25			

* 满意度得分是根据五点式尺度测量计算的,最低为1分,最高为5分,中间状态为3分。

表11反映出苏南居民对自身的生活满意度不是很高,除了对各种人际关系及其婚姻生活评价较好外,他们对工资福利、收入和住房条件以及多种物质、文化生活都倾向"一般"甚至不太满意;对周围社会风气以及生活安全感也觉得不甚理想。

据我们调查,当前影响社会协调发展,影响苏南居民生活满意度提高的社会消极因素主要有以下一些社会问题。见表12。

表12 您认为社会生活中急需解决的问题是(择二项) 单位:%

地区\问题	物价上涨太快	消费品质量不好	服务态度不好	社会治安不良	住房分配不公	看病就医难	交通事故多	干部不正之风
城	58.22	32.92	12.02	16.78	20.26	6.02	2.22	50.32
镇	54.16	33.34	4.16	20.84	8.34	0	20.84	58.34
乡	60.52	41.72	9.4	18.8	1.88	6.02	5.26	54.88

从表12可见,当前苏南居民生活中的主要困难和不满还是集中于日常经济生活以及社会安定环境的建设,占前四位的分别是:物价上涨

太快、干部不正之风、消费品质量不好以及社会治安欠佳,这和全国性调查结果大致相同。

苏南城乡居民生活质量的总体评估与提高战略

1. 总体评估

第一,从纵向比看,20世纪80年代以来苏南城乡社会经济的巨大进步,促使该地区居民的生活水平、生活方式、生活质量得到整体改善与提高,人民生活已超前于全国进入小康水平的初级阶段。表现为:(1)在人均收入水平和消费水平超千元的基础上,居民购买力水平高、耐用消费品拥有量高、副食品消费量高、农村住房和内装修出现楼台化、城市化趋势;并且在近10年中,城乡人民的收入、消费水平差距明显缩小。(2)消费结构呈现多样化特征,城乡人民的食品消费构成逐步下降,恩格尔系数已达到或接近国际公认的小康水平。(3)生活方式呈现出现代化、城市化的特征和趋势,人们社会生活的主体意识增强、生活的内容日益丰富、生活的空间不断扩展、生活手段逐渐现代化。(4)生活态度、生活目标和主观感受符合当前苏南社会发展状况,苏南居民共认自身的生活水平比10年前有了翻天覆地的变化,生活质量有很大的改善。

第二,从横向比较看,苏南城乡居民生活质量在江苏及全国处于较高水平,即使同其他发展中国家相比,除居民的日摄得热量较低外,多数指标(如平均预期寿命、婴儿死亡率、成人识字率、平均每一医生负担人口数等)都高于20世纪80年代世界平均水平。

第三,苏南居民生活质量提高中的主要问题可以用"要素不协调"来概括,具体表现为系统内在组成要素间的不协调以及生活质量系统和外在环境条件之间的不协调。

苏南居民的生活质量内在要素的发展失调主要体现在,消费结构没有能够随着消费水平提高及时合理地调整,从而使得消费行为紊乱、浅层化、短期化;生活方式的变革缺乏合理引导;闲暇时间的利用和社交群体活动较单一。外部要素的不协调,首先表现为社会各部门对生活质量的价值、作用尚未引起重视。其次是目前苏南地区的产业结构失调,第三产业发展滞后,经济的迅速发展还未能给当地居民提供方便、舒适、全面的社会化服务。再次是消费品质量差、消费服务态度差,消费者权益没有得到切实维护,从而造成居民生活消费满意度的下降。

2. 提高战略

第一,提高生活质量的战略指导思想。

提高苏南居民生活质量应遵循以下指导性原则:

(1) 计划性原则。恩格斯曾经指出,要"通过有计划地组织全部生产,使社会生产力及其所制成的产品增长到能够保证每个人的一切合理的需要日益得到满足的程度"①。因此,必须把居民生活质量的提高作为经济社会发展规划的一项重要内容,加强生活质量的研究,以使人民的生活质量在计划指导下不断丰富和提高。

(2) 针对性原则。一是针对国情。人民的消费水平、消费结构模式以及生活方式都应考虑我国是社会主义国家,人口众多,经济文化相对落后等国情。二是要针对区情。对于苏南地区而言,居民的生活质量是个综合提高的问题,战略步骤应有超前性,战略措施应有创新示范价值。三是要针对问题。战略对策应着重解决生活质量内在要素失调以及与外部环境不协调的矛盾,进而有针对性地推动本地区社会经济的协调运行。

(3) 综合性原则。生活质量内涵是丰富多样而且多层次的,因此必须从系统工程的角度将生活质量作为动态的多因素结构体,进行综合统筹,合理优化,才能体现社会发展战略整体协调特征。

(4) 适度性原则。在制定人民消费和生活质量提高的水平、规模以及增长幅度等目标时,不能超越国力、超越本地的经济发展水平盲目增长。例如消费水平的增长应该同实际消费的正常增长率尽可能接近,在增加人民饮食营养的同时,反对大吃大喝,铺张浪费。

第二,生活质量提高战略的目标设计。

根据上述指导思想和苏南城乡居民生活质量的现状特征,苏南人民的生活质量的发展目标应是在未来10年中实现各要素的逐步协调和物质、精神生活质量的整体发展,达到小康社会中级阶段各项要求;并用二三十年的时间在地区社会经济较协调快速发展的基础上,使人民生活领先全国达到小康水平的高级阶段。本着这一战略构想,我们提出未来10年的生活质量战略目标具体是:适度增长、结构合理、优化环境、强化导向。适度增长,就是要在加快生产力发展,正确引导消费,提高人民生活质量的过程中,既反对盲目追求高消费的倾向,又要反对

---

① 《马克思恩格斯全集》第19卷,第124页。

片面抑制消费增长的倾向,使人民生活水平提高、生活方式改善建立在生产发展和经济效益提高的基础上。有关消费政策要促使消费增长速度不超过生产和劳动生产率的增长速度,消费基金增长、国家财政收入增长和必要的积累增长相协调,职工收入和实际消费增长要同社会消费品生产以及市场可供消费品的增长保持合理比例,农民收入和消费的增长也必须以农村经济发展和农产品产量增加为前提。结构合理,就是在制定并执行苏南社会发展战略中,要逐步消除人民生活质量内外部各种结构要素间的不协调现象,在消费适度增长的同时进行内在结构的合理调整。使得社会消费品结构与消费主体的需求结构相适应,正确处理各项社会事业发展与人的物质、文化生活发展的互动关系,逐步缩小和消灭不同地区(城乡)和不同群体间的生活水平差距;并通过多种调节机制促使社会成员衣食住行等内在消费比例的优化,促进人们的闲暇生活和余暇资源得到合理开发和使用。优化环境,就是要采取综合性措施,积极开展城乡环境综合治理、改善社会风气以及维护消费者权益的活动,从而使社区成员和社区供求关系、消费环境等要素真正达成协调、共同提高,这就需要彻底改善人际关系,改善商业服务业部门的经营作风和服务态度,大力发展社会性的公共文化事业和基础设施建设,加强社区的法制建设和组织建设,形成良好的生活、生态环境。强化导向,就是要在为人民生活改善提供坚实物质基础的同时,加强理论、舆论和有关政策的导向工作,通过广泛开展有关生活、消费知识的宣传、普及、咨询等活动,帮助人们逐步形成文明、健康、科学的生活方式以及合乎国情、有利生产力发展的消费模式,从而促使人民生活质量有较大的提高。

第三,提高生活质量的战略对策。

1. 发展生产,提高地区经济实力是人民生活消费改善的第一前提。20世纪90年代苏南地区经济发展一个重要方面是不断地促进产业结构合理化调整,而调整中应以适应消费需求结构变化为导向。当前,要及时开拓消费领域的替代型产业,大力发展建筑业,尽快实现住宅商品化;发挥苏南人力资源的优势,加速发展第三产业特别是生活服务业以及文化、娱乐、体育、旅游等社会事业。

2. 制定并完善有关消费政策,形成宏观的对居民消费的导向和牵引机制。日本近几十年来经历了三次"消费革命",政府通过制定税收调节、农产品价格上浮、投资信贷增长、流通机制改革、社会意识开发、人口结构和城市化等8个方面的政策,牵引消费流向。这些可供我们借鉴,一旦消费政策的有效牵引机制形成,人民消费和生活质量的增长便会纳入有计划的健康科学的发展轨道。

3. 积极探讨并建立地区性中观消费调控体制。综合运用信息手段、经济手段、法律手段、行政组织手段,对本地区居民消费的规模水平、结构、速度进行合理调节和权益维护。

4. 改革不合理的收入分配体制,逐步取消部分福利性补贴,及时改革城市住房的福利体制,加强社会保障体系特别是农村社区的医疗保险和养老保险制度的建设,城市居民应由社会消费为主的国家"统包"保障体系转化为以个人消费为主,个体、集体、社会消费相结合,以减轻国家负担,综合性地促进居民消费商品化、社会化。

5. 在苏南有计划有步骤地进行工时制改革,在20世纪90年代中后期逐步实行五天工作周,建立全体劳动者的正常休假制度,使居民有更多的闲暇时间去学习、娱乐和休息。根据我们的调查,苏南城乡至少有一半以上人每天工作在6小时以内即可完成,而我国目前工作时间虽长但人浮于事,劳动生产率不高,工时制改革既是必要的也是可行的。

6. 大力发展第三产业,社会服务业,实现家务劳动社会化,使居民有更多的闲暇时间。同时,要大力发展供给居民使用的各种闲暇活动设施的建设,为居民提供从事各种文化娱乐活动的可能;采取各种形式培养与提高居民从事闲暇活动的技能,指导居民对闲暇活动进行合理安排。根据苏南居民的闲暇活动状况,尤应引导人们注重业余学习及各种文体活动,以利于人的全面发展。

7. 通过发展教育事业和社会环境的综合优化,提高城乡居民的自身素质,引导人民建立起适应社会主义商品经济发展的,文明、健康、科学的生活方式和消费价值取向。社会舆论和各种传播工具以及城乡社区组织应共同探讨健康、文明生活方式的实现途径,加强社区居民的思想教育和消费生活的咨询指导,宣传有关的消费科学,提高居民的道德修养和生活追求品位。

8. 大力开展并加强有关小康社会发展和居民生活质量的实证分析和综合理论研究,经常性地开展社区内居民生活消费的追踪调查;根据社会主义初级阶段的基本特征,探索建立面向现代化、面向21世纪的生活质量模式;加强社会预测,为先发展地区超前实现小康、走向富裕提供富有成效的理论指导。

（本文责任编辑：冯小双、李海富）

现代城市文明的理论基石
——马克思主义城市观的四重理论述略

原载《社会科学战线》1992年第3期

叶南客　李　芸

一、马克思主义的城市发展理论

马克思和恩格斯在其长期的理论探索中，对城市的发生、发展以及未来的城乡融合趋势一直是极为关注的，他们提出了共产主义者的奋斗口号，就是要消灭资本主义制度的恶果之——城乡对立。到了列宁时代，随着社会历史的发展，城市化的特征趋势更加突出地显现在世人面前，因而列宁的城市理论贡献便集中表现为更系统地阐述了近代城市化的原因和本质，更进一步地分析了工业化时代城市的中心地位及其作用的发挥，并在社会主义城市发展学说上较大地丰富了马克思主义的城市理论宝库。

1. 城市的产生及其必然性

马克思主义城市观的可贵性，其主要标志之一，便是为我们理清了城市社区的来龙去脉，为我们阐明了人类最初城市的出现是在野蛮时代的高级阶段，而城市发生、发展的必然性就在于社会的分工和社会生产力的不断发展。

城市是在原始社会向奴隶社会过渡中产生的。恩格斯在《家庭、私有制和国家的起源》一书中分析奴隶社会形成特征时指出："以前进行战争，只是为了对侵犯进行报复，或者是为了扩大已经感到不够的领土；现在进行战争，则纯粹是为了掠夺，战争成为经常的职业了。在新的设防城市的周围屹立着高峻的墙壁并非无故；它们的壕沟深陷为民族制度的墓穴，而它们的城楼已经耸入文明时代了。"这一城楼耸立的时代也正是恩格斯揭示的由人类野蛮时代高级阶段向文明时代的转换期，"……作为艺术的建筑术的萌芽，由设雉堞和炮楼的城墙围绕起来的城市，荷马史诗以及全部神话——这就是希腊人由野蛮时代带入文明时代的主要遗产。"

产生城市的决定性因素无疑是社会大分工和生产力的发展。马克思、恩格斯等人早在一个半世纪之前便明确地提出,某一民族内部的分工,首先引起工商业劳动和农业劳动的分离,从而也引起城乡的分离和城乡利益的对立。① 换句话说:"物质劳动和精神劳动的最大一次分工,就是城市和乡村的分离。"②事实上,社会分工的出现也是生产力发展和生产关系调整下的结果。人类野蛮时代高级阶段中,生产力的主要标志铁已在为人类服务;生产关系中氏族公有制已在瓦解,私有制和财产差异已成为可能,从而阶级对立的基础等新的社会成分也日益发展壮大,加上这时期萌发的手工业和农业的第二次大分工,从多方面促成了城乡的分离和城市的出现。归结到底,城市是人类生产力、生产关系互动发展的必然产物,这也正是历史唯物主义者的一个重要结论。

2. 城市发展的阶段性

生产力的发展和社会分工的意义远不止于促成了城市的出现,在城市发展壮大每一阶段的进程中无不打上了社会分工的烙印。如马克思、恩格斯所分析指出的:"分工的进一步扩大表现为商业和生产的分离,这种分离是历史上保存下来的城市里继承下来的,并很快就在新兴的城市中出现了。……生产和商业间的分工随即引起了各城市间在生产上的新的分工,在每一个城市中都有自己的特殊的工业部门占着优势。最初的地域局限性开始逐渐消失。"③

进一步分析马克思、列宁等人的城市发展理论。我们发现他们对各个历史时期的城市发展都有所论述,具体可划分为三个历史阶段,即前资本主义社会的城市、资本主义生产方式确立中的城市、社会主义时期的城市以及未来共产主义社会城乡一体化的趋势。

马克思和恩格斯曾对东西方奴隶制和封建制度下的城市特征都作过较宏观的比较分析。他们在谈到亚洲城市出现时说道:"在亚洲各社会中,君主是国内剩余产品的唯一所有者,他用他的收入同自由人互相交换,结果出现了一批城市,这些城市实际上不过是一些流动的营房。"④在论及西方封建社会中的城市特征时,他们指出:"在封建制度繁荣时代,分工不太发达。每一个国家都存在着城乡之间的对立,虽然等

---

① 《马克思恩格斯全集》,第3卷,第24—25页。
② 《马克思恩格斯全集》,第3卷,第56—57页。
③ 《马克思恩格斯全集》,第3卷,第59—60页。
④ 《马克思恩格斯全集》,第46卷,第466页。

级结构表现得非常鲜明,但是除了在乡村里有王公、贵族、僧侣和农民的划分,在城市里有师傅、帮工、学徒以及后来的平民——短工的划分之外,就再没有什么大的分工了。在比较老的城市中工业和商业早就分工了,而在新的城市中,只是后来当这些城市彼此发生了关系的时候,这样的分工才日益显著。"①在论述古代城乡关系时,恩格斯指出:"在罗马帝国存在的最后数百年间,城市丧失了它从前对乡村的统治,而在德意志人统治最初数百年间,也没有恢复这一统治。这是以农业与工业的发展程度很低为前提的。"②这便说明由于生产力的发展限制,在中世纪,城乡对立、城市对农村的统治剥削远未达到后来资本主义的城市化时期那么突出和矛盾激化。

城市发展的第二大阶段,即资本主义时代的工业化和城市化交织并起的时期。这一阶段源起 18 世纪英国的产业革命,造就了现代工业和现代城市,这一阶段中社会分工日益加快、越分越细,城市发展速度空前,遍及全球,与此同时,城市问题也越加突出。在 1844 年,恩格斯便发现并指出:"18 世纪在英国所引起的最重要的结果就是:由于产业革命而形成了无产阶级。新的工业总是需要大批常备的工人来供给无数新的劳动部门……,工业把劳动力集中到工厂和城市里,工业活动和农业活动不可能结合在一起了……,城市人口增加了两倍。这些增加的人口几乎全是工人。"③工业革命不仅给城市带来了全新的面貌,而且使城乡关系发生了逆转。如同马克思揭示的:"大工业通过普遍的竞争迫使所有人的全部精力极度紧张起来。……因为它消灭了以往自然形成的各国的孤立状态。它使分工丧失了自然性质的最后一点痕迹。……它建立了现代化大工业城市来代替从前自然成长起来的城市。凡是它所渗入的地方,它就破坏了手工业和工业的一切旧阶段。它使商业城市最终战胜了乡村。"④

城市发展的第三阶段社会主义时期是在列宁时代开始的,马克思主义的创始人虽然没有目睹到这一现实,但他们早在创建共产主义理论的初期,便已预见了人类历史必然超越资本主义的工业化和城乡对立阶段,并在《共产主义原理》和《共产党宣言》等经典著作中一再提出

---

① 《马克思恩格斯全集》,第 3 卷,第 27—28 页。
② 《马克思恩格斯全集》,第 21 卷,第 175 页。
③ 《马克思恩格斯全集》,第 1 卷,第 676—677 页。
④ 《马克思恩格斯选集》,第 1 卷,第 67 页。

无产阶级建设未来社会时的奋斗目标是:"将结合城市和乡村生活方式的优点而避免二者的偏颇和缺点","把农业和工业结合起来,促使城乡之间的对立逐步消灭"。① 列宁在本世纪的社会主义城市建设初期,继承并发展了马克思主义的城市发展学说,他指出:"鉴于城乡对立是农村经济和文化落后的最深厚的根源之一,这种对立已使城市和乡村面临着衰退和灭亡的直接威胁,俄共认为消灭这种对立是共产主义建设的根本任务之一。"② 基于唯物史观的立场,列宁也看到社会主义初期,由于生产力不发达和生产关系的不完善,城乡间的差距仍然不可避免地存在着,这种城乡间的不平等"是一般在从资本主义向共产主义过渡的时代不可避免的事实。城市不可能和农村平等,在这个时代的历史条件下,农村也不可能和城市平等"。③ 这一分析对于我们今天正确认识我国社会主义初级阶段的城乡关系和城市发展方向仍具有重要的指导意义。

3. 近代城市化的原因和本质特征

马克思、恩格斯对于人类城市化发展及其和社会经济形态变迁关系的分析,可以认为是对唯物史观成功运用的典范。马克思主义者认为近代城市化是一种工业革命出现后"人口、生产工具、资本、享乐和需求"等各种社会要素向城市集中的综合变迁过程,它的根本原因和动力在于社会分工和近代大工业生产的出现。在《资本论》中,马克思写道:"一切发达的、以商品交换为媒介的分工的基础,都是城乡的分离。可以说,社会的全部经济史,都概括为这种对立的运动。"④ 至于近代社会中出现的城市化特征,他又进一步阐述为:"古典古代的历史是城市的历史,不过这是以土地财产和农业为基础的城市,亚细亚的历史是城市和乡村无差别的统一(真正的大城市在这里只能干脆看作王公的营垒,看作真正经济结构上的赘疣);中世纪是从乡村这个历史的舞台出发的。然后,它的进一步发展是在城市、乡村的对立中进行的,现代的历史是乡村城市化,而不像古代那样,是城市乡村化。"⑤

近代城市化的本质特征在于它的变迁反映了资本主义经济规律的

---

① 《马克思恩格斯选集》,第1卷,第22页,第273页。
② 《列宁全集》,第29卷,第114页。
③ 《列宁全集》,第30卷,第255页。
④ 《马克思恩格斯全集》,第23卷,第390页。
⑤ 《马克思恩格斯全集》,第46卷,第480页。

运行作用。马克思指出:"城市和乡村的分离还可以看作是资本和地产的分离,看作是资本不依赖于地产而存在和发展的开始,也就是仅仅以劳动和交换为基础的所有制的开始。"①由于城乡分离和城市化的进步,"同工业比较起来农业的比重已经降低,农村已让位给城市",②城市化反过来又促进了工业化,列宁在分析资本主义城市本质特征时明确指出"城市的发展……是资本主义发展的必要组成部分"③。他在《俄国资本主义的发展》中论述城市化特征时写道:"我们所考察的这一过程的最明显的表现,就是城市的增加","大工业中心的巨大增长以及许多新中心的形成,是改革时代的最显著特点之一"。

在城乡分离加剧、分工扩大、工业化进程加快的作用下,城市化的内在特征更重要地还表现为社会主体人的变化。人的变化主要表现为地区分布数量的迁移和人的现代素质及其行为方式变迁两个方面,前者正如列宁曾表述的:"城市人口(一般地说是工业人口)由于农村人口减少而增加,不仅是目前的现象,而且正是反映了资本主义规律的普遍现象。"④后者的变化是更深刻更全面的,即城市化过程中不仅需要而且正在塑造与现代生产方式、生活环境相适应的一代新人,正如恩格斯所说:"当18世纪的农民和手工工场工人被吸引到大工业中以后,他们改变了自己的整个生活方式而完全成为另一种人,同样,用整个社会的力量来共同经营生产和由此而引起的生产的新发展,也需要一种全新的人,并将创造出这种新人来。"⑤

在分析近代城市化的条件、特征和资本主义发展规律的基础上,马克思主义导师也正确预见了人类城市化的趋势和未来社会中城乡融合的本质性趋势。他们指出资本主义社会"乡村农业人口的分散和大城市工业人口的集中只是工农业发展水平还不够高的表现,它是进一步发展的阻碍,这种阻碍在目前已深深地感到了"。同时,"那些将要消灭旧的分工以及城市和乡村的分离并且将使全部生产发生变革的革命因素已经在现代大工业的生产条件中处于萌芽状态。"⑥

---

① 《马克思恩格斯全集》,第3卷,第57页。
② 《马克思恩格斯全集》,第4卷,第520页。
③ 《列宁全集》,第3卷,第532页。
④ 《列宁全集》,第4卷,第132页。
⑤ 《马克思恩格斯选集》,第1卷,第222—223页。
⑥ 《马克思恩格斯全集》,第20卷,第322页。

二、马克思主义的城市功能理论

城市在现代社会中的突出地位和多重作用已成为无可争辩的事实,对于城市功能的揭示,城市社会学、人口学、经济学、地理学、管理学等无论哪一学科涉及城市领域时都会作出大量自成体系的阐释。然而马克思主义经典作家们却站在历史唯物主义的高度,对城市功能作出了更为本质、更为综合,也是更高层次上的总结,这是单一学科分析所难以企及的。具体来说,马克思主义的城市功能观主要体现为以下六方面。

第一,城市的出现和发展是社会文明进步的重要标志。马克思和恩格斯在多篇文章中以极为肯定和相似的笔调表述过这一观点,恩格斯在《家庭、私有制和国家的起源》中提出城市成为部落或部落联盟的中心,是"建筑艺术上的巨大进步,同时也是危险增加和防卫需要增加的标志"。在这篇文章中他还提出:文明时代的重要特征就在于"把城市和乡村的对立作为整个社会分工的基础固定下来"。马克思在《德意志意识形态》中声称"城市的建造是一大进步",接着他写道:"城乡之间的对立是随野蛮向文明的过渡、部落制度向国家的过渡,地方局限性向民族的过渡而开始的,它贯穿着全部文明的历史一直延续到现在。"①

第二,城市化是近代社会全面、快速发展的"历史动力"。近代城市化是由社会分工和工业化启动的,但一旦工业城市形成和繁荣壮大,便反过来又迅速地推动了工业发展和社会的整体进步。马克思曾将资本主义条件下城市促进生产力发展的作用归纳为,它为社会主义"创造了物质前提","聚集着社会的历史动力"。② 由于城市把"商业统治权"和"大工业的各种条件的或大或小的优势结合在一起",③使大工业和商业都得到前所未有的发展;"城市的繁荣也把农业从中世纪的简陋状态中解脱出来了",因此"城市的产生,封建制度到处趋于衰落"。④ 再由于城市体现了"大规模的集中",发展了科学技术和先进的生产方式,以及因城市中多类工厂、企业、股份公司经济组织的发展,也都"要求生产的高

---

① 《马克思恩格斯全集》,第 3 卷,第 33 页,第 57 页。
② 《马克思恩格斯全集》,第 23 卷,第 552 页。
③ 《马克思恩格斯全集》,第 25 卷,第 372 页。
④ 《马克思恩格斯全集》,第 4 卷,第 51 页。

度发展"，①并且促成了社会现代化进程的加快。

第三，城市是现代人类社会以及各个区域发展的中心。这种中心作用是建立在城市中各社会要素的高度集中之上的，正如马克思描述的："城市本身表明了人口、生产工具、资本、享乐和需求的集中；而在乡村里所看到的却是完全相反的情况；孤立和分散。"②正是由于城市工业生产和文明的高度集中，列宁发现，"每一座城市，每一俄里铁路，都在把农民经济拖到商业周转和资本主义周转中去。"③因此，"在现代各个国家甚至在俄国，城市的发展要比乡村迅速得多，城市是经济、政治和人民的精神生活的中心，是前进的主要动力。"④

第四，现代城市的发展，直接促成了世界经济市场的形成，并导致了世界各国社会经济格局的重组。恩格斯在分析欧洲工业革命后地方中心的利益联系时指出"当时英法两国工商业的成长促使整个国家中各种利益联成一气，因而促成政治上的中央集权；在德国，这个过程却只是环绕着一些地方中心按照省区归并成许多利益集团，因而只是促成政治上的分离"。⑤巴黎是上个世纪欧洲的最大城市之一，马克思、恩格斯对它所产生的世界市场的作用都曾作过高度评价："巴黎是18世纪唯一的世界城市，是各国人物在此进行个人交往的唯一城市"。"像巴黎这样一个首都，不仅有良好的商业组织可随时供应粮食，而且是广大地区的农产品的主要市场和集散地。"⑥ 现代工业城市的崛起不仅彻底改变了以往的城乡关系，而且使世界范围内的社会关系都产生了连锁变化。正如马克思恩格斯在《共产党宣言》中指出的那样："资产阶级已使乡村屈服于城市的统治。它创立了规模巨大的城市，使城市人口比农村人口大大增加了起来，因而使很大一部分居民脱离了乡村生活的愚昧状态。正像它使乡村依赖于城市一样，它使野蛮的和半开化国家依赖于文明的国家，使农民的民族依赖于资产阶级的民族，使东方依赖于西方。"⑦

第五，城市作为一个新的文明时代和新的生活环境，它为现代人的

---

① 《马克思恩格斯全集》，第46卷，第515页。
② 《马克思恩格斯选集》，第1卷，第56页。
③ 《列宁全集》，第20卷，第102页。
④ 《列宁全集》，第19卷，第642页。
⑤ 《马克思恩格斯全集》，第7卷，第118页。
⑥ 《马克思恩格斯全集》，第3卷，第482页，第17卷，第118页。
⑦ 《马克思恩格斯全集》，第4卷，第486页。

全面发展提出了更高要求也提供了可能。"大工业在农业领域内所起的最革命的作用,消灭旧社会的堡垒——农民,并代之以雇佣工人"。①由于城市生活把大批工人集中在一起,"已经绝对不再与宗法关系和人身依附的残余相妥协",②它破坏了宗法式生活的陈腐传统,提高了工人的需求与发展水平,所以马克思在《政治经济学批判》一文中为我们生动地描绘出城市化时代新人的变化特征:"在再生产的行为本身中,不但客观条件改变着,例如乡村变为城市,荒野变为清除了林木的耕地等等,而且生产者也改变着,炼出新的品质,通过生产而发展和改造着自身,造成新的力量和新的观念,造成新的交往方式,新的需要和新的语言"。③

第六,城市对于人类历史进步的又一重大贡献在于,城市是现代无产阶级的"摇篮",也是伟大的共产主义运动的"发源地"。城市在促进现代人的发展和塑造了一代"新人"的基础上,更重要的是促成了工人阶级及其政党的出现。恩格斯在著名的《英国工人阶级状况》一文中提出,由于城市工业的发展,"人口的集中固然对有产阶级起了鼓舞的和促进发展的作用,但是它更促进了工人的发展。工人们开始感觉到自己是一个整体,是一个阶级,……大城市是工人运动的发源地。在这里,工人第一次开始考虑到自己的状况并为改变这种状况而斗争;在这里,第一次出现了无产阶级和资产阶级利益的对立;在这里,产生了工会、宪章主义和社会主义"。④ 正是基于这一事实,无产阶级的理论导师们才高度评价了城市发展在国际共运史上的突出地位和深远意义,并得出了"总之共产主义运动决不会起源于农村,而总是起源于城市"⑤的明确结论。

三、马克思主义的城市问题剖析

马克思主义者分析事物的法则是一分为二的,尽管马克思、恩格斯等人对城市发展以及它在资产阶级上升期中所具有的功能作了多方面充分的肯定,但我们也注意到马克思主义经典作家们始终关注、

---

①《马克思恩格斯全集》,第23卷,第551页。
②《列宁全集》,第3卷,第499页。
③《马克思恩格斯全集》,第46卷(上),第494页。
④《马克思恩格斯全集》,第2卷,第407—408页。
⑤《马克思恩格斯全集》,第3卷,第410页。

研究资本主义城市中的各种社会问题。早在无产阶级革命学说创立初期,他们便观察到并剖析了当代大城市给贫苦的工人带来的各种灾难。例如1845年恩格斯在作了大量的英国工人阶级状况的考察后指出:"在这里(大城市)我们除了要注意贫困到处引起的通常后果,还将注意人口如此集中对劳动阶级的身体情况、智力和道德情况的影响,……揭露我们大小城市中那些多半被掩盖起来的'贫民窟'的各种事实,都将受到欢迎"。① 在科学分析的基础上,马克思、恩格斯更进一步地揭示出各种城市问题的病根在于资本主义的生产方式和社会制度本身而不是其他。他们曾以城市住宅问题为例,指出:"我们现代大城市中的工人和一部分小资产阶级所遭遇的住宅缺乏现象,只是从现代资本主义生产方式中产生出来的无数比较小的、次要的祸害之一。"②

资产阶级学者为了掩盖资本主义制度的罪恶,把城市社会中的各种弊病笼统地归罪于大城市本身,无产阶级导师们曾尖锐地批评了这种似是而非的辩护论调,他们在多篇文章中证明人口、工厂的过度集中是由资本主义私有制造成的,不能归罪于大城市的空间组织形式,他们曾揭露资产阶级学者解释的虚伪性:"统治阶级把一切灾难都归咎于这个从外表看起来似乎不可排除的原因。实际上,大城市不过是创造了一些条件,促使那些早已存在,至少已处于萌芽状态的罪恶迅速而全面地发展起来而已。"③

马克思主义经典作家并没有停留在对城市问题原因的抽象议论上,而是通过大量深入观察和文献研究,以其关注劳苦大众的情感和敏锐深刻的笔触剖析了资本主义城市中的众多社会问题,为后人研究城市问题,进行城市管理调控留下了大量的宝贵材料和精辟见解。他们对于资本主义城市问题的分析可以说相当系统全面,这里仅就几个有代表性的问题进行评述。

1. 城市中的失业和童工问题。如同其他问题一样,资本主义城市中的大量工人失业也正是资本主义生产方式所决定了的,"工人数量的自然增长不能满足资本积累的需要,但同时又超过这种需要,这是资本

---

① 《马克思恩格斯全集》,第42卷,第414页。
② 《马克思恩格斯全集》,第18卷,第238页。
③ 《马克思恩格斯全集》,第2卷,第406页。

运动本身的一个矛盾"。①"工人人口相对过剩的可能性随着资本主义生产的发展而同样地发展起来",其根本原因在于"对劳动的资本主义剥削所引起的不协调,即资本的不断增加和它对不断增加的人口的需要的相对减少之间的不协调"。② 因此无产阶级导师发现城市失业作为一个社会问题是资本主义工业生产方式的必然产物,所以他们说"英国工业在任何时候,除短促的最繁荣的时期外,都一定要有失业的工人后备军。……在一切大城市中都可以遇到许多这样的人"。③

在发现城市失业现象的同时,马克思和恩格斯还发现资本主义工业生产中的另一相关联的"畸形形象",即"工人一出现就表现出一回非慈善的行为。儿童在皮鞭下面工作,他们成了买卖的对象。有人为弄到儿童同孤儿院订立了合同"。④ 这种"把未成年人变成单纯制造剩余价值的机器"的行径,是非人道的,他扼杀工人阶级下一代的健康成长,"这一切明显地暴露出资本主义生产的本性"。⑤ 因此,无产阶级导师曾大声疾呼:"儿童和少年的权利应当得到保护。他们没有能力保护自己,因此社会有责任保护他们。……如果不把儿童和少年的劳动和教育结合起来,那无论如何也不能允许父母和企业主使用这种劳动。……法律应当严格禁止 9—17 岁的人在夜间和在一切有害健康的生产部门劳动。"⑥

2. 城市中的卖淫和犯罪问题。卖淫和犯罪是资本主义工业城市中的又一突出现象,它的直接诱因在于资本剥削下的工人贫困的加剧,即"赤贫现象以加速度产生着赤贫现象,犯罪行为也随着赤贫现象的增长而增长,人民生命的源泉——青年日益堕落",⑦然而各种犯罪行为最深刻的原因还是导源于资本主义的剥削制度和资产阶级非人道的压榨。正如恩格斯在论及城市卖淫问题时所抨击的:"每天晚上充塞于伦敦街头的千万个妓女中有多少是靠道德高尚的资产阶级为生呵!她们当中有多少人应当感谢她们的第一个引诱者——资产者呵!最没有权

---

① 《马克思恩格斯全集》,第 23 卷,第 703 页。
② 《马克思恩格斯全集》,第 25 卷,第 247 页。
③ 《马克思恩格斯全集》,第 2 卷,第 369—370 页。
④ 《马克思恩格斯全集》,第 4 卷,第 169 页。
⑤ 《马克思恩格斯全集》,第 23 卷,第 439 页。
⑥ 《马克思恩格斯全集》,第 16 卷,第 216—218 页。
⑦ 《马克思恩格斯全集》,第 5 卷,第 367—368 页。

利责备工人淫荡的就是资产阶级,这难道不明显吗?"①正是基于这种社会背景,可以说:"卖淫是资产阶级对无产阶级的最明显的直接肉体剥削,它燃起了复仇的火焰,激起了阶级仇恨。"②在这里我们看到了资本主义生产体系结出的恶果,也看到他们贪婪的双手正在挖掘自己的坟墓,正像无产阶级革命导师指出的那样:"工人过着贫穷困苦的生活,同时看到别人的生活比他好,他想不通,……穷困战胜了他生来对私有财产的尊重",③"蔑视社会秩序的最明显最极端的表现就是犯罪,只要那些使工人道德堕落的原因起了比平常更强烈更集中的影响,工人就必然会成为罪犯。"④因此有必要"使每一个人,甚至使资产者来思考一下这种情况所引起的后果。如果堕落和犯罪再以同样的比例增长二十年,那结果会怎样呢?我们现在已经看到社会正在全面解体",在城市发展的同时,工人阶级反对资产阶级的"社会战争"也是"一年比一年激烈,残酷和不可和解了"。⑤

3. 城市住宅和生存环境问题。城市住宅的拥挤和生态环境被污染,导致城市人生活质量的恶化,已为今天越来越多的学者和城市管理者们注意到了,这两个问题的解决既成为管理好现代城市的迫不及待的任务,又将是城市文明进步的重要标志。难能可贵的是,马克思主义导师们早在一个半世纪前便已对上述问题作出了大量开拓性的研究,并揭示了资本主义制度下城市环境问题的病因和无产阶级改造世界、改造生存环境的使命。关于城市住宅问题,他们最为关心的是工人的居住生活,他们写道:"我们从各方面都可以证明,位于城市中最糟的区域里的工人住宅,和这个阶级的一般生活条件结合起来,就成为百病丛生的根源。"⑥马克思在《资本论》第一卷中便说过:"由于资本和劳动的大量流动,一个工业城市的居住状况今天还勉强过得去,明天就可能变得恶劣不堪。"恩格斯则在著名的《论住宅问题》中深刻指出:"住宅缺乏现象究竟是从哪里来的呢?这种现象是资产阶级社会形成的必然产物,在这种社会中,工人大批地拥塞在大城市里,而且拥挤的速度比当

---

① 《马克思恩格斯全集》,第2卷,第414—415页。
② 《马克思恩格斯全集》,第3卷,第664页。
③ 《马克思恩格斯全集》,第2卷,第501—502页。
④ 《马克思恩格斯全集》,第2卷,第416页。
⑤ 《马克思恩格斯全集》,第2卷,第419页。
⑥ 《马克思恩格斯全集》,第2卷,第382页。

时条件下给他们修房的速度更快;这种现象连同它的一切影响健康等等的后果,只有在产生这些后果的整个社会制度都已经根本改革的时候,才能消除。"①

关于城市环境问题,马克思和恩格斯也较早地发现了现代工业生产给大城市带来的环境污染问题,他们指出:"人口向大城市集中这件事本身就引起了极端不利的后果。伦敦空间永远不会像乡间那样清新而充满氧气。……如果说大城市里的生活本身已经对健康有不好的影响,那么工人区里的污浊空气的危害又该多么大呵,我们已经看到,一切能使空气变得更坏的东西都聚集在那里了。……在这种情况下,这个最贫穷的阶级怎么能够健康而长寿呢?"②基于此,马克思主义导师得出的唯一结论是工人阶级必须团结起来,反抗资本主义剥削制度,用自己的行动改造生存的环境和外部世界,因此他们呼吁工人阶级,起来反抗,"尽一切力量捍卫自己的人类尊严,而这只有在反抗资产阶级的斗争中才能做到。"③

马克思主义的城市问题论述极为丰富,但归根结底,都为我们指明了一点:资本主义社会的各种城市问题其总病根在于资本主义的私有制及其资本主义经济的固有矛盾上,而真正解决这些城市问题的唯一出路就在于消灭资本主义生产方式、消灭人剥削人的社会现象、消灭城乡分离对立的社会病态,走城乡融合之路。

四、马克思主义的城乡融合理论

城乡融合,是马克思主义创始人在创建其科学社会主义理论伊始便向广大无产阶级提出的社会奋斗口号,并将它视为一种"共产主义原理",纳入《共产党宣言》的伟大目标之中。在以后的共产主义运动岁月中,马克思主义导师和其继承者又不断地阐述了消灭城乡差别实现城乡融合的必要性、可能性以及各种方式途径,形成了较为系统完整的城乡融合理论,这些理论至今仍在指导着我们认识世界、改造世界、进行社区建设和管理的实践。

马克思主义经典作家之所以提出城乡融合的社会目标,一方面是因为城乡的分离和对立已成为社会"进一步发展的阻碍","消灭城乡之

---

① 《马克思恩格斯全集》,第18卷,第263—264页。
② 《马克思恩格斯全集》,第2卷,第380—382页。
③ 《马克思恩格斯全集》,第2卷,第405页。

间的对立是社会统一的首要条件",①由于城市过于集中招致各种病态和乡村的愚昧、分散,严重阻碍了社会的协调发展,也严重阻碍了城乡居民身心的健康发展。因而极须城乡之间在结合、协调发展的基础上扬长补短,克服自身弊病共同进步。再者是因为马克思、恩格斯以其洞察未来的眼光,已经预见到城乡融合将成为不以人的意志为转移的历史趋势,如同他们所论证的"消灭城乡对立并不是空想,正如消除资本家与雇佣工人间的对立不是空想一样,消灭这种对立日益成为工业生产和农业生产的实际要求",②因此他们预测在未来:"城市和乡村之间的对立也将消失。从事农业和工业劳动的将是同样的一些人,而不再是两个不同的阶级。单从物质方面的原因来看,这已经是共产主义联合体的必要条件了。"③当然马克思主义者也清醒地看到"不能设想这种对立的消灭是一蹴即成的",(列宁语)实现城乡融合将是共产主义者长期的艰巨的历史使命,"的确,文明在大城市中给我们留下了一种需要花费许多时间和努力才能消除的遗产,但是这种遗产必须被消除而且必将被消除,即使这是一个长期的过程。"④

列宁和斯大林继承和发展了马克思主义的这一基本观点,他们在亲手创建了世界上第一个社会主义国家之后,在社会主义建设初期便及时确定和阐明了社会主义条件下应有的新型城乡关系,并努力付诸实施,他们结合自己的国情,着眼于马克思主义的社会发展观,提出了"党和国家的实践的基本问题"是"建立城乡间的结合",⑤消灭城乡对立是"共产主义建设的根本任务之一"。⑥马克思、恩格斯、列宁等人在提出城乡融合的社会发展目标基础上,都曾就如何实现这一宏伟目标的具体途径和任务作出过多论述,对指导我们今天的城市发展和管理研究具有重要的理论和实践价值。他们的观点归纳起来主要有如下几点:

1. 消灭私有制和剥削阶级,确立生产资料的公有制,是消灭城乡

---

① 《马克思恩格斯全集》,第3卷,第57页。
② 《马克思恩格斯全集》,第18卷,第313页。
③ 《马克思恩格斯全集》,第4卷,第370页。
④ 《马克思恩格斯全集》,第20卷,第183页。
⑤ 《斯大林全集》,第6卷,第226页。
⑥ 《列宁全集》,第29卷,第114页。

对立的出发点和根本方针。近代的城市化运动、城乡分离对立的形成以及城市社会问题恶化的总根源是资本主义的社会制度和固有的生产方式的矛盾。因此城市问题的彻底解决和城乡融合的最终实现也必须挖根寻源,这一点恩格斯早在《共产主义原理》中便作了透彻的分析:"彻底消灭阶级和阶级对立,通过消除旧的分工,进行生产教育、变换工种、共同享受大家创造出来的福利,以及城乡的融合,使社会全体成员的才能能得到全面的发展——这一切都将是废除私有制的最主要的结果。"①

2. 使工业生产和农业生产有机地联系起来,是实现城乡融合的经济基础和重要条件。马克思主义创始者们曾多次重复和深化过这个重要观点,他们在《共产党宣言》中便提出:"在最先进的国家里可以采取的方法是:把农业和工业结合起来,促使城乡之间的差别逐步消灭"。后来他们又写道:"大工业在全国的尽可能平衡的分布,是消灭城市和乡村的分离的条件",②这种分离对立的消灭不仅是可能的,"它已经成为工业生产本身的直接需求","只有通过城市和乡村的融合,现在的空气、水和土地的污毒才能排除……。"列宁接受并发展了这一观点。他指出:"只有农业人口和非农业人口混合和融合起来,才能提高乡村居民,使其摆脱孤立无援的地位,正是农业人口和非农业人口的生活条件接近才创造了消灭城乡对立的条件。"③

3. 在社会主义革命胜利后,巩固城市工人阶级与农村劳动人民的社会政治联盟,这是消除城乡隔阂促进城乡融合的重要社会基础,也是列宁为我们提供的社会主义条件下城乡协调发展的宝贵经验。列宁曾多次强调:"在城市工人与农村劳动者中间建立相互的联系,确定一种可以很容易建立起来的友好互助形式,这是我们的责任,这是执政的工人阶级的基本任务之一。"④他还指出,要促进城乡的结合,"只有一条道路,就是城市工人和农业工人结成联盟。"⑤在此基础上斯大林将社会主义时期城乡结合的使命作了进一步的补充和具体化:"什么是结合呢?结合就是城市和乡村之间,我们的工业和农民经济之间、我们的工业品

---

① 《马克思恩格斯全集》,第4卷,第371页。
② 《马克思恩格斯全集》,第20卷,第183页。
③ 《列宁全集》,第2卷,第192页。
④ 《列宁全集》,第33卷,第420页。
⑤ 《列宁全集》,第29卷,第22页。

和农民经济的粮食与原料之间的经常联系、经常交换。……结合问题是我国工业的生存问题,是无产阶级本身的生存问题。是我国社会主义的胜利问题。"①

4. 积极发挥城市在现时代的中心作用,促使城乡协调发展。马克思主义者是从辩证唯物主义的立场看待城乡发展的,他们注意到在资本主义向共产主义过渡时期,城市不仅不会消失,"并且还要出现新的大城市";而且"肯定资本主义社会大城市的进步性,丝毫不妨碍我们把消灭城乡对立当作我们的理想"②。在现时代城市特别是大城市对社会经济和整体进步仍具有决定的作用,为了联合和顺利地推动无产阶级的阶级运动,"大工业应当首先创造出必要的手段,即大工业城市和廉价而便利的交通。"③所以列宁进一步强调,在社会主义建设时期"城市必然要领导农村。农村必然要跟城市走。问题仅仅在于,城市阶级中的哪个阶级能够领导农村,能够完成这个任务,以及这个城市的领导采取什么形式"④。列宁等人对社会主义时期中心城市功能强化和发挥的观点,有助于我们对马、恩城乡融合理论作出更加全面深入的理解。我们不能简单地把城乡"融合"理解为,在共产主义社会不存在社会经济活动在地理空间上的相对集中,事实上在生产更社会化、私有制消失后,社会再生产仍然需要依托经济中心形成合理的经济网络,通过合理的城镇布局、社区分工,使未来的生存聚落体系能兼有城市和乡村两种居民点分布形式的优点,并能克服原先各自的缺陷,最终形成共产主义的生活方式。

马克思主义有关城乡融合理论与方法的论述是十分丰富的。总之,消灭城乡差别最根本的出发点是要坚决废除私有制,大力发展社会生产力,"把生产发展到能够满足全体成员需要的规模",这是真正实现城乡融合的社会经济的基础和标志。在当前,我们应该认真系统地学习领会革命导师为我们留下的这些宝贵理论财富,并结合我国城市化发展的具体国情加以应用和发展;从而探索和建立起合乎国情的中国城市科学理论,努力在真正掌握和不断完善的基础上,将马克思主义的城市发展理论、城市功能理论、城乡融合理论付诸中国城市化和城市管

---

① 《斯大林全集》,第6卷,第211—212页。
② 《列宁全集》,第5卷,第132页。
③ 《马克思恩格斯全集》,第3卷,第69页。
④ 《列宁全集》,第30卷,第225页。

理的长期实践之中。

作者单位:江苏省社会科学院
责任编辑:徐实勤

试论社会发展模式与中国现代化战略
原载经济·社会(《内蒙古社会科学》经济社会版1992年第5期)
叶南客

一、"发展"的社会学探讨

　　发展,是20世纪中叶以来全人类共同关注的社会目标,发展模式、战略的研究,是当代国际范围内一股气势宏大,涉及甚广的学术潮流,它不仅对许多国家政策的制定产生了重要影响,而且较明显地左右了一系列学科的发展趋势。发展研究的同行们或许都注意到,在近几十年中,发展的实践和理论都经历了从单一到综合,从重经济发展到重社会发展的转型,它反映了人类对发展的关注是以经济发展为起点的,所以1950年代初兴起于欧美的发展经济学成为发展理论的开拓者,而今天人们对发展的内涵理解得更加广泛和深入了,越来越多的人提出了具有综合性的、以人为中心的社会发展的口号,因而20年代以来,发展社会学、发展政治学、发展心理学相继成为热门学科。

　　发展内涵的拓宽和重心的转移,较典型地体现在联合国确定的发展目标的变化上。联合国第一个发展十年(1960～1970)开始时,秘书长吴丹概括地提出"发展=经济增长+社会变迁"这一广为流行的发展公式,事实上这是以经济增长为核心的。随着社会进步和科学视野的扩展,60年代后期经济学家也感到:发展是生产率的提高,但这是一个可以无限延续的连续过程,包括多种多样的促成因素,其中"社会学的因素占有重要的地位"。[①] 这种观点在随后的国际发展战略中得到了确认,在1970年10月通过的"联合国第二个发展十年(1970～1980年)"的大会决议中,提出了"发展的最终目标必须是为了使个人的福利持续地得到改进,并使所有人都得到好处。要求由一个发展中国家和发达国家在经济与社会生活的一切领域中——在工业与农业、贸易与

[①] E.培根:《发展经济学》,霍姆伍德,1968年版,第5页。

财政、就业与教育、卫生与居住、科学与技术等领域中——采取以共同和集体行动为基础的全球发展战略"。

可以说,自1970年代以来,发展越来越体现为是指社会的发展,几乎可以视为社会发展的同义词。因此,以综合、系统研究社会变迁为特征和使命的社会学,在发展理论中扮演起日渐突出的角色。同样,在社会学的诸多分支学科中,现代化理论和发展社会学也日渐活跃,地位突出。从1962年第五届世界社会学大会提出"发展的社会学"议题以来,直到1978年第9届大会的总议题为"社会发展的途径",发展社会学无疑是当代社会学界的中心议题。根据社会学的理解,发展特别是社会发展的内涵至少应包括以下三层次的内容:第一,是指保证并促进经济、科技发展的社会前提要素。如果说经济和科技发展是生产力的发展,那么这里所说的社会发展也就是指生产关系和上层建筑的发展,它既包括整个社会制度的变革,也包括一定社会制度生产关系和上层建筑各项具体内容的调整。第二,是指伴随着经济、科技发展的需要而必须相应发展的社会事业。这主要包括城镇的基础设施建设,生态环境的保护,教育卫生体育事业的发展,人口增长和人口密度的控制,人才的成长、流动及合理使用,劳动就业的合理安排,社会保险的统筹,城乡一体化发展的规划,区域要素的合理布局等等。第三,指广大社会成员物质文化生活水平和生活质量的提高,这是社会发展在劳动者个人身上的最终体现。这其中包括人民吃、穿、住、用、行的消费水平的提高和消费结构的变化,闲暇时间的增多,文化生活的丰富多彩,健康水平的普遍提高,以及发展文明、健康、科学的生活方式所需要的各种条件的满足等。

上述社会发展内涵要素的确定,也便决定了社会发展的三方面特征。即:1. 系统性,社会是由人的活动、交往以及文化、禁忌、政治制度等无数物质组成的巨大系统,推动这一系统的演化、进步自然是一项浩大的系统工程。社会发展的系统性具体还表现在两个方面,一是指其发展的内容要素是综合、多元性的。二是指在社会综合发展中需要健全系统的自组织机制,促进各要素间的协调发展。2. 主体性。社会是人以及人际互动的各种关系的总和,人的全面发展构成了社会发展的主体,因此社会发展是以人为核心组成的一个目标系统的实现过程。社会发展目标必须同人的利益和需要相一致,发展的终极要求是提高所有社会成员的生活水平、生活质量,促进人的物质文化生活的全面进步。3. 特定性。社会发展是人类的共同目标,但发展的内容、方式却是每个国家所特定的,社会发展过程、特征与特定时间、地点条件下制定的目标相关。换言之,不同的社会有不同的发展目标、发展模式,不同的社会历史时期应具有不同的发展方式和发展重点。

二、社会发展的理论模式

1. 社会发展的理论模式

近几十年来各国学者提出的社会发展的理论模式不胜枚举,观点也是莫衷一是,其中最有影响的有以下五种:

(1) 现代化模式。现代化理论是二次大战后西方学术界提出的影响较大、时间较长的一个重要发展理论,也是一个拥有众多追随者的流派。这一理论的代表人物有著名的帕森斯、W. 罗斯托、D. 贝尔、A. 英格尔斯等人,他们接受从斯宾塞到韦伯以来的社会进化理论,按历史阶段将社会发展划分为两种模式,即传统和现代社会。

(2) 依附理论与巴里洛克模式。这一模式的基本立论之一便是反对"中心—外围"的不平等的国际格局,强调未来社会应是"摆脱了不发达与苦难的世界",一个"在国内和国际都是平等的社会";主张对现有社会的秩序和国际秩序进行巨大变革,认为人类和谐发展的障碍主要不在物质或经济方面,而是在社会和政治方面。这一模式还专门讨论了不发达国家走社会主义道路的可能性,认为社会主义国家表现出"具有真正历史意义的成就"。

(3) 替代发展模式。替代发展指的是在主流发展模式之外或是传统发展模式遇到障碍时找到一种新的发展要素或途径,从而使本国社会经济的发展得以持续甚至产生跳跃。

(4) 内源发展模式。这是由联合国教科文组织在 1977~1982 年的社会发展计划中正式提出的"以人为中心的内源发展"方案,随后在 1984~1989 年度计划中,又被列为向发展中国家广泛推行的社会发展模式。这一理论将社会发展资源和方式分作两大类:经济物质的发展是外源,人自身的发展和文化、价值观的进步为内源,而社会发展必须强调人类才是"发展的促进者和目的","内源发展以人为中心,是提高人类和文化价值的事业"。

(5) 整体发展模式。70 年代以后,发展研究者越来越多地注意到社会发展不仅是某个国家、某一类社会的事情,真正的发展必须是由国际社会联合行动,人类各个社区、民族相互协调进步的统一过程,因而社会发展模式的视野扩展为全球性的社会发展。

2. 社会发展的实践模式

近年内学术界有人根据现代化过程的启动时间、启动原因方式将现实的社会发展模式划分为三大类。

(1)"先发内生型",是指现代化过程起步早而且主要靠其内部社会经济要素发育而成的一些欧美发达国家,如同日本经济社会学家富永健一描述的:"在18世纪后半叶靠自己的力量进行了产业革命的英国,是世界上开始产业化的国家,法国次之",这些均属于"先起国家"。①这种类型的国家大多于19世纪便在社会内部孕育并发生了工业革命和现代化。

(2)"后发外生型",是指现代化起步较迟,主要由外来文明因素刺激,于20世纪上半叶才开始工业化和现代化过程的一些国家,如中国、日本、俄国等等。这些"后起国家的有利之处,是无须自己开发技术,可以借用先起国家的东西,而其不利之处,是必须一举造成大型企业,才能与先起国家的企业竞争"。②

(3)"后发内生型",是现代化的发展虽较迟,但并非主要受其他国家的影响而是自发走向工业化和现代化的,这种类型的国家很少,德国是一例。

在现代化的实践过程中,前两者模式是主要的类型,它表明在现代化的起因上,发展早的国家主要靠内部要素的发育成熟,发展迟的国家主要由外部文明的刺激、吸引所促进。在社会发展模式上,先发内生型国家是以产业革命、科技创新和民主化为先导,而后发外生型国家往往面临文化变革的艰难突破,经济上追赶发展是所有迟发展国家的主要目标。后发展国家由于种种"迟发展效应"会导致人口、区域、政治等方面发展的不平衡,在同现代化国家攀比中会出现许多经济文化矛盾,加大发展的难度,但同样基于种种"后发优势"在改革发展中也可避免走一些不必要的弯路,特别是在科技发展中可以通过引进先进技术实现超前发展,减少自己创新中的物质投入,因而产生一系列的"后发效益"。

---

① 参见富永健一:《社会结构等社会变迁》,云南人民出版社,第9页。
② 参见富永健一:《社会结构等社会变迁》,云南人民出版社,第9页。

3. 中国社会现阶段发展模式的确定

现代化的实践表明,世界各国的发展没有也不可能有统一的、既定的模式,发展中国家不仅不能照抄照搬发达国家的模式,而且就世界130来个发展中国家而言,由于情况千差万别,也必须探索创造符合各自国情的发展模式。鉴于此,我们认为对当代中国社会发展模式的确定,首先是要对以下一些决定性要素有个明确的认识。

第一,发展背景的三重性。中国的国情国体是我们判断其发展模式特征的前提和背景,这一背景在宏观上是三重发展性质的有机组合,即社会主义的国家制度、历史悠久的文化大国、现代化的后来者或所谓发展中国家。这三重背景构成了我国所特有的发展问题,决定了我国社会发展的核心是走社会主义道路,决定了我国社会发展中的大国优势、人文优势,也决定了我国在起点低、难度大等前提下社会发展的艰巨性。

第二,发展的制约因素。当代中国社会的发展受制于众多的客观因素,这些因素有积极的也有消极的,关键是要看我们发展模式中能否调动起积极因素,控制住消极的影响。当前社会发展的主要制约因素是(1)日益开放互动着的国际社会。中国社会的发展必须时刻关注国际社会格局的分化重组,不断调整对策。(2)人口众多且总体素质偏低。人口状况是我国的特殊国情也是一重大的限制性因素,在未来几十年中控制人口数量,提高人口素质,改善人民生活仍将是我国社会发展中的基本国策。(3)经济水平总体较低,且因幅员广阔、资源交通等差异形成了城乡之间、内地和沿海之间社会、经济、文化发展的不平衡性,因而决定即使在一国之内,各地的发展目标、指标也不能整齐划平一刀切。

第三,发展的目标——走向小康。党和国家已经决定将实现小康提高人民生活质量列为中国在20世纪90年代10年中社会经济发展的主攻目标,这为我国各方面的发展明确了基本方向,为我们指明了当代社会发展的战略中心和动力系统。

基于上述三点发展前提,我们试将现阶段中国社会发展模式的要素特征勾勒如下:

(1)发展体制。正如前文已分析的,社会主义的国家制度是我国社会发展的第一项背景要素,因而当代中国社会发展模式是以坚持社会主义制度而展开的。这一发展体制表明我国的社会现代化是在社会主义制度基础上的经济、社会、思想、文化的全面发展,是马克思主义理论与中国国情、民族传统有机结合而促成的社会进步,它要求在90年代中坚持社会主义物质文明和精神文明的同步发展,要求建设高度的社会主义民主,实现全社会成员的共同富裕。当然我们必须认识到我国的社会主义体制正在成长之中,有许多有待完善和自我调整之处,加上我国属于后发型的发展中国家,因此我国的社会主义体制尚处在"初级阶段"的特定历史时期。对这个有中国特色的社会主义发展体制,我们充满信心和希望。

(2) 发展机制。当前中国社会发展中亟待建立的两项主要发展机制是"稳定发展机制"和"以协调发展机制"。社会稳定、经济政治稳定以及人民生活的秩序化是一切社会发展的先决条件和重要保证,稳定机制对于中国的现代化建设尤其重要,"追求社会稳定是一项社会目标,但这种稳定是保证发展的稳定,是动态的稳定。……社会的稳定主要是建立对于不稳定因素的有效约束机制"。① 这种稳定发展机制,我们认为有两个重点,一是社会控制,二是社会保障。协调发展机制是针对社会发展是一个多因素、多层次的综合系统工程而言的,协调保证了系统内各要素在发展过程中的优化组合并发挥出最大运行效益。协调机制也有两个重点,一是建立合理的、义务权利对等的利益分配体系,进行社会利益协调,二是建立有效灵活的社会管理系统,对各项社会发展要素进行组织和协调。

(3) 发展手段。改革、开放将是中国社会发展在现阶段的主要方式手段。改革不仅仅是指经济领域内的改革,而是社会管理体制,文化、科技、教育以及社会事业的全面完善和改革。我们理解,将深化改革列为1990年代的重要任务,是指在发展中要加大改革的分量和力度,加深对改革的理性认识,促进我国社会改革向更广、更深的领域发展,具有中国社会主义特色的发展模式将在改革进程中完善成形。开放是针对现阶段的国际环境而言,当代的社会发展再也不仅是一个国、一个地区的内部事务,每个国家都日益注重强化和调整自己在国际社会中的地位,任何国家民族的现代化建设都越来越需要大量吸收、借鉴外来文明的有益成分,使得本国的发展更加迅速和富有成效,中国也不例外,对外开放、对内搞活将成为中国社会发展的大趋势和重要特征。

---

① 于真等:《社会主义社会学原理》,知识出版社,第267页。

(4) 发展的"转型现象"。中国正处在一个农业大国向工业大国、传统社会向现代社会转型的过渡时期,这时期的社会发展必然也被打上许多转型社会所特有的"过渡性烙印"。首先表现在社会发展中新旧体制交替并存,新旧文化交织对垒等一系列"并存冲突"现象的加剧,这双重体制、文化的摩擦与冲突必然会导致社会以至个体价值观念的动荡,使改革发展面临重重障碍。其次表现为社会整体发展的不平衡性。中国是一个发展中的大国,种种因素的制约使现阶段国内各地区的社会发展差异显著,经济发展也呈现出明显的梯度结构,尽管我们提出了现代化目标的总体部署,但各地区还将根据区情确定自己的发展方式和努力目标,从而使转型社会的内部具有多元化的模式。第三表现为变动性与稳定性的统一,社会发展的本质规定是动态的,特别是社会转型和改革不可避免地造成体制结构和利益结构的剧烈变动,但是为了推动社会的前进并在改革过程中尽可能减少不必要的冲突和损失,又需要积极创造一个稳定的社会环境,使社会现代化在尽可能的经济稳定、政治稳定、人心稳定的大环境下逐步实现。

(5) 发展战略。发展战略不仅是社会发展模式的重要组成,而且是发展模式的主要体现者和导向系统,发展战略的性质与转变也便决定了发展模式的性质与转变。当代中国的发展总战略是实现现代化,90年代的战略目标是使人民生活从温饱达到小康,有中国特色的现阶段发展模式将在此基础上产生和调整。

三、中国社会现代化战略的构造

1."第五个现代化"的启示

当代中国社会发展的总体战略是实现社会主义现代化。现代化战略的提出始于1960年代,周恩来同志在第三届全国人大第一次会议上就提出了要"把我国建设成为一个具有现代工业、现代农业、现代国防和现代科学技术的社会主义强国"的战略口号。在1975年的第四届全国人大会议上,他再次提出了要"向四个现代化的宏伟目标前进"。自此,实现工业、农业、国防和科技四个现代化成了全国人民为之奋斗的共同行动纲领。然而,我国社会现代化的内涵是否仅此4个方面呢? 1984年底,著名的现代化理论家,社会学家A.英格尔斯在访问我国时曾意味深长地提出:"希望中国除四化之外进入第五个方面的现代化",即人的思想和精神的现代化。随后,我国有的学者又提出了文化现代化、政治现代化、管理现代化等等,这些都意味着人们对社会发展内涵的拓宽,要求我国的现代化战略从以往的以经济建设为主体向综合发展、整体发展的方面转型,这也是社会进步的必然趋势。

2. 我国社会现代化的战略步骤和重点

自党的十一届三中全会以来,由邓小平同志首倡,我国社会主义现代化建设的战略部署大体上分作三步。第一步,在1980年代末实现国民生产总产值比1980年翻一番,解决人民的温饱问题,这个目标现已基本实现,标志着我国社会主义现代化建设已经取得第一战役的重大胜利。第二步,到20世纪末,使国民生产总值再翻一番,人民生活达到小康水平,从而进一步满足人民日益增长的物质文化需要。第三步,到21世纪中叶,人均国民生产总值达到中等发达国家水平,人民生活比较富裕,基本实现社会主义现代化。

我们正处在第二步战略的起点上,从现在起的今后10年,是我国现代化发展的历史进程中非常关键的时刻,关系到能否在1990年代巩固和发展1980年代取得的成就,促进社会的繁荣发展,关系到中华民族的前途和命运。现代化战略目标和步骤的提出,给社会科学各个学科提出了新的要求,当然也给社会学研究提供了广阔的舞台。以综合、整体研究社会结构、推动社会良性运行和健康发展为己任的中国社会学,当前面临的迫切任务之一就是要积极探索"从温饱上升到小康"这一目标和过程的实施计划,深入实际进行调查,收集整理和分析各类涉及小康目标的资料,并提供切实可行的社会发展观点、思路和对策。

3. 我国社会现代化的战略体系构思发展战略理论的一个基本观点,是将每个战略的制定和实施视为一项系统工程。运用现代系统论的思想,分析社会发展战略的要素和结构,是社会发展研究中的一项重要内容。社会发展战略作为一种由众多要素有机构成的大系统,主要由三个亚系统构成,即系统运行中的导向系统、基础构件以及战略主体系统。

我们认为社会发展战略的导向系统就是前文分析的我国现代化的总体目标和战略部署以及战略指导思想和实施原则,社会发展战略的基础构件应是社会发展的描述指标、评估指标和计划控制指标体系,社会发展战略的主体即为现代化的战略方案和实施计划。限于篇幅,本文最后仅就我国社会现代化战略主体的系统构成作一初步的探析。

我国社会现代化的战略方案体系应是由三部分构成,即:(1)社会现代化的总体战略；(2)现代化发展的中层战略——社会各部门、要素和地区发展战略；(3)以人为中心的社会发展核心战略。

社会现代化的总体战略是对我国社会发展的宏观构想和全局性设计，主要可分为对内和对外两大类型。对内是在以经济建设为中心的发展过程中通过满足人民基本需求、改造宏观社会文化环境，促进社会事业协调发展，实现强国和富民的总战略；对外是如何处理好中国在国际社会发展中的地位，维护祖国的和平统一，发挥和强化社会主义大国在全球发展中的积极作用，实现"一国两制"、外向型发展以及现代化的赶超战略。

社会现代化的中层战略，是从中观角度对我国各地区以及各部门要素的社会发展加以协调组织和计划实施。我国的地区发展战略内部也是多层次的，有省、市、县域的社会发展战略；也有东部沿海、中部和西部地区的梯度发展战略；还有较高层次上的城乡协调和城镇化发展战略。近年来我国各地区的社会科学工作者都在致力于这一方面的战略研究，形成了大量地区性战略方案成果，有的已付诸地区社会经济发展的实践，可参见于光远主编的《中国地区经济社会发展战略选编》[①]。社会各部门战略近年来也为人所重视，先后形成了一大批工业、农业、科技、教育、文化、生态等等发展战略方案，但这些战略大多数还停留在就事论事、较封闭的阶段，缺乏对社会各要素发展的统筹和协调。

社会现代化的核心战略，是确立人的社会主体地位、坚持以人的发展为中心的战略原则。当前我国社会现代化中的人的发展战略内涵，主要应表现为：控制人口数量、提高全民素质、改善生活质量、促进全面发展。

"共产主义并不是人类发展的目标"，人类发展的目标是"通过人并且为了人而对人的本质的真正占有"。"人以一种全面的方式，也就是说，作为一个完善的人，占有自己的全面本质"[②]。真正的马克思主义者一直是将人的发展作为自己的终极关怀，我们提出以人的现代化发展为内核的社会发展战略，正是为了将马克思主义的发展学说具体体现在中国社会主义现代化的进程之中。同时人作为现代化社会的主体，既是社会最基本的生产力，又是社会关系的承担者，还是所有上层建筑

---

① 该书由中国财政经济出版社 1990 年出版。
② 《马克思恩格斯全集》第 42 卷，第 131、120、123 页。

的体现者,只有促进人的全面发展,才是社会经济协调发展的出发点和真正动力。

作者工作单位:江苏省社会科学院
责任编辑:旭江

马克思主义妇女发展理论初探
原载《妇女研究论丛》1994年第4期
叶南客

19世纪中叶,马克思主义理论导师在创建马克思主义哲学、政治经济学、科学社会主义理论体系的同时,也创立了具有科学意义的马克思主义妇女观。在《共产主义原理》《共产党宣言》《德意志意识形态》《家庭、私有制和国家的起源》等名著以及近百篇论文、几十封信件中,以辩证唯物主义和历史唯物主义的敏锐眼光和科学态度,阐明了无产阶级解放自我、解放全人类、解放妇女的必要性和可能性,进而提出了实现人的全面自由发展的共产主义宏伟目标。长期以来,我们在论及马克思主义妇女观时,较多的是分析论证马克思主义的妇女解放学说,而较少论及其妇女发展理论。事实上,马克思主义的妇女发展理论和妇女解放学说一样,不仅是马克思主义妇女观的主体内涵,也是其人学理论的重要组成部分。马克思主义妇女发展理论是对妇女解放理论的进一步丰富和延伸、开拓。

一、马克思主义妇女观是妇女解放理论与发展理论的辩证统一。

1. 应从马克思主义人学高度探索妇女发展理论

探讨马克思主义妇女发展理论,有必要明确一个理论前提,即必须以马克思主义的人学基本观点为分析的背景和出发点。因为马克思主义的经典作家并没有对资本主义国家或社会主义时代的妇女问题作过全面的论述,他们对妇女地位、劳动妇女个性解放、自由发展的阐述都是他们的人学观的具体体现,他们在论及无产阶级的自我解放和共产主义社会人的发展目标时,毫无疑问也包括对广大女性的关注,因此可以肯定,马克思主义妇女观是马克思主义人学理论的重要组成部分,只有深入领会马克思主义的人学思想,才能不断丰富、发展马克思主义的妇女观,并促使其妇女理论的系统化。

我们还应注意到,马克思主义的奠基人在其众多著述中,从未将人的解放与发展分割对立起来,虽然他们在讨论资本主义社会妇女地位和出路时,较多的是用了妇女解放以及无产阶级解放的词句,这是当时的时代特征和制度背景所决定的,在资本主义时代,妇女运动的中心必然是消灭剥削、压迫,在解放全人类的过程中解放自身;而在描绘共产主义目标和远景时,马克思和恩格斯都不约而同地强调了人的自由发展。这就合乎逻辑地表明,在推翻阶级压迫、剥削以后,妇女发展、人的发展理应成为未来文明的中心任务。正如恩格斯在《反杜林论》中所揭示的:"自然,要不是每一个人都得到解放,社会本身也不能得到解放。因此,旧的生产方式必须彻底变革,特别是旧的分工必须消灭。……另一方面,生产劳动给每一个人提供全面发展和表现自己全部的即体力的和脑力的能力的机会,这样,生产劳动就不再是奴役人的手段,而成了解放人的手段,因此,生产劳动就从一种负担变成一种快乐。"①在这里恩格斯通过解放生产力和变革生产方式将人的解放和发展的可能性贯穿在一起了。

毋庸置疑,马克思主义人学观,包含了资本主义社会中现实人的解放和共产主义社会人的自由全面发展理论,马克思主义妇女观也正是妇女解放理论与妇女发展理论的统一体。

2. 马克思主义妇女发展观的基本内涵

由于所处的特定时代背景和现实斗争需要,马克思主义妇女观中有关妇女解放的理论阐述得较为具体,如我们所熟悉的:有关妇女社会地位演变及其受压迫的形式、原因、妇女解放的必要性和先决条件、妇女解放运动和无产阶级革命的关系,以及妇女组织建设、骨干培养等等。对妇女发展问题马克思恩格斯论述较少,但不是没有,而是更多地包容在对未来社会新人的发展构想之中,这也正是我们当前应付出更大努力发掘和探讨马克思主义妇女发展观的原因和意义所在。

马克思主义妇女发展理论的内涵是多方面的,至少包括4个方面的内容:① 妇女发展与社会发展的内在联系,如:"某一历史时代的发展总是可以由妇女走向自由的程度来确定。"②"既然人天生就是社会的生物,那他就只有在社会中才能发展自己的真正的天性。"③ ② 妇女发

---

① 《马克思恩格斯全集》,第20卷,第18页。
② 《马克思恩格斯全集》,第2卷,第250页。
③ 《马克思恩格斯全集》,第2卷,第167页。

展的制约因素,如:"在资本主义生产方式存在的最后年代里,我关心下一代人的健康更甚于关心两性的形式上的绝对平等。我深信,只有在废除了资本对男女双方的剥削并把私人的家务劳动变成一种公共的行业以后,男女的真正平等才能实现。"①③ 妇女发展的目标,正如《共产主义宣言》中号召的:"消灭妇女被当做单纯生产工具看待的地位",实现"每个人的自由发展"②。④ 妇女发展的方式途径,如"生产劳动同智育和体育相结合,它不仅是提高社会生产的一种方法,而且是造就全面发展的人的唯一方法"③。这一点马恩等经典作家论述较多,也颇有现实意义。

3. 妇女发展理论与解放理论的相互关系

马克思主义妇女观(学说)是由妇女发展理论与解放理论共同构成的,妇女解放与发展理论的分析对象是同一的,即不同时代各个阶层的女性地位与角色的变迁进步,因而妇女解放与发展理论在不少方面存在着交融统一的现象,作为完整的科学体系,二者不可缺一。但是这又毕竟是两种不同重点和指向的妇女理论,它们在时代、制度、社会形态等方面有着不同的针对性,故而两种理论又存在多方面的差异。

首先,在历史和逻辑的关联上,妇女解放与发展理论具有递进关系和差异。马克思曾客观地指出:"人类始终只提出自己能够解决的任务,因为只要仔细考察就可以发现,任务本身,只有在解决它的物质条件已经存在或者至少是在形成过程中的时候,才会产生。"④所以,妇女解放运动和理论并没有在条件未具备的奴隶社会和封建社会产生,而是出现在大工业高速发展的资本主义时代;由于资本主义社会仍然存在着剥削和性别的不平等,广大劳动妇女在这个时代面临的主要问题便是妇女解放而难以奢谈其全面发展;只有到了社会主义和共产主义社会,妇女真正成为社会的主人,享有与男性在本质意义上的平等权利后,妇女个性的完善,身心的健康发展才能成为新时代的中心议题。

其次,从妇女角色变迁进步的内涵作为人类的存在属性来看,妇女解放和妇女发展理论有着层次上的递进关系和差异。相对于女性发展而言,自身解放和人格独立是基础,不消灭阶级压迫和性别歧视、没有

---

① 《马克思恩格斯全集》,第4卷,第452—453页。
② 《马克思恩格斯全集》,第1卷,第269页,第273页。
③ 《马克思恩格斯全集》,第23卷,第530页。
④ 《马克思恩格斯全集》,第2卷,第83页。

妇女解放,妇女的自由发展显然是空中楼阁;从人类社会变迁和妇女成长、进步的历史长河着眼,妇女解放绝不是其最终目标,它将随着旧的政治、经济、文化制度的消失而宣告任务的实现。然而妇女发展是无止境的,共产主义的新社会阶段只是妇女发展的崭新起点,"只是从这时起,人们才完全自觉地自己创造自己的历史"。① 所以,人的自由全面发展体现了马克思主义者对女性成长的终极关怀。

再者,妇女解放与发展理论在各自的内涵与外延上,存在着多种差异。从女性进步的内涵来看,妇女解放有较强的针对性,指向主要集中在政治地位、权益保障、经济地位、家庭地位及文化观念等方面;而妇女发展理论的着眼点更加广泛全面,它不仅关注女性的生理健康,也关心到女性日常生活方式、生活质量的改善,还着重女性素质提高、社会参与和自身价值、潜能的充分实现……。从性别关系来看,妇女解放有着明显的相对性,即是相对于男性而言的解放,在消灭阶级压迫、剥削的同时,还要消灭夫权的压迫和性别的歧视,所以妇女解放运动和理论都是男性中心时代的历史产物,而妇女发展是具有人类普遍意义的,它在内容和形式以及目标上,都是和现时代男性具有同样的追求,正如《共产党宣言》中明确昭示的:"在那里,每个人的自由发展是一切人自由发展的条件。"②

二、马克思主义妇女发展理论的现实启迪

马克思主义创始人在一开始进行他们伟大的理论创造时,便提出:"我们的出发点是从事实际活动的人,而且从他们的现实生活过程中我们还可以揭示出这一生活过程,在意识形态上的反射和回声的发展。"③正是基于对现实社会中的劳动者和广大妇女的密切关注,在观察了无产阶级妇女解放运动的基础上,他们又进一步提出了妇女发展的远大目标以及实现妇女发展的方式和途径,有关这方面的论述是马克思主义妇女观的重要组成部分,也是对指导今天妇女发展实践最具有现实意义的科学理论。通过系统学习和领会马克思主义的妇女发展观,对于我们更深入全面地认识中国妇女健康成长之路具有多重积极的启迪。

---

① 《马克思恩格斯全集》,第3卷,第323页。
② 《马克思恩格斯全集》,第4卷,第491页。
③ 《马克思恩格斯全集》,第1卷,第30页。

1. 从社会革命到个性解放是妇女发展的崭新起点。

马克思主义者一向认为,妇女真正意义上的解放和发展必须以消除阶级剥削和性别压迫为前提,这一前提不是通过谈判改良就可以使统治者、剥削者拱手相让的,因此马克思恩格斯都十分关注劳动妇女为解放自身而进行的斗争,马克思在致友人的信中曾说道:"您的夫人是否也参加了伟大的德国妇女解放运动?我认为,德国妇女应当从推动自己的丈夫为自身解放而斗争开始。"①恩格斯也强调过,人要自由发展,"单靠认识是不够的,这还需要对我们现有的生产方式,以及和这种生产方式连在一起的我们今天的整个社会制度实行完全的变革。"②马克思恩格斯的这些论述告诉我们,妇女自身的发展绝不是孤立生长着的事物,它是和社会整体的发展息息相关,没有社会政治经济制度的变革,妇女仍处在受压迫和受剥削的地位,既不可能有个性解放,更谈不上个性的自由发展。同样没有全面的文化、家庭等制度的变革,妇女仍将处在愚昧、落后的被动地位,既不可能成为家庭的主妇更不能成为社会的真正主人。因此通过参与社会革命,推翻传统落后的生产方式和旧制度、旧观念,不仅是妇女解放的必经之途,也是妇女走向自由全面发展的社会基础。

社会变革是妇女发展的环境基础,个性解放是妇女人格独立、自由发展的内在基因,马克思曾说"人们社会历史始终只是他们个体发展的历史",③列宁也认为:"全部历史正是由那些无疑是活动家的个人的行动构成的"。④ 这就充分肯定了妇女个性解放在群体发展乃至社会发展中的重要作用,只有个性的彻底解放,才能保证她们自由意志的发挥和创造精神的实现。中国女性在长期封建礼教和宗法观念的束缚下,根本谈不上个性独立也便不可能有真正的自由的人格发展,社会主义制度的建立,为今天女性的个性解放和人格完善奠定了坚实的社会经济基础并提供了有利的文化氛围,因而我们欣悦地看到,中国的妇女发展也正处在一个崭新、辉煌的历史新起点上。

2. 从社会参与到角色平等是妇女发展的先决条件。

马克思恩格斯在考察妇女地位及其受压迫的特殊性质时还发现,

---

① 《马克思恩格斯全集》,第32卷,第570页。
② 《马克思恩格斯全集》,第3卷,第519页。
③ 《马克思恩格斯全集》,第2卷,第82页。
④ 《列宁选集》,第1卷,第26页。

妇女因被排除在社会公共劳动之外，被困在无偿的琐碎的家务劳动之中而在经济上从属于男子，经济的从属是一切从属的基础，因此恩格斯指出："妇女解放的第一个先决条件就是一切女性重新回到公共的劳动中去，而要达到这一点，又要求个体家庭不再成为社会的经济单位。"①相对于女性的个性解放，参与社会劳动获得经济上的独立为先决条件，同样对于现代女性的发展而言，女性只有通过参与社会公共劳动，才能更广泛地参与社会文化发展、获得政治民主权利进而取得与男性平等的地位，这也当然构成了妇女发展的先决条件。如果说在阶级压迫的社会里，男女不平等内含着阶级对抗因素的话，那么在社会主义社会，妇女问题说到底是要在一切领域实现男女平等，最终实现妇女的全面发展。当妇女仅以对男性的服从为使命，家庭是其全部生活内容时，她们的社会价值无从体现；只有同男性一样成为活跃的生产力因素而参与各种社会活动，在多种社会关系中扮演着独立的多元性社会角色时，她们才能彻底摆脱依附型角色，成为社会的主角之一，才可能实现真正意义上的男女平等。这一点恩格斯早在百余年前便已得出了明确的结论："只要妇女仍然被排除于社会的生产劳动之外而只限于从事家庭的私人劳动，那么妇女的解放，妇女同男子的平等，现在和将来都是不可能的。妇女的解放，只有在妇女可以大量地、社会规模地参加生产，而家务劳动只占她们极少的工夫的时候，才有可能。而这只有依靠现代大工业才能办到，现代大工业不仅容许大量的妇女劳动，而且是真正要求这样的劳动，并且它还越来越要把私人的家务溶化在公共的事业中。"②恩格斯具有洞察力的观点不仅适合于对资本主义社会妇女解放条件的分析，而且也是对社会主义社会妇女发展条件的科学预见，事实上，只有社会主义的工业化，就其本质来说，能够提供和创造广大劳动妇女全面发展的基础条件。当代表先进生产力并与现代大工业相联系的无产阶级当家作主后，能够对经济进行社会主义改造，大力推进社会主义现代化建设，在建设社会主义精神文明的过程中，在法律上充分体现劳动妇女的意志，给男女平权以保障，鼓励妇女参与经济、政治、文化等方面的发展，并且逐步实现家务劳动的社会化，给现代妇女全面参与社会、全面承担和扮演好自己的社会角色、全面实现自我价值、潜能提

---

① 《马克思恩格斯选集》，第4卷，第158页。
② 《马克思恩格斯选集》，第4卷，第158页。

供广阔的空间和丰富的时间。

3. 从生产力发展到人格的成长是妇女发展的现实动力。

马克思主义唯物史观是研究妇女在社会生活和社会关系体系中的地位及其行为变化的理论基础,马克思主义创始人指出,"物质生活的生产方式制约着整个社会生活、政治生活和精神生活的过程"。① 换个角度而言,各个时代的妇女社会地位、妇女参加社会生产劳动的程度以及妇女素质状况都取决于当时的社会生产力发展水平,妇女受压迫的历史现象是早期生产力低下的社会产物;近代妇女运动的兴起,是资本主义工业化时代生产力和生产关系大变革的产物;社会主义社会妇女的健康发展也必将伴随着社会主义经济的增长和物质生活的现代化而成为现实。

当代中国仍处在社会主义初级阶段,生产力水平和工业化程度都不够高,因此我们对现时代的妇女发展状况不可盲目乐观,必须看到广大妇女特别是为数众多的农村妇女素质偏低,社会参与不足,生活质量不够高,城市职业女性在工厂企业中也没有充分发展其现代性,呈现出人格发展的单向性。由于生产力水平较低,观念形态尚未完全清除掉旧时代的印痕,大男子主义作为一个潜文化仍在不同阶层群体中徘徊,法定的男女平等并没有如实体现在各个具体的生活领域,包括不少妇女自身还存在着自卑心理和强烈的依附感,因此在现时代,妇女解放的任务并没有彻底实现,而且现代妇女发展状况是不充分、不全面的。

所以在今天,我们在考虑妇女发展战略时,一定要以马克思主义唯物史观为指导,以大力解放和发展生产力为促进妇女发展的物质基础和现实动力,必须立足现实,制定切实可行的妇女发展目标和措施。对新时期各种观念的变革中以及改革开放中出现的妇女发展的新情况新问题,要以现实社会生产力水平和生产关系为观察、分析问题的科学依据,分清超前文化与滞后观念,妇女发展的新生长点与消极障碍等等。同时我们还应从改革和发展生产力的角度,认识维护妇女利益、权益与改革的关系。总之,社会主义制度为生产力的发展开拓了无限广阔的前景,也为妇女人格的成长奠定了坚实的物质基础。

4. 从人格的丰满独立到人性的健全发展是妇女发展的终极目标。

马克思主义创始人通过对资本主义社会及其现实生活方式的全面

---

① 《马克思恩格斯选集》,第2卷,第82页。

考察和分析,对未来共产主义社会人的发展特征和目标作了有创造性和科学性的描绘。首先,从人与自然的关系上,未来新人将是体现主体意识、具有主体行为的自由发展的人,妇女人格也将呈现出一种"自主性人格"和"创造性人格"的特质,到那时妇女的人格发展将充分体现为她们生活行为的充分自由和自觉,自由支配时间的大量占有,自身个性才能发挥的自主设计和实现,因而妇女发展"终于成为自己的社会结合的主人,从而也就成为自然界的主人,成为自己本身的主人——自由的人。"① 其次,从人与社会的关系来看,在共产主义这一全新社会体系中,妇女个人与社会全体的根本利益是一致的、相互关联的,每个人的全面发展便成为其他人全面发展的条件,因而未来妇女将体现出一种"全色调"的人格特征,即是一种"丰富性人格"和"高效性人格",到那时妇女的生活方式也将表现为格外丰富多彩,就像马克思所乐观地揭示的:"任何人都没有特定的活动范围,每个人都可以在任何部门内发展,社会调节着整个生产,因而使我有可能随我自己的心愿今天干这事,明天干那事,上午打猎,下午捕鱼,傍晚从事畜牧,晚饭后从事批判,但并不因此就使成为一个猎人、渔夫、牧人或批判者。"② 所以,"在共产主义社会里,没有单纯的画家,只有把绘画作为自己多种活动中的一项活动的人们"。③ 再次,从人对自我的不断认识、不断解放、不断超越的动态过程来看,共产主义社会不是宣告妇女发展的结束,而正相反要求未来的女性成为不断完善的社会人,成为不断发展的新人,届时她们的人格将更趋向完整、完善,她们的个性也更趋向健全、成熟,她们在精神生活不断丰富的同时,其创造才能将不断增长和实现,所以"共产主义并不是人类发展的目标,并不是人类社会的形式"。"它是人的解放和复原的一个现实、对下一段历史发展说来是必然的环节。"④ 在那时,包括妇女在内的全体社会成员都将向更有人性的方向发展,更全面地充实和实现自己的社会本质。

作者单位:江苏省社科院社会学所
责任编辑:方北

---

① 《马克思恩格斯选集》,第3卷,第443页。
② 《马克思恩格斯选集》,第1卷,第37—38页。
③ 《马克思恩格斯全集》,第3卷,第460页。
④ 马克思:《1841年经济学哲学手稿》,第85页。《马克思恩格斯全集》,第42卷,第131页。

发展:苏南现代化的成功之路与战略导向
——"苏南工农业协调发展和现代化"研究报告

原载《社会学研究》1994年第5期

叶南客　唐仲勋　张　卫　蒋影明

工农业协调发展是苏南农村经济现代化启动时期的重要特色,也是对有中国特色的社会主义现代化道路的可贵探索。本项研究报告通过大量翔实的资料对20世纪80年代以来苏南地区工农产业间协调发展的历程和互动特征进行了系统实证分析,揭示了苏南工农业协调发展的成功经验和对其他地区发展的启迪意义;然后,从经济社会学的角度对苏南工农业协调发展中的利益协调、要素协调、结构协调、进度协调等标志进行了理论概括,并进一步论述了促成工农业协调发展的四种作用机制及其社会效应;最后,作者根据90年代苏南新发展阶段中的新情况、新问题,对工农产业间若干不够协调乃至于失调的现象作出了分析,进而提出了在深化改革和发展社会主义市场经济过程中实现苏南工农业进一步协调发展的战略构想。

作者:叶南客,男,1960年生,江苏省社科院社会学所副研究员,本项课题研究组负责人。

唐仲勋,男,1925年生,江苏省社会科学院社会学研究所副研究员;

张卫,男,1966年生,江苏省社会科学院社会学研究所助理研究员;

蒋影明,男,1955年生,江苏省社会科学院社会学研究所助理研究员。

在世界经济发展和社会现代化过程中,多数发展中国家都曾出现了工业发展、农业萎缩的现象,不少人就此断言:这是工业化过程中无法克服的必然现象,是一种规律。然而,地处江苏南部太湖流域的苏南地区(含苏州、无锡、常州三市十二县[市])在20世纪80年代以来的十多年中坚持城乡协调、工农业协调的现代化发展战略,在全国工农两大产业发展呈现偏差的情况下,苏南率先建立了工农业的微观协调、良性循环机制,从"以农养工"到"以工补农",从"以工建农"到"以工兴农",

走出了一条农村工业化和农业现代化齐头并进、工农业协调发展的新路。

一、苏南经济社会发展的新阶段、高起点

1. 苏南模式的重要内涵：协调发展

被人们誉为"苏南模式"的苏南地区经济社会发展经验和独特方式是在20世纪80年代中逐步发育成形的，早在1982年底社会学家费孝通教授在苏南调查时即最先提出："苏南这个地方在农村经济发展上自成一格，可以称为一种模式。"这以后很多经济学者、社会学者、地理学者以及苏南地区实际工作部门的同志都从各自角度出发对"苏南模式"的内涵、特征作出了多种理论概括。对于各家之言，我们不再作具体讨论，我们比较赞同的一种表述是《城乡协调发展研究》课题组同志在研究报告中所提出的："苏南地区依靠乡村社区自身的力量，和大中城市的经济、技术、文化辐射相结合，积极兴办以社区集体所有的乡村工业为主的乡镇企业，建设具有联结城乡功能的小城镇，发展城乡之间的经济、科技、文化、教育的协作联合，推动农村产业结构的调整和农村经济社会全面发展，并促进城乡社区、城乡产业和城乡社会生活向紧密结合的一体化方向发展的模式。"[①]在这个模式中，由农民自己兴办乡村工业并在此基础上形成的工农业协调发展和城乡一体化格局构成了苏南农村工业化、城市化、现代化的基本内核。

由工农两大产业间的协调互动扩展为城乡经济、社会的协调发展一直是苏南模式中的重要经验与战略导向，它在早期体现为苏南农业哺育了农村中的工业，乡镇工业壮大后在经济利益上再"反哺"农业；到20世纪80年代中后期又发展到"以工补农"和"以工建农"。这些举措，协调了工农业间的利益关系，促进了城乡间的经济联合，有利于城市文明向农村的辐射，也推动了农业、农村和农民的现代化进程。

当前，苏南经济与社会发展正在跨入一个崭新的阶段，新发展阶段的主要标志有四点：(1)社会主义市场经济体制的建立；(2)在市场经济体制基础上全面更新的社会管理体制和发展机制；(3)苏南工业化进入外向型、集团型、科技型的中级阶段；(4)苏南农业现代化从个别试点走向全面实施。与此相适应，苏南模式也必须在内容和形式上作

---

① 《城乡协调发展研究》，江苏人民出版社1991年版，第38页。

出更新,苏南模式是在率先突破计划体制中形成的,它也应在率先走向社会主义市场经济中被赋予新的内涵。

在新发展阶段中,苏南模式的合理内核——工农及城乡间的协调发展是应予保留并加以发扬的,但是协调发展的内容要素、方式机制都将与以往有所不同并应在更高的层次上作出拓展创新,这也正是我们在本课题中要重点考察和深入探讨的。

2. 苏南发展战略的高起点、新目标

1982年在中共第12次代表大会上,以邓小平为核心的第二代中央领导明确提出了中国实现社会主义现代化的三步走战略,即第一步在20世纪80年代末实现国民生产总值比1980年翻一番,解决人民的温饱问题;第二步是到20世纪末,使国民生产总值再翻一番,人民生活达到小康水平,从而进一步满足人民日益增长的物质文化需要;第三步到21世纪中叶,人均国民生产总值达到中等发达国家水平,人民生活比较富裕,基本实现社会主义现代化。

江苏苏南地区在各级党和政府的正确领导下,凭借着天时、地利、人和的发展优势,加速了改革开放的步伐,在短短十多年中基本完成了从自给半自给经济向商品经济的转换,农村经济结构、就业结构、农民收入结构发生了根本性变化,农村经济总量显著增加,社会面貌发生了深刻变化,在20世纪80年代迅速实现了从温饱水平到小康水平的过渡,提前十年完成了党中央提出的第二步战略目标。20世纪90年代的苏南地区已超前于全国,可以认为,在中华大地进入新一轮的发展阶段时,苏南的起点更高了一个层次,当大部分地区正在向小康社会迈进时,苏南已超前向21世纪的现代化目标奔去。

苏南的发展是超前的,苏南模式及其自身的变革也具有多方面的超前意义。20世纪90年代的苏南正处于走向现代化社会的新起跑线上,苏南现代化的实施可以概括为是以经济现代化为中心、以人的现代化为主体、以社会全面现代化为目标的综合发展演进过程。在这一整体的进步中,国民经济的现代化具有主导作用和中心地位,而在经济现代化中,农业和工业协调发展以及工农业自身的现代化成长更是其基础与核心。

二、苏南现代化的基石:农业的持续发展和农村现代化

改革开放以来,苏南地区农村经济持续高速发展,现代化建设已经

拉开帷幕,整个社会正面临着一场历史性的巨变,在这种新历史背景下,农业的持续发展和实现农村现代化是一项重大的社会工程,因为它们作为苏南现代化的基石,其成功与否关系到苏南地区到20世纪末能否实现现代化的战略目标。1992年苏锡常地区农业总产值为129.04亿元,比1978年农业总产值66.30亿元增长了近一倍,增长幅度是较大的。苏南农业持续增长的重要特征是"大农业"格局的形成。农业内部结构发生了质的变化,打破了单一的种植结构,在苏南三市农业发展中,林、牧、副、渔业的增长幅度要远远高于种植业的增长幅度。1978年,苏南地区粮食、棉花、油料、水产品产量分别为628.63万吨、3.86万吨、12.98万吨、0.78万吨,到1992年则分别为593、3.84、26.05、32.85万吨,增长幅度分别为-5.7%、-0.4%、200.8%、419.5%。苏南地区大农业的发展,一方面促进了苏南种植业与林、牧、副、渔业的同步发展,为农村剩余劳动力提供了出路,而另一方面则是更深层的,为乡村工业的发展提供了人力资源、物质资源等多方面的支持。

1. 苏南农业对工业发展的四大贡献

苏南现代化过程中的突出经验是工农业协调发展,而早期的协调是从农业对工业的贡献即"以农养工"开始的。20世纪80年代以来,苏南工业依靠自身积累和国家的政策支持获得了蓬勃发展,出现了农村工业化的雏形。乡镇工业在城乡工业总产值中,占据了"半壁江山"。但这一切均离不开农业对它的支持,主要表现为以下四种贡献。

资源贡献,主要是劳动力资源和土地资源的进一步贡献。自1978年至1991年短短的十多年间,苏南农村有400多万农业剩余劳动力流入到乡镇企业,成为乡镇企业发展所需劳动力的最重要来源。而同期苏南农村耕地面积累计减少了23万亩,其减少部分很大程度上提供给了乡镇企业,为它们建造厂房、仓库等设施提供了土地资源。

产品贡献,主要是苏南农村部分农产品流向工业企业,经过加工后再投放市场,从而为乡镇企业增加了利润,到1991年苏州市农村出售工业产品的收入已达308.21亿元之多。

市场贡献,苏南农村已成为本地区及其他地区工业产品国内市场的最重要部分之一,是生产和生活资料的巨大市场,从而也为苏南乡镇工业提供了巨大的产品市场。

创汇农业贡献,苏南乡村利用自己的各自优势和产品,加工成品销往海外,为国家创汇较多。无锡市河埒乡紧靠太湖,大力发展自己的渔业经济，1987年就实现了"千亩连片鱼池亩产鱼1000公斤"的目标，银鱼出口额逐年增加。据统计，到1991年苏州市农村出售产品的外贸收入达到62.49亿元，创汇农业对苏南工业现代化的发展也作出了重大的贡献。

2. 苏南农业现代化的进程

苏南农业为工业的资源、产品、市场和创汇等方面提供了保证，促进了苏南乡镇工业的迅速发展。而大批农业剩余劳动力流向乡镇企业，则促进了苏南农、副、工业的协调发展。在乡镇工业大发展的同时，苏南还加快了农业现代化的建设，并于1991年扩展到整个社会主义新农村的建设。

1987年，苏南无锡县、吴县、常熟市率先成为全国农业现代化试验区，确定以"土地规模经营与农业现代化"为研究目标。在1990年底的"江苏省第三次农业现代化试验区工作会议"上，省委、省政府决定将苏南三市全部地区列为江苏省农业现代化试验区。在五年的试验实践中，苏南的农业现代化在土地适度规模经营、农业社会化服务体系和"科技兴农"三个层次上取得了较大的发展，从而构成了苏南农村经济现代化的重要基础。

土地适度规模经营是我省农业现代化试验区的主体试验项目，其办法是把分散零碎的土地集中起来，在专业化生产的格局中提高农业生产经济效益和农民的生产积极性，实现规模经济，体现规模效益。无疑，这是农业土地承包制的发展方向，体现了商品经济发展和农业现代化的客观要求。目前，苏南农业适度规模经营的发展主要有两种形式：一是种田大户，指户均承包或经营责任田在15亩以上的农户；二是"两田"式的农业适度规模经营，指口粮田分户承包耕种，责任田规模经营，对承包商品粮田的农户由乡村办企业给予一定的补贴。自1988年至1991年苏南农村劳均粮食生产纯收入最高达3691.8元，较之当年当地务工劳力的年收入要高。这一措施推动了农业的持续发展，促进了农村农、副、工业的协调发展。

农业社会化服务体系日趋完善是苏南农业现代化试验过程又一明显的特色，据苏南三个县级试验区调查，该地区已有98%的村建立了村级农业综合服务站的标准。目前试验区相当一部分村区具备提供全村或部分责任田全过程机械化服务能力，且服务质量不断提高。服务内容也由单一的粮棉油生产向工、林、副、牧、渔业延伸，由单纯的生产环节向信息服务、市场调查、技术咨询等智力型服务扩展。部分有条件的乡村农业服务站自办实体,向产业化、专业化方向发展。到目前为止,苏州市村级服务站已建立各类实体522个,对当地农业的发展起了很大的推动作用。

苏南地区农业持续发展还与依靠科技兴农有着密切的关系,苏锡常三市现代化试验区以稻麦生产全过程机械化为重点目标,建立了多渠道筹措农业发展基金的制度,集中推广运用农业技术,提高了科学种田水平,重点进行了优良品种普及、模式化栽培,改革了耕作制度,据对无锡县、吴县、常熟市调查,机械作业程度为:机耕率100%,机械开沟、植保分别为63.8%、94%,有效灌溉面积达到96%,有效排水面积达95.3%。苏南农业现代化技术装备水平的提高和农田水利设施条件的进一步改善,使大批农业劳动力从繁重的体力劳动中解脱出来而流向乡镇企业和第三产业,既促进了二、三产业的发展,又为农业的发展提供了科技动力。

苏南农业现代化取得了明显的成效,促进了农村农、工、副业的协调发展。1991年,在此基础上苏南开始了"社会主义新农村"的建设,目的是在工农业协调发展、经济与社会协调发展的基础上促进农村社会整体现代化。我们认为这是苏南农村发展的必然结果,农业现代化绝不是最终目标,它是农村现代化的基本组成内容之一,农业现代化的发展必然会促进苏南农村现代化。20世纪90年代的苏南农村社会变迁中,其现代化的趋势初步体现为七个方面的特征:农业现代化、农村工业化、村镇城市化、服务社会化、经营专业化、环境园林化和农民知识化。这七化的内容,紧密联系,相互促进,构成了一幅苏南农村现代化的宏伟蓝图。

三、苏南现代化的核心:农村工业化中级阶段的历史贡献

1. 苏南乡镇工业的伟大创举

作为一个农业大国,中国农村现代化是整个国家现代化的基础和重点,中华人民共和国成立以后,我们曾经尝试并走过了这样一条道路:城市工业化,农村农业化,通过工农产品的剪刀差为工业化积累资金,加速实现城市工业化。然而,这条道路加剧了城乡分割,拉大了工农差距,强化了现代工业与传统农业并存的社会经济二元结构,突出了农业经济发展与工业经济乃至整个国民经济发展的矛盾。

历史和现实促使人们致力于寻找一条新的道路,既符合我国国情,又有助于使大量农业剩余劳动力向非农产业合理转移,并尽快解决农村的贫困和落后。地处太湖流域的苏南农村,凭借农民兴办乡镇工业这一伟大创举,为中国的农村工业化、农村现代化找到了一条新的发展方式,找到了一条通过发展乡镇企业来推动农村城市化、协调工农发展的最佳途径。它从根本上改变了广大农村的生产生活方式,全面更新了农民的生存观念、发展观念。在苏南乡镇企业大发展中,农村经济迅速腾飞,农民生活全面改善。可以说,苏南乡镇企业为中国农村的现代化作出了有创造性的探索,它的成功经验已构成有中国特色的社会主义现代化道路的重要内涵。

苏南乡镇工业起步于20世纪70年代,从一开始,它的发展目标便是"围绕农业办工业,办好工业促农业",体现了社会主义经济建设中,工农业协调发展的原则要求。20世纪80年代以来,苏南农村工业化道路以一日千里的速度延伸。中共十一届三中全会后,中央制订和颁布了一系列鼓励发展乡镇工业的政策和措施,苏南乡镇工业从农民"自费"办工业发展到纳入国民经济总体规划之中,城乡联合办工业,农村工业更上新台阶,进入了产品创优、出口创汇、提高经济效益的新阶段。到80年代中期,乡镇工业已逐渐成为苏南经济半壁江山。90年代的苏南乡镇工业出现了从未有过的良好势头,经济效益的提高明显快于产值增长幅度,其整体经济运行开始步入良性循环。在深化改革的过程中,苏南乡镇企业正在走向联合型、外向型和科技型,进入到量态扩张和质态提高齐头并进的工业化中级阶段,其标志有以下几点:(1)经济总量规模迅速扩大;(2)在国民经济中的地位更加突出;(3)外向型经济取得突破性进展;(4)经济效益全面提高。

苏南乡镇企业的蓬勃发展,产生了一种强大的能量辐射,有力地促进了苏南地区社会整体的现代化过程。苏南农民的伟大创举,其社会经济意义是多方面的。

首先,农村工业创造了巨大的物质财富和精神财富,极大地改善了广大农民的物质、文化生活。无锡市乡镇企业在没有要国家一分钱的情况下,从80年到现在已累计上缴税金60多亿元,向社会提供了1500亿元的产品,同时也促进了国家原材料、交通运输、邮电通讯、金融保险等多种行业的发展,使当地农民的平均收入大幅度提高,1992年无锡市农民人均收入1850元,比上年增长38%,远远高于全国农村人均收入 770 元的水平,1992 年全国有十大首富村,该市占了 3 个。

其次,农村工业化提高了农村的社会生产力,成为整个城乡经济的加速器。无锡市从 1949 年到 1991 年,国民总收入翻了六番。前三番用了 30 年,后三番由于乡镇企业加速器的作用,仅用了 12 年,提前 11 年完成了中央提出的到 2000 年完成国民生产总值翻两番的目标。

再次,乡镇企业的壮大,加快了农村剩余劳动力向二、三产业转移,成为促进农村人口合理流动、推进农村工业化的重要机制。

最后,苏南乡镇工业大胆突破了旧的计划经济体制,率先闯出了一条发展社会主义市场经济的新路。乡镇企业从一开始就是以市场调节为主的,形成了一套灵活的生产经营机制。它的不断壮大,是对传统的城乡二元结构的重大突破,它成为联结工业与农业、农村与城市纽带。乡镇企业的运行机制对城市工业在改革中转换经营机制具有多重丰富的启示,它不但为发展社会主义市场经济提供了有益的探索,也为建设发展中国特色的社会主义新农村积累了经验。

2. 农业反哺机制的形成

在苏南农村工业化大潮中,如何协调好乡镇企业发展与农业增长的关系,如何在工业化启动中仍能保持农业的持续稳定增长,使国民经济发展不至于失衡,是苏南现代化的一个关键性问题。也正是在这方面,苏南在全国率先进行了以工补农、以工建农的试点和体制建设,逐步完善了工业反哺农业的各种做法、经验,形成了一定地域内的工农业微观协调发展的苏南模式。它们的具体做法主要有以下几点。

(1) 领导重视,政策倾斜。苏南各地都对农业发展实行了多种多样的政策倾斜。如近年来无锡县已成为工业大县,工业经济比重超过 95%。农业的比重虽然小了,但当工农业在争资金、争能源等情况下发生矛盾时,县里各部门都统一行动保证优先支持农业或农用工业。该县还设立了双轨考核制度,即乡镇企业对职工既考核工业生产情况,又考核农业生产情况,并与年终报酬和奖金挂钩。县、乡镇两级把农业生产情况,作为考核干部政绩的主要内容。

(2) 完善农业积累机制。从 20 世纪 80 年代中期开始,苏南各地相继建立了提取农业合作发展基金制度。如 1986 年,苏州市乡镇企业以每个职工每年提取 120 元作为该项基金。1987 年无锡也实行了上述做法,从 1986 年至今,该款项累计总数已达到 4.925 亿元。它们被用于购买农机、兴修水利、推广农业科技、进行农业现代化试点,从而改善了农业生产条件。

(3) 以厂带村,建立义务积累工制度。苏南各地一些经济实力较强的乡镇企业与当地较落后的乡村挂钩,在技术、资金、劳力等方面给予大力扶助、支持。此外,另一个十分普遍的做法就是建立义务积累工制度,即乡镇企业职工每年负担10至20个务农义务工。

乡镇企业对农业的支持,经历了一个从"以工补农"为主到"以工建农"为主的发展过程。在生产队统一经营农业时期,各地乡镇企业从利润中拿出一部分,返还生产队参加分配,这种补农的做法比较单纯,仅限于"输血",为了增强农业发展的后劲、彻底改善农业生产条件、建立充满生机的现代大农业,就必须建立相应的"造血机制",例如上面提到的提取农业合作发展基金、建立义务工制度等等做法,经过这几年的发展和完善,在推动农业现代化方面,起到了十分重要的作用。

四、苏南工农业协调发展的特征、机制与社会效应

从以上两节的分析中,我们不难得出一个结论,苏南现代化的发展速度是快的,其发展质量也是比较高的。前一句的判断是建立在具有苏南特色的乡镇企业犹如星火燎原,在短短十多年间就使该地区的农村工业化跨进了下一个新阶段的基础之上,后一句判断则基于在高速工业化过程中,苏南农业没有被挤垮,相反在"补农建农"的实践中加速了自身现代化的进程,整个苏南地区也逐步实现了工农业协调发展和城乡协调发展。

1. 协调发展的标志与机制

工农业协调发展具有丰富的内涵,体现其协调与否、协调程度高低的标志也是多元的。择其要点,我们可以从以下四方面观察苏南现代化中工农业的协调状况。

标志一:利益协调。在现代经济发展中,各产业、各行业之间的要素增长在很大程度上受其生产过程中比较利益的制约。由于农业自身是一种风险大、边际效益较低的产业,加上长期形成的不合理的价格结构进一步恶化了农业的比较利益,所以多数国家在工业化进程中农业不断萎缩,我国大部分地区也出现了农村发展停滞、农民积极性下降的问题。苏南农村却是另一番景象,当地政府在工业化初期便注意到经济大发展中"无农不稳"的特殊意义,采取了分记调节和各种补农、建农

措施,保证了农民收入不低于同期的非农产业人员。20世纪80年代中期乡镇工业的跃进也使农民分享了工业化的利益,在一定程度上缓和了城市工业和乡村农业间的紧张关系。在苏南,农村经济发展快于城市经济,农民生活改善快于城市居民。20世纪80年代十年中,苏南地区城乡居民收入差距明显缩小,三市城乡居民的消费之比从80年代初的2.15:1下降到90年代初的1.21:1。对农民切身利益的保障便是对农业发展的有效保证。

标志二:要素协调。苏南的工业化率先打开了农民就地转化职业角色之门,大量的青壮劳力进入了乡镇企业。近十多年中,苏南农村不仅将本地区的剩余劳动力全部转移到非农产业,还吸收了外地劳力约200万人。这一生产力要素的重新配置把推进农村工业化同发挥农村劳动力资源丰富的优势结合起来,把解决剩余劳动力出路同改变农村传统产业结构结合起来,把提高地区工业化水平同大力改善农民生活质量结合起来,这不只对苏南农村产业结构的调整与改革、农村经济的全面繁荣作出了贡献,而且对影响全国农村的剩余劳动力转移具有重大的示范意义,成为中国现代化过程中的重要特色与经验。

标志三:结构协调。苏南工农业间的结构性协调体现为各经济要素有机结合、合理布局、比率适宜。从产业结构变动来看,80年代苏南农村中乡村两级工业产值在农村社会总产值中比率大幅上升,苏南三市的工农业产值比从1978年的32.1:67.9转化为1992年的93.3:6.7,这是符合农村工业化整体大趋势的。乡镇工业的崛起并且就快、就近向小城镇集中,避免了工业向大中城市集中的老路,有利于工业在城乡间的合理布局及人口城镇化的合理流动,可以说结构协调不仅体现在产生明显的经济效益上,而且还体现在更广泛地产生了较好的社会效应上。

标志四:进度协调。苏南工农业发展中的进度协调主要表现在进程和速度两个层面。应该看到,苏南乡镇工业突飞猛进,农业持续稳定发展,工业速度远远超过农业,80年代中期工农业的发展比例曾扩大到13:1,显然已超出了国际上公认的经济发展较协调的2.5~3.5:1的水平。这一状况在近些年得到扭转,纵观1978—1992年间,苏南三市乡以上工业与农业发展的速度比为3.8:1,乡镇(村)工业与农业发展的速度比为6.8:1,虽然也不符合国际有关协调的标准,但是从苏南工业化初期工业起点低农业起点高的具体情况来看也是可以理解的。在此值得提出的是尽管农村工业化速度惊人,但苏南农业不但未停步,而且向农业现代化的更高阶段迈进,在提高农业科技含量、社会化服务体系建设和发展土地规模经营等方面都有了质的进步。应该肯定农业现代化和农村工业化的总体进程是协调的,它们共同推动了苏南农村社会主义现代化的发展。

苏南工农业发展之所以在上述方面取得较为协调的经验,是和苏南人及时建立健全一系列的协调发展机制分不开的。

(1) 政策导向机制。苏南各级政府在采取各种手段加快乡镇工业的同时,也不断制定出台了有关增加农业机械化投资、发展社会化服务体系和土地规模经营的政策条例。在强化"无农不稳"观念的同时,各地农村还根据自身情况提出了发展农业多种经营的制度、措施。不少地区将农业的发展列为考核乡村干部以至乡镇企业领导政绩的重要指标,这些政策从制度上保证并引导了当地农业经济的健康发展。

(2) 投资驱动机制。在制定保护农业政策的基础上,苏南农村各地都在20世纪80年代初期便形成了乡镇工业部分利润补偿支持农业发展的"以工补农"资金积累渠道。80年代中后期又进一步在工业利润提留和公积金基础上,依据国家、集体、个人一起上的方针建立了农业发展基金和农业合作发展基金制度,从根本上增强了农业本身的"造血"功能。在工业发展的同时,通过乡镇企业联合投资兴修大型水利,引进现代化的农业科技设备,成立乡村农业服务机构,为农业走上规模经济奠定了物质基础。"七·五"计划期间,苏南乡镇企业提供的支农资金就达40多亿元,相当于同期国家投入的5倍,乡镇企业通过"以工建农"推动了苏南农业的现代化,促进了工农业的同步发展。

(3) 分配倾斜机制。为了协调好农业与非农产业特别是农工利益关系,苏南各地在经济组织内部充分运用了利益分配机制,有目的地向务农人员倾斜,不仅在劳动报酬上使务农和务工者收入大体一致,而且各个生产环节还注意保护和调动农民的生产积极性。例如:乡村代务农人员上交集体提留,代交农业税及其他社会性开支;向农户提供机械、植保、育秧、收割等低偿或无偿服务;按农户承包责任田亩数或交售商品粮数进行补贴,这些尽管不是按劳分配,但在目前工农业比较利益矛盾突出的情况下可以在微观上促成区域性的农工利益平衡,合理调节务工与务农者之间的经济利益,显然是稳农、支农、增强农业后劲的必要保障。

（4）产业互动机制。苏南的工农业协调发展不仅在外在环境上创造了多种优越条件，而且注重调动经济运行中的内在要素，促进了农业与乡镇工业、农村工业与城市工业的产业协调，如在发展农业中增强对工业的产品贡献、要素贡献，而在发展工业中又加强了农用工业的建设以促进农业的机械化程度，较好地发挥了"产业链效应"。

2. 经济协调发展的社会效应

以工农业协调发展为主体的经济现代化是社会整体现代化的物质基础。苏南经济的协调发展即有力地促进了社会结构各方面的现代变迁。

（1）社会事业的全面发展

随着经济增长和经济实力的增强，苏南社会事业有了迅速的发展，城乡居民生活质量得到了显著的提高，城市基础设施不断改善。例如，煤气气化率普遍提高，1990年苏锡常三市分别为56％、30％、34％，到1995年均将达到80％；苏南城市供水要求水净水足，农村改水也已基本完成，用电供求平衡。近年来苏南城乡的教、科、文、卫事业均得到较快发展。中小学校校舍普遍改善，学前教育、基础教育和特殊教育得到加强，各类地方高校发展迅速，为社会输送了大量专业人才。苏锡常火炬计划取得很大成效，高新技术开发区迅速发展，加快了高新技术产业化。文化事业适应对外开放和经济发展的要求，进一步繁荣昌盛，保护、继承、发扬苏南传统文化艺术成为弘扬民族文化的一个重要组成部分。卫生体育事业以增强人民体质为目标，以预防为主。积极开展群众性体育运动，同时医疗卫生基础建设有了显著的增加。此外，苏南三市的社会保障和旅游等事业也均有长足发展。

（2）城市化进程加快

费孝通教授曾指出："我国农村当前正在发生重大变化，本质上是一个工业化过程，把工厂办到农村里去的另一面就是乡村的城市化，也可以说城市扩散到乡村里去，这可能是我国工业化的一个特点。"[①]苏南农村以农业剩余劳动力转移为契机，以农民办工业为推动力，以发展小城镇为依托，走出了一条农村城市化的成功之路。苏锡常地区在短短十余年间，就有400多万农业剩余劳动力进入了乡镇企业。苏南地区农村出现了前所未有的社会大分工，从事第二和第三产业的人数到

[①]《城乡协调发展研究》，第322页。

1992年已占到63.86%。

苏南城镇网络形成了体系化。如果将主要工作、生活在小城镇的人口算作"准城镇人口",那么在20世纪80年代末,苏南市镇人口便已占总人口的近40%,城市化水平已相当高。苏南村镇建设接近城市化,农村生活环境得到明显改善。那里乡乡通上了公路,村村有了乡道、村道,大部分可通小型汽车。不出村就可以打国内电话,昔日破旧、低矮的村落已经被平均每30多平方公里就有一个的楼房林立的新型小城镇所取代。不少地方的农民饮上了清洁的自来水,少数农家实现了用炊煤气化。至于像华西村那样富裕的村镇,家家装电话,户户有轿车,其现代化程度早已超过城市居民的生活了。

(3) 社会主体——苏南人的现代化

苏南农村的工业化和城市化,正在造就一代社会主义新人。乡镇企业的发展,对提高农民的文化素质提出了客观要求,又为农村精神文明建设提供了物质条件,对于提高农民的科学文化素质,对于改变农民的生产方式和生活方式、价值观念、商品意识、道德标准、思想情操等起到了推动作用。随着乡镇企业的发展,一批又一批的农民从田头走进企业,从国内走向国际,从务农跃进到务工、经商、经营第三产业等等,在发展商品经济的大潮中经受锻炼,中国农民的聪明才智得到了前所未有的施展,各类人才脱颖而出。正如费孝通教授揭示的:"乡镇企业把农民带进了现代化的市场里。其中现在已培养出了成千上万的企业家,靠了这些农民企业家,乡镇企业也已公认是当前国民经济发展的支柱了,这是一个具有历史意义的大变化。"[1]市场经济与价值规律培养了农民善于计算的经济头脑和竞争观念,现代工业与社会化生产还使人们形成与农业社会截然不同的时间观念、信息观念、消费观念和投入产出观念等现代意识。苏南工农业的大发展特别是乡镇工业的星火燎原,推动了农民素质的知识化,生活的现代化,而农民的现代化必然促进农村整体现代化,这也体现了具有中国特色的社会主义新农村的重要特点。

五、苏南工农业协调发展中的矛盾与对策思考

在苏南经济现代化过程中,在取得成绩的同时,由于工农业的比较

---

[1]《城乡协调发展研究》,第327页。

利益差距在宏观上难以消除,加上其他发展中的不平衡特征,苏南经济成长中不免存在种种矛盾,总体协调中仍然存在诸多隐患甚至失调现象,例如:工业发展过热,农业发展较缓,第三产业严重滞后;城乡工业发展中市场分割、抢资源、占资金等矛盾加剧;中心城市功能和区域经济整体协调功能相对萎缩;产业互动不足,农业投资相对减少,农用工业萎缩。占用耕地过多,环境污染严重等。这些局部的不协调现象阻碍了当前苏南工农业的进一步协调发展,迫切需要通过整体性改革加以解决。当前,苏南农村中工农产业间的不够协调之处主要表现在以下三个方面。

其一,工农业比较利益失调。农民比较利益下降,国家虽多次调整农产品价格,以保护农民利益,但工农产品比价仍未解决,且有日益严重的趋势。据有关部门的调查统计,农用生产资料价格上涨幅度远远超过农产品价格的上升。(见下表)

1983年至1992年部分农产品和农用生产资料价格的比较

农产品(每百斤/元)				农用生产资料(元)			
品种	1983年	1992年	增幅%	品种	1983年	1993年	增幅%
稻	11.60	22.00	47.30	柴油	14.00	95.00	578.60
粳稻	13.60	31.80	134.30	电	6.00	35.00	483.30
小麦	15.80	31.00	96.20	敌敌畏	195.00	750.00	266.26
油菜	36.00	70.00	95.50	多菌灵	195.00	714.00	266.20

由于上述农产品和生产资料价格的不合理拉大,农民负担逐年加重,1977年苏南农民人均负担只有10多元,现在实际上负担接近100元。白条子在各地也时有出现,1992年达到顶峰。目前苏南农村较普遍地出现了"不愿多种田、不想种好田"的心态,苏州有关部门调查农民心理时发现有15%—20%的农民不愿种田了,因而苏南农村中土地抛荒现象也比以前增多了。①

其二,农村产业结构失调。

苏南产业结构失调首先表现为乡镇工业过热,农业发展过缓。十多年中,尽管苏南农业也有较大的发展,但从产值来看,农村工农业增长比例悬殊。苏南乡镇工业的发展不但超过了自身也超过了农业的承

---

① 从1994年6月10日起,粮食收购价格有一定幅度的上提,前述情况可望得到改善。——编者注

受能力，从而损害了农业的基础地位，并使整个地区经济发展显得不够协调。国际上公认经济发展比较协调的数字为2.5—3.5比1，苏南工农业发展速度比例显然超过了这个数字。

苏南产业结构失衡还表现为非农产业内部结构的偏差。苏南农村的非农产业，乡镇工业占绝对优势，而商业、服务业等第三产业严重滞后。1988年苏锡常非农产业总产值638.57亿元，其中乡镇工业占87.4%，农业建筑业、运输业、商业和饮食工业分别只占8.1%、2%、1.9%和0.6%。苏南乡镇企业的原材料和产品主要依靠自产自销，而使这种供销职能独立化的农村商业组织却一直没有发育起来。这种结构性失调使乡村企业市场费用和交易成本上升，经济效益下降，影响企业的进一步发展。

其三，产业互动失调。乡村工业靠农业积累起家，经过一段发展时期，有了一定经济实力以后，又反哺于农业，促进社会资源的合理配置和工农业的协调发展，这是农村产业互动的良性运行。如果乡村工业盲目发展，只抓产值，不顾整体，损害了农业的基础地位，那将使整个地区的经济无法协调发展。农业与非农业产业比较效益的巨大差距，使获得农业生产经营自主权的农户不愿增加对农业的投入，特别是不愿增加对农业基本建设的投入。地方政府为了追求经济发展速度和当地经济振兴，也不愿增加对投入多产出少的农业的投入。这样就不能不影响农业物质技术装备的改善和农田水利的建设。

调查中，我们发现苏南农村产业互动失调现象主要表现在以下几个方面：生产农用产品的经济效益不高，农用工业日渐萎缩，农用生产资料价高质次，大大提高了农业生产成本，导致农业增产不增收，影响农民的生产积极性。苏南耕地面积也逐年锐减，主要原因是工业特别是乡镇工业的发展。乡镇工业创办时将近半数的企业无偿占用耕地或只付很少买地或租地费用。近年来，大力发展开发区，进一步乱占滥用耕地，严重影响了农业生产。

苏南经济在上述方面的运行失调，进一步告诉我们，必须十分重视工业与农业、城市与农村的协调发展，促使整个经济的良性运行。在探讨苏南农村工农业进一步协调发展的战略对策之前，有两点前提性的判断需要统一认识：首先，在现代化进程中，工农业是否需要协调发展？其次，从苏南具体实践来看，协调重点是什么？

对第一个问题回答是明确的，从各国的现代化实践和发展理论来看,现代化的健康成长有赖于以工农业协调发展为主体的经济良性运行。事实证明,不少发展中国家盲目照搬西方发达国家早期的工业化发展理论,认为要实现经济"起飞"或"大推进",必须优先发展工业,甚至撇开农业率先实行工业化,然而仅有个别国家在特殊机遇下获得成功,大多数国家都失败了。原因是重工轻农势必导致经济结构失调,工业的推进失去农业的支持,过分依赖举借外债过日子,经济失衡造成内外交困,处处受制于人。70年代后的发展理论纠正了早期理论的偏见,提出在推进社会现代化的过程中,不能忽视农业。"农业部门和农村经济并不是起被动的、辅助的作用,而是总体发展战略的动力和主导要素。农业和农村的发展作为国家发展的绝对必要条件终于被许多人接受了,没有农业和农村的发展,工业的发展是不可能的,或者即使取得了成功,也会产生国内经济的严重不平衡。"①有些发展中国家从本国实际出发,实行工农业并重,以农业的持续增长推动工业的较快发展,从而收到国民经济稳定发展的效果。如果说工业化是现代化经济发展的主导,农业则是现代化的重要基础,农工并重协调发展是发展中国家顺利走向现代化的重要前提条件。

对第二个前提判断的回答是:苏南现代化中的协调重点仍是持续稳定地发展农业,加速农业现代化进程。这是由于苏南农村中乡镇企业的超前发展尽管已改变了"农村——农业"的传统格局,但并未突破与目前市场经济不相适应的土地制度、户籍制度、组织系统和生产流通体系,国家、社区和农民的关系还没有建立在真正的商品经济基础之上,前一节提到的若干失调现象也证明农村还远没有解决由于劳动生产率和比较利益的差距带来的农业与工业以及其他非农产业间的失衡,也便无法消除造成二元经济格局的深刻根源。随着乡村工业的进一步发展,工农产业间的互动障碍和利益矛盾还将拉大。只有重新调整工农之间、城乡之间的利益结构,改变宏观决策中的工业偏向,打破城乡壁垒,把国家与农民的关系建立在以市场为主体的新经济格局中,苏南农业才能摆脱徘徊和羁绊,跨上与工业化发展相协调的新台阶。

根根以上分析和判断。我们就促进苏南工农业协调发展和现代化建设的战略构想,提出以下几点粗浅看法。

1. 在建设社会主义市场经济中形成新的协调模式。苏南地区工

---

① [美]M. P. 托达罗:《经济发展与第三世界》,中国经济出版社1992年版,第260页。

农业协调发展的传统模式是在计划经济时代形成的,其主要特征是通过县乡各级政府的计划调节,运用政策手段和指令性工业留利投向农业实现以工补农和以工建农。在新的经济体制中,过去行政调配资源的做法将逐渐失去效用,市场将成为配置资源、使资源优化流动的主要载体,地区政府将不再扮演直接协调者的角色,而是在职能转换的过程中成为宏观、间接的调控者、服务者。在新协调发展的格局下,政府不是把农民向市场上一推了事,而是要着力做好两件事,一是要大力培育市场,建立和发展市场中介性组织,在主动驾驭市场中引导农民走向市场。引导农民根据市场变化调整产品和产业结构;二是要多方面真正实现其服务职能,切实保护农民的利益,保护农业生产者的积极性,为农民提供及时准确的市场信息和生产资料,搞好流通服务、技术服务以及基本建设服务。

2. 在深化改革中完善协调发展机制。建立新型的、合理的工农利益关系,其核心问题是国民收入分配关系的调整,在目前要通过深化价格改革,促进"农产品价格形成机制市场化,生产要素流动市场化"[1],缩小工农业产品价格剪刀差,让农业部门创造的国民收入留在农业领域,在工业化达到一定水平后,用较多资金和特别优惠政策扶持农业,促进农业的现代化。此外,在深化改革中,还应在经济资源和物质分配中,打破国有企业和农村集体企业的严格界限,兼顾工农业和城乡发展的需要,在工业结构技术装备和生产资料的供应上,加强城乡产业链的关联度,在城乡经济对流和合作中不断造就新的协调发展机制。

3. 在消除城乡经济"二元结构"矛盾中寻找农业和农村发展的新出路。纵观经济发达国家的发展历程,实现现代化的中心议题无非两条,一是工业化,二是城市化,工业化推动城市化,城市的大发展又保障促进了工业的大发展,这两者相互促进是现代化中必不可少的环节。然而在苏南地区由于种种体制性矛盾,城市化严重滞后于工业化,80年代末苏南三市工业总产值已占工农业总产值比重的94.40%,人口城市化水平仅25.35%,在经济总量和结构上苏南已达到世界中等收入水平,可城市化水平却处在低收入国家的状态,即所谓"低度城市化与高度工业化并存"。由于城市发展滞后,中心城市功能弱化,致使城乡产业互动失调,第三产业不发达,难以吸纳更多的劳动力就业,城市经济

---

[1] 参见《我国工农业关系的历史考察》,《中国社会科学》1993年第4期。

带不动农村发展。因此说，城乡社会经济的二元格局以及落后的城市化格局已成为苏南地区经济社会持续协调发展的主要障碍。我们非常同意社会学家陆学艺的一个观点："现在农业问题，主要不在农业本身，也不在农村内部，所以要解决农业、农村问题，就要着力发展农村工业，发展第三产业，就要着力去发展城市，加速推进城市化的进程。"①只有"反弹琵琶"（陆学艺语），通过加快城市化进程，大力发展城乡第三产业，深入进行土地制度、户籍管理制度以及社会保障等项制度改革，打破城乡二元化壁垒、建立城乡一体化的市场体系，才能在工业化、城市化协调并举的前提下推动苏南现代化的顺利进行。

4. 建立现代化的指标调控体系，是实现苏南工农业协调发展的决策基础和实践依据。根据我国社会主义现代化建设的总体要求，结合苏南地区经济社会较发达的特点，江苏省政府对苏南地区的发展要求是：率先形成市场经济的新体制和新机制，经济发展迈向国际化，推动城乡一体化，使苏南成为我国实现现代化的领航区域。这一目标和要求是光荣的也是艰巨的，当前亟待需要将任务具体化，分解成可操作的工作指标和目标丛。同时，我们考察、评估苏南的现代化进程以及发展是否协调、协调的程度如何，都需要一个完整的指示器系统来加以辨识和导引。苏南的现代化是一项涉及面广、持续时间长的庞大的系统工程，这个工程中制订科学的指标评估和调控体系是最基础也是极为重要的工作，它直接影响到苏南经济协调发展的程度以及现代化的取向。为此，需要我们理论工作者和各实际工作部门的同志格外重视并积极合作、深入探讨。

协调发展曾是苏南经济现代化启动时期的重要特色和宝贵经验，在当前发展中的若干不协调又已成为阻碍苏南地区体制创新、经济健康发展的绊脚石。从实现本地区经济社会良性运行的现实任务来看，从实现有中国社会主义特色的现代化目标来看，苏南地区的产业互动、区域分工、城乡交流也都必须作进一步的协调。并且，伴随着苏南市场经济体制的建立和区域现代化进程的加快，需要也将会产生一系列具有现代化特征的新的协调意识、协调机制、协调手段和协调发展方式，进而具有中国特色的社会主义现代化发展理论也将在新协调模式的完善中得以深化。

---

① 陆学艺：《农村改革、农业发展的新思路》，《农业经济问题》1993年第7期。

边际人
——现代中国的文化移民

原载《江海侨声》1995年第3期

叶南客

中国的现代化对现时代的全体国民及其生活方式、思想观念都产生了重大影响,在近一个世纪的现代化启动中,中国人的个性人格也出现了多重变化,导致了一种边际特质的发展,出现了"边际人"。从时代精神的变迁意义上说,边际人是一种"过渡人";从人格的发展转型意义上说,边际人是二元结构的矛盾性产物;从社会文化的进步取向上来看,边际人是从旧文化阴影中走出刚踏上新文化边缘的"文化移民"。

当代的新移民具有时空双重转换下的双重文化转型属性。这里有因空间移民而导致的文化变迁,也体现了因时代变迁而导致的中国人文精神进入了新境界。

今天之"文化移民"的确有不少是真正的空间移民,这是与当代汹涌澎湃的城市化大潮相同构的。1984年,中国流动人口的总量不及3000万,1993年底流动人口总量突破亿人,十年中翻了两番。增长之快,历史空前;规模之大超过一个中等国家。这种规模庞大的移民大军其内在构成主要是:建筑业、帮工占流动人口25%—30%,一般居住2年以下,多达10年;其他行业(合同工临时工、保姆等)占18%—24%,住几个月或几年……列宁曾说过:"商品经济的发展就意味着愈来愈多的人口同农业分离。"农村剩余劳动力离开土地向城市转移,是具有历史意义的进步,它标志着中国从"农业国"向"工业国"的转型。

尽管20世纪80年代以来空间移民规模惊人,但与同时启动的另一场时间移民相比,则显得微不足道了,因为前者的移民主体只限于农村田野中的青年男女,而后者的移民主体既包含了他们,还包括了工人、干部、军人、知识分子各个阶层,是全体国民,因而前者只是城市化的产物,后者则是与社会整体的现代化共生。现代中国的"文化移民"主要便是一种时代的移民,从表面上看他们是从70年代的单一、压抑步入90年代的多元与开放;从实质上看他们是从传统的权威体系走进了现代的民主社会。当然这类移民中有不少人是难以适应的,有的人是带着先前那个时代的文化装备进入新时代的,他们面临着大量陌生的新环境、新情况、新问题。原有的文化装备并不能提供适应的现成模式,不能提供可以模仿的现成样板,他们所学过的知识和价值观并不能解释现实生活中的重重变化。有的甚至很难想象生产方式中的变革,如QC管理、股份制、三资企业与市场经济,更无法解释什么是托福、什么是意识流、什么是超导现象、什么是第三思潮。他们像是一群刘姥姥被"抛"进了一个陌生的现代大观园。原有的文化背景不能给人们提供有力的"文化支援"和精神依托,所以他们感到失去了"精神的家园"。而正在成长中的年轻人本来就对急速变动的社会体系茫然无知,而又感到这个世界上已没有任何一位成人能够告诉他们下一步该如何走,他们只好孤独地、势单力薄地苦苦寻觅那"神秘的耶丽亚"——新生代的精神家园。

归纳而言,当代"文化移民"的基本特性有三点:

日益显著的流动性。"移民"的基础在于人的流动,打工仔进城、留学生出国这些空间的流动造就了大量地域的移民;而知识分子"下海"、农民进厂这些职业的流动造就了大量新阶层和结构性移民;更多的成年男女抛弃了因袭已久的行为模式,在不断更新社会化内容中实现了知识、技能和观念的流动,促成了更深层的文化移民。事实上,不论是地域性移民,还是社会结构性移民,他们都在加速更新自己的旧式人格因素,都是复杂的双重的文化移民。因为任何流动都会加快社会事物在我们生活中通过的速度,流动总会导致各类关系的终结,在与新环境的不断调适中,人们必须重建一整套全新的观念与行为模式。

面向未来的开拓性。移民的天性中就带有开拓者的本能,他们不仅是新大陆的开荒人,还是新生活、新社会环境的创造者。新时代的移民多多少少都是从自己熟悉的社会网络中挣脱而出,他们在陌生的文化空间里无所依附,而必须树立起自力更生的主体意识和无所畏惧的创造精神。生活内容的变动促使他们心态从平静走向动荡,生活场景的置换促使他们的行为从附和、依顺转向自信、自立而富有创造性。所以"时间就是生命"、"效率就是金钱"等现代观念的流行,便得归功于20世纪80年代的新一批移民的实践和探索。

心理旅程中的孤独者。几十年前印度前总理尼赫鲁曾指着自己说:"我已经成为东方与西方的奇怪的混合品,无论在何地都不合道,无论什么地方都觉得不是自己的故乡……在西方我是一个外国人,我不能属于西方。但是在我自己本国,有时我也觉得有流浪者的感觉。"中国的边际人也在不同程度上体会到这份流浪者的孤独。这里有二元结构冲突下过渡人所必然经历的心理文化障碍,而难以向他人言说;也有边际人在"相对剥夺感"强化中的情绪焦虑和精神速失;也有因文化转型中代与代之间的隔阂而难于沟通;还有因价值失衡、失范而出现"信念失落"和"意义危机"致使现代人在苦闷、虚无中更加自我闭锁……总之,原因和方式是多样的,但其结果只有一个:文化移民大多是心灵的漂泊者,而漂泊者心灵往往是孤独的。同时,也正是在孤独的流动和创造中,边际人踏上了通往新世界的路程。

三元革命、四个长波、五大特征
——世界现代化历程与特征的社会学透视

原载《南京师大学报(社会科学版)》1996年第2期
叶南客

摘要: 自18世纪后期开始迄今的现代化运动可以说是经济、政治、科技这"三元革命"共同作用的结果。两百年来的世界现代化运动大致分为四个阶段,即四个"经济长波",每一波的崛起都蕴含着"三元革命"的激荡因素。近百年的社会现代化历程,日益明显地展现出五个特征:(1)社会革命与社会渐变的统一性;(2)社会变迁的全球性;(3)社会变迁的整体性;(4)社会变迁的加速性;(5)社会变迁的阶段性与不平衡性。

一、现代化含义与特质新认识

18世纪后半期开始的产业革命和政治大革命,是人类文明进程中的重要里程碑,它创造出全新的现代生产(方式)和生活方式,不仅在随后数十年中缔造了人类历史上第一个工业化国家,并且以磅礴的气势、迅猛的速度将原先散布在地球上的上百个国家、民族联成一体,共同卷入了一场世界性的工业化、现代化大潮。

自从20世纪60年代"现代化"形成研究热潮并风靡欧美以来,有关"现代化"的概念定义真可谓见仁见智、众说纷纭,至今也无统一或某一权威的解释。我国的现代化理论专家罗荣渠教授曾将各类现代化含义和定义归纳为四大类型,即(1)现代化是在近代资本主义兴起后的特定国际关系格局下,经济上落后国家通过大搞技术革命,在经济和技术上赶上世界先进水平的历史过程。(2)现代化实质上就是工业化,是指人类社会从传统的农业社会向现代工业社会转变的历史过程。(3)现代化是自科学革命以来人类急剧变动过程的统称。(4)现代化可以看作是代表我们这个历史时代的一种"文明的形式"。①

总之,国内外学者在揭示现代化内涵时,不外乎采用两种方法,一是两分法,把现代化视为从传统到现代的转变;一是关键变项法,把现代化等同于工业化、城市化或合理化。这两种方法各有利弊,用后者所下的定义,内容明确,涵盖面不很宽泛,避免了前者无所不包所带来的麻烦。但这种定义在实际应用中却没有多大意义。因为这类表述使现代化往往成为其他术语的同义词,故而近来已较少为人采用。事实上,以上各类表述各有其道理,罗教授本人也从广义和狭义两个角度对现代化内涵作出了他的解答,亦有可借鉴之处。笔者在此不拟再细加论证制造出一个新的定义,只想就现代化内涵特质提出自己的看法。

笔者认为,现代化首先是人类社会活动的实践性产物,相对于远古和中世纪文明,现代化是一种崭新的活生生的文明形态,它不是一种幻想或所谓的理论假设,而是对近百年来人类社会加速变迁结果的理论概括。其次,现代化是人类社会进步的特定历程,这表明现代化并非亘古便有,也非是遥远的过去,而是自18世纪中叶以来近两百年直至目前仍在进行中的社会各方面、各领域的快速变迁。再次,现代化是人类社会发展的阶段性目标,现代化也不是绵延无穷期的,它包含着人类社会特定历史进程中的特定目的性,如相对于一些欧美发达国家来说,其社会现代化的目标已基本或多数达到,进入了他们所谓的"后工业社会"或"后现代社会";因而我们面临的现代化实践其重点应是指欠发达国家和地区通过科技革新、社会经济体制改革,加速本国、本地区社会变迁,以迅速赶上先进工业国和适应现代世界环境的发展过程。

正是因为现代化作为人类社会实践的产物,是过程和目标的统一,它可以借助一系列人为的社会发展指标加以界定、描述和评估。应明确承认,近现代的世界历史是由西欧率先揭开帷幕的,西欧特别是英国是现代经济、社会、科技进步的起点。唯物史观告诉我们,揭示特定的历史进程的原动力必须从生产力进步和生产方式的变革中寻找,而现代化的起源标志恰恰是在英国最先启动的工业革命,正如恩格斯在《英国工人阶级状况》中所说:"英国工人阶级的历史是从18世纪后半期,

---

① 参见罗荣渠:《现代化断论》,北京大学出版社1993年版,第9～14页。

从蒸汽机和棉花加工机的发明开始的。大家知道,这些发明推动了产业革命,产业革命同时又引起了市民社会的全面变革,而它的历史意义只是在现在才开始被认识清楚。"① 从 18 世纪 60 年代开始,英国以使用蒸汽机和低质量的机器大生产,以及并不算太高的技术水平为特征,揭开了"工业革命"序幕,工业化的过程从纺织部门开始,然后逐步扩散到国民经济其他部门,如机器制造、铁路和船舶,农产品加工和农业生产等等。到 1841 年,英国农业产值和劳动力比重均降至 22%~23%,成为当时世界上第一个也是唯一的工业化国家。到 1860 年时,这个只占世界人口 2%的国家,所生产的工业品竟占全球工业品总产量的 45%,拥有世界商船总数的 1/3,占有世界出口总额的 1/4 和世界进口总额的 1/3,从而大英帝国当之无愧地成了现代化的"先来者"。

二、"三元革命"与四个"长波"

"人类经济环境根本性的重要转变始于 1780 年前后,在某位权威看来,它的重要意义不亚于从旧石器时代原始的狩猎人向新石器时代定居的务农人的转变,工业化(尤其是蒸汽机)的贡献是用非生物能源取代生物能源,利用机器将热转为动能,因而人类能利用大量的新能源。"② 我们可以肯定,近代西欧生产方式的革命是现代化发展的原动力,但切不可将这场源起于英国,继发于欧美大陆的工业革命含义理解得过于狭隘,工业化乃至现代化的发轫正如一位著名的经济史学家所确认的,"实际上是可怕的非常复杂的政治、社会和文化大变动的问题"。③ 可以说单一的生产力进步还不足以昭示一个新时代的形成,它必须和在此基础上的生产关系、上层建筑乃至社会结构共同发生巨大的变革才能推动社会产生全面的、深刻的、质的变化。18 世纪后期开始迄今的现代化运动可以说正是源于科技领域中的力学体系的形成和运用、经济领域中的纺织机革命、政治领域中的北美独立革命和法国大革命,而以后的每一轮现代化运动的潮涨潮落,也都是经济、政治、科技这"三元革命"共同作用的结果。我们试根据经济学家康德拉季耶夫的经济长波理论,将两百年来的世界现代化运动大致分为四个阶级(即四个"长波"),不难发现每一波的崛起都蕴含着"三元革命"的激荡因素。

---

① 《马克思恩格斯全集》第 2 卷,第 28 页。
② [美]保罗·肯尼迪:《大国的兴衰》,中国经济出版社 1989 年版,第 181 页。
③ K. M. 奇波拉:《欧洲经济史》第 3 卷"工业革命",商务印书馆 1989 年版。

苏联早期经济学家康德拉季耶夫于1926年在美国发表了著名论文《经济生活中的长波》,首次提出资本主义经济存在着一个50—60年的周期性大循环,即所谓经济长波。每一波中包括两个阶段,即上升和下降阶段。上升阶段又叫资本饥荒期,表现为对资本的需求增加,投资和资本输出增加,贷款利率提高,新兴产业建设的规模扩大,速度加快,就业人数增加,长期失业者消失。随着对资本需求的减少,资本主义经济进入下降阶段,表现为投资减少,贷款利率降低,新兴产业建设放慢以至停止,失业人数增加。康德拉季耶夫认为,自工业革命以来,从1780年到20世纪40年代,西方资本主义经历了三个长波,即1780～1843年为第一个长波;1844～1896年为第二个长波;1897—1940年为第三个长波。这三个波恰好同现代化的起伏轨迹是吻合而对应的,从二次世界大战至今我们仍处在第四个长波中。进一步观察可以看出每一次经济发展的长波都同世界各国科学技术、政治制度以及产业结构变迁和生产力进步有着相辅相成的关系。

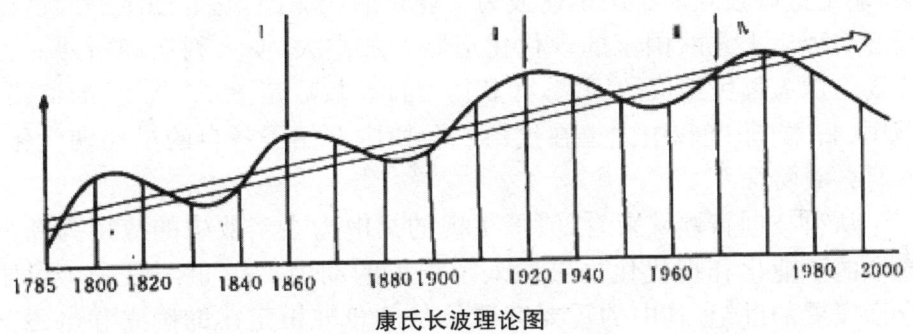

康氏长波理论图

第一个长波,是现代化在欧美的萌发阶段。这一时期以英国的产业革命、法国大革命和北美独立革命为代表,而在此之前的现代天文学和力学的创立却是重要的前提和动力。17世纪末,牛顿力学体系的最终完成,构成为现代机械、土木建筑、交通运输等工程技术的理论基础。于是,到17世纪80年代英国纺织机革命达到了高潮。新的机器问世,必然对动力机械提出了要求,在"珍妮纺织机"发明后不久,瓦特改造的蒸汽机出现,用新的动力装备了新的机器。继英国之后,法国也在19世纪初开始了"工业革命",不仅采用了英国的棉纺机器,而且自造了织丝机和织麻机,并在制造工业中普遍使用蒸汽机。造纸、化工、玻璃等行业中也大量使用了机器。美国也在18世纪末把水力运用于棉、毛的纺织生产,在19世纪产生了一批制造蒸汽机的工厂,开始了迅速工业化的过程。所以说,在新式纺织机和蒸汽机的推动下,以英、法为代表的欧洲资本主义经济在1800年左右达到了第一波的高峰。

与此同时发生了一系列的资产阶级政治革命运动。在英国确立资产阶级君主立宪制90年之后,1776年北美发生了独立战争,新兴的美国诞生;不久法国像英国一样,以"三级会议"为导火线,发生了大革命,充分显示了新兴资产阶级的力量。正是由于一系列的资产阶级革命克服了封建专制,不仅改变了政治制度,还使得社会结构和利益的多元化,为18世纪经济"起飞"提供了最重要的政治保证。反过来,在"工业革命"的过程中,又不断地巩固和完善了资产阶级的各种政治、经济体制,并开拓了更多的海外市场,获得了更多的殖民地。

第二个长波发生在19世纪40年代至19世纪末,是现代化运动在欧美继续拓展,更向全世界迅速扩展的第二次高潮期。地处欧洲的德国、意大利在建立了统一的民族国家之后较快地实现了工业化,比利时、瑞士这些独立的小国迅速成为工业化的先驱国,它们稳定的经济增长开启了后来北欧国家的现代化道路。加拿大、澳大利亚和新西兰等主要由白人移民组成的国家,在获得"自治"权后走上了"欧化"的道路。俄国、日本、印度和中国也在这第二阶段中开始了各自的早期现代化,并且各具特征。

从科技创新领域来看,值得重视的是电力在工业中的应用为新一阶段的工业化和现代化推进注入了强大的动力。19世纪是一个科学全面发展的世纪,其中的重要突破就是能量守恒定律的确立和电磁学的重大突破。于是有1866年西门子制造的发电机的出现,1875年电动机开始应用于工业生产,可以说现代化的第二波是以电力为代表的第二次产业革命为推动力的。这一时期,西方的哲学、社会科学发展也处于鼎盛时期,名家辈出,现代社会学、心理学、经济学理论的出现为现代化实践提供了理性的指导;特别是马克思主义学说的诞生为现代化运动的一种崭新类型——社会主义革命奠定了理论基础。

在经济发展领域,铁路和银行的发展成为这一时期现代化的重要动力和标志。它们不仅有力地触发了工业国家生产单位规模的扩大、技术和投资量的增长,并且开始将各地区的发展有力地联结到世界性经济体系之中。世界经济在19世纪后期出现了巨大增长,西欧北美作为资本主义工业化核心地区完成了初步的现代化,从事农业的劳动人口一般都降到40％以下，形成了世界上较发达的工业区。美国作为一个年轻的工农业大国在经济实力上第一次超过了英国，1860年，英国制造业产量在世界上占有的份额为19.9％，而美国仅为7.2％，但到1900年时，英国的相对份额为18.5％，美国却猛增至23.6％。从此在第一阶段形成的大英帝国单一中心地位被多中心的资本主义世界经济格局所取代。

第三个长波为19世纪末到20世纪40年代的二次大战结束前，这是西方资本主义现代化受阻和积蓄内部力量，而同时社会主义现代化因素迅速滋长，在世界上别开生面的时期。这一时期有两件最为重要的史实，一是爆发了两次世界大战，一是人类第一个社会主义国家苏联的诞生。前者是欧美资本主义现代化运动全面失控引起的内部矛盾大爆发。20世纪初，西欧北美资本主义的大发展孕育了空前的内部危机：首先是各发达资本主义工业国集团之间争夺市场的斗争白热化，加之军国主义兴起与经济军事化，引发了两次世界性战争；其次是首次席卷全球的生产过剩经济危机；随之而来的是法西斯主义作为自由资本主义的反动而猖獗一时。这些新因素导致现代生产力的阻滞，延缓了现代化推进的势头。因而发展经济学家G.雷诺兹在形容1914—1945年世界经济最长的萧条期时称之为"暗淡时代"。正是在这个"暗淡时代"却绽露出了社会主义时代的曙光，20世纪初俄国共产党人在列宁的率领下走上了探索一条新型的社会主义现代化的发展道路。1917年苏联社会主义革命胜利后，苏维埃政府继承并强化了俄国19世纪中叶以来在工业化过程中积累的以国家政权支配经济活动的经验，依靠新的政治制度推动技术革命和动员人力、物力资源。列宁认识到现代社会的发展必须将制度创新和电工技术革命相结合，因而他提出了颇具社会主义特色的现代化发展目标："苏维埃政权加全国电气化"。1928—1940年间，在当时的资本主义发展处于危机不断的年代里，苏联的工业创造了9％的年均增长率，成为世界大国现代化进程中最高的增长纪录，为后来越来越多的发展中国家探索社会主义的新模式、新道路作出了示范。

现代化的第三波也是世界范围科技革命不断深入并广泛运用的时期。这一时期电气和化学工业得到快速发展，推动了工业化国家产业、行业结构的转型升级；同时在铁路遍及全球之际，以美国为代表的汽车工业得到极大发展，使人类的交通形态得到重大改观，进入了"汽车时代"。所以著名经济学家J.熊彼特在1926年修订再版的《经济发展理论》一书中便果断预言:"未来的历史学家最终将比较容易地认识到,电气、化学和汽车对于大约从1897年开始发生的第三个长周期的上升和下降波的发端的重要性。"

第四个长波是从第二次世界大战以后至今,这是全球现代化的全面加速期。这一时期中科技革命突飞猛进,工业化国家经济繁荣,经历了"第二个黄金时代"(1945—1973年),发展中国家纷纷走上独立,开始自主工业化、现代化的进程,社会主义体制也从苏联的一枝独秀而成为多国的实践,并成为和西方工业化国家相抗衡的一大阵营。与此同时,世界各国的社会结构也发生了重大变迁,1950~1970年间,发达国家的城市人口年均增长率在21‰~25‰,1980年时这些国家已达到高度城市化水平,城市化率为71.66%;发展中国家的城市化则以快于发达国家一倍的速度进行,1950~1970年间,发展中国家的城市人口年均增长率高达41‰~49‰,1975年发展中国家城市化率达到51.9%,基本实现了城市化。

在现代化的第四阶段中,科技革新的作用尤为突出,这个时期的世界经济发展是与原子能、电子计算机和空间技术的广泛运用联系在一起的。因此,有人又把这个时代称为"原子时代",这些科技进步又是与爱因斯坦的物理学革命分不开的。近几十年中的新技术革命浪潮加速了现代化的进程,高科技、新能源、新原材料与人工智能相结合,使科技日益明显成为第一生产力,而巨型跨国公司和全球产销网的出现,则引起现代社会经济发展的结构性重大变化。1953年—1973年20年间的世界工业总产量相当于1800年以来一个半世纪的工业总产量之和。

在科技繁荣、经济增长、政治独立、国际合作加强等多重发展因素共同作用下,第四波的现代化大潮中呈现出百舸争流的崭新局面。英、法、德、美等发达的工业化国家在经历了"第二个黄金时代"后于1970年代后期放慢了速度;而于第二波中起步的俄国(苏联)、日本、印度和中国在各自经历了一番体制变革后加快了现代化的步伐,其中日本获得了最引人注目的成就,而苏联和东欧则处在前途未卜的转轨之中。中东国家以其丰富的石油资源为动力,开始了现代化的经济起飞,但由于战乱连连和经济发展的畸形,其社会进程也不断受阻。东亚的韩国、中国台湾、新加坡和中国香港等地是第四波中社会经济发展最快的地区,在短短的 20 年间成功地实现了经济起飞,并形成了有别于欧美现代化传统格局的"东亚模式"(后文还将论及)。拉美国家在现代化过程中出现了畸形的"依附性发展",都市化又超前于工业化,发展不够稳定,其中巴西、阿根廷、智利、墨西哥等国已逐步走向自主性工业化道路,正在向现代工业社会过渡。

三、世界现代化运动的五重特征

现代化运动是近两百年以来席卷全球的一场特殊的社会剧变,和一般意义上的社会变迁、社会发展相比,近百年的社会现代化历程,日益明显地展示出以下五个方面的重要特征。

1. 社会革命与社会渐变的统一性

作为一场波澜壮阔的社会变迁,现代化的整个过程始终包含着社会革命和渐变这两种变迁类型。在很多时候现代化需要在稳定有序的情况下实现其进步目标,但迄今为止,没有一个国家的现代化运动会是一种直线型的循序渐进。所有已经或正在实现现代化的国家都不同程度地经历了社会的渐变与突变两种形态,特别是在现代化伊始,多数国家和地区都进行了相对于自然经济、小农社会的产业革命以及相对于农奴制、封建制的资产阶级制度革命,从现代化的起源意义上说,它便是科技革命、工业革命和政治大革命的共同产物。

我们所说的"社会革命"实际上包含了三个层次的含义,一是特指以暴力革命为典型标志的社会制度的大变革,这是一个阶级推翻另一个阶级的暴力行动,如法国大革命中资产阶级的胜利,俄国十月革命中苏维埃政权的建立;二是统指社会基本结构的根本性改变,它既可能表现为暴力革命,也可能表现为和平过渡,如苏联、东欧目前正在经历的虽无战争硝烟但仍充满痛苦坎坷的转轨;三是泛指社会生活的各个领域所发生的重大变革,如中国正在进行的社会主义市场经济新体制的建设和政治体制改革中的民主化、法制化建设等等。这三种层面上的社会革命都具有这样一些共同特性,即革命中常伴随着急剧的社会震荡和尖锐的社会利益冲突,是一场较彻底的、带有根本性的质变过程,对于传统体制是一种断裂和跳跃。相对而言,社会变迁中的渐变特征便是较稳定有序的改良或进化过程,是一种较缓慢而连续性的母变积累过程。应该强调的是,现代化的开端往往需要经历一连串的制度革命,在其后的发展中又必须经历一段较长期有序的渐变和制度完善过程,在此期间还将出现多次波浪起伏,在质变和量变的结合中将现代化运动推向更高的阶段。

2. 社会变迁的全球性

回眸近两百年来的现代化过程,完全可以说它是由西欧大陆肇端随即向全球各个角落扩散、将世界各国卷入同一文明大潮的全球化进程。在西方现代化的初期,马克思主义创始人便已洞察到这一重要的特征,在《共产党宣言》中明确揭示:"资产阶级,由于开拓了世界市场,使一切国家的生产和消费都成为世界性的了。……新的工业的建立已经成为一切文明民族的生命攸关的问题;这些工业所加工的已经不是本地的原料,而是来自极其遥远的地区的原料;它们的产品不仅供本国消费而且同时供世界各地消费。过去那种地方的和民族的自给自足和闭关自守状态,被各民族的各方面的互相依赖所代替了。物质的生产是如此,精神的生产也是如此,各民族的精神产品成了公共的财产。"随着现代化的深入推进,到20世纪特别是第一次世界大战后,几乎再没有一个较重要的国家和民族可以游离于世界体系之外了。二次大战后具有"世界政府"意蕴的联合国建立,它使得全球性社会或世界体系得到了组织结构上的公认。在现代化的冲击、分化和改组下,人类历史上的孤立时代、单一中心时代结束了,今天任何一个国家、地区的社会发展都不可能孤立地进行,而要受制于其他国家和整个国际社会发展的进程。全球性的现代化要求各个国家在制定发展计划时将自己自觉纳入整个国际秩序中去,从世界体系"地球大家庭"的新背景下考虑自己的现代化目标和战略方案。

3. 社会变迁的整体性

现代社会学和系统理论都已证实人类社会是一个有机的整体,现代化和现代性的社会化分工又使得社会各部门、各地区发展更加密不可分,因此可以说现代化运动从一开始的"三元革命"直到今日的所有实践都绝非社会某一领域的发展,而是众多要素协调的、整体的进步。从整体系统的立场着眼,它必将体现各类发展要素的协同演进和有机的统一。首先,社会的现代化是宏观发展和微观发展的统一,宏观发展是全国范围内整体上所要达到的目标,微观发展是一个地区直至具体的每一个社会经济单位所要达到的目标;宏观与微观目标的实现,是同一个现代化运动中具体组织实施的不同层次。全国现代化的实现是以每一个地区、每一个子系统的发展为基础,而微观领域的现代化实现又离不开宏观的指导和大环境的保证。其次,现代化必须是经济发展和社会发展的有机统一,现代化既包容着经济与社会两大子系统,又要求这两者的协调发展,所以现代化不仅要求有工业、农业现代化等内涵,更应包括社会结构、人文素质、政治、生态等领域的现代性因素。第三,现代化实践还应是社会部门发展和区域发展的统一。社会部门是现代化发展的纵向子系统,是对社会整体的多层次分解。在现代化建设中,社会部门的现代化必须被纳入不同层次的社会区域的发展之中。文化、科学、工业和农业的部门现代化也不可能凭空存在,而必须依托于区域的发展而实现其进步目标。

4. 社会变迁的加速性

现代化运动如急流飞湍,日益加速地改变了我们的世界,同时也包含我们自身,"从历史学家和考古学家直至各个领域的科学家、社会学家、经济学家和心理学家都一致承认:许多社会过程正明显加快起来——以一种引人注目的、惊人的速度加快起来。"[1]前些年,一位德国经济学家曾估计,今天我们每三年发生的变化,相当于20世纪初30年的变化,相当于牛顿时代以前300年的变化,相当于旧石器时代3000年的变化;美国麻省理工学院的梅多斯等人则把这种加速变化称为指数发展。无论是加速发展还是指数发展,均说明现代化是一场异常迅速的社会变迁过程。从经济领域来看,18世纪每年的人均增长率不到0.1%,19世纪达到了人均增长率2.6%的速度,而在20世纪加快现代化步伐的日本,1913年—1950年时国民生产总值年平均增长率为4.0%,1960年—1965年间却已达到9.6%,而1965年—1970年这一指标更高达12.4%以上[2]。从社会领域来看,现代化的重要组成和标志之一的城市化运动在20世纪也是呈加速发展状态,在20世纪前50年,世界人口增加了49%,城市人口则增加了百分之二百以上。[3] 现代化的加速发展对于世界文明进程是有积极意义的,但它也要求现代人尽快提高自身的素质,不断增强自身的适应和应变能力。

5. 社会变迁的阶段性与不平衡性

从现代化运动的时间特性来看,世界现代化乃至各个国家的现代化都不可能在短短的数年或数十年间不分阶段地一蹴而就,都将经历

---

[1] A. 托夫勒:《未来的震荡》,四川人民出版社1985年版,第18页。
[2] [法]皮埃尔·莱昂主编:《世界经济与社会史》,上海译文出版社1985年版,第12页。
[3] 《世界文明史》,商务印书馆1988年版,第262页。

一个较长时间的曲折探索过程,在此期间社会经济的变革将是分阶段递次推进的。所以著名的比较史学家布莱克教授在综合、归纳了世界各国现代化的历史进程后提出了人类现代化运动一般都要经历四个阶段的理论,即"现代性的挑战""现代化领导的强固""经济与社会转变"和"社会的整合期"。另外一些发展经济学家(如罗斯托)和发展政治学家(如奥根斯基)还将现代化运动划分为类似的五个阶段,也得到了较多同行的重视。

再从现代化运动的空间特性来看,现代化的推进在世界各国是不平衡的,特别是在20世纪,发达国家和欠发达国家的差距还在拉大;即使在同一国家中还存在着不同地域、社区间的发展差异。现代化程度的不平衡,还表现在一部分现代工业同大量落后于现代化水平几十年甚至上百年的传统手工业同时并存;一部分具有现代性、工业化因素的城市同幅员辽阔的以传统方式生产和生活的农村同时并存(即"二元结构社会");少量优秀的科学家、企业家等民族精华同大量文盲、半文盲人口同时存在,等等。正是由于上述现代化运动在时空特征中不可避免地具有阶段性和不平衡性,当前对于现代化的"先到者"与"后来者"的相互关系,对于发达地区和欠发达地区的比较分析的战略研究便成为国际社会的关注焦点。

作者单位:江苏省社会科学院社会学研究所

责任编辑:吴增基

长江三角洲文化经济一体化战略对策

原载《当代学术信息》1996年第6期

叶南客

一、文化经济一体化的战略意识

当人类正在走向21世纪之际,一个新的社会现象已悄然出现,这就是文化与经济的结合正日益紧密,不论是微观企业再造还是宏观经济增长,都须注入更多的文化含量,而文化自身的壮大与产业化,也已成为整个GDP增长中的一个重要贡献份额。这一现象既是国民经济新成长阶段的重要信号,也是我国跨世纪经济发展的又一机遇,如何充分利用好中华民族厚重而丰富的优势文化积累,更好地开发各地区蕴藏的人文资源,值得从中央到地方的高度重视。因为,文化已成为知识经济时代社会经济持续发展中取之不尽、用之不竭的动力与新能源。

长江三角洲地区是我国经济最为发达的地区之一,也是文明开化得风气之先的重要区域,吴越文化发源于斯,近现代大量的文化名人生长在此,当前这里又成为国内最繁荣的科教文化中心地之一。应该肯定,这一地区物质文明的优势中,有着传统文化精华不可磨灭的贡献。然而在近二三十年中,江浙地区的文化事业投入与发展,逐步滞后于工业化的步伐,也已是一个较显著的事实,如20世纪90年代中期江苏城乡人均文化消费比例居全国第八位;财政收入与文化投入比例居全国二十位之后,这与主要经济指标均居前三位的经济大省相比,文化事业则显得身单力薄、颇不相称,甚至已对当地的经济社会协调发展产生了明显的制约。文化滞后的现实和知识经济的大潮拍岸,都呼唤我们重新审视文化的战略地位。

事实上,无论是20世纪80年代涌现的"第三次浪潮""新技术革命",还是后来的"信息社会"或"知识经济时代"等等,无一不是人类文化进步的产物或表征,它鲜明地昭示,与以往的农耕时代、工业社会相比,信息、知识、智能这些文化的结晶在现代社会经济进步中的贡献份额已更加突出,文化在推进未来社会发展中的主导动力地位已然确定。在历史上,江浙沪地区的人文素质、文化氛围水平对这一区域社会经济及其产业的发展和对外开放的整体战略、发展品味、方式特征都起过重要的导向作用;在现代,文化事业的功能和作用已绝不是一种单纯的娱乐,而是作为动力、资源、润滑剂弥漫于整个经济领域。就微观而言,任何一个企业,要在市场经济条件下立于不败之地,都必须重视发展企业文化,借以弘扬企业精神,塑造企业形象,凝聚人心,激发人的聪明才智,乃至改进生产工艺,提高产品的文化含量,从而在市场竞争中高人一筹。就宏观而言,文化的发展至少将以三种方式促进当地综合实力的增强:一是以物质文化的方式和科技文化的方式直接推动社会生产力的发展;二是以政治上层建筑和制度文明的方式为增强综合实力提供物质和制度的保证;三是以思想上层建筑和社会意识形态的方式,为增强综合实力奠定思想、文化基础。

21世纪的经济格局,谁能在发展经济文化方面抢先一步,抢登上经济文化一体化的战略制高点,谁就将在新世纪的竞争中占据主动,长江三角洲的GDP在全国总盘子中占有相当大的份额,在综合国力增长中发挥着主力军的作用,但该地区的文化事业发展并没有与GDP同步增长,也没有在全国发挥出它应有的功能。对此,我们认为,从走可持续发展之路的目标出发、从迎接知识经济的挑战出发、从增强我国综合国力的要求出发,长江三角洲地区必须提出加快文化建设,率先实现"文化经济一体化"的示范性战略。

二、文化经济一体化的战略系统与主导目标

文化经济一体化战略,从内涵上讲就是要通过有关经济文化政策或产业调控手段使经济建设更自觉地、更快捷地加大文化含量,使文化建设更有利于国民经济的持续、快速发展,从而促进文化和经济两大系统间的联系互动更加紧密、更加协调、更趋向于整体化和系统化。由于目前各地经济发展战略都已较为成熟,本战略体系中将更着重于文化系统的战略设计。我们建议,与长江三角洲经济发展相适应的文化系统战略内涵可概括为:"一个主体、两个体制、三大工程"。即:人才培育、人的素质和文化生活质量提高是经济文化一体化战略的主体目标;建立健全和社会主义市场经济相配套的功能齐全、服务优质、充满活力的文化管理体制,建立健全以政府为主导、社会化为基础、产业化为动力的城乡文化发展投入体制;加快建筑区域中心城市的文化事业(硬件)标志性工程,城乡文化市场网络工程,长江三角洲地区文化精品的创造、表演工程。

在文化经济一体化总体战略内涵和重点基本设定的基础上,我们还须进一步明确其战略目标并提供出相应的对策举措,以便于上级有关部门决策时参考。

文化经济一体化战略的主导目标可有多种选择,我们从长江三角洲地区的实情以及已具有的基础出发,根据当前经济文化体制改革的总体需要,将这一战略具体细分为以下三项主导型战略目标。

1. 区域文化的产业化、市场化

文化事业需要有政府的推动和投入,这是社会主义初级阶段的既定方针,并且还要视财力条件不断给予加强。但在长江三角洲地区,文化建设应更多借鉴经济发展的思路,更主动地适应市场,更大胆地解放自己、激活体制。因此,推进文化事业的产业化进程,努力增强文化部门的"自我造血"功能,不妨由长江三角洲地区率先试验、示范。这一地区今后应在不影响公益文化服务的前提下,将更多的文化阵地和文化活动推向市场,建造文化设施、生产精神产品、组织文化活动,尽可能按照市场法则运作,在确保社会效益第一的同时争取更多的经济效益。

另一方面鼓励并且支持文化部门（单位）充分发挥固有的行业优势、人才优势、政策优势，大力发展第三产业，激活文化产业，建成具有一定规模的教育文化行业、科技文化行业、艺术文化行业、媒体文化行业和信息服务业等文化支柱产业。

2. 区域经济的科技化、信息化

文化在经济增长中的先导要素首推科技和信息产业。要一手抓普及一手抓提高。通过普及，培养本地区居民良好的科技素质、增加科学意识；通过不断提高科技对各个产业的贡献份额，切实推进科教兴省、兴区的跨世纪战略。当前，信息化水平已逐渐成为衡量一个国家、一个地区经济发展程度和综合国力的重要指标，谁掌握和充分利用了信息技术，谁就将在跨世纪的发展竞争中掌握主动权。长江三角洲地区应充分利用当地科教发达，网络技术力量雄厚的优势，优先发展信息产业。二省一市应及时联合制定出台有关政策，国家有关部门也应相应配合支持，帮助这一地区在21世纪初率先建成具有世界先进水平的信息通信设施，普及计算机在工作生产、生活中的应用，为政府、企业、群众提供准确、及时、有效的信息服务；要帮助广大企业家学会利用各种信息技术和各种信息网络，更好地发挥信息、信息产业在区域经济增长中的巨大推动作用。

3. 区域发展模式的硅谷化、一体化

根据现有的基础和优势，中央应有信心在21世纪前叶，将长江三角洲地区建成为结构优化、效益良好、文化科技知识密度最高的大型经济硅谷，使这一地区不仅成为全国加速现代化的"领航区"，而且是可以和发达国家、地区乃至大型跨国集团相抗衡、竞争的"中心发展极"。费孝通教授也曾非常关注这样的战略思路，提出："要想办法把长江三角洲这块地方的力量联合起来"。这种联合，在我们看来应是江浙沪三省市经济文化的一体化，同时实现内部不同城市间经济文化的互补化、一体化发展。因此要在市场化指导下淡化行政区域观念，实现经济优势和文化优势的高度结合，扩张长江三角洲地区经济文化发展的整体关联度和有机亲和性，从而实现 $1+1>2$ 的一体化协调发展效应。

三、文化经济一体化战略的支撑性政策

基于以上战略与目标构想，我们的支撑政策建议是：

1. 中央对长江三角洲地区"文化经济化"的战略应给予高度关注和政策扶持，力争在21世纪初建成国内两个文明最为协调发展的文化橱窗和经济长廊。有必要在中央的指导和参与下,成立常设性的跨省市联席会议机构及专家智囊机构,对长江三角洲经济文化系统的运行加以统一协调,既要避免内部的产业趋同化,又要提高区际产业关联度,实现功能互补、利益共享;除了充分发挥上海这个"主中心发展极"的极化、辐射效应外,还应发挥地区性中心城市的作用,发挥南京、扬州、杭州、宁波这些"次中心"的极化效应。其中南京可以辐射皖、赣、鲁等地,扬州可辐射苏北,杭州辐射浙中、浙北,宁波辐射浙东,形成几个大组团式城市,进而围绕上海联结为高规格的世界性大经济文化区。

2. 研制提高文化贡献份额的区域发展政策,加大对文化事业特别是浙西南、苏北这类欠发达地区的文化科技等建设投入。要明确制定并监督执行好文化事业费支出比重增幅略高于财政预算收入增幅的文化经济政策,形成良性的文化发展机制。

3. 在新的产业政策中,鼓励试点突破,培育文化市场,培植文化企业集团,鼓励个体私营经济中的文化产业发展,促进县市级文化体制的率先改革。在改革中建立起与市场经济体制相适应的文化发展和繁荣机制,加快文化事业产业化、市场化步伐,努力形成布局合理、结构优化、效益良好、富有活化力的区域文化发展格局。

4. 建议在中央有关部门协调下,选取旅游业、信息业或其他一两个既有文化经济的高相关度,又亟须江浙沪区际间高度协作化的发展领域作试点,汇聚三地管理者和专家共同研讨协商,三地政府联手制定合作政策,分工协作,加速推进该项事业的一体化发展;待取得成功经验后再向其他领域推广深化,从而以点带面,稳步推进长江三角洲经济文化的整体一体化进程。

面对 21 世纪青年的选择
——论中国青年的现代化
原载《当代青年研究》1999 年第 1 期
叶南客

在对中国青年生活行为变迁的观察与思考中,我们越来越深刻地体会到:个人的现代性成长与人格的全面发展,主要的并不是靠他的资格和经验,而是靠他的创造新生活的热情和勇于超越传统、超越现实的开拓精神。应该承认,在社会各阶层中青年群体是最富有创造热情和超越意识的,他们在中国社会的大变革、大过渡时代一直走在现代化的前列。正如联合国教科文组织在《对世界青年问题的分析》一文中指出的:"青年一向是变革的动力,重大的社会变革都是在他们身上并通过他们实现的。事实上,正是在培养性格的年代里,一个人才最容易在新的问题面前形成勇于创新的考虑问题的态度和作风。"在中国的现代化进程中,20世纪初的五四新文化运动是由一代知识青年发起和推动的;而在20世纪末的文化变革和人的生活方式、价值观念变革中,也是由青年充当了发轫者、领潮人的角色。可以认为,中国新文化的氛围在很大程度上是由青年创造并在青年中率先形成的,中国青年是现代化的"文化移民"中当之无愧的主体和先驱。

一、文化移民中的"新人类"——世纪之交青年生活形态的变革背景

当代社会是一个洋溢着变革精神的社会,社会文化的变革必然导致现代人格的裂变和创新,中国青年便是这种变革中首先脱颖而出的"新人类"。他们凭借着不断创新、不断探索的勇气重塑着自我,完善着自我。他们的生活形态和生活心态都大大有别于在这之前的任何一代人,使人觉得现代青年既熟悉又陌生,他们的发展走势既有迹可循又难以揣测。随着时代的发展和变化,人们正逐渐重视青年的走向。因为在当今社会青少年已占世界人口的大多数,15岁以下的占36％、30岁以下的几乎占60％。人们意识到,为了更好地完成现代化的使命并对未来负责,政府和社会各界都应听取和重视青年的意见,特别是在远景问题上更应如此;此外,还有更重要的原因就是今天的青年比他们的父辈更成熟。他们在跨越种族、文化、社会地位和性别的界线进行相互接触时,具有很大能量。由于他们对传统文化比较超脱,所以在创立新社会方面,也比较解放。由于他们的心灵比较纯洁,因此对建设一个更公正、更人道的世界更加敏感,在他们身上可以找到新文明的萌芽。

"新人类"一词是20世纪80年代不少国家对青年一代人格特征或生活特征的概括性称呼。最初"新人类"一词是以1985年《朝日杂志》上连载的对话"新人类的旗手们"为开端流行的。主讲人筑紫哲较早地使用了"新人类"这一专门词语,但当时这一词语的含义只是对当代青年提出种种期望,并不像现在这样含有种种微妙的肯定和否定的意义。事实上在任何一个时代,青年都是某种意义上的新人类。但是在20世纪80年代,中国出现的所谓"困惑的新生代",则有着特殊的时代背景

和特殊的群体特性,不同于以往历史阶段中的人们。"新人类"的确使他们的上代人感到陌生,甚至觉得有点不可理喻。它促使人们去细细地观察,并同时对产生这一代人的社会背景进行思考。在对"新人类"现象进行思考时,必须注意到基于各国国情的不同和社会制度、社会发展阶段的差异,各国的新人类虽然不乏共同之处,但他们之间始终存在着实质性的不同,此"新人类"非彼"新人类"。例如日本青年学者曾将本国"新人类"的独特性格概括为五种主义,即:"相对主义"——绝对价值观的崩溃;"表现主义"——显示自我,表示自我;"享乐主义"——快乐地享乐是其座右铭;"人格面具主义"——不与人深交,而喜欢表面的来往,就像一直戴着人格面具;"感觉主义"——一切由个人爱好和感觉爱好来决定。① 这些现象在我国青年中不能说没有,但毕竟不能代表80年代和90年代中国青年发展的主流。中国的"新人类"具有另一番不断变革、奋进、探索自身和社会现代化的昂扬风貌,这正是与其他"新人类"的区别之所在。从这个意义上讲,中国的新人类是正在走向成熟、走向未来、走向现代化的一代社会主义新人,这应成为我们观察、揭示中国新人类特征的立足点。

人是环境的产物,而人又不断地改造着既存的环境。中国新人类是在20世纪末的改革开放、发展社会主义市场经济的时代背景下走上社会舞台的,这一代青年以高度的参与感投身改革,在推动社会进步的同时也加速了自己的成长和壮大。正是在社会主义制度和改革开放这两大背景之下,当代青年的人格变迁呈现出了三方面的"新人类"特征:

第一,正在成为"四有新人"。培养有理想、有道德、有文化、有纪律的一代新人,是我国社会主义精神文明建设的目标,从这点上看,"四有新人"并不是指当代青年已有的特征,而是他们的理想角色特征,反映了在社会主义制度下的角色期待和新人类发展的主流趋势。

第二,生活形态的整体变革。归结近年来大量有关青年物质生活、精神生活以及群体生活的实证研究,我们认为当代中国青年生活形态整体变革的主要特征是:青年在社会生活中的主体意识不断增强。青年生活的结构日趋合理化。青年生活的内容日益丰富、青年生活的节奏趋向有序和紧凑。青年生活的手段逐渐现代化,青年生活的社会经济效益显著提高。

---

① 参见(日)扇谷正造:《怪异的一代——新人类》,社会科学文献出版社1989年版,第59页。

第三,大变革时代的边际人格。在现代化进程中,青年群体越来越强烈地体现出边际性色彩。现代化中的青年边际人具有一种极重要的人格特征,就是他们随着"自我"心理的强化,愈加不愿接受传统的、现实的行为规范和价值标准,要求通过自己独特的时代精神和面向未来的生活方式来表现自我。从20世纪初的五四运动到半个世纪后"四五"运动,都表现了青年强烈的自我意识,这种意识在推动社会的科学化、民主化方面作出了重要贡献。在生活方式的变革中,中国青年曾带头脱下长袍、剪掉长辫;现在又率先兴起了美容、时装表演、健美比赛……,标志着青年一代勇于改革旧的生活方式、勇于追求美好的新生活。因此,青年生活方式的边际性体现着社会从旧形态跨向新形态的变迁过程。青年,作为我们时代的边际人,一直是新文化浪头上的弄潮儿,他们以自己不断变动、不断求新的生活方式表明,他们每时每刻都在试图踏上新社会的"边际"。

二、"第四代人"的风采——中国青年的现代性抉择

20世纪80年代后期,一本探讨当代中国青年特质的畅销书——《第四代人》,引起了社会广泛的关注。因为这本书以散文的笔调、社会学的视野、文化哲学的深度揭示了几代中国人的人格发展历程,特别是第四代青年群体的崛起和发展趋势。

第四代人是向现代化迈出具有历史意义的一代,他们在成长、发展中的边际倾向集中体现在以下两大方面:

1. 生活形态变革中的领潮族

人类的生活形态总是由现在向未来不断变化发展着的,而青年的生活方式天生具有求新求异、面向未来的鲜明特点。在20世纪80年代的中国,青年是在改革和开放的时代大背景下形成自己的生活方式的,其生活方式映现出强烈的改革和开放的时代色彩。我国青年生活方式的一系列重大选择都是与我国社会改革开放的时代步伐相一致的。随着当代青年在社会生活中的主体意识不断增强,他们的生活结构日趋合理、生活时间日趋有序、生活内容日趋丰富、生活空间日趋扩展,使得生活在今天的青年更加热爱生活、更全面地体会到现代生活,其生活方式映现出强烈的改革和开放的时代色彩。我国青年生活方式的一系列重大选择都是与我国社会改革开放的时代步伐相一致的。随着当代青年在社会生活中的主体意识不断增强,他们的生活结构日趋

合理、生活时间日趋有序、生活内容日趋丰富、生活空间日趋扩展,使得生活在今天的青年更加热爱生活、更全面地体会到现代生活的意义。在生活形态不断变革完善的过程中,一代具有现代素质的青年脱颖而出了。在新一代人的生活形态中,社会参与意识,责任感,自主、自立、自尊意识,竞争意识,效率观念,求知欲望,开拓精神等现代化的行为标准和价值取向越加突出地表现出来。

在20世纪80年代青年生活形态发生整体快速变迁的基础上,90年代的中国青年生活又展露出三方面崭新的态势。一是消费领域的变化。在中国走向小康的过程中,青年群体的消费水平明显提高,消费环境更加丰足,青年人也日益注重自身消费质量和生活质量的总体改善。从消费需求上看,随着物质生活水平的提高,青年的消费需求向更高层次发展,文化生活的丰富正成为当代青年的追求热点,因而青年消费结构较快地向发展型转变。在消费行为上当代青年已不同于以往的实惠、耐用、节俭等传统性取向,而特别注重审美、新潮、变异以及个性化,不论是物质还是文化消费行为都在向国际化潮流趋同。二是闲暇生活的变化。90年代是中国青年闲暇空间增大、闲暇容量增多的时期。由于高科技带来生产效能的提高,现代人的必要劳动时间不断减少,他们拥有了越来越多的可自由支配的时间去从事发展和享受。在闲暇生活的方式上,当代青年更多地走出家庭小天地,到户外开展广泛的社会交往、业余文化科技体育活动以及远足旅游。同时他们对闲暇生活的内容选择也更趋主动,具有积极参与的精神。90年代青年闲暇生活的一个新特点是"闲暇不闲",即青年人将大量业余时间投向市场,八小时外从事第二职业成为普遍现象。这既是当代青年力求通过自食其力改善生活的新途径,也有利于青年人进一步更新知识、提高技能、发挥时间效益,促进他们的全面发展。三是青年社交生活的变化。伴随着信息化社会的来临,人们的交往手段趋向现代化,异地间接交往在人际交往中份额加大,各种发达的电子媒介和通信渠道为当代青年社交规模扩大、速度加快、效益提高以及社交方式更新奠定了物质基础。我们还发现,当代青年的公共关系意识日益强化,他们的交往行为更趋文明,交往动机讲究互惠互利原则,交往功能与当代中国的市场化进程相趋同。总之,多样化、开放型的社会,给当代青年的生活选择以无限广阔的天地。在形成个性化的生活方式中,青年人又在实践着马克思、恩格斯当年提出的"全面发展"生活理想。在拥有越来越多的闲暇时间基础上,当代青年更新了生活内容,提高了追求层次;在求知、求乐、求美的呼声中,青年生活中形成了一个又一个"兴奋点",神州大地上兴办了一个又一个"青年文化艺术节";青年正在走向未来,未来将更为丰富多彩。

2. 生活心态变革中的新移民

日常行为往往是深层心态的折射,只有当这一代人的心理特征真正倾向现代化时,我们才能充满自信地说,中国的"新移民"或"新人类"终于在古老的东方大国出现了。可以说,当代青年心态的现代化抉择不仅是新人类出现的内核标志,而且心态转型更是一代新移民生长的内在基因,是他们全面发展、成长变革的核心动力。青年心态是一个过于宽泛的表述,这里我们着重分析青年人格在面临现代化浪潮冲击下逐渐确立或正在转型的各种生活观念。生活观念是指青年对现实生活中各种事物评价取舍的选择态度,它是客观事物在现代人头脑中的反映。观念的现代化转型,则意味着现代青年在不断变化发展的社会环境中,重新认识社会和自我,选择新的行为模式以适应环境、体制的变迁,谋求社会变革和自我发展的心理进化过程。当代青年生活观念的确立和更新,受现代生活环境、生产方式的制约,但同时又对推动青年素质提高、生活方式更新具有主观能动作用。因而当代青年形成成熟、科学、文明的价值观念既是青年选择现代化道路的核心标志,又是青年解放自我、个性才干得以全面发展的深层动因。

在20世纪80年代的改革开放过程中。我国广大青年的观念革新进步和趋向现代化的主流是令人振奋的。青年人的"现代性"程度明显高于中老年阶层。效益意识的日益强化更是现代青年观念变革的重要标志。它主要体现在越来越多的人讲究务实,关心社会信息;要求机会均等下的公平竞争;强调时间、效率和生活的计划性;更加重视知识、人才在现代化建设中地位。创新意识在一贯内向持重、文静求稳的中国人中萌发,犹如一石激起千重浪,不仅成为现代人观念转型的重要特征,而且已成为推动中国社会加速运行、焕发青春的主要动力。在现代青年中,创新意识主要表现为普遍要求生活方式、环境、体制的变革;希望有更多的社会流动、社会开放;在人的自身发展中,进取精神、风险意识、首创开拓观念日益增强,以往的"人怕出名猪怕壮""枪打出头鸟"等陈腐观念已为不少青年所抛弃。在创新意识方面,年轻人显然走在全社会的前列,例见下表:

现代青年创新意识测量(804人)(%)

你是否认为:改革虽有风险，但比吃大锅饭强？	很同意	较同意	拿不准	不太同意	很不同意
17岁以下	66.67	26.32	3.51	1.75	1.75
18—25岁	55.23	30.54	12.13	0.42	1.67
26—35岁	44.61	37.25	13.24	2.94	1.96

可以看出,20世纪80年代以来的青年已产生了需要改革的内在动力,并且具有越来越多的承受风险能力,他们中80%以上的人都明确表示要改革过去的大锅饭体制,宁愿为此承担风险。所以我们认为,中国青年生活心态、价值观念的进步特征适应了现代社会文化变迁的总体要求,和生活形态的整体进步也是相辅相成的。

三、站在潮头看潮势——中国青年的未来走向

岁月的潮涨潮落,使一代代人均成为历史的匆匆过客;而现代化的潮起潮涌,又开始塑造一代代的新人。中国青年作为现代化时代的重要"移民",他们的发展特征和趋势将主要体现在三个方面：

第一,青年的整体素质不断提高。首先是社会主义精神文明更加深入人心,现代化的理想道德风尚在一代新人中扎根开花,和社会主义市场经济发展相适应的现代化意识将成为青年观念形态的主导成分;其次,这一代青年的文化科技素质将有显著提高。作为先进生产力的代表,他们将更有力地推动社会的信息化和科技文明进步;再次,作为青年发展物质基础的体能素质也将随社会医疗条件和营养结构的改善有较大增强,21世纪的新人类将更加健壮,将会更加精力充沛地投身于现代化的事业之中。

第二,青年的社会地位继续提高。在社会文明的不断提高中,代表未来利益的青年在社会发展中的地位无疑会更加突出。在21世纪中,青年不论在政治、文化层面,还是在经济生产、消费领域,他们都将逐渐告别曾扮演过的"边缘人"角色,而成为社会发展中的积极参与者、先导者和新主体。

第三,青年的生活形态全面改善。在新移民生存环境改善的基础上,他们的生活方式将更加科学、合理、文明、多彩,并更有益于青年身心的全面自由发展;青年的物质生活质量和精神生活质量将有较广泛

意义上的提高；他们的生活观念更加健康、生活目标趋向更高层次，对自身、对社会的满意感也逐步增强，他们有理由为自己祖国的高速发展而骄傲，为自己成长在跨历史阶段的伟大时代而自豪。

青年发展的前景固然乐观，但也要看到他们在现代性成长中还存在着重重阻力。这些阻力有来自社会环境发展不足的客观制约，更有青年群体内在矛盾或消极现象的主观制约，而主观制约因素则集中表现为目前青年中特有的消极亚文化现象。

所谓青年亚文化是指与社会主导文化有一定差距的，适合青年需要的，具有社区性、职业性、年龄性、群体性的青年生活观念和行为的统一体，其具体表现诸如校园文化、课桌文化、时髦文化等等。青年亚文化有积极和消极之分，关键是要看其是否有利于社会的文明进步和青年的健康成长。在我国目前的大变革中，积淀于民族文化深层的封建意识残余、随开放而渗进的西方世界的腐朽文化和我国青年文化中的消极面相融合，正在形成一股影响不小、为害甚广的消极亚文化。它诱使青年在生活观念、生活方式的选择中出现失策、失误、失控，在青年的人格进程上设下了条条歧路。

20世纪90年代，我国青年在成长中主要受到以下三种消极亚文化的影响和侵蚀：一是享乐文化的风行。享乐主义古已有之，但在当代西方曾掀起一个波及面甚广的文化潮。其背景是在欧美等发达国家曾一度风行"高生产、高收入、高消费"。当时西方有不少经济学、社会学界人士也鼓吹要在60年代就实现人类的高消费社会，结果造成了人的"单向度"追求——以物质享乐为目标的文化追求。这一思潮近年来越加明显地对我国青年的人生观产生了消极影响，导致青年生活方式中出现了"拜金狂""消费狂"以及性开放等不健康现象，严重威胁着健康人格的形成。二是"边缘文化"的蔓延。当青年人尚未步入时代和社会的中心而停留于主流文化的边际时，当他们因此失去不断追求奋发向上的意识和行为时，便会为一种消沉、迷惘的"灰色心理氛围"所笼罩，他们的生活行为便呈现出一种消极的边缘文化形态，或称其为"消极边缘人"。消极边缘文化的内核是青年主体意识的丧失，其特征之一是部分青年对一些社会事物有着不满、不理解或指责的心态，但在实际行为中却采取了不参与、不过问以及不负责的逃避方式。再一特征是由于青年社会化过程中心理冲突未得以缓解，人格重组中自我意识分裂，又苦于无人理解，产生了种种孤独感和孤僻行径，这同样危害着青年身心的健康发展。三是反文化。根据社会心理学的"挫折——侵犯"理论，当青年在经受了种种挫折后，总会有所反应：能正确对待者会"化悲痛为力量"，努力克服障碍和困难去取得意想不到的成功；而意志薄弱和人格畸形者则会从此颓废或铤而走险，堕向深渊。其中的铤而走险者会对他人和社会产生不利行为或进行侵犯攻击，形成了与社会主流文化相悖的反社会文化。这种反文化行为虽属消极亚文化，但是它所表现出的行为和观念已构成对社会、对青年健康发展的威胁，是一种特殊的性质恶劣的消极文化。

针对上述青年发展中的消极现象，我们感到必须根据现代化中的新情况、新问题，重新思考和选择青年工作的目标、重点和方式，使当代青年工作适应世纪之交青年发展的新变化、新需求。为了有效促进青年的健康成长，当前应突出两方面的工作思路：首先是要着力提高青年的生活质量，通过改善年轻人的发展环境来切实维护青少年权益，不断满足并正确引导青年生活需求，帮助青年建立文明、合理的生活方式，使青年人的生活水平和生活追求跨上更高的层次，使之成为推动21世纪中国社会加速发展的又一动力。其次，教育引导青年确立起健康、乐观、向上的生活理念，具体说就是要在新一代人中形成同社会主义市场经济相适应的主人翁思想和集体主义精神；逐步确立起同社会主义政治制度相适应的义务权利观念和组织纪律观念；逐步确立起为人民服务的献身精神和共产主义劳动态度；逐步确立起同社会主义新文化规范相适应的现代化心态，如主体意识、效益意识、创新意识等等。在培养新一代人爱国主义、国际主义观念的同时，努力建立和发展体现全体社会成员团结一致、友爱互助、共同奋斗的新型社会风尚和人际关系，逐步提高每一个青年的精神境界。

"新人类"正站在一个新时代的起点上。现在，我们捕捉到并记录下当代青年走向现代化的潇洒身姿；展望21世纪，我们已隐约可见中国"新人类"茁壮成长的光彩雄姿。

作者单位：江苏省社会科学院社会学所

责任编辑：劳逊

关于我省"十五"期间注重提升居民生活质量的建议

原载《动态研究与决策建议》2000年第28期

叶南客

江泽民同志在不久前提出的"致富思源、富而思进"的重要论述不仅对于激励士气、进一步增强沿海发达地区人民对共产党所领导的社会主义事业的前途信心,有着巨大的推动意义,而且对于我省制定"十五"规划,也有着重要的指导意义。江苏历来是中国的经济文化大省,人均收入也多年位居全国前列,但近年来我省人民生活水平的提升速度不及广东、浙江甚至福建、山东等,因此在"十五"规划和实现江苏基本现代化的战略目标中,必须"强本固体",以"思源思进"为理论指导和发展动力,以人民生活质量的快速持续提高为战略主体和基础,在富民中强省,在强省的同时加快实施富民战略。这一新战略既符合社会主义发展就是为了实现共同富裕的根本目标,又有利于我省社会经济从小康到现代化的发展战略阶段的进一步衔接,为此,建议:

1. 发展方式和工作方针由"产值第一"向"增产增收并重"转移。在注重强调经济社会协调发展、提高经济效益和人民生活质量的新阶段中,考核一个地区的经济发展和社会进步,不仅要看产值、速度和经济规模是否达到预定目标,更要看利税率、生产率等综合效益指标是否同步增长以及和城乡居民收入的增长幅度有无同步。不论是扩大内需还是消费结构升级,其重要基础都是人民收入的增长和消费能力的扩张。要采取有力有效的富民政策,确保城乡居民收入与经济增长基本相适应:一要减少各种摊派、规范行政收费;二要放开政策,鼓励老百姓合法投资经营;三要加强宣传,形成共识,只有老百姓富了,调整消费结构、扩大内需拉动才有坚实基础。

2. 推进城市化和城市现代化步伐,启动城市居民消费,切实提高城乡居民生活质量。当前要积极贯彻全省城市工作会议精神,将城市现代化建设作为"十五"期间江苏"富民强省"的战略支撑点抓紧抓好,通过优化城市功能布局,增强城市竞争实力,在将全省大中城市"做强、做大、做优、做美"的基础上,使21世纪初的江苏居民生活在一个更高质量的城市化空间中。

加快居民住宅消费,是城市现代化的题中应有之义,更是当前提高人民生活水平、扩大投资、促进消费的重要措施,也是富民战略的重要组成部分,要在城镇职工住房货币化的基础上,形成有效刺激住房消费的商品房价和房地产市场机制,改善城镇居民的居住条件,要加大安居住房和经济适用住宅建设投资力度,继续深化住房制度改革,使城镇住房尽快成为新的消费热点。加大提租力度,强化对住房公积金归集、使用的管理,确保公积金的安全保值。积极发展住房消费信贷,实行个人抵押贷款、逐步建立和完善住房金融体系。推动完全产权的住房进入二级市场流通,促进住房商品化和市场化。在使城市居民安居乐业的基础上,将江苏人民的生活质量和富裕程度推向新的发展阶段。

3. 积极调整分配政策,提高城镇职工与农民的收入水平,刺激城乡居民的消费需求。要在进一步深化经济体制改革的同时,促进我省收入分配结构和分配方式的调整完善,增强政府对收入分配的调控能力,适度扩大初次分配的比例,加快初次分配的市场化、货币化,提高职工工资水平。要多渠道开辟收入来源,加快增加城市低收入人群的生活费收入。要与政府机构改革相配套,建立正常的公务员工资增长机制,逐步提高行政事业单位人员工资。在努力扩大消费需求时,要不断增强改革的透明度,减少居民预期的不确定因素。加快实施教育、医疗、养老、住房等影响居民即期消费的改革。对一时难以实施的改革方案,应适时、有节度地宣传,避免负效应。对增加个人支出预期的改革措施,要注意稳妥把握出台的时机和力度,促进居民消费心理的健康与稳定发展。

4. 实施"安居乐业工程",增加就业机会,提高城镇居民实际可支配的收入水平。要加强组织领导,层层落实责任,形成社会合力,促进我省下一阶段的就业和社会稳定发展。要以"三个代表"的重要思想为指导,密切干群关系,切实维护和代表好广大职工利益,严格控制下岗职工总量,重视将隐性就业显性化,摸清真正需要给予困难补贴和帮助再就业的下岗职工底数。加快建立健全再就业服务中心网络,扩大转业转岗培训面,增强城市社区服务的就业容纳能力,拓宽就业渠道,在调控全省失业率的基础上,不断提高职工最低生活保障线水平,逐步缩小贫富差距。

5. 加强社会保障体系的建设,解除居民的养老、医疗后顾之忧。"十五"期间要进一步把社会保障体系的建设置于全局性的战略高度,苏南部分发达地区要初步建立农村社会保障体系并投入运转,其他地区农村要进入试点阶段。通过国民收入分配制度的改革和各项保险制度的完善、创新,积极主动地推进江苏社会保障体系的现代化构建。为此,要形成新的社会保障筹资机制,解决失业、下岗人员的基本生活保障,城乡最低生活保障,社会优抚,农村养老保险等资金来源问题,实现养老金按时、足额发放,把私营、个体经济和无固定用人单位的劳动者纳入社会保障体系,通过发展商业性的补充保险和社区医疗服务,解决城镇医疗保险中的矛盾和问题;通过土地流转制度创新,实行"以土地换保障"的做法,建立乡镇企业职工失业保险制度和进城镇农村人口的社会保障制度;把社会保障基金的积累以BOT的方式投入基本设施建设,扩大投资,实现基金保值增值。

6. 多形式地引导农民致富,不断提高农民增收水平。"十五"期间仍然要把实现农民增收、减轻农民负担作为一项硬任务抓紧、抓实,要采取有力政策和有效措施制止住"九五"期间农民收入增长趋缓的势头。让一部分地区、一部分人先富起来,带动多数地区、多数人共同富裕。首先要依靠科技兴农、大力发展外向型农业,着力推进农业产业化经营。当前既要靠科学制订规划增收,规划要以市场为龙头,多办高新技术农业项目,防止小而全的重复建设和自我封闭;同时要靠调优种植业结构增收,大力发展名特优新产品,形成规模,使多种经营成为农民脱贫致富的主要支撑点。其次要继续深化农村改革,要大力培育各类农村市场主体,积极引导农民进入流通领域,要继续放手发展混合所有制经济和个体私营经济,加强管理,扩大规模,使之不断提高水平。同时要充分发挥我省基础条件、投资环境、对外信誉比较好的优势,选准好的项目,加大招商引资力度,努力扩大农业利用外资,兴办农业"三资"企业,以此带动农民增收。第三,今后一段时间必须坚持进一步大力发展乡镇企业,广泛开辟农村就业空间,加快建设小城镇,多渠道增加农民收入,积极改善广大农民的生活环境与消费条件。

省社科院:叶南客

报送:省委常委、副省长、秘书长
省级机关简报登记证(JS)简字 00176 号

21世纪的南京形象定位

原载《专家真言》2000年第6期
转载《南京通讯》2000年第11期
叶南客

为了使南京的明天更加美好,今天就应该对美好的远景作出科学的设计和形象定位。未来总是孕育于昨天的历史、脱胎于今天的筹划。在20世纪90年代中期报经国务院批准的南京城市规划中,已将21世纪的南京城风貌勾勒为如下轮廓:到2010年使南京成为经济发达、环境优美、融古都特色与现代文明于一体的现代化江滨城市。基于这一总体规划和全省现代化及其城市现代化的现实需要,笔者试将新世纪南京城市形象塑造的目标定位具体阐述为:"一名城、二中心、三创新"。

南京本来就是历史文化名城,我这里所指的"一名城"是要让她"脱胎换骨",不再是"吴宫花草埋幽径"、"依旧烟笼十里堤"的金陵古城,而是焕发青春魅力、开放活力的新国际都会,是真正融古都特色和现代人文精神于一体的国际政治文化名城。

所谓"二中心",首先是要求南京城不仅要集聚与服务好530万的市域辖区居民,而且要真正扮演好全省政治、经济、文化中心的角色,为7100多万的江苏人民服务到位。

第二个中心便是承担起长江下游经济文化的中心枢纽职能,既当好上海大都市文明向长江中、上游辐射的"二传手",又要成为长江流域中和重庆、武汉等城市相并列、并重的"第四大增长极"以及"文化科技高地"。

"三创新",首先是管理创新。要使南京实现城市现代化,一个重要的前提必须是管理的现代化,要在以往目标管理和依法治市等富有成效的经验的基础上,进一步深化城市管理体制改革,形成以社区建设为主题的城市工作新格局;在21世纪初建立高速、高效、领先全国的城市管理信息系统。

其次是产业创新。21世纪中南京的城市"底气"和形象扩张能源还是在于产业的升级转型,要迎上知识经济的时代浪潮,加快发展通讯信息业、咨询服务业、商贸流通业、金融保险业和旅游业;通过发散新都市产业群的极化效应,抢占21世纪国际国内经济竞争的"制高点"。

第三是文化科技创新。要在充分调动古都深厚文化底蕴和现有高科技人才资源的基础上,加快文化产业化进程、加快知识创新体系的建设,使南京在不久的将来以一个崭新的文化大市和科技强市的风貌矗立于扬子江畔。

南京的明天,应该是对今天的全面超越。上述三方面创新的共同目标指向,正是力求对昨天南京城市体制、经济产业、人文素质的整体性超越;但要承认最难超越的却是形象之内核——城市个性的培育、再塑与张扬。"一个城市的个性和特征是其形态结构和社会发展特点的结果"(《马丘比丘宪章》)。因篇幅有限,笔者在本文中不再对南京城市的个性特征作出具体解析和展望,但却想通过本文引起同城的同仁们对塑造城市个性的关注;笔者对南京城市个性形象重塑目标与原则的基本观点是:以人为本、以文为魂、以经济振兴为动力、以生态景观和谐化为载体,在长江岸边、钟山脚下建立起一个"山衬水托的文化园林"。

明代学者文震亨提出过著名的"三忘"境界,应该是对城市个性形象塑造结果的最好诠释,即:"令居之者忘老,寓之者忘归,游之者忘倦"。21世纪的南京,经过我们全体南京人的努力建设,肯定会成为一个令人难忘的都市!

责任编辑:龚康宁

腐败与反腐败的心理预期
原载《江苏纪监》2001 年第 2 期
叶南客

叶南客:江苏淮阴人,1960 年出生。1982 年毕业于南京师范大学中文系,长期从事社会学和现代化研究工作,现任江苏省社科院副院长研究员,中国社会学会常务理事、江苏省社会学会副会长、省纪检监察学会常务理事、江苏省"十五"规划专家组成员。为江苏省有突出贡献的中青年专家,先后发表论文 300 余篇,出版专著 10 余部。

根据 20 世纪 90 年代中期以来江苏以及全国每年一度出版的"社会形势分析与预测·蓝皮书"报道,反腐倡廉一直是我国公众最为关注的社会热点问题之一。事实上,自从 80 年代提出要实现我国党风、社会风气根本好转的目标以来,举国上下在反腐败领域中的工作力度不可谓不大,近些年的廉政建设成效也不可谓不显著,特别是2000年中成克杰案、胡长清案以及厦门远华等案中一批高官落马,大要案突破确实大得人心、大快人心。即使是这样,不久前进行的一项大样本社会调查仍表明,有89%以上的城市居民认为"惩治腐败"是我国面临的非常重要的突出问题;而且有59.5%的领导干部对当前反腐倡廉工作的成效感觉"不太满意";根据市民态度倾向分析,反腐败仍将是21世纪中国社会发展中的一项主要任务。

为什么大家都在呼吁打击腐犯罪,但腐败现象却始终屡禁不止?为什么已经花了很大的人力、物力和精力,但人们还觉得成效不很显著?我以为除了通常人们关注的制度建设、党性修养、职业道德以及物质文明建设水平等原因外,还应关注一个更深层次的社会心理预期和廉政循环效应问题。

社会学或社会心理学中的心理预期,是指行为主体对某一行为对象产生后果的可能性、可行性以及正负面影响的心理准备和期待。就目前现实和笔者作过的大量访谈来看,反腐倡廉中存在着腐败者高心理预期、而反腐败者低心理预期的不正常态势。最近一份社会学调查论文显示,82%以上的腐败分子在腐败行为发生中都怀有可以依仗自己的权力,花很少的成本获得超值的回报,而且被发现检举、查处的可能性很低的投机心理。这种对以权谋私具有高信心指数的心态,便是支撑腐败行为普遍化的腐败者高心理预期。

而同时,随着多年来对社会风气的恶化司空见惯或无力无奈,老百姓对反腐败心理预期却在降低。即相当多的人或感到时下贪官是"野火烧不尽,春风吹又生",大家彼此彼此则法不责众;或认为反腐败也得买人情账,有的官官相护、走走过场,难动真格;或觉得现在正处于市场经济的转轨中,权力就是权利,有权不用过期作废,出点腐败却并不出乎意外,而且在近期内很难根本好转。一方面是腐败者的高心理预期蔓延,另一方面却是反腐败者的低心理预期滋长,这种心理氛围制约了廉政建设的信心和力度,却放纵了以权谋私的贪心和野心,构成了助长腐败行为发生的恶性循环效应。

我们期待的却是与之完全相反的另一种良性循环状态。即政府和百姓都对反腐败持有高心理预期,全民上下形成对腐败行为必须反、坚决反、有能力反而且一定能反出成效的共识。在这种群情激愤的氛围中，腐败者如过街老鼠、风声鹤唳，一伸手则面临极有被抓住的可能性风险；随着廉政建设制度的不断健全，从政行为的规范化，腐败者的行为成本加大、风险加大而收益却将减少，因而出现腐败者的低心理预期。这样一种良性循环的态势，必将促成各项反腐倡廉的政策和任务更加容易贯彻落实，而以权谋私行为则更容易受到制度、法律、道德、大众舆论的制约和制裁的效应出现。

我们热切期待廉政建设良性循环效应的出现，前后两种心理预期的逆转将成为21世纪廉政建设中除制度创新外的又一良方。当前我们所应着手的工作，便是积极促成各类良性循环要素的培育和效应发挥。笔者认为以下四方面工作应是改善廉政建设中循环效应的关键之举：一是从大政方针和领导者的以身作则等方面进一步确立"将反腐败斗争进行到底"的信心和信念，这是提高人民反腐败心理预期的政策基础和目标导向；二是从加大宣传舆论力度和加大打击腐败力度多方面，形成对腐败分子如"老鼠过街人人喊打"的社会道德氛围，和"党内绝不允许腐败分子有藏身之地"的高压态势，这是提高全民反腐败心理预期的社会文化基础和切实举措；三是健全制度、依法从严惩处，提高以权谋私者的违法风险系数，这是降低腐败者心理预期的法制基础；四是建立一整套的社会监督机制，如纪检监察机制、舆论督察机制、群众举报监察机制、权力制约机制、教育机制、奖惩机制等等，从而极大地提高腐败者的违规门槛、作案难度和腐败成本，这是有效降低腐败者心理预期的体制环境和制度保障。可喜的是，中纪委五次全会已从这些方面加大了工作力度，若取得突破性进展，我们所期待的廉政建设良性循环效应也必将产生明显的改观。

责任编辑：孙智林

城市现代化进程中的老年生活考察
——南京市老年人生活方式与生活质量变迁的个案研究

原载《社会学研究》2001年第4期

叶南客

一、城市老年生活质量研究的价值与内涵

人口老龄化是20世纪末最突出的社会现象，它对人们的社会生

活,特别是老年人的社会生活产生了多方面的深远影响。像南京这样正在走向现代化的特大城市,老年生活方式的改进和生活质量的提高也已成为城市老年发展与管理工作的重点与焦点。中国正处于现代化战略的转换升级之际,发达地区尤其是大中城市已基本实现了从温饱到小康的第二阶段战略任务,如 2000 年南京市的现代化进程已达到基本现代化的 83% 以上。城市中老有所医、老有所养等生存需要都已基本解决,21 世纪初的城市老年工作重点也应及时转移到改善老年生活方式、提高老年生活质量方面来,这不仅要求进一步改善城市老年人口的物质消费构成和消费方式,同时也包括充实老人的精神生活,要关注老有所学、老有所教、老有所乐等生活环境的更新以及整体社会福利的改善。

从江苏率先实现基本现代化的目标看,当前也亟须强化"生活质量意识"。20 世纪 90 年代以来,城区产业结构、消费结构、生活条件和文化环境的改造,以及城市现代化、老龄化的发展需要之间尚存在多方面的失调现象,生活质量不仅在理论界,而且在政府决策部门和基层社区管理者中也是一个常被忽略的概念,在某种程度上不尽合理的生活方式与消费结构已严重制约了南京老年事业的健康发展,成为老年化与城市现代化互动中的消极方面,这是城市管理工作中所亟须警惕和改进的。

人类生活方式、生活质量是一个内容极其复杂的要素系统,笔者在多年研究中通过理论归纳,试图揭示出其中最为重要的四个要素,即:生活消费水平、消费结构、日常行为模式以及生活态度与感受。这四者有机组成为一个老年生活方式、质量系统的整体,如图 1 所示。

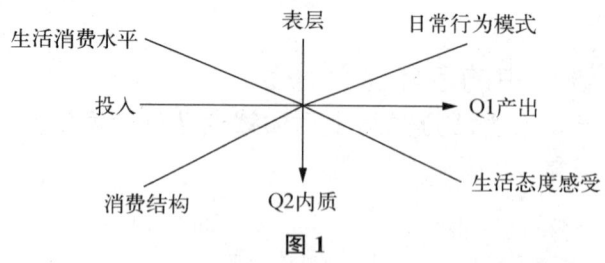

图 1

图 1 是对老年生活质量构成要素功能、互动关系的简单勾勒。Q1 轴表示生活质量内涵,是老人生活内容的投入与产出的统一。我们将

老人的消费水平、结构视为一种基础保障性和可以合理调节的投入要素;将老人的生活方式、感受视为消费过程中行为和态度的主客观反映,是一种输出信息。当然,消费的内容与结构本身也是生活方式的组成部分,这里并非要将二者割裂,只是相对划分,以说明一种内在的互动关系。Q2 轴也是相对地将老年生活质量要素分解为表象内容和深层内质两类,老人的消费水平和生活方式由于其直观感和操作性强而处于表层状态;消费结构和人的生活感受态度由于带有评估性和无形的价值体验,而构成深层的内质。

根据以上理论假设,我们在本文中着重分析研究当前都市老年生活消费水平、老年消费结构、老年日常行为模式、老年生活态度与感受等四方面的内容。在具体调研过程中,主要采用观察法、访谈法、问卷法和文献法等方式。通过观察法,参与老年人的活动,从中观察、了解和体验老年人的生活方式、社会参与、代际关系和闲暇生活等问题。通过多种类型的座谈走访,与老年人及其亲属、社区工作者直接交谈,了解老年人的需求、意见和建议。通过 1999 年底和 2000 年 2 月两次对南京市千户居民(其中含 300 余名老人)的随机抽样问卷调查,对城市老年人消费需求和老年生活方式、感受进行社会测量。同时,我们还运用文献法,用科学态度考察过去的调查结果,收集和摘取各种与研究课题有关的资料,从中掌握事实并发现老年生活与社会整体变迁之间的联系和行为进步的规律性。

二、南京老年市民消费水平与结构的实证分析

1. 城市老人的收入水平与来源

在收入分配差距逐渐拉大的 20 世纪 90 年代,城市老人的收入相对于其他年龄群体上升缓慢。1998 年初南京市老龄委对南京市 1200 多名老人的抽样调查发现,月收入在 300 元以下和 800 元以上的老人比例接近,各占 25.3% 和 26.6%;而月收入在 300—800 元之间的老人数量最大,占 48% 以上(蔡宝珍、陈悦欣,1999:116)。笔者等人在 2000 年 2 月对南京市区千户居民进行了大型社会生活抽样调查,结果显示老年人口全年人均各项收入明显低于其他年龄群体,其中年均收入 5000—10000 元及以下的两组人群高于总体,而年均收入 1 万和 3—5 万元以上组的人数均少于各类人群(见图 2)。

调查中我们还发现,老年人年龄和收入成反比,即年龄越大收入越

低。目前,工厂、企业离退休的老年人与在职职工的工资收入差距越来越大,而其所面对的生活、健康方面的问题较其他年龄段要多得多。面对生活费用特别是医疗、护理及其他必需的家政服务费用的增加,老年人尤其是高龄老人忧心忡忡。据对1247名老人收入的调查显示,老年人中70岁以下的人均月收入为566元,70—79岁的为536元,80—89岁的为262元,90岁以上的仅为188元。

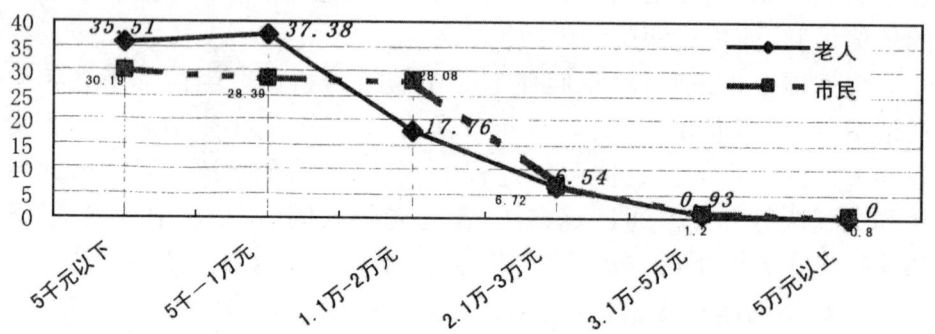

图2　南京市居民平均收入与老年人口平均年收入比较

资 N1=997(总体),N2=107(60岁以上老人)

目前城市老人的收入来源呈多元化趋向,但老人自己或配偶的退休金、抚恤金仍是经济生活的主要支撑。1999年的一项调查表明,南京市老年人收入来源按其多项选择比例依次为:(1)本人或配偶的退休金、抚恤金,占90.69%;(2)由不同住的儿子、媳妇补贴,占16.06%;(3)由不同住的女儿、女婿补贴,占14.96%;(4)由同住的儿子、儿媳补贴,占12.04%;(5)本人或配偶的工作收入,占10.95%;(6)储蓄利息、房租等,占8.58%;(7)由同住的女儿、女婿补贴,占5.66%;(8)其他,占2.92%;(9)理财投资(如股票、外币等),占0.73%。虽然有90.69%的老人本人或配偶有退休金、抚恤金,87.12%的老年人收入来源主要来自本人或配偶的退休金、抚恤金,但子女的补贴也占了相当比重,有48.76%的老人得到了来自子女的资助。这与目前中国城市老年人退休收入相对较低,老人拥有的经济资源不多,中国的社会保障程度还不高有关(赵芳,2000)。与此相应,本课题调查显示,相对于其他年龄群体,城市老人对自己收入状况呈不太满意状态,其比例高达60%以上。

2. 南京市老年群体的生活消费构成

收入水平决定了人们对不同消费内容的投入比例,而由衣食住行用等费用开支组成的居民消费结构又是人们生活方式、生活质量的基本要素。根据最新调查数据,相对南京市恩格尔系数已降到43%以下的现状,城市老人的恩格尔系数目前还处于50%—60%,1998年南京市老年人口的专项调查显示,当时不同收入层次老人的恩格尔系数均在60%以上(见表1)。

表1 南京市老年人口消费结构状况 1998 N=1247

总人数		月收入			
		300元以下 316人	300—500元 349人	500—800元 250人	800元以上 332人
人均生活费支出	饮食	1272	2704	3097	4497
	服装	165	336	498	782
	医疗	252	425	369	473
	营养	143	211	330	613
	书报	15	66	141	242
	旅游娱乐	5	144	279	693
	合计	1852	3886	4714	7240
恩格尔系数		68.68	69.58	65.69	61.28

当前老人的消费构成中,除食物支出占大部分外,服装、医疗也都占到10%的份额。收入越高,其营养消费和旅游消费比例也越高,如月收入800元以上的老人中,营养和旅游消费支出分别占到8.5%和9.6%以上,而月收入300元以下老人中,旅游消费仅占其年支出的不足0.3%。

我们对老年人余钱用途的调查还显示,当前老人对自己多余钱的支配取向主要是储蓄、买国债或存放在家,打算用于买保险、做生意或其他方面的则很少。

3. 城市老人消费动机与需求分析

和其他年龄群体相比,60岁以上老人的消费动机和需求更注重实惠、节俭而较少冲动和奢侈。1999年12月我们的专项问卷调查表明,基于老人的经济收入低于社会平均水平,目前南京城市老人的消费取向也以中档和中低档为主，不论是购买衣物、食品，还是耐用消费品，老人中选择中低档乃至低档的比例均明显多于其他年龄群体（见表2）。

表2　居民选购各类商品时的档次选择　N=966(%)

		高档	中高档	中档	中低档	低档
衣物	老人	1.63	10.57	44.72	25.2	17.89
	居民平均	2.85	23.55	46.57	19.75	7.29
家电耐用品	老人	9.76	23.58	39.02	17.04	9.76
	居民平均	13.09	37.06	34.42	11.19	3.7
食品	老人	4.88	14.63	48.78	21.95	8.94
	居民平均	8.03	27.24	46.04	13.41	4.86

我们的调查还显示，当前城市老人的消费需求特征主要受个人经济状况和年龄因素的制约，经济收入较低者主要以衣食消费为主，而经济条件较好的老人则对营养保健、娱乐旅游投诸更多的兴趣。80岁以下身体较健康的老人，各类消费需求都较旺盛，而80岁以上老人除了对医疗、营养消费需求较高外，其他方面要求则相对减少。

多次调查显示，在当前城市老人的消费需求中，除衣、食、耐用品等必需消费的满足外，老人消费需求较为集中的主要是医疗保健、个人住房以及为子女结婚提供支持。20世纪90年代后期，在城市居民家庭生活水平提高的同时，老人们的保健意识日益增强，各类保健用品及服务的需求增加。且随着医疗制度改革的不断深化，自费负担的医药费用上升，使居民医疗保健支出持续增长。1999年南京市居民人均用于医疗保健支出316.89元，比上年同期增长41.0%，其中人均医药费支出193.21元，增长19.6%，而据测算老人医疗费用比居民总体平均多50%—55%，即老人年均医疗保健支出达470—520元。

本次调研，我们专门就城市老人的住房消费需求作了调查，结果显示，有38%的老人在近期内打算或有可能改善现有住房条件。由于年龄和其他特殊的居住要求，城市老人改善住房的消费动机和其他年龄群体存在多方面的差异（见表3）。

表3 市民改善住房意愿的原因 2000.2 (%)

	无住房	居住面积少	套型结构不合理	楼层朝向不满意	地理位置不理想	辅助设施不配套	家庭成员要分开	其他
60岁以上老人	9.7	37.1	15.4	6.3	8.6	1.1	14.3	7.4
市民平均	11.3	29.6	9.6	2.1	5.4	1.2	7.5	3

显然,居住面积偏小、家庭住房套型不满意以及家庭成员要分开居住,构成了南京市老人急需改善住房条件的主要消费动机。从购房消费的时间预期来看,老人也比其他年龄群体更显迫切,回答希望在2年内购房的老人比例多于其他人群,为53.4%,市民的这一比例为31.2%;而预期在3年或3年以上购房的老人比例则低于其他年龄群体。

目前老年人口对购房价格的承受力也比较低,南京市的老人中有90%左右认为能承受每平方米2500元以下的价格,回答能承受每平方米4000元以上价格的老人数为0。

三、南京城市老人闲暇活动的社会测量

1. 老人闲暇时间构成

有效而合理地支配越来越长的闲暇,是人的全面自由发展的必要条件,闲暇时间对老人而言更是他们晚年生活的主要载体。据调查,目前江苏省城乡在业人员的闲暇时间每天一般在3—5小时,而作为已离退休的城市老人,闲暇时间容量最大,除生理需要和必需的家务时间之外,他们大多有8小时以上的自由支配时间。那么在这大量的闲暇时间里,南京市的老人们主要从事哪些活动呢?1999年底我们曾对南京市玄武区260多名60岁以上老人作过专门调查,具体调查结果见图3。

应该说,当前老人的闲暇生活还是以散居在家中的"受传型活动"为主。大多数老人日常生活是以看电视、读书、看报纸杂志这几种接受大众传媒的休闲活动为主。这一方面说明老人对时事和外界信息较为关注,另一方面也说明老人的闲暇生活还是较为被动的。

选择和创造性活动。本次调查中有14以上的老年人在积极开展体育锻炼;参与各类社会交往和社区组织活动的老人分别占8%以上,

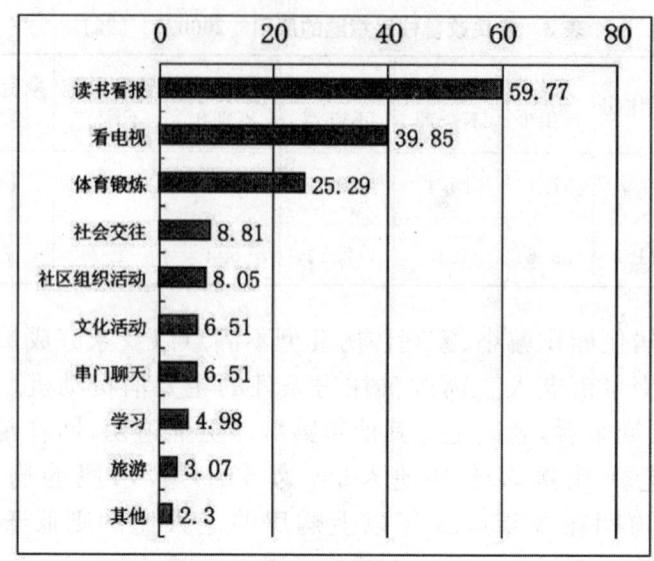

图3　1999年南京城区老人闲暇时间的活动类型(%)　N=261

业余时间主要用于旅游的也占老人总数的3%以上。显然,热心户外活动的老年人比例已明显高过了较为封闭的20世纪七八十年代。

90年代的老人开始关注自己的体能与生命质量,用在体育健身上的时间超过以往任何时候,这是当前南京市老年生活方式变革的显著特征之一。本次调查也发现,当前城市老人平均每天用于健身的时间大多(45%以上)为0.5—2小时,仅有12%左右的老人不参加体育锻炼。在被调查参加健身活动的人中,大部分老人(55.94%)是自己个人锻炼,回答参加"社区组织的各种健身队"和"几个同伴一起练"的老人数基本相同(12.26%和12.64%)。

2. 闲暇时间的社区参与

20世纪90年代中国城市社会的一个重要变化是社区功能的增强以及随之而来的人们社区意识的增强,南京市的社区建设走在全国最前列,也吸引了大量老年居民在闲暇时间参加各种形式的社区活动,构成了都市老人生活方式的新特点。

在不同性别的老人中,南京市的老年女性对社区活动的参与程度明显高于男性,而偶尔参与社区活动的老人中男性比女性多4个百分点,回答不参加社区活动的老人中男女都在20%左右。

在最近的调查中,南京市有65.21%的老人回答所住的社区有老年人活动场所,34.79%的老人回答没有。对这样的老年人活动场所,有

7.03%的老人感到很满意,43.16%的老人感到满意,不满意的占12.17%,很不满意的占1.09%。

本次调查还显示,在城区老人的社区文化生活中,有19.16%的老人上过社区老年学校,8.05%的老人听过社区基层党课,6.13%的老人上过市民学校,1.3%的老人上过社区家政学校。所以,在回答"您生活的社区给您留下印象最深的一件事"时,回答比例最高的便是包括文化学习在内的文体活动,其次才是医疗服务、便民服务等等。

3. 城市老人的闲暇交往活动

邻里和社会交往是老年人闲暇活动中的重要组成部分,它不仅促进个体闲暇生活的丰富拓展,对于老年人而言,也有利于增进老年群体间的了解与互助合作,良好的人际关系对老人的身心健康非常有益。

根据近年来所作的调查,城市老年人的交往对象与在业时发生了明显变化,其选择对象主要是子孙、近邻和兴趣相投的老朋友;交往人数规模也少于中青年成员,交际圈一般为2—5人。但与中青年相比,老人更多地参加了社区活动和街道工作(服务),这对社区发展和低龄老人的自我实现都有着积极的意义。从进一步分析看,当前老人的群体活动还缺乏深层的交往,这表现在问及老人有无可以诉说心事的人时,城市老人回答有的占72.05%,没有的为27.95%,即使在回答有的老人中,绝大多数也只是向配偶和子女诉说,回答向朋友、邻居或组织诉说的人较少,向社区工作者倾吐心声的则更少。

基于退休老人的闲暇交往对象逐步从社会单位转向社区邻里,本次调查中,我们着重询问了城市老人和邻里交往的基本情况。老人对自己和邻里关系的评价,认为好的占47.31%,较好的占38.13%,一般的占9.96%,不好的占0.38%。

目前城市老人对自己的社区邻里交往和人际关系是持正面肯定态度的。近60%的老人与邻里保持较频繁的交往;近34的老人表示邻居有困难时会主动帮助;85%以上的老人表示自己有良好或比较好的邻里关系。说明当前南京城市老人的闲暇交往态势良好,进而有助于老年人形成健康开朗、开放的生活方式和心态。

四、南京市老年人口生活质量评估与展望

1. 城市老人生活质量逐步改善,但主观评估呈多元化状态

调查表明,随着南京城市现代化水平的提高,20世纪90年代以来

城市老年人口的生活水平和消费条件有了较大的改观,生活方式正在发生积极的、迅速的变化,生活质量得到全面的改善,大多数老人对晚年生活较为满意,80%以上老人认为自己是幸福的,这是现阶段都市老人生活从小康向现代化社会迈进的社会主流趋势。

然而,由于社会经济发展的不平衡,城市老龄化速度过快,不同类型的老年群体其生活水平和生活质量有较大差距。主要表现为低龄老人经济状况和身体状况好于高龄老人;城市高收入老人精神文化生活和社会化服务条件优于低收入老人;城区老人的生活质量总体上高于城郊和农村地区。相对而言,孤寡老人与老年妇女生活中的困难更多一些,另外要看到即使表示对生活感到满意的老人,其满足层次也是较低的,仅停留在物质生活方面,尚未能真正实现精神生活的满足和自身价值的实现。

在看到老年生活质量整体改善的同时,还要看到当前老年生活中确实存在不少不利于老人健康发展的消极因素,诸如消费生活中的不合理消费结构;闲暇生活中的赌博、颓废等病态现象;老年人的生活条件特别是住房条件、医疗条件还存在较普遍的困难,加上有时社会及子女对老人合法权益的侵犯,因而对城市老年生活质量状况不能作过于乐观的估计。

最新调查表明,近年来由于物价趋于稳定,城市社会保障改革力度加大,南京市老年人口的生活消费水平和90年代初相比有较大幅度的提高,老年人的医疗条件和社区照料体系有了长足进步。但是和在职的中年人群体相比,城市老人的收入水平偏低,且增幅也低于各类群体,60%以上的恩格尔系数也表明老人消费结构还处于温饱向小康的过渡状态。从城市老年生活方式的变化来看,近10年中最为突出的变化是老年社区活动的参与度提高,越来越多的老年人走出户外参加社区组织的文化学习、娱乐和体育健身活动,从而社区意识得到强化,邻里关系呈良好状态。但目前老年人闲暇生活中大多数还是"被动受传型",缺乏主动性和创造性,健康有益的老年文化消费市场尚未广泛形成,从发展的意义上讲,这构成了对老年生活质量转型升级的制约。另外,从南京市老人对自己生存状态的主观评价来看,大多数人属于一般化和良好之间,但对不同领域里的生活内容评价差异较大,不同老人群体在物质、精神、群体生活质量方面的主观感受呈多元化趋向(见表4)。

表4 南京市老年人口生活质量的满足度评价 1999.12 N=261（%）

		很满意	较满意	一般化	不太满意	很不满意
1	对收入水平改善的评价	2.81	31.32	6.04	41.26	18.57
2	个人业余文化生活	5.69	55.28	8.94	25.20	2.44
3	对住房和居住环境	8.49	43.09	0.81	34.96	10.57
4	对交通改善状况	13.82	59.35	7.32	13.82	2.44
5	对违法犯罪现象的治理效果	0.00	28.46	16.26	47.15	8.13
6	对社会风气的改善	1.63	24.39	11.38	50.41	10.57
7	对南京生态环境质量	2.44	51.22	8.94	33.33	4.07
8	对所住社区的环境评价	28.35	56.32	5.40	8.81	1.15
9	对社区卫生服务的评价	23.75	56.70	13.03	6.51	0.00

表4显示，当前老年生活质量自我评估中，得分比较高的是对所住社区的环境、医疗卫生服务、城市交通改善以及个人业余文化生活的感觉，其满意度都在60%—85%之间；得分较低的是对个人收入水平、住房状况、社会治安状况和社会风气改善的评价，其不满意度达到了45%—60%。这也从一个侧面反映了南京市民对近年来南京城市交通、社区环境建设等硬件投入给予较高评价；对社会治安、社会风气等综合治理和个人的物质生活水平等方面进步的评估不够理想，这也应构成南京城市建设和决策者在今后管理中应予以重视的城市工作重点。

2. 城市老人生活质量改善面临的三大矛盾

根据我们的问卷调查和多次座谈走访，我们感到当代南京市老人生活水平虽然仍在持续提高改善，但和日益加速的城市现代化进程相比，和城市老年人日益增长的物质文化生活需求相比，尚存在三方面较为突出的矛盾，它们制约了城市老年人生活质量的进一步提高。

（1）城市现代化与老年人口物质消费增长滞后、精神适应迟缓的矛盾。在城市经济社会发展加快的同时，包括南京市在内的很多地区，阶层收入分化也日益明显和加剧，退休职工和在职员工的收入差距不断拉大，特别是从一些效益低、福利差的企业退下来的老职工，生活陷入相对贫困状态。当前还有不少城市老年人口，受改革所引发的社会利益格局变化的冲击，由于利益权衡而造成心理的不平衡与失落感加剧。根据我们1992年对部分城市老年人生活困难的调查，比照不久前社会学者赵芳等人进行的南京老年人生活调查，进一步证实了部分老人的经济生活水平相对劣化(见表5)。

表 5　城市老人感到最困难的事(1999)　　　　　　　　(%)

事项	1999	1992	比较差
没有困难	44.00	54.27	−10.27
生活上没人照料	2.00	7.08	−5.08
经济困难	17.09	6.67	10.42
身体不好	6.91	8.65	−1.74
有病治不好	2.91	1.98	0.93
孤独	1.27	1.46	−0.19
家务劳动重	0.91	3.75	−2.84
住房困难	6.37	12.81	−6.44
为后代的困难担忧	7.27	3.33	3.94

　　两次调查前后只相差 7 年,但情况已发生了很大的变化,没有困难的人数下降了 10.27%,经济困难的上升了 10.42%,由 1992 年的第 4 位上升到第 1 位;为后代的困难担忧上升了 3.94%,由 1992 年的第 6 位上升到 1999 年的第 2 位;生活上没人照料、家务劳动重、身体不好、孤独感在困难中的比例都下降了,尤其是住房困难下降的比例最大,达 6.44 个百分点。1992 年最困难的前 3 位是:① 住房困难;② 身体不好;③ 生活上没人照料。1999 年最困难的前三位是:① 经济困难;② 为后代的困难担忧;③ 身体不好。看来,社会的变迁对老年人的生活也产生很大的影响。

　　城市老人对现代化的不适应还表现为对社会行为失范而产生的困惑、迷惘和焦虑。在新旧社会经济体制转换时期,不同的生活方式、价值观念和行为准则时常发生摩擦和冲撞。过去在人们心中的某些美好情感,正在社会中游离散失,某些长期培养起来的信念也正在丧失淡化。这些现实生活中的矛盾,使老年人产生困惑和迷惘。看到社会上一些不正之风和腐败现象,深深为国家的前途命运担忧。

　　(2) 高情感的需求与人际关系相对淡漠的矛盾。南京城市家庭结构调查反映,当前城市家庭中青年人与老年人同居率呈下降趋势,由于年轻人出国和人才流动的增多,近年来南京市老年空巢家庭显著增加。老年夫妻寂寞孤单,离不开与子女的情感维系。如果配偶去世,那将是最沉重的精神打击,更需要儿孙的支持和抚慰。1999 年的一份南京市老年心理卫生状况调查显示,虽然大部分老年人呈现出一种积极的人生态度,但不可否认与衰老相伴毕竟是人生的一种"夕阳"景象。伴随着生理的衰老,老人们也感到了不可抵御的无奈、孤独、寂寞、担忧,甚至恐惧,有这样心态的城市老人几乎在20%以上。除了生理上的因素外,最明显看出的是老人们觉得自己无所事事或所做的事很无聊,感到生活无趣的老人占相当的比重,他们感到时间难打发,活着没意思,这严重地影响了老人的身心健康,进而影响到老人的晚年生活。现代社会高技术发展亟须与高情感相平衡,脆弱的老年群体更需要高情感的精神慰藉。

(3) 高龄化的发展与城市社区服务相对滞后的矛盾。中国人口老龄化与高龄化发展迅速,2000年南京市人口老龄化比率已达到14%,到2025年人口老龄化高峰时期,每4个人中就有一位老人。老年人口年龄结构日益高龄化,从1990—2050年,60—69岁的老年人口比重将从62.2%下降到47%,70岁以上的老年人口比重则由37.8%上升到53%。高龄老人疾病增多,生活自理能力减退,需要更多的家庭和社区照顾。

尽管南京是我国社区服务、社区建设的先进地区,但与老年人大量增长的服务需求相比,还有很大差距,主要表现在居委会工作人员老化,头绪繁多,许多问题解决不了;社区医院设备简陋,医疗水平有待提高;群众社区意识淡薄,有事找单位解决;有不少地区的社区服务才刚刚起步,远远满足不了老年人的迫切要求。以目前正在社区中兴起的可上门的社区医疗服务为例,28.36%的老人表示当然愿意接受他们的服务;45.45%的老人选择了如果价钱能接受服务又好,当然愿意;14.91%的老人表示不需要;8.91%回答不愿意。有73.81%的老人对这样的服务有需求。可以断言,社区医院的存在与发展有着广阔的前景。社区在老年人的养老过程中将起到越来越重要的社会支持作用。

3. 南京市老年人生活方式、生活质量的改进预期

随着老龄化社会的到来以及城市现代化、老龄化知识的宣传普及,南京城区已逐渐形成良好的有益于老年人生活的政策环境和文化氛围,养老、敬老之风逐步深入人心,各级社区组织和各类社会成员都开始共同努力为老年人生活的改善提供坚实的社会心理基础和物质条件。在城市经济社会趋向协调发展和老年生活质量总体不断提高的基本前提下,21世纪初南京市老人生活形态还将在下列具体方面产生一系列有积极意义的变迁。

(1) 城市经济实力继续增强,社会安全网的覆盖面日益扩大,老年人口的经济状况继续改观,人均收入水平和消费能力将不断提高。南京市1987年建立退休职工养老保险统筹制度,至今,全市共有100万职工参

加保险统筹,每年为29万退休人员发放退休金17.8亿元,较好地解决了这部分老年人的养老问题。随着市场经济体制的不断建全,社会主义养老保障制度法规的不断完善,社会保险的普及,老年人自我保障意识的增强和全民敬老意识的提高,城市老年人的收入保障将会进一步提高。

城市居民可支配收入的增长是建立在经济增长的基础之上的,而且居民可支配收入与居民消费量的增长有显著的相关关系。我们假定,经济高速增长,城市居民可支配收入高速增长,城乡居民消费总量也高速增长;在经济中速、低速增长时,城乡居民可支配收入、消费总量也中速、低速增长。因此,预测南京市民2001—2005年的消费总量,将分别显示为经济高速、中速、低速增长三种情况(王家新等,2000)。

由于缺乏南京市老年人口收入、消费的专项逐年统计数据,在今后的发展政策上也应将老年人口收入消费水平同全体居民作更进一步的协调同步规划,故本报告中用南京城镇居民生活消费的平均预测数值来替代城市老人的消费增长趋势,具有一定的可行性和合理成分(见表6)。

表6 2001—2005年南京市城镇居民消费水平预测值(1998年不变价)

单位:元/人

年份	经济低速增长		经济中速增长		经济高速增长	
	人均生活费收入	人均消费水平	人均生活费收入	人均消费水平	人均生活费收入	人均消费水平
2001	9753	8267	10826	9115	11681	9790
2002	11022	9270	12667	10569	14017	11636
2003	12454	10401	14820	12270	16820	13850
2004	14074	11682	17340	14261	20184	16508
2005	15903	13126	20288	16590	24220	19696

(2)在消费水平增长的同时,南京市老年人的消费结构将趋于合理化和向高层次发展。随着恩格尔系数的降低,老年人用于生活享受和个性发展方面的消费将有所提高。据测算,"十五"期间,南京市民消费形态将处于"国际标准"低收入向中等收入的过渡阶段,预计恩格尔系数约为40%左右。从全市范围看,食品、衣着的消费支出比重将大幅下降,而文教、娱乐、住房、交通、通讯、医疗保健等消费支出将有很大上升。

根据消费水平和消费热点变迁规律,2002—2005年间,南京市城镇居民消费将全面进入以"住、行"为主要内容的消费结构升级阶段,新的消费革命形成,老年人口的消费水平和消费结构也将发生明显的变化。从总体上看,在新一轮消费革命中,"住与行"将成为城市老年居民追求的消费热点。"住"的消费升级主要表现为扩大居住面积,提高住宅装修水平,增添家具厨卫设备,改善物业管理、小区环境等。"行"的消费升级具体包括老人对交通、通讯、旅游等方面的需求增长。与此同时,随着收入水平的提高,城市老人对生活服务的需求也将大幅度增长,以适应追求生活质量的社会大趋势。未来城市老年人的生活服务需求将是老龄产业中最重要的方面。老年人生活用品、家务劳动、饮食起居、学习、娱乐、看病吃药等,都需要城市老年生活服务市场予以满足。据预测,在未来的相关产业中,第一产业将出现为老年人饮食特需的农副产品;第二产业将出现老年人专用商品;第三产业会出现照料老年人生活的特殊行业;信息产业中还会出现为老年人提供精神慰藉的服务。

（3）老年医疗保健条件日益改善,社区和家庭养老福利设施逐步完善。未来几年中,城市老年公寓和上门服务将更加普及,老年人健康长寿,生活服务更加方便,老年医疗保健产业将迅速壮大。由于南京人口寿命的日益增长,老年人中高龄人口比重不断加大,使老年慢性病患者增多,医疗服务需求上升,老年医疗保健用品市场扩大。进一步研究、开发这一市场,满足高龄老人的需求,则显得越来越重要。南京市现有80岁以上高龄老人近6万,大部分老年人有这样那样的疾病,他们迫切需要提供医疗保健服务。就医疗服务来说,主要是护理服务、护理商品和护理设施三大类。如对尚能自理老人的服务,对因病卧床老人提供的家庭护理,对健康老人提供的可以自助的辅助品等;同时,增设家庭病床、送医送药上门、组建急病传呼医疗队等方便老年人就医治病的医疗方式;发展社会护理场所和设施,如医疗康复站、卫生所、老年病科室、老年心理咨询站等,为老年人提供及时、方便、廉价的医疗护理服务,都将具有十分广阔的市场前景。

（4）城市老年人口的文化素质不断提高,他们将更重视精神生活的丰富完善。在闲暇中增加智力性活动,上老年大学、学书画、欣赏文学作品、学习自然科学和社会科学知识,等等,都将促进老年人个性的发展。为此城市社区应针对老年居民的精神文化需求,多办并办好社区老年学校、老年文化站,出版知识性、趣味性的老年报刊和书籍;在娱乐方面,发展老年休养所、娱乐室、俱乐部,完善花鸟鱼虫、书法绘画、传统戏曲、打牌下棋等传统娱乐项目,开发安全、经济、舒适的老年旅游、老年玩具、老年娱乐健身场馆等新兴娱乐项目。同时要大力发展社区老人家庭服务、法律服务、咨询服务和老年人才市场,等等。

(5) 新时期都市老年群体生活趋向开放性和经常性。越来越多的南京老年居民将在闲暇中不满于以往封闭的、被动性的生活,主动开展社会交往,将形成多种多样的老年俱乐部、老年活动中心;同时,文娱体育活动、集体旅游也将成为老年生活的热点;城市低龄老人将越来越多地参与社区建设、管理和再就业,以发挥余热,实现自身的价值。

五、结语

将提高老年人生活水平、改善生活质量纳入制度建设领域,从而和社会主义市场经济体系建设同步并相互促进,这实际上提出了一个崭新的工作思路——尽快研制、建立起与新经济社会形态发展相辅相成的老年社会政策体系。

A.M.吉耶马尔指出:"老龄化政策是减轻衰老的各种消极影响的必经之途。"法国老年学家帕伊亚也强调:"老年政策可能是社会政策中一个不可缺少的组成部分。终于承认这个目标的优先地位也许比某些耸人听闻的措施更能证明精神面貌的深刻变化和全社会的觉悟。"事实上,法国等老龄化先行国家的有关经验也已证明:劳动安排、成人教育、工资政策、家庭政策、医疗保健政策,这一切都有助于提高"生活的质量",也将改善"老年的质量"。

根据南京城市经济社会的现代化趋向以及本次对南京老年人口生活消费水平、特征、问题的综合调查结论,我们认为以下5个方面的老年政策要素,应成为城市管理者和老年工作部门予以高度关注和及时推行的社会发展政策。1. 在城市管理体制改革中,加大社区政策对老年人日常生活的关注度与管理职能,构建老年生活质量提高目标体系。2. 根据国民经济增长趋势,制订有关适时、适度提高老人低收入与低消费水准的政策,减缓乃至消灭城市老人的贫困化现象。必须结合城市社会保障体制建设特别是养老保障、医疗保障制度的完善化,持续提高城市老年人口的收入水平,在近期内应明显缩小老年人口收入与在业人口工资增长的幅度差距,在减缓社会分配差距的同时,让老年人口感受到社会主义市场经济的公平性、公正性。3. 改善社区文化环境,构建适应21世纪的、健康丰富而多元的城市老人生活方式。在社区文化繁荣和老年文化消费适度增长的同时,要及时进行老年人口消费方式的合理调整,正确处理社区中各项社会事业发展与老人物质文化生活进步的互动关系,逐步提高老人晚年生活中的文化含量,促使各类居民闲暇生活及其社区文化资源得到合理开发和使用。4. 加强社区人力资源和中介组织建设,扩大老人社会参与度,发展老人生活互助与交往体系,促进城市老人的社会交往和群体生活质量的持续提高。20世纪80年代初的维也纳老龄问题世界大会文件有关"发展中国家的方案重点"中曾提出:"发展中国家最大的资源是人本身。需要作出特别努力来推动那些与老年人最接近的人们参与其住房和环境的改善工作,并提供家务服务和照顾。应列入参与这一工作的各类人有:老年人的家属、社区青年志愿人员、身体好能参与协助他人的老年人"("维也纳会议"文件,1983:157)。5. 进行制度与组织创新,构建以家庭养老、社区服务、社会志愿者行动为主体的有中国特色的城市老年生活照料系统。在提高老年生活质量的对策中,要将以上各项老年发展政策和制度创新相整合,其最终目的在于适应城市现代化和管理体制转型、适应老年化的加速趋势,尽快构建一个能确保老年生活水平增长有保障、老年生活方式改善有动力、老年生活质量提高可持续化的城市老年生活照料体系。

在城市老年生活照料体系建设中,必须以弘扬尊老敬老的社会风尚,建立尊重和维护老人合法权益的文化环境为精神动力,加强观念文化建设。作为一种观念,尊老养老已构成中国优良文化传统的重要组成部分,其积极意义在于协调人际关系,维护社会安定。要通过舆论环境的建立,促进社区意识凝聚化、和谐化,改善社区互动方式,促进社区文化建设,这是将尊老养老观念地方化的有效措施,是对老有所养、老有所乐的观念文化、法制文化建设,以及对有中国特色老年照料体系建构的具体落实。

参考文献:

蔡宝珍、陈悦欣,1999,《南京市老年人消费及需求调查分析报告》,江苏省老龄委员会编印:《银发市场的呼唤》。

冯立天等,1992,《中国人口生活质量研究》,北京经济学院出版社。

——,1996,《中国人口生活质量再研究》,高等教育出版社。

《上海市老年保障体系及其运行机制研究》,1999,上海科学技术文献出版社。

宋林飞等,《江苏社会发展50年》,江苏人民出版社。

唐仲勋,1997,《再现生命的辉煌》,《迈向21世纪老龄问题探讨》,中国文联出版社。

唐仲勋、叶南客,1993,《人口老龄化与社会现代化》,南京大学出版社。

王家新等,2000,《城市居民消费对策研究》,《南京社会科学》第1期。

"维也纳会议"文件,1983,《老龄问题研究——老龄问题世界大会资料辑录》,中国对外翻译出版公司。

叶南客、李芸,2000,《战略与目标——城市管理系统与操作新论》,东南大学出版社。
袁辑辉等,1989,《当代老年社会学》,复旦大学出版社。
赵芳,1999,《南京市老年人生活状况调查》,江苏省老年妇女发展会议交流论文。
——,2000,《家庭中的亲子关系与养老方式的选择》,《江海学刊》第1期。
周达生、高汉生等,《南京老年人消费心理调查初步报告》,江苏省老龄委员会编印:《银发市场的呼唤》。

作者系江苏省社会科学院研究员
责任编辑:张志敏

致力于人的全面发展

原载《群众》2001年第9期

叶南客

江泽民总书记在"七一"讲话中,对现时代人的发展有一段重要而精辟的论述:"我们进行的一切工作,既要着眼于人民现实的物质文化生活需要,同时又要着眼于促进人民素质的提高,也就是要努力促进人的全面发展。"应该说,中国共产党人行为的根本准则就是坚持人民的利益高于一切,全心全意为人民服务,因而在社会主义建设中不断推进人的全面发展,就是党的建设和发展的宗旨所在,这一段话事实上是对"三个代表"思想的进一步阐述和延伸,也是21世纪之初中国共产党人对马克思主义人学理论的又一次弘扬。

人的发展既是马克思主义理论的出发点,也是马克思主义导师们关注社会发展的核心问题和归宿。从1843年到1890年近半个世纪中,马、恩经典作家对人的发展、人的前景一直是极为关注的,并提出了一系列重要的见解。例如:"共产主义并不是人类发展的目标",人类发展的目标是"通过人并且为了人而对人的本质的真正占有"。在未来社会,"生产劳动给每一个人提供全面发展和表现自己全部的即体力和脑力的能力的机会。"代替旧社会的,"将是这样一个联合体,在那里,每个人的自由发展是一切人的自由发展的条件。"新的高级阶段的特征是,"建立在个人全面发展和他们共同的社会生产能力成为他们的社会财富这一基础上的自由个性。"未来社会将是"以每个人的全面自由发展为基本原则的社会形式"。这一系列论断告诉我们,真正的马克思主义者一直是将人的全面发展作为人类社会的最终目标,中国共产党人也一直是以此为神圣使命。毛泽东同志在民主革命时期就提出了"全心全意""完全彻底"为人民服务的建党宗旨,把无产阶级只有解放全人类才能最后解放自己的思想作了进一步的发展。在新时期,邓小平同志提出了"人民拥护不拥护""人民赞成不赞成""人民高兴不高兴"和"三个有利于"的判断标准,其核心仍然是要求最大限度地为人民谋取物质利益和精神利益。江泽民总书记最近反复强调:我们党的先进性就在于始终代表中国最广大人民的根本利益。在"七一"讲话中又指出:"八十年来我们党进行的一切奋斗,归根到底都是为了最广大人民的利益。"这一根本利益反映在现实生活中,就是人民物质文化生活需要的不断满足和人的全面发展。

马克思主义人的发展学说,不仅在中国共产党的建党理论上得到弘扬和发展,在中国现代化的进程中也正成为伟大的实践。在不久前通过的国家和我省"十五计划纲要"中,都比以往更加突出了"以人为本"的战略理念。国家"十五计划纲要"中与人民生活相关的发展指标占到1/3以上,江苏更是将"富民强省"提到了作为全省率先实现现代化的总体目标的高度。富民,就是在社会主义初级阶段实现人的全面发展的现实目标;在我们这样的发展中国家,只有使最广大的人民走上富裕之路,才能使满足人们的物质文化需求具备物质基础,才能使人的全面发展具备持续的动力。这也正符合了江泽民总书记"七一"讲话中的论述:"推进人的全面发展,同推进经济、文化的发展和改善人民物质文化生活,是互为前提和基础的。"

"富民强省"是21世纪江苏率先实现现代化战略蓝图中的突出主线,这既是全省经济社会协调发展的重要标志,又是区域现代化战略实施的主题和最重要的核心目标。从社会发展战略主体层面上看,现阶段江苏人的全面发展战略至少应该由三个层次构成:首先,不断提高城乡居民素质,既是人的发展的战略动力,又是全省现代化的最终目标和突出标志;其次,不断提高城乡居民的生活质量,既是经济建设的根本任务,当然也成为人的全面发展的战略基础;再次,在建设先进文化的基础上,提高全体居民的思想境界,振奋精神,塑造与"三个代表"要求相吻合的价值观,是社会整体现代化的深层目标和思想保证。这三个层次战略并非是时间进度表上的"三步走"方案,而是体现了我们所认识到的人的全面发展内涵中三个相互配套的不同层面。事实上,这三个层次战略是需要同步施行的一体化方案。必须在人的发展战略上确立新思维,充分认识到:人的质量比其数量更加重要,良好的民众素质,无疑是社会现代化中最重要、最活跃、最具潜力的因素。当前,必须从率先实现现代化的战略高度,从面对21世纪国际竞争严峻现实出发,确立"富民强省"和人的全面发展一体化战略意识,进而深入贯彻落实江泽民总书记"七一讲话"精神,全面推进城乡居民素质提升和生活质量的不断提高,在"牢记党的宗旨,造福人民群众"的基础上积极推进江苏全省的现代化。

(作者系江苏省社会科学院副院长、研究员)
责任编辑:杭邦华

21世纪中国城市的再生战略

原载《江苏行政学院学报》2001年第3期

叶南客

内容提要 本文运用城市管理学和可持续发展理论,对我国城市现代化进程中的城市发展战略进行了重新审视,提出了以形态更新、管理创新为基础,以实现城市可持续发展为原则,以提高城市发展质量为目的的现代城市再生战略,并对这一城市新发展战略的方式、原则和战略效益作了较系统的理论阐述。

关键词 城市再生战略;城市更新;可持续发展;发展效益

一、战略背景:新世纪挑战与城市聚落体系再生

跨世纪的中国正处在城市化全面加快发展的时期,农村城市化、城市现代化、城乡一体化构成了现代社区变迁的主导潮流。展望21世纪的城市发展,众多学者作出乐观的、多彩的预测,主要是:① 在国内外城市交流增多的基础上,形成合理有序的城镇体系和区域城市网络,城市在区域经济社会发展中的中心地位更加突出。② 城市发展对土地需求越来越大,用地与耕地的矛盾日益尖锐,解决办法在于掌握城市用地的客观规律,用规划方法控制和引导城市用地向正常发展。③ 城市消费档次出现多层次性,商业零售空间布局逐步向郊区扩展,但中心商业区仍然是城市影响范围最大的居民活动中心。④ 城市建筑愈将引起重视,现代人将高标准地设计与建设一批具有浓烈文化气息、风格雅致的城市建筑精品。⑤ 城市发展重点将由住宅建设问题的解决而转化为城市交通问题,进而城市用地结构将发生明显的改观。它表现为:工业与仓储等生产性用地比重将逐渐压缩至合理的比例,如15%—

20%,从而适应生产活动与经济增长方式从粗放型转向集约型;道路交通用地比重将有较大提高,达到20%—25%的合理比例,以满足人民生活水平提高之后小汽车进入部分城市家庭的现实需求,使城市行路难的局面有所改观;绿地比重亦有一定提高,达到15%左右的合理比例,以符合国家标准 GBJ137—90 中规定的城市人均绿地大于等于9平方米的指标。⑥信息化将推动城市体系进一步高级化,城市居民在下一个世纪的生产方式和生活方式将进一步高级化,我国城市文化环境将会有新的起色。⑦开发区将进一步改造提高,成为推动城市发展的主要动力。城市规划的理论和方法更倾向于向实证主义方向发展。①

在城市现代化的浪潮冲击下,迫切要求我们的城市管理从战略理念到管理目标、路径选择均应发生较大的调整,以更加适应未来的挑战。为此,笔者提出当前的新城市发展战略目标是体制的创新和环境形态的更新,实现由传统城镇聚落向现代化都市体系的"再生"。

"再生"意味着从近代工业中诞生出大量传统城镇,应该在现代化的洗礼下,实现体制的转轨、产业结构的升级、空间结构的重组、城市文化的创新繁荣,进而犹如"凤凰涅槃"一样建立起一大批与东方文明相称、与国际化相应的新型都市群体。围绕这一新阶段的新目标,我们将城市再生战略作如下进一步的分解勾勒(如表1):

表1 城市再生战略系统构造

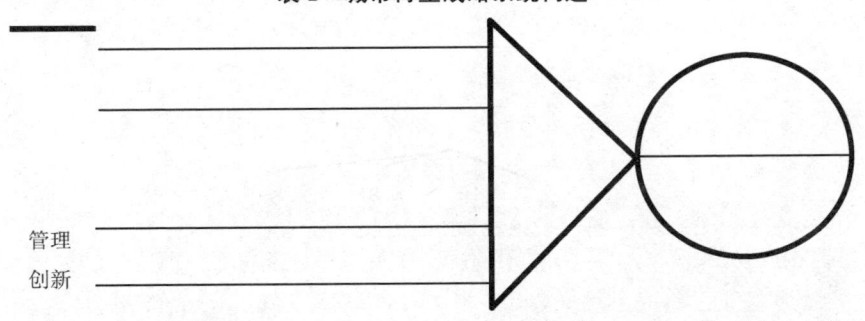

在这一城市管理战略系统中,实现城市的"形态更新"与"管理创新"是基础方式,又是发展动力;"可持续发展"是新管理方式的必要手段和过程特征;"发展质量"是城市管理水平提高的效益标志,也是新管理战

---

① 根据万艳华:《跨世纪我国城市现代化问题》(《城市发展研究》1998年1期,徐巨洲:《理性看待中国21世纪城市发展》(《城市规划》1998年2期),邓平:《我国城市建设用地的发展历程与前景》(《城市开发》1997年),施兆昌等:《把高品位的城市环境带入21世纪》(《城市开发》1997年)等文综合归纳。

略的初级目标,这三个管理子系统运行的共同目标都是努力实现传统城市体制、格局及其形态的更新——城市再生。

二、战略方式:现代城市更新与创新

城市再生要求久已习惯了工业化和计划性运作的城市,在21世纪的历史条件下实现城市发展形态的整体"创造性转换",其中带有基础性、动力性的战略方式就是城市布局、空间结构的现代化更新和城市管理机制、体制的现代化创新。

1. 城市更新体系与工作建议

这里讲的更新内涵包含了城市社会、经济、政治改革乃至都市形象重塑的多重功能与目的,诸如,通过城市更新,改善社区公共设施和生活环境、增加住宅供应、消除城市管理死角、克服贫困导致的社会问题。更新城市机能、创造就业机会、改造政府财政结构、增加公共投资、振兴中心城市活力、促进公众参与管理,进而改善城市的管理水平和管理形象等;城市更新战略因其广泛复杂的内容,必然还体现为一系列相应的政策、法规、方案、措施和社会行动,也构成了一个城市更新的战略系统(Urban Renewing System),这一战略可如表2所示:

表2　城市更新的战略系统

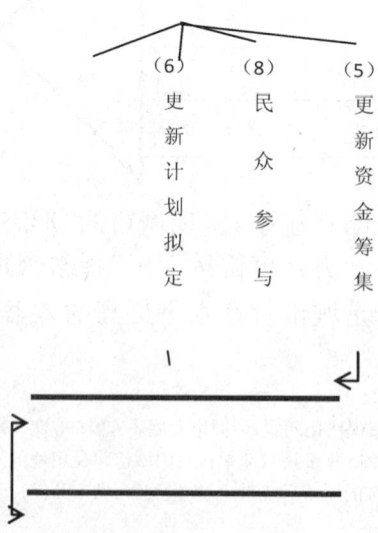

城市更新自20世纪70年代在欧美兴盛以来,已发生了一系列的演进和战略转变,主要表现为:①开始重视城市更新的社会经济意义、规划与设计从单纯的物质环境改造规划转向社会、经济发展规划,并与物质环境改善规划相结合,以此来构建综合的居住区更新规划。②可持续发展思想成为社会共识。这一思想逐渐被参与更新的各方所接受,今后的城市更新必然将更多地注重住房建设和社区的可持续发展。③城市更新的方式从大规模的以开发商为主导的剧烈的推倒重建方式,转向小规模的、分阶段的,主要由社区自己组织的谨慎渐进式改善。④"人本主义"思想在社会经济生活中复萌,城市更新的影响与日俱增,城市更新更加注重人的尺度和人的需要,从大规模贫民窟消除转向社区环境的综合整治、社区经济的复兴以及居民参与下的社区邻里自建。①

根据我国城市发展的实际情况和城市再生战略目标,结合国际上城市更新的经验教训,我们认为当前我国城市管理亟须做好以下工作:首先,及早研制不同地区类型的城市更新战略与政策,从而及时地提出与加速城市化、城市现代化需要相适应的城区重建、整修复新或保存维护的对策措施。

其次,及时收集城市资料,建立完备的城市更新资料体系,这是选择更新区域和拟定更新计划的科学依据、工作前提。

第三,筹建城市更新的管理机构和资金筹集组织,为城市更新的启动作好物质准备。

第四,研制有关城市更新法规,开展舆论宣传,鼓励市民参与,为城市更新的顺利实施奠定社会和心理基础。

2. 城市管理创新策略

与城市再生战略相配套的城市管理创新,主要应从制度创新、组织创新层面促进现代城市的管理体制与机制的改进。城市管理者要率先转变发展观念,充分认识到未来科学技术特别是高新技术对经济社会的发展、对人民生活质量的提高可能产生的巨大影响,真正把管理方式转变放在经济、社会发展的关键地位,使经济建设和社区发展动力真正转到依靠科技进步和提高劳动者素质的轨道上来。当前亟须通过一系列制度创新措施,确立并推进科技在我国城市再生中

---

① 参见方可:《欧美城市更新的发展与演变》,《城市问题》1997年第5期。

的主导战略。

(1) 建立决策民主化、科学化程序。各项城市建设重大决策的出台,都必须遵循一定的民主化、科学化程序,确实保证科技专家们的参与,逐步建立和完善专家决策咨询系统以及信息分析支撑系统。

(2) 制定区域性政策法规。加强对重大高新技术产业化工程的组织实施,为城市标志性建设、重点工程建设、城市更新实践等提供管理的保障。

(3) 出台有效的保障措施,鼓励地方和企业自筹资金、自组人才,进行社区自治及社区教育,推进社区经济、社区文化的繁荣。

(4) 创建科学的人才培养制度。人才是城市科技进步和经济社会发展中最重要的资源,因而建立一套有利于人才培养、完善和激励机制是非常必要的。其中,科技人才的培养和使用也是不容忽视的重要方面。从现代化的需要来看,我国不少城市管理体制仍存在与市场经济不相适应的问题:我们必须加大组织创新的力度,在多级体制、机制的管理优化中实施城市再生和创新方案;为此,我们建议:

① 根据城市经济社会以及生态发展的跨世纪战略和市场经济的客观需要,合理配置城市资源,改善现有管理体制格局,以进一步满足城市创新发展的人力资源需要。

② 调动一切可利用的组织资源,鼓励跨地区、跨行业部门发展全体合作,加强不同城市之间、部门之间、管理人员之间的合作与交流,积极推动与海外科研机构和科技人员的交往合作,从而促进我们的"科教兴市战略""城市可持续发展战略"汇入全球高科技时代的洪流。

③ 抓住经济结构调整的大好机遇,积极推动社区第三产业的发展,鼓励省属以及各市县管理机构各部门主动推广自己的社区形象、科研产品,积极发展各类管理和服务中介、技术咨询、企业诊断服务等产业;与此同时,进一步完善技术市场,强化应用技术的开发和推广,促进城市机体的灵活性与自组性,解决城市经济、生态协调发展中的重大和关键技术问题,加快推进传统城区的再生性发展。

三、战略原则:现代城市的可持续发展

城市再生作为推进城市管理现代化的战略思路绝非城市发展的最终目的,它的实施也必须贯彻可持续发展的精神原则,真正做到以"可持续性"为该战略的过程特征。因而,我们将可持续发展视为城市再生战略的一个重要组成部分。

在现代科技高速发展的同时,与人民生活息息相关的城市社区持续进步日益为国际社会所重视。在1976年联合国人类住区大会通过的《温哥华人类住区宣言》中便提出:改善人类生活质量是每个人类住区政策的首要目标,即首先是满足人们对食物、住房、洁净水、就业、卫生、教育、培训、社会安全等的基本需要。由此可见,我们所着力推进的城市发展不仅仅指区域的整体规划、资源开发以及城市公共管理和硬件设施的配套建设等,它还包含一个内在发展质量逐步提高的深层次目标。

从城市可持续的角度来看,高新技术的推广和运用,无疑也是城市再生的主导和动力因素,新型建材的产生、电脑的普及,还有医疗技术的提高等,无不为城市社会的发展提供了强大的推动力,针对在城市新管理战略中的主导地位,除了做好生态规划、生态维护和生态再造等管理之外,当前还亟须落实好一系列的管理行动创新。

这里说的行动创新包含两方面的内容:一是迅速地将"科技兴市"战略贯彻落实到各地城市经济、社会发展的具体方案之中;二是行动中坚持以城市区内各要素优化组合、协调发展为目标,以市场和社会需求为导向,以科技进步为动力,体现改革和锐意创新的精神。当前着力采取的主要创新行动方案有以下几个方面:

1. 尽快制定城市科技发展中长期规划:各地应根据自己的实际情况和发展需要,制定近期及中长期的科技发展规划:规划中应突出重点,坚持做到有所为,有所不为。

2. 结合管理体制改革,科学调整行政区划,促进城市的可持续发展。当前,我国一些大中城市存在的郊区包围市区的行政体制已不能适应形势的需要,严重制约着城市经济发展:通常的调整办法是取消郊区建制,按照有利于经济联系和城乡一体化原则,引导郊区走向城市管理,将环形郊区解体,形成放射状的空间格局,这对城市的可持续发展具有重要意义。

3. 不断加大科技投入。首先,要努力持续地提高地方财政对科技发展的投入,每个投入份额应有硬性规定;其次,制定必要的政策措施,鼓励城区内各个企业甚至个人增加对科技的经费投入;再次,要采取措施,积极吸收国内外的科技贷款,推进本市区的科技进步;同时要大力扶植高新技术产业。

世界银行在联合国第二次人类住区大会期间,散发了一份题为《建设21世纪的适于居住城市》的报告,提出现代城市只有适于可持续居住才能发展的思想和政策主张。这一主张的基本出发点是可持续性既是发展的基础和前提,也是发展的终极目的。在世界经济科技一体化日益发展的今天,只有适于可持续发展和管理良好的城市,才能吸引外来的资金与项目,也才能有更多的发展机会。

四、战略效益:现代城市的发展质量

如同生态质量、生活质量日益受人重视一样,城市发展质量也受到城市管理者和各个居民的重视与认同。作为一项新的管理理念,城市发展质量追求的是一种实质性社区文明进步,它更加注重城市社区人与都市生态、生物圈各项要素的协调发展。因此发展质量既是城市再生战略的管理核心因素,又构成城市可持续发展的推进基础,是城市再生战略实施评估的效益标志。

《美国城市文化》刊物在研究未来50年环境与变化时,曾经对全球16个著名城市进行"城市宜人程度"的评估,共列出23个项目,分别进行评分。归纳起来可分为如下几类:

1. 良好的自然条件及其利用。包括有美丽的江河湖海等,大的公园(公园群),树丛,富有魅力的景观,洁净的空气,非常适宜的气温条件等等。

2. 良好的人工建设。有杰出的建筑物,清晰的城市平面,宽广的林荫道系统,美丽的广场(广场群),艺术的街道、喷泉等。

3. 丰富的文化传统及设施:有杰出的博物馆,负有盛名的学府,重要的历史遗迹,多种图书馆,美好的音乐厅,琳琅满目的商店橱窗和街道艺术等。

4. 可以满足多种游憩需求的大游乐场,多样化的邻里,提供的生态质量和生活质量等:上述各项标准的划分,未必完善与科学,但它却从发展质量的视角,给我们以有益的启示,即在当今世界增强国际竞争力的角逐中,城市宜人化形象和发展质量也应成为城市增强竞争力、走向新时代的重要标志。

总体来说,当代城市发展质量公认的内涵可以概括为五个方面:
① 具有高效益的转换关系,该系统的有效运行以合理的产业结构和各产业的发展深度为基础。② 形成高效率的流转系统。以现代化的城市基础设施为骨架,为物流、能流、信息流、价值流和人流的畅通创

造条件,加速各流的有序运转,减少或控制经济损耗和对城市的污染。③ 提供高质量的生态环境,高效、安全、健康的公共文化环境。适度的人口规模与城市规模,完善的法律制度及其执行高效的管理功能。④ 构筑多功能、立体化的绿色系统,在更大程度上发挥其调节城市温度、空气,美化城市景观和提供娱乐、休憩场所的功能;⑤必须具备一个高文明的人文环境系统。应具有发达的教育体系以提高人口素质。它既是一个智力支持系统,又是一个现代文明的动力系统。成年人受教育的程度至少在高中以上,其中受过高等教育的人数占50%—60%。应具有良好的社会风尚和井然的社会秩序、丰富多彩的精神文化生活、先进的医疗设施、和谐的社区人文环境和方便的服务网络。①

为了接近这些主要标准,不断提高我国各类城市的发展质量,我们认为必须在制定科学的发展战略、确立科学的发展质量评估指标体系基础上,进一步处理好当前城市管理中的各项关系,以促进城市建设和人民生活质量各要素的协调发展。

首先要处理好当前工作与长远发展的关系。21世纪初既是我国城市完成"十五"计划的关键时刻,又是从小康向现代化目标过渡的转折年代;抓城市管理工作的长远发展要做到现实工作重点和中长战略的配套协调。近期工作必须兼顾长远利益、综合效益,各项管理活动都应有目标、有思路、有项目、有机制、有建设、有落实;管理进度要同全市的各项工作进度基本同步,略有提前。

其次,要处理好改革、发展与稳定的关系。在城市改革步入攻坚时刻,必须把稳定放在压倒一切的地位,化解社会矛盾,满足群众的合法利益,通过社会稳定来维护政治稳定。

第三,要处理好城市建设重点突破与城市管理全面推进的关系。要以点上的突破带动全面的推进:一是以建成或基本建成一批重大基础设施项目为突破,推进城市更新建设项目的顺利实施;二是以城市管理和环境建设的工作重点为突破,推进城市整体管理水平的提高;三是以公用事业的扭亏为突破,推进全系统行业改革、企事业单位改革的不断深化;四是以发展高新技术及其产业化为突破,推动整个城市建设和管理工作科技含量的提高、发展后劲的增强。提高工作效益和质量,实现城市管理水平的现代化。

---

① 参见柳中权、张宁:《城市评估标准、发展规律及其借鉴》,《城市问题》1997年第4期。

第四，处理好城市政府管理机构与社区基层组织的关系。这一问题的实质是转变政府职能、转变管理作风，通过提高行政效率、改善服务质量，确保优质、高效地完成各项城市管理目标。

第五，要处理好城市空间扩展与土地节约合理使用的关系。据有关专家分析，我国城市的近期发展布局仍将继续"向单中心形态发展，由内向外'摊大饼'式的圈层结构将延续到2030年以后"。① 然而我国又是个土地资源极为珍贵的国家，因而提高城市土地的空间使用效益是提高城市发展质量的关键性内容。在城市管理体制改革中，要变"土地双轨制"为"单轨制"，将生产经营性的划拨土地纳入有偿使用的轨道，盘活城市存量土地。随着城市管理体制改革的深入，实行土地使用"单轨制"，对企业转制、避免国有土地资产收益流失、优化城市土地资源配置、促进城市形态更新、体制更新及其发展质量提高都有着积极的作用。

责任编辑：扈海鹂

新生活方式　新文化整合　新城市主义

原载《市场周刊（扬子楼市）》2002年第10期
叶南客

新白领与河西新生活

生活方式与生活质量是社会学长期比较关注的话题。过去大家感觉河西像个碎片，东挖一块西挖一块，你一种风格，我一种风格，没有统一规划，因此河西新生活讨论对于此地区碎片的整合与重组很有益处，也与市政府的发展思路相吻合。

虽然目前中国尚未形成严格的社会学意义上的白领阶层，但河西居住的部分人群的确是准白领阶层，我们可以从他们的职业、修养、收入和社会地位来判断，其中修养包括教育背景，其收入水平则是社会平均水平的2.5倍到3倍以上。白领的特点体现在学习化、多样化、集群化、流动化四个"化"上。学习化指白领阶层有相当一部分人在闲暇生活中花一部分时间用来学习，在上海统计显示有98.2%的白领习惯于

---

① 徐巨洲：《理性看待中国21世纪城市发展》，《城市规划》1998年第2期。

这样。多样化表现在个性化的生活方式。集群化则表现在社交上,白领的社交圈与社交距离都远远大于其他阶层,他们除了上网外,最喜欢的便是旅游、聊天,参与俱乐部的交往。流动化指白领搬家比较频繁,因为其职业流动性大,生活模式的创新也大,呈现出总是流动着的生活形态。

南京河西的发展显然非常适合都市新白领的这些特点。所以我认为,河西新生活的标准有四条,一是理性生活,白领的消费行为、社交行为比较理性;二是优雅生活,根据统计,恩格尔系数降到40%以下,人们生活水平将呈现上升态势,文化空间越来越大,优雅程度也越来越高;三是舒适生活,这是人们达到一定生活水平后的必然要求;四是设计生活,即有目的地创造生活,其中白领是设计生活的主体。"新生活"的发展应该融入"居者有其屋"到"居者优其屋"的过程中,河西居民在追求理性、优雅、舒适的生活后,应该再设计生活,提升生活质量。这四种生活实现后,河西还应打造"生活品位"与"品味生活"的概念,生活品位是对生活的追求,品味生活则包含享受生活、理解生活与设计生活,这也是一个由生存到发展再到享受的过程。

建构第三空间,催生新城市文化

河西的主要居住人群中除了白领,还有两大类居住人群:公务员(中高级公务员)和高级专家学者。这三大类人群的社会地位都属于中上层次,文化与科技素质含量高,比之南京和全国的平均水平都要高出一筹。这样的几类人群在河西大社区中生活,就不仅追求物质上的舒适度,交通上的便捷性,而且更重视精神生活质量。公务员也好,白领也罢,都比较注重社会印象以及社会评价,我们说南京城市存在着"东富西贵"的社会总体印象评价,或者说"东生态西文化"的总体印象,这在河西的居住者构成上就有一定的体现。居住者对自身社会地位的看重,将会推动开发企业品牌建设的加快进行,文化型的社区及组团将日益增多。

由于河西的居住者具有高知、中高收入水平的特征,河西人群的交往半径比一般市民的要大,通常是6到10人的交往圈。像河西有不少省一流作家文人、艺术家,他们的生活半径比一般人的大。这样,我们就应该营造更多的社会交往空间、群体活动场所,这在社会学意义上可以称为"第三空间",也就是非正式交往空间,是在家庭单位或者说工作场所之外的一个闲适空间。在河西居住的三种群体,可以说对这个"第三空间"的需要是最迫切的。现在有很多大型住宅小区已经在建"会所"、业主俱乐部,这是一件好事,适应了人们对闲暇生活日益重视的趋势,自组织群体的兴起也是社会进步的一个表现。历史上浪漫主义、印象主义等学派其实都是在一些"沙龙""聚会"当中催生的,如果我们在河西有更多的机会举办一些"作家沙龙""艺术家沙龙",也许能够催生更多的城市文化作品的产生。在河西下一步发展当中,房地产开发带动物质层面的全面发展,文化产业也应该不断成长,修建各类设施,包括体育健身设施、精神消费、商业、服务场所等。听说河西要建一座大型"书城",这样的好事情应该再多一点。

基于河西居住群体的总体特征,我想能否从"新生活方式、新文化整合、新城市主义"这三"新"来归纳河西的新生活。新生活方式的代表人物,白领也好,金领也好,高级知识分子也好,确实是后工业化时代后人类生活方式的创造者、设计者与示范者。新文化整合包括教育文化、历史传统文化、体育文化的整合,形成我市"东生态、西文化、南新城、北跨江"的房产态势。而新城市主义最早在美国兴起,要求在房产开发过程中,都市更新后城市资源与个性化的结合,创造一种新的生活价值与理念,甚至要求牺牲房产开发商的部分利益来满足大众的利益。如果房地产开发商能够主动地融入河西整个板块发展中,来领导河西的组团,倒是符合新城市主义的要求的。

求新求变,中青年居住群体推动新住宅建设

河西的三大类居住群体的自身文化素质水平较高,他们在居住需求上的求新求变性也远比一般的社会群体更为突出。正因为此,他们无论是对住宅区的整体规划、建筑风格,还是对景观建设,小品、小景观建造都体现出个性化追求的特色。目前的河西新住宅区建设也逐步呈现出这方面的特色,文化含量高的住宅区日益增多。求新求变之中,尤其是要有文化个性,比如可以着重塑造江河文化、水文化,像在河西南部区域,有较强的民俗至今仍很鲜活地存在着,而宝船厂遗址等众多文化遗产都有着深厚的历史文化底蕴可以挖掘。即将建设的奥体中心等小板块,也应该有各自的文化内涵、文化风格。

河西的居住群体从年龄层面来看,也比总体社会平均年龄更低。以中青年为主的居住群体,对生活的变化性、动感性,建筑与房产的动态节奏表现上也有较强的追求。在当前信息化和个性化的时代背景下，能够体现成就感、个性化、新奇性，变化多样的、轻快的住宅风格将受到这部分群体的青睐，那些老式的住宅肯定会被冷落。新成长的一代人对生活有更新的内涵要求，青年人对运动、绿色的青睐，在住宅各方面都会有所体现，包括基本的景观、道路服务设施，学校、书店等等配套设施等方面，又将有一致性的要求。

正视问题，用"新城市主义"联手走出可持续之路

　　新河西的居住群体和他们的居住需求都有了时代特色，然而对这种新变化的适应却还难以令人满意，目前的河西开发仍然存在着不少值得忧虑的问题。第一大问题是，规划者缺乏我们所谈到的这些认识，对河西居住群体的特点并没有切实关注，而仅仅是从城市建设角度，也就是从建设"新城区"的角度来进行开发。规划应该讲"以人为本"，如果真正立足于现有河西居住群体，首先应该是尊重人们的消费生活需要，然后是生活方式的追求，第三层面是进入小康后的现代化的、对生活质量的追求。

　　第二个问题就是河西的总体开发是一种"碎片式"的格局，虽然有一个大的市场，却是小片的，各自为政的操作方法。不管是典雅居还是金陵名人居等片区的开发，都有自主规划整体性差，对总体的风格控制力度弱的问题。

　　不管单个住宅项目是主打江河文化或者是秦淮文化，从单体上看都有合理性，然而在总体上就缺乏对河西新人群生活方式的有效把握。在河西文化形象、社会文化资源整合及互动方面都非常薄弱。

　　河西居民自身没有形成整体，对生活环境的要求表现、意愿表达还不是很强烈，这是第三个主要问题。现有的居住要求似乎还主要停留在小区内的车位预留、排污等方面，以质量、物质层面的要求为重，忽略了对景观、环境和文化层面的追求意愿表达。在美国前不久一个城市的规划建设当中，当地居民已经提出"参与社区文化开发"的主张，表现出极强的主动性和深层次参与意识。现在我们将大西部作为"文化新边疆"进行开发，对河西我们也可以作类似的"新江河"文化区域、"亚中心"来加以建设。而居住群体的整体素质的整合，总体参与意识的增强和参与行为层面的有效拓展，对这种新型建设的推动作用是必不可少的。

当然,目前的河西从硬件上看,缺乏大型的、品牌化的标志性工程建筑,这方面有些落后于城东甚至是江宁的开发。河西的后续开发应该是倡导开发商之间的联手打造,做出高规划起点、有区域性影响辐射力、远效应的精品住宅小区,尤其是在居住人群文化含量高的优势基础上,提升楼盘的文化含量,河西的现有开发商自身文化素质其实并不差,从这点来看河西的未来肯定是美好的。在我们的居住群体有主动的参与意识,对社区建设有融入感的同时,更重要的是开发商要具备"新城市主义"的理论认知高度,进行联手开发,要有一定的代价意识和较强的责任意识。这样,可持续发展和开发才能得以形成。

中国文化现代化的递进轨迹与转型机理

原载《天府新论》2003 年第 3 期

叶南客

[摘 要] 21 世纪的中国文化创新不再是少数人的"呐喊"与"彷徨",而是政府与大众的共识和共鸣;在历经百余年的苦苦求索和困惑之后,代表先进文化前进方向的追求,将使文明古国更具明确的目的性和更富有理性,并可望在 21 世纪中叶成功地走向人类文明的前沿。

[关键词] 文化现代化;文化递进;文化转型

[作 者] 江苏省社科院副院长,研究员,江苏南京 210013

在人类现代化进程中,文化是更深层次的变迁,而且也是社会变迁中内容最丰富、过程最艰巨、发展最有活力的因素。尽管当代学者也认识到"从历史上看,多数文化与社会结构都呈现出统一性",但他们还是强调:"对社会学家来说,一种文明的社会结构及其文化之间的关系,可能是所有问题中最为复杂的一个"。① 文化的发展不仅与现代政治、经济等一起促进了现代文明的产生,而且文化本身便是社会现代性发展转型的土壤与最重要的氛围。

中国现代文化的变革演进轨迹

中国的传统文化是在绵延几千年自给自足的农业经济基础上形成

---

① [美]D. 贝尔:《资本主义文化矛盾》三联书店,1989.79,82。

的,它适应于血缘或宗法式的小农经济。鸦片战争的炮声一响,国门洞开,现代化的西方文明逐渐渗入到中国社会,传统开始走向式微。然而,人们在封建社会的解体中仍然充满了对传统的留恋和对新文明因素的恐惧。沉重的传统文化的包袱不仅使中国现代化的步履滞重而缓慢,而且使早期的现代化历程充满困惑。正像国外现代化专家所揭示的:"19世纪之前使得中国如此伟大的东西,恰恰被证明也就是后来严重地阻碍着中国实现现代化转换的东西。从这个意义上来说,中国今天面临的困境乃是先天注定的"①。

中国文化的现代化与社会经济的现代化基本同步,肇端于19世纪50年代,大发展于20世纪末,近一个半世纪的文化变革可用"困惑、冲突、启蒙、探索"加以概括,这期间的演进过程大致可划为五个阶段。

第一阶段为鸦片战争到甲午战争失败。这是一个对传统文化开始怀疑,对外来文化开始接触的时期,也是一个经世致用观念复活,承认在器物上比不上西洋,并采取以"制器为先"策略的时期。鸦片战争的失败使中国人看到了西方物质文明的进步,从而产生了"师夷长技"和以后的"中学为体、西学为用"的思想。洋务运动就是这种思想的实践。只认识到西方物质文化的进步和以为只要模仿西方办企业就能富国强兵的观点,现在看起来是十分肤浅的。但在当时,它却无疑是冲破闭关锁国的第一条裂缝。从狭义的文化进步的观念看,近代教育事业的兴起乃是这一时期的一大业绩。为了外务之需,19世纪60年代初在北京、上海、广州等地相继设立了第一批外语学堂,即同文馆。近代军事工业创办以后,洋务派出于学习西方先进的军事科技的需要,在同文馆又增加了天文和算学内容,各个地方设立的学堂也主要以科学技术为教育内容。在整个洋务运动时期,洋务派共兴办了20多所培养现代科技人才的学堂,同时还派遣了约200名学生去欧美留学,以便更全面地掌握西方先进科技文化。近代教育事业的建设,不仅为中国培养了一批如严复之类的现代性文化人才,并在事实上对传统的教育制度提出了挑战,为下一阶段中国进行教育体制改革,废除禁锢人类智慧的科举制度打下了基础。

第二阶段是从甲午战争失败,中经戊戌变法运动到辛亥革命的成功。这是中国传统文化的变革深入到制度层次的时期。中日甲午海战,在中方饱尝失败的耻辱痛苦之余,宣告了洋务运动的失败,也宣告

---

① G. 罗兹曼主编:《中国的现代化》,江苏人民出版社,1988.669。

了中国第一轮现代化启动的失败。从一般历史经验来看,现代化在物质层面或器物层面上最易达成,尤其在外生型的现代化国家可以通过引进的方式来进行。但是,仅仅推进到物质层面的现代化是远远不够的,没有制度文化和人的现代化,前者终究难以成功,这也是洋务运动失败的根本原因。美国学者沃拉提出"中国失败的原因的确应该归咎为缺乏能够引导经济发展的中央政府"①。这是颇有见地的,这和当时中国的维新派王韬、郑观应等人的观点一致。早期维新派人士已初步认识到阻滞中国进步的关键因素在于中国传统制度,所以郑观应在《盛世危言》中曾强调:"其治乱之源,富强之本,不尽在船坚炮利。而在议院上下用心,教养得法。"这和洋务派的"中体西用"的指导思想是大相径庭的。维新派的思想家们在政治上对封建专制制度的批判,极大地解放了人们的思想。他们鼓吹人民是国家的主人。康有为认为,"中国败弱之由,百弊丛积,皆由体制尊隔之故";严复大倡民权、自由,痛斥"侵人自由者,斯为逆,贼人道"。在文化教育上,维新派人士以"冲决一切罗网"之勇气,对封建专制精神支柱的纲常名教进行了抨击,也同时对僵化科举制度进行了批判。他们指出八股取士是"锢智慧、坏心术、滋游手"。梁启超在《论变法不知本原之害》一文中呼吁:"变法之本,在育人才,人者之兴,在开学校,学校之立,在变科举。"百日维新运动虽然悲壮地失败了,但是它提出的任务却反映了时代的要求,将中国现代化从器物层面推进到制度层面和思想文化教育领域,这本身就是一大进步,尽管它没有达到预期的政治目标,但它所引起的思想启蒙却对中国的现代化产生了深远的影响。

第三阶段自辛亥革命始,在五四新文化运动中达到高潮,一直延续到1940年代。这是中国现代文化启蒙的时代,也是中西文明、传统与现代文化冲突激烈、社会主义文化在中国崛起的时代。1911年辛亥革命促成了民主精神在中国的空前高涨,使共和国的观念在人们心中扎下了根。然而一年之后的专制政治的复辟和传统文化回潮又将一代国民推向了幻灭的困境。一批先进的中国知识分子认识到,辛亥革命之所以未获全功,共和之所以有名无实,其原因就在于中国大多数国民的思想仍然被专制和愚昧牢牢地束缚着,缺乏民主和科学的觉悟。于是,从1915年到1920年左右,以陈独秀、李大钊等人为首的一批激进民主

---

① [美]兰比尔·沃拉:《中国:前现代化的阵痛》,辽宁人民出版社,1989.121。

派人物以"民主"和"科学"为武器,向根深蒂固的封建文化发动了猛烈的冲击,掀起了中国现代史上影响最为深远的思想启蒙运动。启蒙思想家们高擎"科学"和"民主"两面大旗,着重批判了以儒家"三纲五常"为中心的伦理道德和宗法制度,指出它们是封建专制主义的核心和基础。这些新文化闯将们积极倡导西方资产阶级的新思想、新文化、新道德、新观念,坚决批判旧的制度、思想、道德、文化,并响亮地喊出了"打倒孔家店"的口号。启蒙运动将现代化推进到了文化观念的层次,表明新一代人已注意到了现代化更深层的内容和意义。正如陈独秀在《吾人最后之觉悟》一文中所体会到的:"自西洋文明输入吾国,最初促吾人之觉悟者为学术,相形见绌,举国知矣;其次为政治,年来政象所证明,已有不克守缺包残之势。继今以往,国人怀疑莫决者,当为伦理问题。吾敢断言曰,伦理的觉悟,为吾人最后之觉悟。"这便是说学习西方文化,仅止于学习它们的科学技术和政治制度是不够的,只有学习了西方近代的文化和价值观,才算是学习彻底了。这的确是对中国早期现代化历程的精辟分析,其中的经验教训至今仍值得人们深思。

1920年以后,中国文化变革最值得记载的大事便是马克思主义在中国的广泛传播。共产主义思想在中国的播种发芽,造就了一代又一代的共产党人,正是这些共产党人以较之前人更为彻底的革命精神,对陈腐传统和专制统治"横扫千军如卷席",开创了一个崭新的社会主义文明时代。

第四阶段是从中华人民共和国成立初到20世纪70年代末的"文化大革命"结束。这是中国开始创造新的制度文明和观念文化,并历经重大人为挫折的时期。20世纪50年代中国开始了社会主义建设时期,在文化领域一个重大的转折便是马克思主义成为中国现阶段意识形态的核心,也成为指导现代文化发展的精神支柱。这一时期,中国的现代科学、技术、教育和文化传播事业都有了一定的发展,然而在60年代中后期,由于一些领导人错误地分析了国力、国情,盲目地发动了"文化大革命",使我们在动乱中既无文化的创新和发展又遗失了优秀的传统,70年代走出来的青年人有不少成了无信念的精神流浪儿,中国文化的现代化出现了倒退和迷失。

第五个阶段是从文革结束至今。这一时期是中国文化在发展中重新补课,在文化冲突中重新整合,从而开创现代化新局面的辉煌时期。1979年关于真理标准问题的讨论是20世纪中国又一场重大的思想解放运动。在新的意识形态氛围中,中国人开始有理性地、理直气壮地正视自己的传统和所面临的现实。80年代的对外开放实质上是中国又一次主动地打开了国门;这一期间中国的文化热、人学热,实际上也是在补五四文化启蒙这门课;社会主义精神文明的提出,事实上是对国民文化价值取向的社会动员和新的整合。这一阶段至今远未结束,加入WTO后的中国文化开放将比以往更加富有成效,因为它是在中国的政治经济改革取得重大进展基础上,与社会整体现代化协调同步的;21世纪的中国文化创新不再是少数人的"呐喊"与"彷徨",而是政府与大众的共识和共鸣;在历经百余年的苦苦求索和困惑之后,代表先进文化前进方向的追求,将使文明古国更具明确的目的性和更富有理性,并可望在21世纪中叶成功地走向人类文明的前沿。

文化现代化的三层面转型机理

文化现代化的变迁的内涵是极为复杂的,数千年来尽管人类文化得到了极大的发展,然而文化本身的界定却从未有过一致的意见,不同的学科、不同的人都在不同的层次上讨论着文化问题。文化的内涵范围大到可与文明概念交替使用,小到只反映一个地区和人群的文化水平,似乎文化发展只是文化局、教育局的分内之事。笔者试图从动态的角度来分析文化发展的三个方面,即文化传递、文化运行和文化创新,这三个方面在中国现代化过程中都发生了急剧的过渡转型。

文化传递主要是教育和传播,两者一个重在传递知识、规范,一个重在传递信息、理念和生活方式。前者传递对象主要是青少年,后者则面向每一个社会成员。鸦片战争后,中外接触交涉逐渐展开,国人开始注意西学,并逐步过渡到引进西式教育。19世纪60年代初冯桂芬、郑观应等较早提出了采西学、设学馆的主张。随后20年间由于洋务新政的推行和西方宗教文化的渗透,教会学堂得到了大发展,到1892年国内的一些大城市中共设立600多所天主教会学校,学生近1.1万人。1905年清政府正式废止了科举制,结束了长达1300年之久早已僵化了的育才体制,同时成立了学部为中央教育行政机关,以推广现代教育的发展。新式学堂的增长是教育现代化量的扩展,与此相应,教育的现代化还体现于质的变化。这主要表现为三方面:一是教育观的转变。即从读书旨在少数人的功名利禄转向全民教育、人尽其才,如孙中山所言"人无贵贱皆奋于学";二是教育体制的完备。20世纪初中国仿照日本学制,拟定了部类齐全、梯次完备、结构完整的教育体系,普通教育与实用教育相并重发展;三是教育内容与形式的不断完善。在引进西方文化的同时,发展了具有现代性本土化的社会人文科学等方面的综合教育。20世纪80年代之后,中国的教育事业又有了质的飞跃,不仅普及了9年制义务教育,而且已形成了基础教育、高等教育、职业教育、成人教育等较完善合理的社会教育体系,教育的目的更明确地指向培育现代化的一代新人。特别是"教育现代化工程",更成为当代中国文化转型的重要载体。

大众传播业的兴起,既是社会现代化的产物也是其重要构件。梁启超在1902年便曾确认"学生日多、书局日多、报馆日多"[①]是影响中国前途至关重要的三件大事,以后又有辛亥"国体不变,报馆鼓吹之功最高"[②]的评价。近代中国的传播媒介,早期主要是传送印刷符号的书报,1890至1920年间,传播音像的电子机械媒介如广播、电影,相继进入人们的生活领域。但报刊的作用仍最为突出,许多风行一时的文章译著往往先载于报刊,如梁启超的《新民论丛》、陈独秀等人的《新青年》对几代人的发展都产生了影响。由于维新运动的兴起和辛亥革命的推动,20世纪上半叶的报刊传媒发生了一系列重大的变化,直接促进了中国文化的全面变革,随着新文化运动的高涨和市民阶层的崛起,传播业的受众由过去的官吏为主转向社会公众为主,传播信息的内容来源也由官方转向社会各界和民间化。20世纪中期声像传播在中国有较大的发展,特别是电视业的兴起,迅速成为中国城乡传播的主要载体,不仅拓宽了全体国民的认知空间,而且使都市通俗文化迅速浮升,推动了文化与新生活方式的普及。20世纪末全国已有1000多座有线电视台,已有6000万户以上的家庭能收看到有线电视。这些都表明中国市民正在步入一个崭新的"电视时代"。大量的实证材料证明,目前中国成年公民90%以上每天都与广播、电视、报刊、书籍等传媒接触。现代大众传播对现代人的发展产生了重要的导向影响,在现代文化的发展中起到了十分积极的作用。

文化运行主要体现为文化发展的主体——人的外在与内在文化要素的流变与积淀。通过观察人们日常生活方式和内在人格的发展便可捕捉到近百年中国文化运行中的现代化特质。文化运行的外在因素可

---

① 《警告我同业诸君》,壬寅,《新民论丛汇编》。
② 《鄙人对于言论界之过去及将来》《庸言》第1卷,第1号。

用近代人们的生活方式和风俗民情的变革作代表。鸦片战争后欧美近代文明和科学技术的输入,加上国内社会经济变革等的冲击,中国古老的民情风俗、社会心态发生了飚转豹变,人们的日常生活呈现出与祖父辈所完全不同的新风貌。20世纪初的辛亥革命不仅是一场社会政治体制的革命,也是一场深层次的文化领域革命,在这时期的风俗革命中不仅革掉了男人头上的一条辫子,革去了妇女脚上的裹足布,而且许多其他的旧恶习也受到冲击,一些新风尚在20世纪初已普遍萌生,如妇女地位显著提高,女士参军参政首开风气,婚姻自由和男女平权呼声高涨,现代文明礼仪开始普及,人们的衣、食、住、行、乐和交际方式出现了洋化现象。当代中国人的生活方式已出现了新的革命,这次生活方式的全方位变迁更具有了理性的成分,现代中国人不仅要求生活方式的现代化,更注重内在生活质量的不断提高。

　　文化运行的内在表现主要是人们社会心态的变革和现代思维方式、价值取向的形成。无论是严复引进的进化论和西方文化理论,还是康有为的托古改制;无论是梁启超以充沛激情写下的恢宏华章,还是谭嗣同博杂而晦涩的哲学观念,他们都在挣脱、冲决着封建文化的旧罗网,他们的理论和观念,为中国文化运行增添了新内容、新方法和新境界。及至孙中山、陈独秀、鲁迅这一代革命者时,其社会心态又经历了更激进的变革,他们的思想已服膺于民主、自由、平等的社会理想,由他们倡导的新价值取向又培育了反封建和追求现代化的后一代人格,并通过几代人的努力奠定了中国现代文化的基础。建设社会主义市场经济,特别是加入WTO的进程中,新文化的因素大量萌发,人们的思维更趋自由、理智和多元化,人们的价值取向更加面向未来,尊重主体、讲求效益和锐意创新,这也正是中国文化现代化运行的真实动力之所在。

　　文化创新主要是科学技术的发展和文学艺术的繁荣。在中国现代化进程中,这两者的现代性成长和拓展确已构成开创我国物质文明和精神文明新局面的先导因素。中华民族是富于科学思考和发明创造的优秀民族,历史上中国人在农学、医学、天文、数学、哲学等方面曾做出了巨大的贡献,只是到了近代,由于我国长期闭关锁国,才使我国的科技发展落后于西方。在现代化初期因受帝国主义和封建主义的双重压榨,科技事业进展缓慢,20世纪20至40年代中总共才培养了18万名大学毕业生,40年代末全国仅有40来个残缺不全的科研机构,科研人员不到1000人,科学技术状况也被人喻为"东亚病夫"。中华人民共和国成立以来,中国现代化走向健康发育的轨道,科技事业作为第一生产力被充分肯定,得到加速发展,呈现出兴旺发达的局面。从1952年到1984年,我国科技队伍数量以年平均9.4%的速度增长,科技人员的数量增长了17.6倍,其中科研人员增长了40倍。在科研机构不断发展的同时,我国科技情报、标准化、计量、专利等科技服务系统也得到了快速发展。目前许多部门还建立了诸如发展战略与政策、系统分析、预测与评价、技术经济、科技管理、企业策划、咨询等"软科学"研究机构,开展了大量研究和咨询服务工作,对于推动中国经济、生物科学、农业科技、高能物理、运载火箭技术、卫星通信技术等起了很大作用,使不少方面已达到和接近国际先进水平。科技是一个极其活跃、极富创新性质的文化因子,近百年中的科学技术的发展对中国社会及其现代人的生产方式、生活方式变迁确实起到了直接推动的作用,新时期中国的一系列科技发展规划(如火炬计划、星火计划),高科技和新技术产业的成长已成为中国现代化进程的重要动力和标志。

科技发展是生产力和物质文化领域中的创新因素,文学艺术则是社会人文领域和大众精神生活中的创新因素,它们都是不可忽视的现代文明的发展要素。五四新文化运动中我国文学艺术迸发出第一道璀璨的现代化之光,白话文运动、诗词戏剧的革命、现代文学的崛起、传统剧种的更新发展共同促成了早期文艺现代化的高潮,胡适、鲁迅、郭沫若、巴金等当时的文化名人在80年后的今天仍具有着重大影响。20世纪50年代,随着"百花齐放、百家争鸣"的文艺方针深入人心,中国的文学艺术一度繁荣,但不久便被一场人为的浩劫"文化大革命"所摧残,中国进入改革开放时代后,文化艺术又出现了繁花似锦的趋势。在市场经济发展过程中,当代中国的文化艺术发展正呈现出四点特征:(1)国际化。中国文化正逐步和世界文化接轨,一方面是各种外来文化更快、更多地引进、渗透到国内;一方面是本土文化大踏步地走向国际。特别是在加入WTO的进程中,国际时尚文化的潮涨潮落也同步引发了中国大众文化的一次次波动。(2)多元化。在中国社会阶层进一步分化中,迎合各阶层所需,由各阶层人所创造的亚文化大量涌现,如青年文化、老人文化、军营文化、企业文化、妇女文化、社区文化等正层出不穷、迅速生长,形成多元共荣的新格局。(3)商业化。在市场经济冲击下,严肃文艺和高雅文艺地位下沉,而通俗文艺、商业文化正如日中天。当前文艺商业化取向日趋突出,一方面是大批文化人"下海"弄潮试图"以文养文"，一方面是文商联姻以商养文，以文饰商。这一现象为中国文艺现代化的走向，提出了新的课题。(4)大众化。在现代化和世俗化发展中，文学艺术的崭新景观便是通俗流行，为大众所共享、大众所共创。当代追星族的崛起，电视连续剧的繁荣，名牌广告家喻户晓，点歌热兴起和"新写实小说"的流行，这一切都是大众文艺的标志性产物，与此相联系的是高雅文化创作乏力、深层文化积淀稀少，导致了文化浅层化的普遍趋势。回顾一些发达国家的文化历程，中国文艺领域的上述迹象的确也具有文化向现代性转型中的共性特征。

现代化转型中的文化冲突与人文重建

我国文化的早期激变并非仅是传统文化内在裂变的需要，而更多的是为了适应大过渡时代社会经济的剧烈震动，不论是维新运动还是五四运动中的文化变迁都是与当时的政治、经济变革相呼应，从而构成社会整体演进中不可或缺的重要环节。在文化现代化中尽管出现了传统的断裂和新价值取向的迷失，但这毕竟不是持久的，在时代前进的每一步中，人们的生活习俗、心态、教育、科技和文艺发展都在寻求着认同和协调。

在肯定文化变迁的规律性假说的同时，我们也应看到中国文化在现代化变迁中确实也存在理论与现实的多重悖论，存在与现代化取向所不一致的多种困惑乃至较严重的过渡性阵痛。我国学者曾系统概括了中国文化转型的多重悖论，即：悖论之一：当代中国文化与传统文化一样，是以人文精神为核心的，但在这一文化中，恰恰又缺乏个人的地位。悖论之二：在当代中国文化的建设中，急需发展科学技术方面的知识，但又必须从理论上遏制科学主义思潮的泛滥。悖论之三：当代中国文化在理论上是反实用主义的，但在实践上却顽强地表现出实用主义的倾向。悖论之四：当代中国文化从意识的层面上看，具有强烈的反传统的倾向，但从无意识的层面上看，又常常与传统认同，不自主地站在维护传统的立场上。这几点悖论不仅事实上存在着，而且也正是中国文化转型中的难点。中国现代化的完成在于人格的现代化，社会的进步有赖于人文因素的发育完善。然而在目前重物轻人的倾向不时抬头，健全人格的问题不仅为大众所茫然，也未引起文化决策层的高度重视的时候，中国文化在现实运行中确有重实用轻理论，重传统和权威、轻创新和理性的现象，这些都是和现代化背道而驰的。它将导致人们在行为上含糊失范、重蹈覆辙,致使现代化之路更加曲折、漫长、误区重重。

在中国社会和人的现代化进程中,一个早已存在的症结已从一种文化隐患升浮为成长中的恶疾,即现代人的精神贫困。它的表现是多层次的,首先是人的文化素质整体偏低,继而表现为人的道德修养的匮乏。它在表层体现为人们文化生活的单一乏味和浅层次消费,在深层却是现代人精神支柱的缺失。人们在社会转型中没有稳定的世界观、人生观和价值观,现实的社会环境又使人淡化了信念、信仰。在商潮滚滚中,青春期的浪漫情怀一次次幻灭,人的发展和人生目标日渐显得可有可无、若有若无……这一恶疾抑制了现代人格的健康成长,导致了"糟践自己与潇洒贬值""玩迷信"、既感到"累"又处处寻求"刺激"等一系列"世纪末"心态出现。① 同时,这一恶疾也构成前述的文化转型中若干悖论成立的深刻原因,正是人们信念的迷失,大众行为短期化,导致对人文精神的忽略,导致实用主义以及功利主义的流行;并且也正是"当内在的权威发生深切危机的时候,有些人发生一种情绪的冲动,自己传统的崩溃使他内心很烦躁,常用并不能言之成理的办法来维护自己的传统"②。

总之,在现代中国文化变迁中,我们要肯定文化现代化发展的积极方面,维护其正在生长着的新因素。同时,也应正视变革中的文化冲突,努力克服和减少其负面效应。在中国文化的现代化转型中,要对新旧文化有个正确的估价和积极的扬弃。传统文化并不能被全盘否定,它们的希望或出路,在于人们的理性选择,在于能否启示新文化的建立。新文化的建立,当务之急是要强化文化主体的建设——现代人素质的全面提高和人文精神的充实振奋。要在发展每个人自身潜力的基础上促进人的个性的丰富和完善。在此,我们非常赞同美籍华裔文化学者林毓生教授的期盼:"人性最大的光辉是:我们有天生的道德资质,以及在思想上经由反省而能自我改进的理智能力。今后中国有识之士,必须以这两种内在资源为基础,从认清我们自己特殊而具体的重大问题出发,重建中国的人文。"③

中国文化有着无比深厚的底蕴,但在现代化的大潮拍击下亟需更多的创新性,从中派生出能够有力推动社会进步的新时代人文精神。

---

① 参见吴明:《世情百态——"世纪末"心态剖析》,中国人民大学出版社,1993。
② 林毓生:《中国意识的危机》,贵州人民出版社,1988.366,424。
③ 林毓生:《中国意识的危机》,贵州人民出版社,1988.366,424。

中国文化的转型与创新所面临的背景是多重的,诸如:经济变革中从计划体制向市场体制的转换,要求培育出有现代市场意识,重视开拓、效率和价值实现的人文精神;政治变革中从权威型结构、家庭型管理向民主化社会、科学化管理的转换,要求培育具有现代法制意识和平等观念的人文精神;社区结构转型中城市化以及城乡一体化时代的到来,将消除长期遗留下的城乡二元人格界限,要求塑造新一代开放型、平民型、公民型的人文精神;社会结构转型中各种职业阶层的分化细化,助长了现代人追求自我价值实现的多元化途径,也要求培育现代人与人相应的互相尊重、相互协作的新人文精神。为此,我们亟须根据现代化社会发展的需要,继往开来,创造出面向21世纪的全新文化形态,其中既包括由新型的人际关系、道德风尚、生活方式等组成的新民风民俗,也包括要构筑能展现各地健康向上的精神风貌、文化情趣、艺术水准的文化设施和人文景观。

我国21世纪文化发展的核心任务是要将邓小平理论和江泽民同志的"三个代表"重要思想作为现阶段中华民族共同的精神支柱;继承和发扬爱国主义、集体主义、自强不息、勇于奉献、勤奋节俭等民族精神的精华;积极确立和发扬公平竞争、开拓进取、勇于创新、权利意识和主体意识等现代理念;通过各种层次、各种方式的社会动员,宣传确立以祖国兴盛为己任、艰苦奋斗、奋发图强的全民族共同价值目标。通过重塑新的民族精神和价值观念,极大地焕发社会成员从事社会现代化大业的主动性和创造热情,并且在改造社会、实现自我价值的同时促进自身价值观的升华和人的发展质量的全面提高。

《江苏文艺研究与评论》江苏省文联创作研究部、江苏省文艺评论家协会编,南京大学出版社,2013年。

城乡公共文化服务均等化的理论与实践思考

叶南客　颜玉凡

【摘　要】　实现城乡公共文化服务均等化,是党和政府近年来高度重视的焦点问题。它是在尊重人民群众自由选择权的基础上,实现公共文化产品和服务供给的机会均等与条件均等,其对推进社会主义新农村建设、统筹城乡文化发展、构建和谐社会具有巨大的推动作用。然而,当前我国城乡公共文化服务均等化还存在诸多问题及困境,因此,我们应在渐进推进、需求导向、差异对待、多元供给等原则指导下,以为各地城乡居民提供大致均等的基本公共文化服务为目标,因地制宜地推进区域文化建设的现代化。

【关键词】 城乡公共文化服务 均等化 文化整合

城乡文化整合是我国城市化进程中推进社会文化健康发展的关键环节,其实质是城市和乡村文化的平等互动过程。而在当前城乡二元结构体系下,城市文化日益强化,乡村文化不断衰落,农村文化发展明显落后于城市,村民享受的公共文化权益远不及市民的丰富,城乡居民在公共文化服务保障方面存在较大差距,这种情况不利于城乡文化的和谐发展和城市化进程的可持续推进。因此,建立健全的城乡公共文化服务体系,保障城乡居民在公共文化服务上的公平权益,实现城乡公共文化服务均等化,是推进城乡文化现代化、一体化建设的必由之路。

一、城乡公共文化服务均等化的内涵实质与理论基础

(一) 城乡公共文化服务均等化的内涵

公共文化服务是公共服务的基本组成部分,是以政府部门为主体的公共部门提供的,以保障公民的基本文化生活权利为出发点,以满足公民公共文化需求为目的,向公民提供公共文化产品与服务的系统的总称,其内容包括公共文化设施、文化产品、服务格局、服务制度设计等,这些密切关联的诸多内容构成了一个统一的、完整的体系。它既要保障公民的基本文化权益,又要满足公民的公共性文化需求。

公共文化服务均等化就是在公平原则和社会文化平均水平的前提下,在尊重文化自由选择权的基础上,对所有公民的文化需求提供均等的产品与服务。城乡公共文化均等化应以城镇和农村居民都可以方便、快捷地参加、享有文化活动及文化内容为目标,其包含以下三个方面的内涵:

第一,城乡居民享有公共文化服务的机会均等。机会均等是指城市居民与乡村居民都应当具有同等资格获得公共文化服务。政府提供公共文化服务的目的是提高整体社会福利,保障在同一原则下,每个公民都有同样的机会享受到大体上均等的公共文化服务。机会均等是实现城乡公共文化供给均等化的前提。

第二,城乡居民享有公共文化服务的条件均等。公共文化服务均

等化不是服务供给的平均化,更不是严格意义上的结果均等,其本质内涵表现为:服务平均化为单纯的等额分配,既不公平也无效率;而服务均等化侧重于条件均等,最后的结果可有一定差别,政府在提供服务时要有均等的制度安排,保证每个公民都拥有均等的公共文化权利,实现资源的优化配置,促进社会群体内外部的协调发展,实现帕累托改善。

第三,城乡公共文化服务均等化应尊重城乡居民的自由选择权。城乡公共文化服务均等化并不是强制性地让城乡居民接受等样等量的公共文化服务,更不能搞计划经济时代的分配体制。这种均等化要求在基本公共文化服务框架内,政府供给应尊重公民的自由选择权,在需求差异的基础上,满足公民的基本文化生活需求。

(二) 城乡公共文化服务均等化的理论基础

1. 公共产品理论

该理论认为公共产品的非排他性和非竞争性,要求公共产品的生产必须有公共支出予以保证;经营管理必须由非营利组织承担。上述关于公共产品的理论体现了基本公共服务均等化的思想,要求政府承担起提供基本公共文化服务的责任,促进基本公共文化服务均等化。

2. 服务型政府和新公共服务理论

"以人为本"是服务型政府的治理理念。我国人民当家作主的国家性质决定了政府要逐步推进基本文化服务均等化,更好地维护最广大人民的根本利益,全心全意为人民服务。"公民导向"是服务型政府的服务模式,它要求政府应视公民为关怀对象,构建其与公民平等对话、沟通协商,以实现互动合作的公共管理新模式,进而使公共行政转向指导服务的职能,并以公民的需求为行为指南,使"公平性""正义性""民主性"成为公共文化服务体系构建和追求的目标,并将公民满意度作为衡量公共文化服务质量的标准。

3. 公民权利理论

文化权利作为公民的一种基本人权,它的满足程度是衡量社会进步与文明水平的重要指标。实现基本公共文化服务均等化,应着眼于保障公民享受文化成果的权利、参与文化活动的权利、开展文化创造的权利、创造成果受保护的权利。因此,公民基本文化权利理论是公共文化服务均等化的直接支撑。

4. 公共选择理论

该理论主张打破政府在公共服务领域的垄断地位,将政府的一些职能释放给市场和社会,认为公共服务的社会化是解决公共物品供给低效率问题的较佳途径。该理论认为应在加强政府责任的同时,在公共文化管理中引入市场机制,以扩大公共文化服务的供给范围,并提高效率。

5. 文化堕距理论

美国社会学家奥格本(1922)提出了"文化堕距"(Culture Lag)概念,他认为文化作为一个整体是由物质文化和非物质文化所构成的,在文化的整体变迁过程中物质文化的变迁速度最快且往往会引起制度文化、精神文化等随之发生变迁,而制度文化、精神文化也因此成为物质文化的适应文化。这种变迁速度的差异将会导致"文化堕距"现象,即旧的文化会出现在新的物质条件中。我国的城市化进程是建立在优先发展城市的背景下的,因此在我国城市化进程中自然会出现城乡文化建设在财政投入、设施建设、创新水平和消费能力上的"堕距"。虽然"文化堕距"是任何社会在其发展进程中都会出现的一种正常现象,但是"文化堕距"如果长期得不到弥合或缓解,就会导致整个社会的文化失调,从而引发社会问题。

二、城乡公共文化服务均等化的特征与意义

(一) 城乡公共文化服务均等化的相关特征

1. 公有性、公益性和公平性

公有性是城乡公共文化服务均等化建设和发展的前提条件,是向所有社会成员普遍提供,并为社会全体成员所普遍享有。公益性是指公共文化服务提供的是纯公益性的文化产品和服务,体现的是全体社会成员的共同利益,这是城乡公共文化服务均等化建设的根本属性。公平性要求城乡不同阶层居民在获取公共文化资源和享受公共文化服务时,应享有获得服务机会的公平,以及服务内容、质量和服务过程的公平。

2. 基本性和多样性

基本性是指政府向公众提供的是最基本的公共文化服务,而非所有的文化服务;满足的是公众最基本的文化需求而不是所有的文化需求;维护的是公众最基本的文化权益而不是所有的文化权益。而多样性则要求公共文化服务的品种、层次、特色必须多样化,以满足人民群众多样化的文化需求。

3. 便利性和公众参与性

面向全体居民的公共文化服务应当是近距离的、容易获取的服务。

这种便利性体现在公共文化设施的使用、公共文化信息的采集利用、公共文化服务的手段、公共文化服务的提供时间等等方面。而公众参与性则是指在公共文化服务体系的构建和完善过程中，政府有责任保障所有社会成员或社会组织能够充分参与到公共文化产品的生产和服务提供的各个环节中。这也是城乡公共文化服务均等化的重要表现。

4. 目标的阶段性和发展的动态性

我国的公共文化服务无论是在制度框架，还是在实际供给水平与收益水平等方面，城市和农村都存在巨大差异。实现城乡公共文化服务均等化是一个终极价值目标，其最终目的是实现城乡文化的融合与和谐发展、共存共荣。这一目标的实现无疑需要一个长期的循序渐进过程，因此我国现行城乡公共文化服务均等化将是伴随我国现代化全过程的长期战略任务。具体来说，完成我国城乡公共文化服务均等化目标应有三个阶段：第一阶段要完成最低目标，即"底线均等"，逐步缩小差距；第二个阶段则要完成平均目标，即"中位均等"；最后实现终极相等的目标，即达到"高位均衡"。因此，公共文化服务始终是一个动态发展过程，其目标的实现应与城乡经济发展水平和财政保障体制密切相关。当前，我国城乡公共文化服务均等化应当按照地域范围"由小及大"、实现水平"从低到高"、先易后难地稳步推进。

（二）实现城乡公共文化服务均等化的现实意义

1. 弥合城乡之间在公共服务上的巨大差距，促进地区实现城乡文化和谐融合的有效途径

随着中国经济社会的迅猛发展和城市化进程的不断加速，理想的城市化过程应是城市与乡村相互影响，城市文化和乡村文化相互融合，进而使更富品质格调的城市文化与富含传统特色的乡村文化共存共荣的和谐发展过程。因此，城乡公共文化服务均等化是弥合我国城乡二元格局下城市和乡村在文化发展上的巨大差距，打造城市文化活力无限与乡村文明异彩纷呈的文化新格局的必要手段。但是多年来，我国文化建设普遍存在"重城市、轻农村"的现象，农村文化经费投入严重不足，文化建设欠账大、问题多，农村文化资源文化设施建设严重匮乏，城乡文化发展极不平衡。因此，必须大力加强农村公共文化服务体系建设，让更多的文化产品和文化服务向农村倾斜，向农村居民倾斜，切实保障广大农民群众的基本文化权益，使城乡居民能够共享改革发展的文化成果。因此，建立健全的城乡公共文化服务体系，保障城乡居民在

公共文化服务上的公平权益,是实现城乡文化融合的有效途径。

2. 贯彻落实国家公共文化政策、统筹城乡文化发展的关键之举

党的十六届五中全会首次提出"逐步形成覆盖全社会的比较完备的公共文化服务体系"的战略规划;党的十七大报告把"基本建立覆盖全社会的公共文化服务体系"纳入我国至2020年全面实现建成小康社会的奋斗目标中;党的十七大报告中还指出"要重视城乡文化协调发展",并要求将城市和乡村置于同一体系下,整体规划、整合资源,使城乡居民享受同等水平的文化产品和服务,建立能够平等保障城乡公民的基本文化权益的制度及其运行机制。党的十八大报告提出:"要加大统筹城乡发展力度,增强农村发展活力,逐步缩小城乡差距,促进城乡共同繁荣","加快完善城乡发展一体化体制机制,着力在城乡规划、基础设施、公共服务等方面推进一体化,促进城乡要素平等交换和公共资源均衡配置,形成以工促农、以城带乡、工农互惠、城乡一体的新型工农、城乡关系",进而强调要"坚持面向基层、服务群众,加快推进重点文化惠民工程,加大对农村和欠发达地区文化建设的帮扶力度,继续推动公共文化服务设施向社会免费开放","加强重大公共文化工程和文化项目建设,完善公共文化服务体系,提高服务效能"。可见,统筹城乡文化发展是构建城乡经济社会发展一体化新格局的关键环节。而实现城乡公共文化服务均等化、促进公共文化服务向农村基层的延伸和覆盖,使文化资源在城乡之间均衡布局、合理配置、科学组合,让农民享受到与城市居民同样的文化福利,实现城乡在文化政策上的一致、在文化资源上的互补、在文化权利上的平等、在文化发展上的互动,将推动城乡文化全面协调可持续发展,更是统筹城乡文化发展的关键举措。

3. 改善文化民生、推进社会主义新农村建设的重要方面

文化是民生的重要组成部分,是人民幸福指数的重要衡量尺度,是群众生活质量提高的重要标志。基层公共文化服务体系建设涵盖所有城乡,涉及亿万群众的切身利益,不仅是重要的文化问题,更是重要的民生问题。均等化要求我国之所有公民都平等地享受基本公共服务。公共文化作为基本公共服务的重要内容,能否实现均等化,直接关系到民生的改善和社会的公平公正。近年来,我国公共文化服务体系建设在取得长足进步的同时,基层公共文化服务体系建设仍然存在薄弱环节,有相当一部分农村地区的文化发展还相当落后,远不能满足城乡群众对文化生活的期待和要求。如果群众的基本文化需求得不到满足、

基本文化权益得不到保障,就无法实现文化建设的根本目的,更谈不上文化的繁荣发展。因此,推进城乡公共文化服务均等化,以现代文化知识武装农民头脑,以新文化培育新农民、以新农民建设新农村,从根本上提高农民群众的思想道德和科学文化素质,为社会主义新农村建设奠定坚实的人才基础,提供强大的精神动力和智力支持,是推进社会主义新农村建设的重要方面。

4. 维护社会稳定、构建和谐社会的制胜法宝

当前,我国城乡仍然存在一些突出的社会矛盾和问题,这些矛盾和问题处理不好,将会影响城乡社会的和谐稳定。因此,需要加强城乡公共文化服务体系建设,发挥好文化引导社会、教育人民、推动发展的功能,通过提供积极向上、健康有益的精神文化产品和服务,丰富群众文化生活,发挥文化潜移默化的作用,着力培育良好的社会风尚,疏导情绪、化解矛盾、关爱人心、抚慰人心,增进群众对政府的理解和支持,增加群众对未来的希望和信心,激发群众对发展的热情和劲头,促进人与人之间社会关系的和谐,把基层群众的注意力吸引和引导到改革发展上来,自觉维护安定团结的良好局面。显见,实现城乡公共文化服务均等化,以优秀健康的先进文化促进情感的交流,形成人心思进、人心思齐、人心思稳的良好氛围,对化解城乡基层社会矛盾,维护社会和谐稳定具有重要意义。

三、江苏省城乡公共文化服务均等化的实践成果与发展思路

(一)江苏省城乡公共文化服务均等化的实践成果

江苏省作为我国重要的发达省份,历来十分重视文化建设。该省坚持把构建完备的城乡公共文化服务体系作为其文化建设的重要内容,在城乡公共文化的设施建设、产品供给、服务方式、文化政策等方面进行了积极探索,在全国率先完成乡镇文化站和村文化室的达标建设任务,率先推进省级公共文化设施的免费开放,率先实现农家书屋在行政村的全覆盖;在"图书馆、文化馆、博物馆"总数、广播电视综合覆盖率等方面都走在了全国前列。此外,江苏省在国家级和省级公共文化服务体系示范区的创建方面也推出了一批典型,率先走出了一条城乡公共文化服务的和谐建设之路。

1. 城乡公共文化设施建设如火如荼。江苏大剧院、盐城市图书馆新馆等一批标志性文化场馆开工建设,泰州市图书馆和美术馆新馆正

式建成。至 2012 年底,苏州市人均公共文化设施面积和公益性文化设施面积分别达到 0.25 平方米和 0.19 平方米。基本实现市、县(区)、镇(街道)、村(社区)四级公益性文化设施网络全覆盖;无锡市实现全市公共文化设施覆盖率 99.229%;全省建成 2684 个社区共享工程基层服务点,实现了城乡基层服务点的全覆盖。

2. 公共文化服务示范区的创建顺利推进。江苏省国家公共文化示范区顺利通过国家督察组的中期验收,苏州市创建国家公共文化示范区以及江苏省"三馆一站"免费开放工作的总体督查指标优良率为 100%。同时,连云港市"社区文化标准化建设"和南通市"环濠河博物馆群建设"两个国家示范项目受到文化部的好评,张家港"网格化管理"经验得到了全国的肯定和赞扬。2 个省辖市、10 个县(市、区)和 107 个乡镇(街道)的省级示范区被现场命名挂牌。

3. 文化工程建设形成新合力。近年来,江苏省加强了公共数字文化工程的建设力度,省文化厅会同财政厅研究制定了公共数字文化建设实施方案,重点对共享工程、数字图书馆、公共电子阅览室计划进行了有效整合。同时,继续深入开展"送书、送戏、送展览"下乡活动,2012 年送书刊 80 万册、送戏下乡 2800 场、送展览 45 个。靖江市"农民工合唱团"和吴江市"区域文化联动"服务农民工两个服务项目被文化部表彰为 2012 年农民工文化服务示范项目。江苏省文化场馆免费开放不断深入,全省公共文化场馆和乡镇文化站免费开放率达到 100%。

4. 城乡群众文艺创作空前繁荣。江苏省成功举办了乡镇(街道)文化站站长技能大赛,充分展示了全省基层文化站长的风采,提高了他们的任职能力。各地充分利用本地特色文化资源开展了一系列规模、影响较大的基层文化活动。各地在扶持和培育业余团队、文化志愿者队伍等方面有许多亮点和特色:淮安市通过组织群众业余文艺团队调演、业余文艺团队对抗赛、优秀业余文艺团队评选等活动,培育、壮大群众性优秀业余文艺团队;无锡市实施优秀群众业余文化团队小额资助,扶持群众特色团队建设,并建立了政府购买公共文化服务的长效机制。

(二)江苏省城乡公共文化服务均等化的发展思路

1. 基本原则

(1)渐进推进原则

政府要随着社会经济发展不断提高公共文化服务水平,稳妥有序地增加服务内容,拓宽涵盖面。不能脱离财政能力,一味追求过高的公共文化服务水平,应从经济发展水平和公民文化的实际需求出发,实事求是地对各地方、各群体的公共文化服务建设进行合理布局,扎实推进,建立科学的现代化的公共文化服务体系。

(2) 需求导向与公民选择原则

在均等化进程中,应以人民群众的需要为"第一信号",把保障和维护公民的文化权利、满足人民多元的精神文化需求作为公共文化服务的出发点和落脚点,使文化服务的供给与民众的生产生活相适应,与民众的接受能力和水平相适应,提供多样化的公共文化产品和服务。另一方面,它还要与市场经济的基本原则相融合,赋予并尊重人民群众自由选择的权利,不能让人民群众被动地接受指定的公共文化服务。

(3) 差异对待原则

政府应针对不同群体、不同地区的特殊情况,有差别地调配文化资源,有差异地进行公共文化服务建设。均等化绝非统一化,它强调"底线均等",即实现公共文化服务的"低标准、广覆盖",而不是在底线上的整齐划一,它强调的是城乡之间享受公共文化服务的相对均衡,不是绝对均等。要正确把握"普惠"和"倾斜"的关系,财政支出应在坚持"普惠"原则的基础上,突出重点向农村、基层、落后地区倾斜。

(4) 多元供给原则

政府是公共文化服务供给的最终责任者。在此前提下,应充分发挥市场和社会的力量,共同提高城乡公共文化服务的供给效率和专业化水平。政府责任不应仅局限于公共文化服务的直接供给,除了必要的财政投入和财力保障之外,它同样需要着力推进公共文化服务的财政建设、政策设计、标准制定和多元供给主体的培育;在政企分开、政事分开的框架下,将政府的工作重点建立在为市场和社会组织提供服务和创造良好的发展环境上。同时,应积极发展文化产业,探索多元化的公共文化服务供给模式,在政府直接供给之外,努力探索公办民营、特许经营、服务外包、招标采购、合约出租、政府参股等多种文化服务供给模式在城乡公共文化服务领域的相关运用,缓解基本公共文化服务资源的短缺状况。

2. 总体目标

根据江苏"十二五"规划和"两个率先"新内涵新标准,针对江苏省城乡公共文化服务的现状特征和基本矛盾,江苏省推进城乡公共文化服务均等化的总体目标应当是:率先构建共享型城乡公共文化服务体系和公共文化服务供给网络；各地城乡居民能够获得大致均等的基本公共文化服务；重点提高乡村基本公共文化服务供给水平。

3. 重点项目

（1）深入开展国家、省级公共文化示范区的创建工作

认真贯彻落实江苏省公共文化服务体系建设推进会提出的要求，以完善网络均衡发展、共建共享、改善服务为重点，进一步提高城乡公共文化服务的水平和质量。力争创建1个国家公共文化服务体系示范区，1～2个示范项目，命名1个省辖市、10个县（市、区）、100个乡镇（街道）为省级公共文化服务示范区。

（2）积极推行公共图书馆总分馆制

至2013年底，苏南地区以及被命名为国家和省级公共文化服务示范区的地区，要全部实行总分馆制；"十二五"期间，力争全省所有市、县、镇三级图书馆实行总分馆制；市、区、街道三级图书馆实行通借通还的"一卡通"服务。

（3）加强公共数字文化建设

从构建公共数字文化服务体系的高度，统一规划、统筹考虑文化共享工程、数字图书馆推广工程和公共电子阅览室建设计划三项公共数字文化工程。2013年全省所有城市街道文化中心和70%左右的乡镇文化站要按《标准》建成电子阅览室，有10个以上市中心达到国家数字图书馆推广工程的建设标准。

（4）广泛开展群众性文化活动

加大对基层地区的资源倾斜力度，加强对农民工等弱势群体的文化关怀，保障人民群众的基本文化权益。继续开展"送书、送戏、送展览"下乡活动。继续开展"特色文化之乡、团队、家庭、标兵"评选命名活动，大力培育地方文化品牌。依托公共文化设施、文化惠民工程，广泛开展基层文化志愿服务活动，力争在农村和社区群众文化活动中，形成城乡互动、上下联动，促进群众文化活动体制化的有效机制。

（5）不断完善"三馆一站"免费开放工作

一是要完善免费开放服务项目和服务内容，提高服务水平和服务质量。二是要积极探索为社会弱势群体文化服务的有效方法，结合各地的实际情况，重点增加对城乡困难人员、农民工等特殊人群的对象化服务。三是严格规范免费开放资金的投入和使用。四是建立相关考核评价机制，推动公共文化服务体制机制创新，加强对其的绩效评估，制

定科学、易行、可操作的免费开放工作绩效考核办法。

（6）积极开展重点课题研究

加强城乡公共文化服务体系建设的制度设计课题研究，各地文化部门特别是公共文化服务示范区创建单位要选择有针对性的课题予以扶持，为江苏省城乡公共文化服务均等化建设、区域间文化的率先现代化提供理论支撑与政策建议。

参考文献：

边继云.河北省城乡公共文化均等化存在问题及产生原因[J].河北科技师范学院学报,2009,4.

陈威.公共文化服务体系研究[M].深圳：深圳报业集团出版社,2006.

黄金旺.加强城乡公共文化服务体系建设推动城乡文化一体化发展[J].甘肃农业,2012,7(337).

胡税根,宋先龙.我国西部地区基本公共文化服务均等化问题研究[J].天津行政学院学报,2011,1(13).

蔡辉明.新农村公共文化服务供给均等化的制度设计[J].老区建设[J],2008,10.

于志勇.农村公共文化服务供给研究：基于公共服务均等化的视角[J].云南行政学院学报,2012,4.

宋先龙.我国西部地区基本公共文化服务均等化问题研究[C].浙江大学硕士毕业论文,2011.

张云峰.黑龙江省建设农村公共文化服务体系研究[C].东北农业大学学报,2010.

徐耀新.深入学习贯彻十八大精神,扎实推进文化强省建设[J].文化新世纪,2013,3.

王世华.以科学发展观为指导,全面推进全省公共文化服务体系建设[J]。文化新世纪,2013,3.

江苏省人民政府研究室.开启基本实现现代化新征程——2011年江苏省政府决策咨询研究重点课题成果汇编[M].南京：江苏人民出版社,2011.

城市文化现代化指标体系构建与发展水平实证评价
——以南京为例

原载《金陵科技学院学报（社会科学版）》2013年第2期
转载《人大复印资料文化研究》2013年第10期
叶南客,李惠芬

　　叶南客（1960— ），男，江苏涟水人，研究员，博士生导师，南京市社会科学院院长，南京市社科联主席、党组书记，主要从事社会科学研究。

　　内容提要 文化现代化是一个文化发展潜力、文化保障、文化影响、文化创新实力的综合系统。在前人研究基础上,立足我国城市发展的现状,构建了城市文化现代化指标体系,并进行了实证研究,提出了率先实现文化现代化的战略举措。

关键词 城市文化现代化/指标体系/实证研究

现代化问题是一个牵涉甚广的研究课题,文化现代化则是其较为重要的一个方面。作为现代化变革的层面之一,文化是社会发展的内核,与国家和民族的发展休戚相关。2013年5月,历时3年的江苏省《苏南现代化建设示范区规划》终获国务院批复。这是继中关村科技园区、东湖高新区、张江高新区和合芜蚌自主创新综合配套改革试验区之后,中国第五个"国家自主创新示范区",也是江苏省第二个国家级战略。在建设苏南现代化示范区进程中,研究作为重要一极的文化现代化具有重要的理论和现实意义。

一、城市文化现代化的内涵及模型结构

由于文化没有统一的定义,文化的内涵也比较丰富,因此文化现代化的概念在学术界尚没有统一的认识。自现代化概念提出以来,各种现代化的理论中均有对文化现代化的描述,但各自对文化现代化内涵的理解不尽相同,主要有以下几种观点:第一,过程说。如丹麦学者尼尔森等认为,文化现代化是一个过程,本质是个性化过程;文化现代化也是一种结构状态,一种新的文化结构状态。第二,维度说。如德国学者欧甘认为,现代化包括三个维度,即现代化的艺术方法和意义维度、现代化意识形态维度和现代化的技术维度。第三,狭义现代化说。如赵伯乐认为,文化现代化特指狭义文化意义上的现代化,主要体现在上层建筑和精神领域内,是与经济现代化并列的一个范畴。第四,转型说。如张静和周三胜认为,文化现代化是现代化中最艰难的文化转型,等等。

据此,本研究从狭义现代化的角度认为,所谓城市文化现代化是指与经济、社会、生态等并列的文化领域的现代化,是在继承与弘扬民族的、全人类的优秀传统文化的基础上改造、发展,不断向现代文化转型的特殊变迁过程[1]。它以文化制度、文化观念的变迁为引导,以文明要素的创新和传播为基础,依靠知识、设施、环境、制度等要素驱动城市文化追赶、达到和保持国内乃至世界前沿地位的互动过程。其内涵应包含以下几个方面:文化发展潜力、文化保障、文化影响、文化创新实力等基本理论构架(图1)。

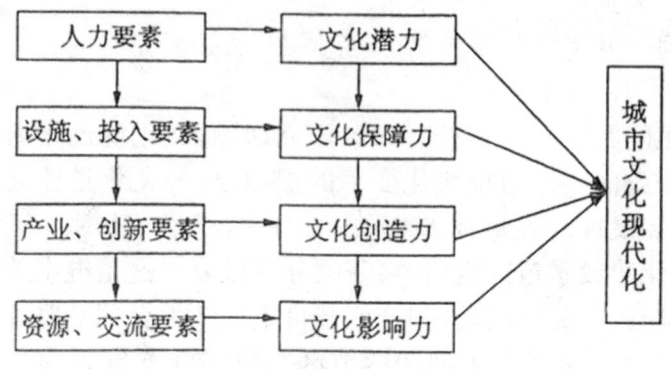

图1 城市文化现代化系统结构

文化潜力反映了城市文化现代化的增长性、可持续性,是城市文化现代化发展的后劲;文化保障力是城市文化现代化存在与发展的载体;文化创新力是城市文化现代化的动力因素;文化影响力是文化现代化的自我彰显能力。

二、城市文化现代化指标体系的构建

(一)文化现代化指标选取的设计理念

任何一个测评体系,都是以其指标内涵为基础,遵循一定的设计理念,并建立在特定的理论模型基础之上的,文化现代化也不例外。

文化现代化是一个综合性、系统性的概念,单纯选用个别指标,不足以反映文化现代化的整体状态和水平,必须根据其本质含义、基本特征、主要内容,构建一个层次分明、结构完整、指标可比的评价指标体系。它应该具备以下特点:

第一,通用性。文化现代化评价指标的设计,首要的立足点,就是要具有国际、国内对比功能。在指标选取上,要充分考虑到国际间的比较,选取与国际上通行的统计指标,尽可能注意与国际接轨,提高可比性。

第二,系统性。每一个系统都有复杂的多元参量组成。该指标体系将在时间上反映文化现代化的发展趋向,在空间上反映文化现代化发展的整体平衡性,在层次上反映文化现代化建设的水平。

第三,相对性。文化现代化的指标选取,在数值上尽量采用相对值,尽可能不采用绝对值。这样既能反映实际情况,又便于比较优劣,查明薄弱环节。

(二) 城市文化现代化指标体系的创立

文化现代化评价本身是一件非常复杂的工作。由于文化现代化包含多方面的内容,不同研究者从不同的维度或视角出发,遵循不同的标准,选择一组指标构成文化现代化的评价指标体系。而作为现代化研究指标体系中的一个重要组成部分,要将文化现代化浓缩为几个关键指标,是一个更为困难的课题。本研究在参照何传启《中国文化现代化报告2009》《江苏基本实现现代化指标体系》《宁波文化现代化指标体系的制定及评价》等研究的基础上,依据文化现代化的内涵,遵循了系统性、层次性等原则,以"有利于生产力的提高、有利于社会的进步、有利于人的全面发展"为目的,选取了文化潜力、文化保障力、文化创新力、文化影响力等4个一级指标,文化素质智力化、文化设施现代化、文化产业创新化等7个二级指标,平均受教育年限、文化娱乐服务支出占家庭消费总支出比重等17个指标为三级指标的文化现代化指标体系(表1)。

表1　城市文化指标体系①

指标	权重	类别	权重	指标	权重
文化潜力	0.30	文化素质智力化	0.40	1. 平均受教育年限/年 2. 每万人拥有在校大学生数/人	0.5 0.5
		文化消费提升化	0.35	3. 文化娱乐服务支出占家庭总支出比②/% 4. 每百户文化耐用品拥有量③/台	0.6 0.4
		文化生活信息化	0.25	5. 互联网普及率/户·(千人)⁻¹	1.0
文化保障力	0.25	文化设施公益化	0.50	6. 每万人公共文化设施面积④/m² 7. 万人博物馆拥有率/% 8. 人均公共图书馆占有量/册	0.3 0.3 0.4
		文化投入优先化	0.50	9. 人均公共文化支出⑤/元 10. 文化体育与传媒支出占全部财政支出比/%	0.5 0.5

续表

指标	权重	类别	权重	指标	权重
文化创造力	0.25	文化产业创新化	1.00	11. 文化产业增加值占GDP比重/%	0.2
				12. 文化体育娱乐业从业人员占总就业人数/%	0.2
				13. 人均文化产业增加值/万元	0.2
				14. 科技人员比例⑥/位·(万人)⁻¹	0.2
				15. R&D占GDP比例/%	0.2
文化影响力	0.20	文化交流国际化	1.00	16. 年国际文化交流人数⑦/万人次	0.5
				17. 人均国际旅游创汇收入/美元	0.5

注：① 本研究中的人均数据，除特别说明外，均根据常住人口计算而来；② 考虑到现代化应跟国际接轨，而国际社会中文化消费是不涵盖教育费用的，故本研究中的文化消费指的是扣除了教育费用后的文教娱乐支出；③ 考虑到统计数据的可得性，本研究中每百户文化耐用品拥有量主要指的是电脑；④ 考虑到统计数据的可得性，本研究中万人公共文化设施主要指的是图书馆、博物馆、文化馆站的总面积；⑤ 本研究中人均公共文化支出主要指政府对民众的文化体育与传媒支出除以常住人口；⑥ 由于数据的不可获得性，本研究中科技人员主要指的是专业技术人员；⑦ 由于年国际文化交流人数在统计年鉴中没有具体的统计数据，本研究用入境游旅人次数来替代。

（三）城市文化现代化参考值的设定

本研究根据国际社会现代化的标准要求、发达国家的文化发展状况、国内主要城市文化现代化的发展现状，以及江苏省率先实现现代化的目标要求，设定了基本现代化的参考值及2015年南京率先实现文化现代化的目标值（表2），并据此对南京、北京、上海、广州、杭州、宁波、深圳、沈阳、武汉、苏州、无锡等城市的文化现代化发展水平进行了测评。

表2　城市文化现代化参考值和2015年预测值

指标	类别	指标	基本现代化参考值	2015年预测值
文化潜力	文化素质智力化	1. 平均受教育年限/年	13.0	13.0
		2. 每万人拥有在校大学生数/人	1000.0	1000.0
	文化消费提升化	3. 文化娱乐服务支出占家庭消费总支出比/%	10.0	12.0
		4. 每百人文化耐用品拥有量/台	35.0	36.0

续表

指标	类别	指标	基本现代化参考值	2015年预测值
文化潜力	文化生活信息化	5. 互联网普及率/户·(千人)$^{-1}$	300.0	250.0
文化保障力	文化设施公益化	6. 每万人公共文化设施面积/m^2	2000.0	1000.0
		7. 百万人博物馆拥有率/个	5.0	5.5
		8. 人均公共图书馆占有量/册	2.0	2.5
	文化投入优先化	9. 人均公共文化支出/元	300.0	200.0
		10. 文化体育与传媒支出占全部财政支出比/%	3.5	2.0
文化创造力	文化产业创新化	11. 文化产业增加值占GDP比重/%	8.0	5.0
		12. 文化体育娱乐业从业人员占总就业人数比/%	2.0	2.1
		13. 人均文化产业增加值/万元	1.0	0.8
		14. 科技人员比例/位·(万人)$^{-1}$	10.0	11.0
		15. R&D占GDP比例/%	3.5	4.5
文化影响力	文化交流国际化	16. 年国际文化交流人数/万人次	300.0	200.0
		17. 人均国际旅游收入/美元	250.0	200.0

（四）评价方法及数据来源

城市文化现代化的发展度等需要通过一定的方法来衡量。由于城市文化现代化衡量是一个较难的课题，而且现在还处于摸索阶段，本研究采用了综合评价法，设定了综合评价模型，其关系式如下：

$$f_{ij} = 100 \times \frac{x_j}{x_{jb}}$$

$$f_z = \sum \frac{f_{ij}}{n} \qquad (2)$$

$$z = \frac{\sum(w_s \times f_{ij})}{100} \qquad (3)$$

式中：j 为指标编号；f_{ij} 为第 j 个指标的指数；x_j 为第 j 个四级指标的实际值；x_{jb} 为第 j 个四级指标的标杆值；f_z 为三级指标第 s 类指标的指数；n 为第 s 类指标个数；依此类推，计算出二级指标的指数。z 为文化现代化指数；w_s 为指标权重[2]。本研究中设定各项指标达标的最高分为1，即使指标已超过该项指标率先实现现代化的水平，仍设定为1，综合评价值满分为100。

率先实现城市文化现代化是一个较长时期"现代化"的过程，为了更好地衡量城市文化现代化的发展水平，找出薄弱环节，本研究根据文化现代化的综合指数，将文化现代化发展过程分为三个阶段：当综合指数 $z \geqslant 50$ 时，为初步文化现代化；当综合指数 $z \geqslant 70$ 时，为基本文化现代化；当 $z \geqslant 90$ 时，为率先文化现代化。同样，对于各个指标，如果其达标率 $f \geqslant 50$ 为初步达标；当达标率 $f \geqslant 70$ 为基本达标；当达标率 $f \geqslant 90$ 为全面达标[3]。总指数值愈高，城市文化现代化水平就愈高，反之愈低。并据此对南京及国内部分城市的文化现代化水平进行了测算。

考虑到文化现代化的本质特征以及各指标反映这些本质特征的程度，本课题组采用德尔斐法（即专家调查法），对不同的指标给予了不同的权重。本研究数据主要来源于各市2010年的统计年鉴及据此数据的测算。

三、率先实现文化现代化进程的综合分析

（一）相关城市文化现代化进程比较

文化现代化的预测，不仅需要城市自身纵向的比较，还应通过与相关城市的横向比较，找出自身率先实现文化现代化的差距，从而找到更好的发展路径。为此，本研究将南京放置在了国内相关城市的网格中，对其文化现代化进行了评测。研究发现：

1. 文化现代化综合指数分层明显。研究发现，2009年，各市的文化现代化发展状况分层明显，北京处于第一层面，已率先实现文化现代化；广州、上海和深圳位于第二层面，处于基本实现文化现代化阶段，三者之间差距不大,与率先实现文化现代化阶段的差距也较小;杭州、南京是第三层面,杭州处于基本文化现代化阶段,但与同处于初步文化现代化的广州、上海、深圳之间有很大的差距。南京处于初步文化现代化阶段,要实现文化现代化,还有很长的路要走;其余城市属于第四层面。而且,文化现代化综合指数高的城市,其各二级指标的分值也较高;反之亦然,详见表3。

表3 相关城市文化现代化实现情况

城市	文化潜力	文化保障力	文化创造力	文化影响力	文化现代化指数	文化现代化所处阶段
北京	97.65	81.67	82.12	99.60	90.26	率先实现文化现代化
广州	97.58	82.85	69.80	100.00	87.56	基本实现文化现代化
上海	92.46	80.36	60.36	99.40	83.15	基本实现文化现代化
深圳	68.85	83.92	75.39	100.00	82.04	基本实现文化现代化
杭州	64.81	71.42	73.46	72.40	70.52	基本实现文化现代化
南京	81.25	56.78	62.85	40.71	60.40	初步现代化
苏州	80.57	54.99	49.44	49.45	58.61	初步现代化
沈阳	53.18	65.83	55.76	17.66	48.11	—
无锡	67.28	34.57	58.76	22.23	45.71	—
宁波	69.76	39.34	42.21	26.94	44.56	—
武汉	51.24	45.21	57.82	18.36	43.16	—

2. 各市文化现代化指标均有强有弱,差异显著。文化现代化是一个综合的概念,单一的指标不能说明一个城市的文化现代化水平。各城市由于自身的历史因素、发展定位等原因,在文化现代化发展进程中,呈现出显著的不平衡性。如北京的文化潜力和文化影响力很强,而文化创造力和文化保障力相对较弱;深圳的文化影响力很强,而文化潜力则很弱;南京也是如此,文化潜力是其强项,而文化影响力则在很大程度上制约了南京的文化现代化进程。

(二)南京文化现代化进程综合评价

1. 处于基本实现文化现代化阶段,与率先实现文化现代化目标有较大差距。研究发现,2009年,南京的文化现代化综合指数为60.4,根据前文设定的文化现代化阶段划分依据,目前南京尚处于基本实现文化现代化阶段。率先实现文化现代化要求综合指数大于等于90,南京目前的文化现代化综合指数与之差距较大。

而且,与北京(90.26)、上海(83.15)、广州(87.56)、深圳(82.04)等城市相比,南京的文化现代化水平与之也存在较大差距,要赶上它们实非易事。但南京与杭州的文化现代化水平差距较少,存在一定的赶超空间。省内城市苏州(58.61)的文化现代化进程较为迅猛,与南京的差距很小,南京极易被其赶超。

2. 文化潜力是南京文化现代化的主要优势。研究发现,根据南京率先基本实现现代化的要求,对照江苏率先基本实现现代化指标体系的要求,2009年南京文化现代化中能够突出体现南京优势,在全省甚至全国形成示范的主要是文化潜力,文化潜力在相关城市中以81.25的高分排列第四,其具体的衡量指标有2项,分别为文化娱乐服务支出占家庭消费总支出比重和人均公共图书占有量,它们均已超额完成了率先实现文化现代化的参考值。在全国范围内有较好基础,预计2015年能在实现文化现代化中能领先的主要是文化潜力和文化创造力,其中有8项指标预计能全面完成,它们分别是:平均受教育年限、每万人拥有在校大学生数、文化娱乐服务支出占家庭消费总支出比重、每百人文化耐用品拥有量、万人博物馆拥有率、人均公共图书占有量、科技人员比例、R&D占GDP比例(表4)。

表4 南京文化现代化2009年已完成与2015年预计完成的指标

指标	2009年南京实际值 实现率/%	2015年南京预测值 可能实现率/%
平均受教育年限	79.31	100.00
每万人拥有在校大学生数	89.90	100.00
文化娱乐服务支出占家庭消费总支出比重	101.00	120.00
每百人文化耐用品拥有量	72.09	102.86
万人博物馆拥有率	98.60	110.00
人均公共图书占有量	103.00	125.00
科技人员比例	97.30	110.00
R&D占GDP比例	81.43	128.57

3. 文化保障、文化创造力和文化影响力是制约南京率先实现文化现代化的主要因素。按照南京目前发展水平和"十二五"规划目标,对照文化现代化指标体系参考值,我们发现,文化保障力、文化创造力和文化影响力是制约南京率先实现现代化的主要障碍。数据显示,与率先实现文化现代化的要求相比,2009年,南京的文化保障力指数为

56.78，在11个城市中位列第7，其具体的衡量指标万人公共文化设施面积、人均公共文化支出、文化体育与传媒支出占全部财政支出比重的完成率仅分别为36.70%、27.07%和38.83%，文化创造力指数为62.85，在11个城市中位列第6，其具体的衡量指标文化产业增加值占GDP比重和人均文化产业增加值的完成率分别为45.00%和20.00%；文化影响力指数为40.71，其具体的衡量指标入境游旅游人次数和人均国际旅游创汇的完成率分别为37.83%和43.60%，上述指标均处于尚未达到初级现代化的水平。根据预测，到2015年，万人公共文化设施面积、人均公共文化支出、文化体育与传媒支出占全部财政支出的比重、文化创意产业占GDP比重、入境游旅游人次数等5项指标也仅是处于初级现代化水平。具体情况见表5。

表5 预计实现目标值有较大难度的指标

指标	2009年实际值完成率/%	2015年预测值完成率/%
国际互联网用户普及率	61.33	83.33
万人公共文化设施面积	36.70	50.00
人均公共文化支出	27.07	66.67
文化体育与传媒支出占全部财政支出比	38.86	57.14
文化创意产业占GDP比重	45.00	62.50
文化体育娱乐业从业人员占总就业人数比	70.50	90.00
人均文化产业增加值	20.00	80.00
入境游旅游人次数	37.82	66.67
人均国际旅游创汇收入	43.60	80.00

通过表5我们还发现，这些较难实现的指标之间具有相关性，比如文化体育与传媒支出占全部财政支出的比重直接决定了人均公共文化支出的水平和万人公共文化设施的建设状况；文化创意产业的发展状况直接决定了文化体育娱乐业从业人员占总就业人数比重；入境游旅游人次数与人均国际旅游创汇收入也存在着正相关性。因此，上述指标实现难度较大可以归因为南京现阶段的几大薄弱环节：一是政府对文化建设的投入较低；二是创新要素缺乏。

四、结语

综上所述，一个城市的文化现代化进程要受多方面因素的影响，文化现代化的率先实现,短期看可以通过加大投入等来实现,但长期的发展则需要通过创新发展机制等来实现。因此,我们认为,南京要率先实现文化现代化,应完善创新政策,增强文化创新力;加大投入力度,强化公共文化服务力;注重城市文化品牌营销,提升南京文化国际影响力。

参考文献:

陈依元,王益澄.宁波文化现代化指标体系的制定及评价[J].宁波大学学报:人文科学版,2001(4):12—17.

何传启.中国文化现代化报告2009[M].北京:北京大学出版社,2009:280.

哈尔滨市城乡规划局网.哈尔滨市城市现代化指标体系的研究[EB/OL].(2011—09—01)[2013—04—03].http://www.upp.cn/view/ghwy/article/301540.html.

"三社联动"的内涵拓展、运行逻辑与推进策略

原载《理论探索》2017年第5期 《新华文摘》2017年3期全文转载

叶南客

〔摘 要〕 个体化变迁深刻改变着个体与社会的关系,使得我国基层社会治理面临新的形势。"三社联动"作为近年来我国在基层社会治理创新的实践探索,是指通过社区建设、社会组织培育和社会工作现代化体制,形成"三社"资源共享、优势互补、相互促进的政府与社会之间互联、互动、互补的社会治理新格局。"三社联动"的协调机制主要体现在街道—社区两级主体之间,协作机制主要体现在社区居委会与社区工作站之间,合作机制主要体现在社区、社会组织与社会工作者各主体间的联动过程。推进"三社联动",要求通过政府体制创新,加快社区的本质重构;专业社会组织导入与本土组织培育并举,实现社区的再组织化;双向整合社会工作人才队伍,提升社会工作者工作能力和水平。

〔关键词〕 "三社联动" 个体化 社会治理

改革开放以来,在我国社会结构的急剧转型过程中出现了巨大的社会关系变迁,其中个体化是我国由传统农业社会迈向现代工业社会过程中不可忽视的一大趋势。个体化变迁中,社会个体从传统的社会制度框架脱离,而日益基于自我选择重新建构个体身份与社会认同,这深刻改变了基层社会治理的主体关系与治理规则。随着党的十八届三中全会以来实现国家治理体系和治理能力现代化成为党和政府关注的紧迫课题,"三社联动"作为近年来我国在深化基层社会治理领域内的

探索实践,如何在社会个体化的背景下澄清其概念内涵、运行逻辑,对于进一步深化社区治理体制改革,具有重大的理论价值与现实意义。

一、"三社联动"的时代背景

(一) 个体与社会呈现流变的动态关系

在社会个体化变迁中,个体与社会的关系发生了明显变化。社会个体化是人类社会现代化进程中的一个重要面向,意指与西方社会现代化同步发生的"人的解放"过程,即在工业化、城镇化、市场化、全球化机制作用下,个人从阶层、宗族、社区等传统、封闭、同质的地方共同体中解脱出来;通过现代教育体系、劳动力市场、福利国家等制度安排,成为对自己负责、为自己作主的个体。德国社会学家贝克从四个维度阐释了社会的个体化变迁:去传统化,个体的制度化"脱嵌"与"再嵌入",被迫追寻"为自己而活",系统风险的生平内在化[1]27-34。就个体与社会的关系而言,个体化意味着个体与社会之间权利边界的重新调整——在个体化语境下,个体根据自我需求进行个体身份与社会认同的建构,个体与社会处于流变的动态关系之中。

与西方社会类似,中国社会的个体化变迁也是社会现代化的伴生物。19世纪末20世纪初,伴随着中国在建设现代民族国家所作的种种努力,个体开始挣脱家庭、宗族社区等传统社会结构的制约,而直接与革命运动与民族国家建设联系在一起。这样,个体先走出"祖荫",而后又嵌入"个体—党和国家"的轴线,与国家直接面对面[2]356。改革开放以来,伴随着社会主义市场经济体制的确立,中国社会的变迁呈现出从"总体性"到"个体化"的转变趋势[3]。就个体与社会的关系而言,改革开放之前的中国社会,国家与社会中心基本同构,并几乎垄断着全部重要资源;以这种垄断为基础,国家不仅对政治、经济、社会生活进行全面干预和控制,个体的私人生活也必须在国家"给定"的有限空间里实现。改革开放之后,随着单位制的衰弱、社会流动性的增加以及伴随着市场经济和城市化快速推进而来的社会资源配置机制和方式的多元化,传统的总体性的社会关系纽带被逐渐撕裂,个体与社会的关系逐渐由单一走向多元,个体从先前的被国家所控制的状态中崛起,获得了空前的自由度,个体与国家及社会的关系日渐呈现出松散、游离甚至背离的状态[4]。个体化变迁深刻改变着个体与社会的关系,使得我国基层社会治理面临新的形势:首先,个体化变迁极大挑战了传统的社会整合力。

随着个体化变迁的深入，个体日益基于自我中心和自身需求建构身份与社会认同，传统的权威日渐式微而失去对个体的整合力。具体而言，在"总体性社会"中，国家通过人民公社和单位实现对农村和城市基层秩序的管理；然而，随着人民公社和单位制度的式微，我国的基层社会出现了一定程度的权威真空，国家对基层社会的治理与整合愈发呈现出"有心无力"的状态。其次，个体化变迁使得社会个体出现严重分化。个体化变迁过程中，个体的自由度和可选择机遇空前增加，且主要基于自我认同与自身需求决定个体定位。如此，原本受到同质性共同体制约的个体被分化成一个个有自身诉求的主体，极大增加了社会治理的难度与成本。

以往的基层社会治理研究更多集中于对"国家—社会"二元结构的探讨，而随着社会个体化趋势的发展，国家与社会、国家与个体、社会与个体的关系发生了深刻变迁，"个体"无疑应该成为创新基层社会治理必须正视的要素之一。本文着眼于"国家—社会—个体"这一多元结构的多边互动，思考如何在既有的"强国家"和崛起的"强个体"现实状况下，通过"三社联动"这一基层社会治理创新实践，提高国家对基层的渗透力、个体在基层的参与度，从而有效推动基层社会治理的现代化。

（二）"三社联动"的内涵拓展

"三社联动"作为近年来我国在基层社会治理创新的实践探索，是指通过社区建设、社会组织培育和社会工作现代化体制，形成"三社"资源共享、优势互补、相互促进的政府与社会之间互联、互动、互补的社会治理新格局[5]。笔者曾较早对国内各地"三社联动"的实践经验进行总结，并对"三社联动"的概念内涵、模式选择与策略研究进行过思考。回视笔者此前的思考及其他学者的既有研究，都普遍将"三社联动"定义为社区、社区社会组织和社工队伍（社会工作者）三者之间的联动，并分别强调了"社区"的平台角色、"社区社会组织"的载体角色以及社工队伍的支撑角色[①]。但随着个体化变迁的深入，仅从平台、载体和支撑属性来认知"三社联动"中各主体的内涵与联动机理显然是不够充分的，必须对其内涵进行拓展。

[①] 参见叶南客、陈金城：《我国"三社联动"的模式选择与策略研究》，《南京社会科学》2010年第12期；顾东辉：《"三社联动"的内涵结构与逻辑演绎》，《学海》2016年第3期；王思斌：《如何理解"三社联动"》，《中国社会工作》2015年第13期；曹海军：《"三社联动"的社区治理与服务创新》，《行政论坛》2017年第2期。

1. "三社联动"中"社区"的角色。在我国"三社联动"实践中,各地基层社会管理体制的组织关系虽不尽相同,但总体上维持了"一委一居一站一中心"的组织架构,在社区场域内存在多重复杂关系。因此社区的主体性意涵不仅只有社区居委会、社区党组织、社区志愿者,甚至是所在地企事业单位都应该包含在内[6]。因此,对于"社区"角色,应该从多个维度进行考察,例如有学者在研究中就注意到了"三社联动"中"社区"作为社区居民和基层政府的"双重代理人"的主体性特征,以及"社区"作为社会组织和社会工作者进行合作互动的特定场域的平台性特征[7]。具言之,以社区党组织、社区居委会等主体代表了行政区划意义上的"社区",意指管辖某一地域空间的主体;社区服务中心等活动、服务平台代表了平台意义上的"社区",是一个参与社区建设的平台;除此之外,"社区"还具有生活、精神共同体的维度,这个层面上的"社区"具有整合社区内各行为主体、共同参与社区建设的功能。

2. "三社联动"中"社会组织"的角色。学界对"三社联动"中"社会组织"的载体角色有着普遍共识。但是,鉴于政府主导型、项目引领型等嵌入式"三社联动"模式仍是当前各地"三社联动"实践的主流,既有研究中往往将"三社联动"中的"社会组织"认定为具有合法资质的法人社会组织,而并未正视法定意义以外的各类社区社会组织在社区中的组织、整合功能。然而,在个体化社会中,极具主体性的个体虽然从传统的社会结构中脱嵌,但同时也会在新的组织结构中实现再嵌入。这些新的组织结构往往是维护居民个人权益、实现基层自我治理的重要载体。因此,突破对社会组织的单一狭隘理解,通过更广泛、更具动态性的社会组织来实现新的时代背景下基层社会团体的重建,是理解"三社联动"内涵的应有之义。

3. "三社联动"中"社会工作者"的角色。以"以人为本、助人自助"为宗旨的社会工作服务的专业化、职业化本是"三社联动"的重要发展背景。但是,通观我国社会工作的开展情况,由于现有的社会工作实践过于强调(西方意义上)所谓的社会工作专业性[6],却未能很好地与长期从事基层社区工作、以街居干部为主体的社区工作队伍形成良好互动,以致当前由高校社工专业毕业生和通过社会工作职业资格考试产生的社区工作者组成当前社会工作者,这支队伍虽然能够提供专业的社会工作服务,但是在参与社区治理方面的成效并不显著。"三社联动"作为创新基层社区治理的重要模式,社会工作者的核心能力不仅仅是提供专门化的社会服务,而应该同时具有较强的在地化能力,为社区内不同群体和个体的整合作出应有贡献。

二、"三社联动"的运行逻辑

(一)"三社联动"的逻辑动因

1. "三社联动"的目标指向。关于此问题笔者曾作过如下思考:社区、社会组织和社会工作者通过各主体之间所建立的高效联动机制参与到社区公共事务治理中来,建立健全"党委领导、政府负责、社会协同、公众参与"的社会管理格局,形成相互配合、互为支持、共同推进和开展社会管理改革工作的新局面[5]。这一认知如果放在个体化发展趋势下"国家—社会—个体"的多元主体结构中进行检视,笔者认为其实还有待进一步澄清。多元主体虽然以"联动"的方式共同参与社区公共事务治理,但在更具象的社区治理实践过程中可以发现,不同的主体其实有着不同的诉求与目标指向:就社区内的居民个体而言,"三社联动"的意义在于实现社区福利水平和居民自治能力的提升;就社会组织和社会工作者而言,其目标具有较强的一致性,即在为社区居民提供专业服务的同时,实现自身的永续发展;而社区由于其具有多重属性,其目标主要包括提升内部治理能力和水平,实现内部的团结与整合,并通过以上两个目标的实现,保证内部秩序的和谐稳定。基于此目标指向,有学者也将"三社联动"定义为"在政社分工与团结机制下,通过政府购买服务等外在机制,激发社会活力(以'三社'为主体)参与社会建设,促进政府与社会力量分工协作、各司其职,以推进基层社会治理和公共服务创新的目标过程"[6]。

2. "三社联动"的内外动力。在"三社联动"过程中,社区、社会组织与社会工作者在社区内部需求和政府、社会等外力作用下,各主体间互相咬合、紧密联系、优势互补,共同实现"三社联动"系统的运转。首先,社区需求是带动"三社联动"系统运转的内部动力。社区需求来源于社区居民的意见和诉求,是社区居民的意志与愿景的体现。社区居民通过个人或其他自治组织将意见、诉求反映到社区居委会,并通过居委会将不同个体、群体的诉求上升为社区的集体需求;居委会根据社区需求的具体情况,选择专业社会组织与社会工作者介入并提供服务,并通过政府或其他社会力量提供资金、政策方面的支持,由此形成最典型的内生型"三社联动"模式。由于在现实的基层社会治理组织体系中,社区党组织、社区居委会等主体都是处于社区场域;同时,社区是聚居在特定空间的人们所组成的社会生活共同体。多重属性决定社区成了"三社联动"系统中最重要的主体,它既整合着社区居民的诉求,同时也传递着国家(政府)的要求。

其次,国家(政府)和社会是"三社联动"的外部机构进驻社区的嵌入式"三社联动"模式,是当前我国"三社联动"实践探索的主流。国家(政府)虽然不是"三社联动"的主体之一,但是,却一直是我国社会治理的主导力量。国家(政府)作为"三社联动"的外部支持,一直为"三社联动"提供资金保障、政策支持、专业人才等。社会组织的先进理念与目标也是带动"三社联动"系统运转的外在推力,且常见于"理念践行型'三社联动'模式"。因为理念践行型联动的价值理念一般源自专业社会组织的倡导,甚至是国际组织对社区的援助与试点工作[8],其中大量高层次优秀的社会志愿服务人员,通过开展各种志愿服务和专业服务活动,对增强社区内居民和各种社会组织参与社区公共事务治理具有引导和榜样作用。需要强调的是,不论是国家(政府)还是社会,它们作为外部推力不可能源源不断地为系统运转提供动力,它们往往在系统运转的初期提供启动力,系统后续运转的动力取决于外部的动力能否有效激发社区内部需求。在这种情况下,就对初期介入的社会工作者提出了更高的要求:他们不仅仅要提供专业化的社会服务,更要通过有效的在地化,促进社区内部各主体的整合、互动与合作(见图1)。

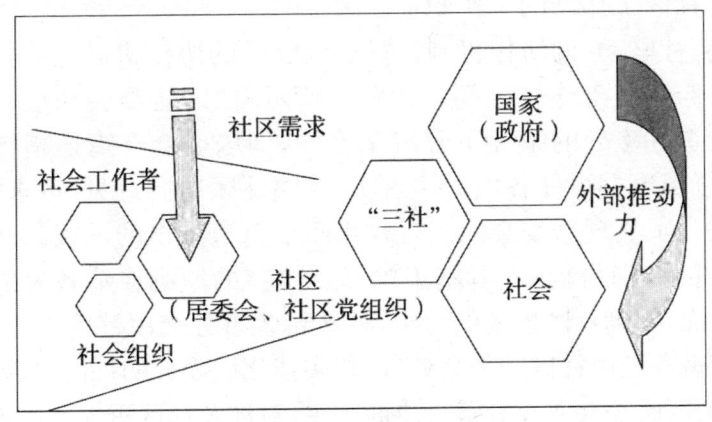

图1 "三社联动"的内外动力

(二)"三社联动"运行机制

"三社联动"作为我国基层社会治理的新探索,具有实践先于理论的特点。上海、广州、南京、嘉兴、苏州等地先后开展过"三社联动"试点,并形成各具特色的典型经验[9]。梳理、对比各地推动"三社联动"建设的具体做法,可以归纳出各地"三社联动"主体框架和运行机制的共同之处。需要强调的是,由于"三社联动"系统的运转既有源自社区需求的内部动力,也离不开国家(政府)和社会所提供的外部推动力;而且在社区治理改革的实践层面,"三社联动"的有效推进往往也需要街道甚至区一级政府进行顶层架构和区域统筹。因此,本文对"三社联动"主体结构和运行机制的分析,也纳入了街道层面的部分主体。

1."三社联动"的协调机制。"三社联动"的协调机制主要体现在街道—社区两级主体之间。如图2所示,在街道党工委和社区党组织、街道办事处和区工作站与社区居委会之间,因为两级主体存在行政层级上的区别,故而在"三社联动"过程中需要运用协调机制进行工作指导。具体而言,一是需要充分坚持党组织对社区工作的领导,加强街道党工委对社区党组织的工作指导和引领作用,从而将党的建设与"三社联动"科学衔接,不断扩大党在基层的群众基础,提高党组织在联动过程中的凝聚作用。二是需要充分发挥街道办事处对社区居委会和社区工作站的协调机制。社区居委会是社区居民自我管理、自我服务的基层群众性自治组织,社区工作站是街道专门成立的派出机构,两者性质虽各不相同,但都在工作业务上需要接受街道办事处的指导——需要街道通过政策性协调手段,按照政事分开、政社分离的原则,厘清社区居委会和社区工作站的工作职责。

2."三社联动"的协作机制。"三社联动"的协作机制主要体现在社区居委会与社区工作站之间。如图2所示,社区居委会和社区工作站都是在街道办事处的指导下开展工作的,即居委会在街道指导下依法协助、监督街道办事处各项工作落实;反映社区居民意见、诉求等;社区工作站是为了实现居委会的去行政化而由街道派出的承接各政府职能部门工作的专门机构;二者基于"居站分离"的原则厘清各自的责任边界。一方面,明确社区事务的分类,社区行政事务交由社区工作站处理,社区自治事务则由社区居委会处理,切实强化居委会的社区自治功能;另一方面,社区居委会要充分践行协商民主,对涉及社区重大自治事务进行民主协商,切实促进社区治理与居民自治的良性互动;同时,尽可能地将"三社联动"中的社会组织也纳入基层协商民主的范围,切实调动个体化社会中居民个体和社会组织参与社区治理的热情与积极性。

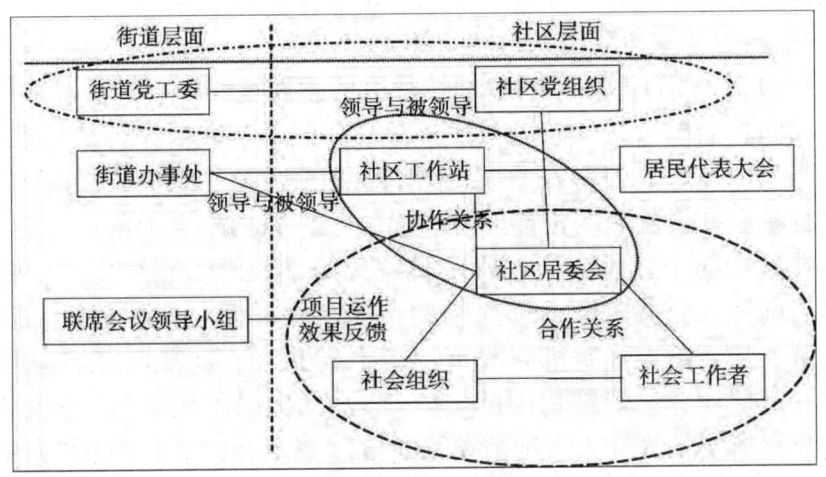

图2 "三社联动"的主体框架与运行机制

3. "三社联动"的合作机制。"三社联动"的合作机制主要体现在社区、社会组织与社会工作者各主体间的联动过程中。"三社联动"所指向的目标就是通过社区、社会组织和社会工作者之间紧密联动,形成"三社"资源共享、优势互补、相互促进的良好局面,从而实现社区资源的有效整合,提升社区治理和服务水平,以更好地满足社区居民的各项需求。在具体的合作联动上,需要在社区内搭建多层次的服务平台,最大限度地实现三者的聚集效应。具体包括:(1)搭建社区公共服务平台(社区服务中心),为社区居民提供基本的为老服务、助残服务、妇幼及家庭服务、青少年服务、优抚对象服务、流动人口服务等;(2)搭建承接政府购买社会组织和社工机构服务的对接平台,并以项目化运作为纽带,切实推动"三社联动"的有序运行;(3)搭建社区服务需求反馈平台,运用移动互联网、大数据等现代信息技术以及QQ、微信等现代通信手段,及时、主动接受社区居民的意见、诉求,并以最快的速度满足居民需求,让居民切实感受到"三社联动"给社区治理带来的高效率和获得感。

三、"三社联动"的推进策略

目前,"三社联动"已成为我国探索和推进基层社会治理能力和治理体系现代化的重要举措,但是,从各地的社区治理改革创新的现实境遇看,"三社联动"仍处于探索阶段。而且,由于当前基层社会组织发育不足、社会空间活力有限与政府权力的长时序退出过程互为因果,以致不少地区的"三社联动"探索已经凸显出不少深层次问题。而这些问题的解决,需要采取更为有效的推进策略。

(一)通过政府体制创新,加快社区的本质重构

我国长期以来"强国家、弱社会"的特点,以及社区作为地域性和体制性凸显的国家治理单元的属性,使得"社区"成了继单位制解体后国家进行基层社会管理的重要抓手。而"社区"原初意义上的居民自治共同体在社会的个体化变迁过程中日益式微,原子化、碎片化、公共性衰落是当前社区公共事务治理面临的普遍问题。面对这种情况,需要政府在基层社会治理体制机制改革创新中,切实围绕"社区"的本质意涵及其在基层社会治理结构中的定位,加快社区的本质重构。核心策略在于严格落实社区准入事项清单,以社区"减负"和"去行政化"为契机,确保社区回归居民自治共同体属性,让社区在社会个体化背景下实现再联结、再整合和再组织化。

(二)专业社会组织导入与本土组织培育并举,实现社区的再组织化

在当前"三社联动"的探索实践中,政府购买社会组织服务的模式已经日益成熟并成为主流。在社区内生社会组织发育程度不足、社会服务供给能力有限的情况下,这一模式以购买的形式成功导入专业社会组织,在一定程度上确实可以满足社区居民的社会服务需求。但是,从社区外部导入的社会组织往往存在与社区内工作人员、居民的"疏离感",很难真正实现对社区居民的组织、整合。因此,通过社会组织实现社区再组织化的核心策略,应该在于坚持专业社会组织导入与本土组织培育并举,这样既能促进有效整合社区外的专业社会服务资源,同时也能有效激发社区内部的活力与社会服务资源。

(三)双向整合社会工作人才队伍,提升社会工作者工作能力和水平

在"三社联动"过程中,政府职能转移的真正落地,关键在于双向整合社会工作人才队伍,提升工作能力和水平,这样才能让社会工作者成为承接政府职能转移、提供社区服务、促进社会建设的生力军。一方面,专业社工队伍在运用专业理念、方法要素为社区居民提供专业服务方面具有明显优势。因此,需要以购买社会服务的形式,积极引入外来专业社会组织,发挥专业人才队伍优势,使之成为社区公共服务生产、供给的重要构成之一。另一方面,社区内原有工作人员在扎根社区、运

用社区内部资源方面则更具优势,因此,需要有效整合社区资源,加强社区原有工作人员能力的提升。双向整合专业社会工作者和社区工作者这两支社工队伍,关键在于通过制度上的创新,形成"专业性与本土性"相结合的人才整合效应。

参考文献:

乌尔里希·贝克.个体化[M].李荣生,译.北京:北京大学出版社,2011.

阎云翔.中国社会的个体化[M].陆洋,等译.上海:上海译文出版社,2012.

文军.个体化社会的来临与包容性社会政策的建构[J].社会科学,2012(1).

冯莉.当代中国社会的个体化趋势及其政治意义[J].社会科学,2014(12).

叶南客,陈金城.我国"三社联动"的模式选择与策略研究[J].南京社会科学,2010(12).

徐选国,徐永祥.基层社会治理中的"三社联动":内涵、机制及其实践逻辑[J].社会科学,2016(7).

李精华,赵珊珊."三社联动":内涵、机制及其推进策略[J].学术交流,2016(8).

张苏辉.社区社会组织参与和谐社区建设的途径和方式研究[J].中南林业科技大学学报(社会科学版),2009(2).

徐富海."三社联动"如何"联"如何"动"?[J].中国民政,2015(12).

责任编辑:周荣

第二篇　主要学术著作摘选

《重建人的时代震颤》
叶南客,唐仲勋编著,江苏人民出版社,1989年。

第一章　"第五个现代化"及其讯号系统

第一节　颤动时代孕育出新的生活观

对于中国的现状来说——

这是一个承受着各种挑战的年代;这是一个为冲突而颤动的年代;这是一个沉思与行动并著的年代;这是一个面临着起飞的年代。

在这个年代里走来的青年,是走向新世纪的一代。

中国的改革,已被国际上公认是本世纪以来最宏伟的一项实验;不断拓展的改革实践像一股强劲的旋风将当代中国的方方面面继续推向急流湍进的历史大潮;学者们在惊呼向以文明悠久、"老成持重"著称的中国,其社会整体正在发生颤动,它预兆着这个古老巨大的东方卧龙即将"起飞"。

这一时代的颤动,导源于改革的冲击波,表现在新与旧、内与外、理想与现实的冲突:中国传统的农业经济和手工业生产方式与现代大工业生产之间的冲突,大工业生产与当代新技术革命浪潮间的冲突,带有原始色彩的自给自足的自然经济生活与现代大规模都市化生活之间的冲突,旧伦理规范与新道德选择之间的冲突,传统的价值观念与新的价值取向体系之间的冲突……在这一系列的冲突中,当代青年更新生活观念,选择了面向未来的生活方式,看来是这场时代的颤动中孕育出的最震撼人心、最富有积极意义的产物。

80年代伊始,中国的青年开始以挑剔的目光审视自己的生活内容、生存形式了。他们不再满意过去的"东方式悠闲"的生活节奏,也不再愿意陷入"老婆孩子热炕头"的狭小天地之中。他们行动了,要求开放生活、美化生活,要求生活得更有效益。然而,被长期扭曲了的思想是不容易一下子变直的,一些被"抓革命促生产"围住脑筋的人们总不愿爽快地承认"促生产"的目的正是为了改善人的生活。所以,当于光远在1981年的《中国社会科学》杂志上呼吁建立新的生活方式促进人的成长时,并未立即引起公众的共鸣;当80年代初青年人穿西装、着牛仔裤时,还是有不少人要抵制这些"奇装异服";当青年人跳起华尔兹、迪斯科时还有不少人看不惯。尽管这样,当代青年生活方式的变革还是以其坚定的步伐在"犹抱琵琶半遮面"的氛围中前进了,并且在这场时代性的观念冲突中,愈来愈显示出它的社会价值。因为,这一变革迎合了现代青年注重社会贡献和自我实现,创造并建立美好新生活的迫切需要。

青年生活方式的变革具有以下一系列突出的社会功能:健康的生活方式将导致健康的社会心理,有利于社会稳定;青年生活方式变革,反过来又促进了消费结构的调整和生产水平的提高,积极地影响着社会经济的发展;新的生活方式的形成一定会带来精神需求层次的提高,当代青年文化生活日益丰富多彩便是突出的体现,这样也便有力地推动了社会文化事业的发展;随着生活方式的变革,人们的闲暇时间逐渐增多,社会交往不断扩大,消费质量得到提高,这些都为人类发挥潜能输入了更多的"能量",改变了现代青年的需求结构,促使人的自我价值实现成为可能。可以说,生活方式的变革体现了也制约着现代人全面自由发展的程度。

当代青年是社会的主体构成者,主体的发展必须遵循着健康、科学、文明的目标,不断变革改进自身的生活方式;青年在变革中成长,社会在冲突中前进,这便是颤动的时代孕育出的新生活观。

第二节　青年生活方式系统观

8小时以外,青年人大多喜欢唱歌跳舞,老年人则爱听戏下棋;男人们在一起爱交流时事新闻,妇女聚会常谈论日常琐事;东北人太阳落山后常常是入室闭门不出,而广东人一到晚上便结队成群出入闹市。可见,不同类型的人,不同地区的人有着明显不同的生活方式。那么,什么是青年人的生活方式呢?青年生活方式的构成和特征是怎样形成的?

青年生活方式是指青年人在一定客观条件和主观因素制导下,为满足生活需求而形成的生存和发展的惯性活动形式。这种活动形式中又包蕴了复杂繁多的社会行为内容。为了较为全面深入地了解这个对象,我们引进了系统论的观点,将青年生活方式视为一个处于动态发展中的大系统,它的内容可相对分解为生活元素、生活类型、生活目标三种具有递进组合关系的子系统,如图所示:

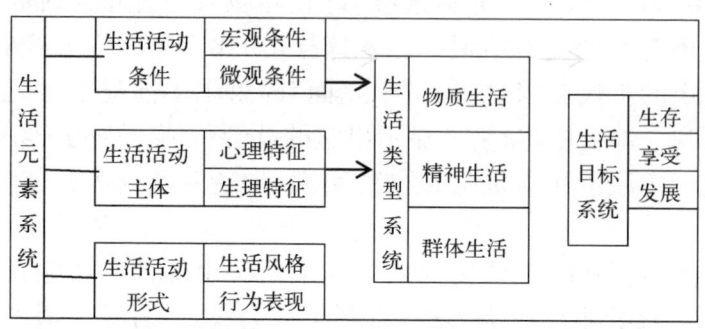

生活元素系统表明,青年的生活方式是主观与客观的统一,是内容和形式的统一。人们常说,"靠山吃山,靠水吃水",这山和水便是人们生活方式中的客观条件;东北人天黑不外出而南方人喜欢夜生活,则是由不同的区位气候条件决定的。除了自然环境外,各种职业环境、人际关系、物质支配也都是构成人们生活千差万别的条件。从主观条件来看,不同的生理特征(如性别、年龄、体质),不同的心理特征(如气质、情绪、需求、价值观)也制约着不同生活方式的形成发展。同时,主体因素和客观条件又是密不可分的,它们间的相互作用,凭借着人们日常生活的行为表现,以及由一连串的行为特征组成的不同生活风格联结成一个整体。这种外在活动形式受主客观条件的决定而形成,而且它的各项内容又不能脱离它而单独存在。

生活类型系统表明,青年的生活方式还是物质生活和精神生活的统一,是社会与个人的统一。包罗万象的生活方式,总体可归为物质性和精神性两类,前者如新陈代谢、衣食住行;后者包括信息沟通、文化娱乐、政治斗争等活动。在青年生活方式中,这两者不能缺一。随着现代社会的进步,青年人的精神需求不断提高,精神生活的比重将愈加增大。人是社会中的人,人们生活方式中的个性往往要在群体生活中得以成长和呈现。如果说在传统的小农经济社会中,人们的生活天地像马克思所形容的那样,是"马铃薯式"的封闭狭小自我孤立,那么在现代社会中,人与人之间的物质精神利益联结变得更为重要,个人必须通过社会交往参与到越来越多的群体生活中,才能适应现代的开放性社会。

生活目标系统表明,青年生活方式是生活过程和生活目标的动态统一,是人们生存、享受和发展的统一。1844年,24岁的恩格斯在致马克思的一封信中便谈到,在革命生涯中,必须有一个"必要的支柱",这个"支柱"就是科学的共产主义理想。青年的生命旅程是漫长的,未来的道路有赖于一系列大大小小的计划、抱负和理想来连结,这些理想计划有的得以实现,有的成为幻想,但它们都是维系人生追求的"支柱"和"航标"。不论在人生的哪个里程中,只有确立了所要实现的生活目标,每个人的生活方式才会具有社会意义。生活的目标是多元化多层次的,就人类总体需要来说,可分作生存、享受、发展三大类,而这三类目标在每个个人生活方式中又是统一的整体。生存的满足是生活方式得以延续的基础;享受是人们生活中体力、精力储蓄并积聚的再生产需要;发展则是人们增添新的才智,为社会贡献新的财富,同时也使自身个性得到全面自由体现。应该说,前两者是生活的基本目标,而发展是高层次的,是青年生活中所应追求的最终目标。正如高尔基曾说过的:"一个人追求目标越高,他的才力就发展得越快,对社会就越有益。"

在《青春的本性》一书中,英国的社会心理学家J.C.考尔曼曾归结前人的研究提出青春期是人类成长中的"出问题的阶段",这是因为"大动荡"三个字构成了处在青春期青年生活方式的主要特征。的确,和儿童、成年、老年人相比,青年生活中的动荡不定是区别于其他年龄群体生活方式的显著特点,这一变动性的特征又是由青春期的生理、心理本质特征决定了的。在我们系统观察了青年生活方式的各种组合成分后,我们不妨再系统地观察一番青年生活在现实的社会实践中,有哪些具体的变动特征,这样有利于更透彻地认识和了解我们周围的同代人,也可以看看,我们的青春期是否真的"出问题"了。

边际性

有一个社会现象正在引起人们的注目和惊叹:现代社会愈是迅速发展,文明传递愈快,青年生活方式与成年、老年人的生活方式间的"代际差"也愈明显,而且年龄间隔界限愈来愈短。过去,青年的生活方式与中年人的生活方式的代际差异还不十分明显,人们习惯把他们统称为"中青年"。而80年代以后,我国20多岁的小青年的生活方式与30岁左右的大龄青年的生活方式便已有了明显的差异,而和35岁以上的人相比,更是不可同日而语了。

现在,在世界范围内正盛行着对青年亚文化的研究。青年亚文化的一项主要内容就是现代青年随着"自我"心理的强化,愈加不愿接受传统的现实的行为规范和价值标准,要求通过自己独特的具有时代精神和面向未来色彩的生活方式来表现自我。在我国青年的政治生活中,从20世纪初的五四运动到半个世纪后的"四五"运动,标志了我国青年在推动社会的科学化、民主化进程中作出的重要贡献。在消费领域中,我国青年曾带头脱下长袍,剪掉长辫;现在又率先兴起了美容、时装表演、健美比赛,标志着青年一代勇于改革旧生活方式,大胆追求美好的新生活。因此,这种生活方式的边际性不只是在社会表象上从生理行为上向成年人的过渡,而且是在从深层的文化变革中代表着社会从旧形态跨向新的形态。

青年,作为每一个时代的"边际人"(或称"过渡人"),总是新文化浪头上的弄潮儿,他们以自己不断变动、不断求新的生活方式表明:青年一直在试图踏上新社会的"边际"。

自立性

1985年和1987年,我们曾在江苏城乡青年中就一些生活观念问题进行了追踪性的抽样调查,问卷中有一道题目以及两次填答的变化结果是这样的:

家里的事应由父母做主	同意	拿不准	不同意
1985年回答者	44%	7%	49%
1987年回答者	24%	14%	62%

这一调查数据表明,青年在家庭生活中,民主自立的要求在增强,如果说在1985年还有接近半数的青年同意父母作主、自身属于依附型地位的话,那么在时隔两年之后,已有明显多数的人不满足这种旧格局的家庭生活了。当然,在观念变革较大的80年代,青年处在新旧文化交替时期,对一些问题"拿不准"、说不清的人数增多也是不足为怪的。

青春期人格自立的形成和发展,主要是青年生理、心理的发育和成熟,表现在生活方式中,便是成家和立业构成了青年生活中的两个主要内容。青年自立的过程便是在社会化中走出家庭,扮演独立的社会角色的过程。随着青年生理、性机能的成熟,异性间的吸引、择偶、热恋直至成立自己的小家庭,标志着青年生理社会化过程的结束。青年从学校走上社会,从选择职业到热爱事业取得成绩,一方面表明青年在经济生活上的自立——自食其力;一方面表明青年心理成熟有了自己的理想寄托和生活依附,从而在生活中走出家庭,实现了"心理断乳"。

加速的社会文化变革,缩短着青年的成熟周期,出现所谓"早熟",意味着青年自立生活的提前,青年自立的心理倾向也随之增强。

扩展性

1987年6月,云南省一份《青年与社会》杂志在一页不醒目的地方刊登了一则几个青年人的"征友"启事:"……我们有过寂寞、孤独、苦痛,渴望广交天涯海角'陌生'朋友,结为知己,愿与之携手并进,共同探讨人生真谛。"一石击起千层浪,不到半年,这仅有150字的启事,得到了千余封信的反馈。无论是高山原野还是繁闹都市,一千双手冲破时间和空间的阻隔握在了一起,一千名素昧平生的青年冲破闭锁的心灵,共同寻求着人与人之间的真正沟通。

青年在社会交往生活中的不断开放,是现代生活方式中特有的空间扩展现象,它表明现代青年心理成长趋向开朗与开拓。青年生活的扩展不仅表现在空间交往,而且在时间上表现为罗马尼亚学者马赫列尔指出的那样:"对未来的向往即最强烈的展望性。"①这就是说,青年是时间的富翁,他们关注着未来,他们的心理活动和行为取向都在向着明天扩展。与此相反,童年,还没有形成向往未来的能力;中年,更多地是投身于现实;而老年人的时间特征则是回顾与追溯。

青年生活方式中的扩展性特征,发端于自立人格的形成和主体意识的觉醒。正是青年"自我"形象的逐步完成,各种面向社会的心理需求才得以产生,因而物质生活中的多元消费选择、精神生活中的成就实现、参与意识等青春期需求也便由此萌发进而付诸实践。这样,青年生活方式中的职业生活、消费生活、闲暇交往、政治参与等各个方面都不约而同地呈现出一个共同的动态特征——扩展。

激情性

曾有人这样提到青年:小伙子们一半清醒一半糊涂。这个概括不无道理,它比较尖锐地揭示了青年由于个性尚未成熟和缺乏处世经验,在日常生活中经常出现既有振奋人心的惊世之作,又有不明智的盲目举动的特征。青春期的人格尚未定型,处于动荡过渡阶段,青年人的生活方式中往往是幻想与现实参半,带有明显的情绪色彩和易变性。事情顺利,他们会满面春风洋洋得意,遇到挫折,又马上心灰意冷或愤愤

---

① 马赫列尔:《青年问题和青年学》,第143页。

不平;与人交往,谈得投机兴致勃发,稍有不合就会怒气冲冲,急于争辩出一个水落石出。

在个人生活中,青年的一举一动常表现为浪漫情调和冲动行为,如对事业的异想天开,对朋友的哥儿们义气,对异性的一见钟情,对消费品的购买冲动。在群体生活中,青年生活方式又有一种易感染性和"聚合行为"的社会现象。一场英模报告会,能使青年热血沸腾,恨不得立刻奔赴前线、血染疆场;一次富有鼓动性的演讲,可以使青年群情激昂,一呼百应。青年由于易受暗示、好聚群以及易冲动等原因,一旦对社会有所不满,便会产生不受正常社会规范约束的集群行为,如聚会骚乱、游行示威等,远的如60年代的世界性学生"骚乱风暴",近的如我国的学潮行为。

看来,富有激情的生活方式,一方面是青年精力充沛、生命力旺盛的直观表象,另一方面也是青春期"出问题"的讯号。正是因为在青春期,生物性的情感冲动大于社会性的理性思维,青年人的生活方式有一种"半清醒半糊涂"的特征。引导得好可以培养青年形成正义感、奉献感、集体荣誉感等许多高尚的情操和行为模式,一旦放任自流或受到不良风气的刺激,则会使青年的心理天平失去平衡,造成日常行为中"一失足成千古恨"的痛心局面。

《社会学基础》
马云亭主编,河南人民出版社,1989年

第六章 社区

第一节 社区概述

一、社区的含义和特征

1887年德国社会学家滕尼斯发表了古典社会学理论中的经典著作《共同体与社会》,首次提出了理论社会学中的一个重要概念共同体(Gemeinschaft),标志着我们对人类不同的生存环境的认识进入了一个新的阶段。20世纪初,以芝加哥学派为主的美国社会学家们,将共同体理论应用于地域聚落系统研究,从对都市、乡村的综合区分发展了地域共同体的理论,并将Gemeinschaft译为Community,至此,对人类社会的地域缩影——社区的研究,成为社会学学科的重要内容之一。

作为社会学的范畴来说,社区是指聚集在相对独立的区域内,通过社会交往而形成的人口共同体。社区是一个社会实体,通常包括以下基本要素:

(1) 以一定生产关系与社会关系为基础组成的人口集体;
(2) 人口赖以进行生产、生活和社会活动的地域;
(3) 能维持该区人们生活的物质基础和社会性服务设施;
(4) 有一套适应该社区的管理机构和相应的制度;
(5) 与共同生活方式相联系的行为规范和社会心理。

一般说来,每个社区都应具备以上因素。在实际生活中,符合以上基本条件的社区是多种多样的。如果按人们的居住方式划分,就有流动社区和长久性社区之别,前者如游牧民鄂伦春人和吉卜赛人,后者如农村的自然村落和城市的居民新村;如按人口多少划分,那可以从大西南偏僻山区的瑶族边寨,依次排列到像拥有上千万人口的大上海;按地域规模大小,还可以将社区划分为小型社区和大型社区。小型社区,如街道里弄,大型社区则如大城市、经济区,甚至是一个国家,乃至整个世界都可以视为一个社区;如从人类居民点的衍化过程来考察,还可以将社区分为血缘型社区、地缘型社区和业缘型社区。研究这三种形式的社区,是社会学的重要课题。

在了解社区含义和其构成要素之后,为了从总体上把握社区这个范畴,我们还要进一步探讨社区有什么特征。一般说来,社区的总体特征主要有以下三点:

第一,聚集性。任何社区都是社会经济活动聚集的产物。在社区内,我们到处可以看到聚集现象:人口聚集,各种社会群体和组织的聚集,住宅的聚集,人们经济活动的聚集等等。在一定社会范围内,人力、物力、财力的集中,是扩大再生产和发展社会生产力的必然要求。宏观上社区的中心往往是交通线、通讯网的会集点,通常也是一个城或镇的商业区,因此,它相应也是聚集程度最高的地方。

第二,区域性。社区所属群体组织的一切活动,必然限于一定的区域。既然一定的区域对于一定的人口共同体(社区)是须臾不可离开的载体,那么,这个区域有多大呢?通常一个社区在区域上的界限绝不像国境线那样分明,社区的外沿往往是根据该社区的政治、经济、文化诸因素对周围地区的影响自然形成的。其中社区的"经济聚集力"的强弱与其社区范围的大小是密切相关的。以江苏省无锡为例,环绕无锡市区半径在0—8.2公里为第一等社会经济圈,人均收入在300元以上;8.2—17公里为第二等经济圈,人均收入在250—300元;17—25.6公里为第三等社会经济圈,人均收入为200—250元;25.6—33.5公里为第四等社会经济圈,人均收入在200元以下。随着离无锡市区的距离拉大,社区的"经济聚集力"顺次递减,人们生产方式、生活方式、思想和社会心理也相应有所变化。这种数量上有规律变化的社会经济圈,说明随着社区内部经济实力的消长,社区在地域上具有不确定性。

第三,共生性。社区是人类活动的产物。如果从空间关系上考察,无论从家庭到街坊邻里,还是从初级社会群体到正式社会组织,人类的各种集体总是为了共同的目的,聚集在相对独立的区域内。共同的社会生活和社会化的交往,使人们形成了共同的生活方式,与共同的生活方式相联系,人们又产生了共同的行为规范和整体意识。人们在感情和心理上总有一种"归属感",觉得自己归属于所生活居住着的社区,那是他们的"家"。一个社区通常还能"共生"自己特有的风土人情和社会习俗,俗话说"千里不同风""入境问俗"。总之,从上述意义说,社区是通过人们的公共交往,从经济、社会、文化和心理上共生的。

二、社区的变迁

今天我们所说的社区,基本上可分为三种主要形式:麦浪滚滚、鸟语花香的农村田野;高楼林立、车水马龙的繁华都市;还有那种数量众多各具特色的城市集镇,它们既有和城市中相仿的工厂、商店,又具有浓郁的乡村气息。这就是人类今天的主要聚落形态:乡村、集镇和城市。可是,历史学家提醒我们,在人类童年时期,这三者的划分并不这般泾渭分明,那时只有一望无垠的平原、河流与山川,既无集镇,更无城市。未来学家又预测说,今后随着三大差别的消灭,农村城市化、城市田园化、城镇乡一体化将成为人类文明的必然趋势。社区究竟是怎样形成? 它又将如何发展? 为了使大家对社区有个较系统的了解,在这里,我们将社区的过去、现在、将来作一概述。

社区,其实就是人际关系在一定地理区位中相对稳定的表现,它的发生发展则是人类生存聚居形式发生变化的标志与结果。纵观人类的文明进程,根据每一时期一定区域内主要人际关系转化和聚居形式的变迁,我们可将社区的发展划分为三大阶段:远古时代的血缘型社区,农业社会以来的地缘型社区,科学技术高度发达时代的业缘型社区。

1. 血缘型社区，以血缘关系为主构成的人口共同体。

马克思曾说："我们越往前追溯历史，个人，也就是进行生产的个人，就显得越不独立，越从属于一个更大的整体：最初还是十分自然地在家庭和扩大成为民族的家庭中；后来是在由氏族间的冲突和独立而产生的各种形式的公社中。"①这段话告诉我们，在人类早期，人际关系只是单纯地表现为一种血缘关系，人们终生生活在原始群和扩大为氏族的群体之中，当时每个共居一处的人口集团完全是个由血缘关系组成的亲属群，即氏族。"氏族，是以血缘关系为基础的人类社会的自然形成的原始形式"，它是在人类野蛮时代的普那路亚家庭中直接产生的（相当于考古学上的旧石器时代的后期），也正是氏族，"构成地球上即使不是所有的、也是多数的野蛮民族的社会制度的基础"②。因此，氏族是人类社会最早最基本的社区单位。

在氏族社区中，人们共同掌握生产资料，共同劳动，男子主要进行渔猎，女子主要从事植物采集等活动。劳动成果平均分配，剩余产品极少，没有剥削，没有阶级。公共事务由选出的氏族酋长管理，重大问题由氏族会议决定。氏族成员必须相互援助和保护。氏族内男女成员严禁通婚，择偶完全是在氏族以外进行，以保证该氏族的正常繁衍。随着生产力的发展，可养活人口的食物产品增加，族内人口繁殖速度加快，亲属群体不断扩大，生存活动的空间不断扩展，血缘性社区的组织规模也不断扩充，出现了由几个血缘相近的氏族组成的胞族群体，再由几个胞族群组成部落的有机序列。最后，由若干部落联合组成部落联盟，这标志着血缘型社区发展到了最高阶段。

以氏族关系为主的血缘型社区，其特征有这样几点：首先就是它的亲属性，社区中的成员都具有共通的血统，正因为"赖有这种血缘关系，它所联合起来的个人才成为一个氏族"，所以可以说，氏族社区就是一个大亲属群。其次是流动性，血缘型社区产生发展于人类从游牧向园艺制作时代的过渡阶段，一块固定地区范围所能提供的食物往往不能满足发展的需求，因此人们居住地点也常变动。这一特性在近代世界上一些游牧部族的经常迁居中也有表现。第三个特征是社区规模较小。由于当时生产力水平低下，人们有聚居一处共同谋生的要求，但因

---

① 《马克思恩格斯选集》第2卷，第87页。
② 《马克思恩格斯选集》第4卷，第33页。

改造自然的能力有限，一定区域内不可能有充足的食物供养更大规模的人群，所以，常常是发生这样的情况，氏族内部发展到一定程度，就会有一部分人作为一个派生分支独立开去，到别处求得生存。因此血缘型社区往往是只有几十个顶多上百人的亲属群体共居于一块仅够维持自身生存的小范围土地上。第四个特征是血缘型社区比较孤立，相互隔绝。由于地广人稀，各社区间的土地并不相连，大自然中很少人为的交通和信息输送渠道，生产力不发达，没有向人们提出交往的必要和可能，所以各个血缘型社区有自己独特的方言，有自己的一套封闭性的社会组织，除了因相互间的侵犯而发生的战争，各社区间没有或很少有经济、文化上的往来。

2. 地缘型社区，以地缘关系为主构成的人口共同体。

距今一万年左右，人类最早的产业部门——原始农业从"以采集现成的天然生产物为主的时期"中解脱出来，人类进入了农耕时代。这就是第一次社会大分工，这次为人类提供了可靠的生活资料来源，迅速表现出了优于狩猎生活的吸引力，引导人们从游牧生活过渡到定居生活，在人类历史上破天荒地出现了"农村居民点"。这些居民点大小不等，其分布区大都是依山傍水，水源充足，气候湿润，土地肥沃而且比较安全，为早期人类劳动生息的较好场所。著名的西安市郊的半坡村遗址和河南省渑池县境内的仰韶文化遗址均符合这些条件，而且这些早期居民点很多又成为建立城市集镇的基础。像西安、郑州、洛阳都是在此基础上脱颖而出的。农村居民点的出现对于人类社区的发展具有划时代的意义，它标志着以地缘关系为主的地缘型社区开始登上了历史舞台。

从血缘型社区向地缘型社区的变迁过渡，恩格斯为我们作了生动的描述："在以血族关系为基础的这种社会结构中，劳动生产率日益发展起来；与此同时，私有制和交换财产差别、使用他人劳动力的可能性，从而阶级对立的基础等等新的社会成分，也日益发展起来；这些新的社会成分在几世代中竭力使旧的社会制度适应新的条件，直到两者的不相容性最后导致一个彻底的变革为止。以血族团体为基础的旧社会，由于新形成的社会各阶级的冲突而被炸毁；组成为国家的新社会取而代之，而国家的基层单位已经不是血族团体，而是地区团体了。"[①] 和血

---

① 《马克思恩格斯选集》，第4卷，第2页。

缘型社区相比较,地缘型社区呈现了如下特点:① 以地区关系为主,强调同乡观念、人口分成城里、镇上、乡下人。② 定居永久。③ 社区规模大、人多、地广。④ 相互影响加强。如果说,第一次社会大分工的产物——以从事农业为主的人口集团构成的农村社区是地缘型社区的第一种形式,那么,随着农业和手工业分离的第二次社会大分工,所出现的城市社区则是地缘型社区的第二种形式。由于农村的过于分散、城市的高度集中,作为联系城乡两头,是农村的区域中心又是城市辐射落点的集镇社区,其社会功能越来越突出,发展形式也越来越完备,因而构成了地缘社区的第三种形式。

考察今天的社会,我们仍然处于以地缘关系为主的社区发展阶段。根据1983年底不完全统计,我国现有289个设市城市,近6万个县属镇和农村集镇,500万个农村村庄。从对国家社区这一最高层的社会母系统的分析来看,其中的三级社区系统构成了多层次、有机性的区域联系网络。

这一模式反映了三种地缘型社区相互作用的现状,它向人们揭示:城市是一个国家政治、经济、文化的中心部分,农村是其广袤的腹地,集镇是城乡之间不可缺少的中间环节。它们互相补充,互相依托,相互刺激,共同发展。当然这一现状的描述并非是说这三者的发展是同生同灭的过程,其实它们的发生发展显示了人类社会不同时代、不同地域的文明程度。

3. 业缘型社区,是以业缘关系为主的人口共同体。

由于社会分工更加精细,社会联系加强,专业化倾向愈加突出,作为分工专业化集中在空间的表现,各种功能中心、功能特区的概念便在社会中形成。据美国社会学家统计,现代美国城乡间的各种专业功能特区的名称,见诸文字的不下百余种,如大学城、旅游城、商业中心区、科学工业园区、自由边境区等等。这些都说明了一个简单的事实,当代的人群聚集形式已发生了变化,他们的交往更多的是以同类职业、相近爱好、共同价值观念为缘由。我们给这些正在形成中的新型人口共同体定名为业缘社区。

在社区中,业缘关系上升为主要关系,以地缘关系的影响降低为前提。20世纪以来,工业化、科学化的成果给人际交往手段、交往形式、交往效果带来了三大质的变化,这一系列的变革,都使得地缘影响和隔阂逐步减少。第一,20世纪以来的铁路网络全球化加上汽车业进入了我们的生活，使我们对远距离的交通往来已习以为常，人们交往中的地区隔阂被打破。第二，各种电子通信工具如雨后春笋，不断改进人们的交往方式，特别是60年代以来的人造卫星、光导纤维通讯的试验成功，标志着信息时代的到来。人们的视野投向空间开发，地球的观念在我们的心目中大大缩小，不仅是城乡间的交往加强，世界各地区间的交往已非难事，时空隔阂被进一步打破。最后，也是最重要的一点，今天三大差别缩小的历史证明了马克思主义经典作家在19世纪对人类社区发展所作的预测是科学的、正确的。根据马克思主义的社会分工理论和城乡融合学说，随着社会进步和人们生产发展的要求，将出现大工业平衡分布全社会，城乡生产、生活方式相趋同，走向一体化发展的局面。这种城乡融合的途径，马克思也已经向我们指出："现代的历史是乡村城市化，而不是像古代那样，是城市乡村化。"[①]的确，19世纪业已开始的全球工业化趋势，更使城市化的巨影从想象中走到现代人的面前。今天，北美、西北欧二十多个发达国家，全社会的城市人口已占到70%以上，而新加坡、摩纳哥等国已实现了全国城市化，第三世界的城乡差别也正在缩小。由此而产生的便是城乡人民的生活方式、价值观念日益接近，城乡交往空前频繁。过去地缘型社区中的主要矛盾城市乡村的对立已转化为今天的相互依赖。一句话，今天社区群体间的沟通，其地缘因素的影响正逐步淡化，业缘关系正逐步上升为社区的主要关系。

业缘型社区的特征概括如下：

第一，人口聚居以同行业为主，社区内虽有一定人口从事于其他基础性社会服务，但绝大多数社区成员的职业性质是一致的。他们因为职业、所受教育程度相接近，因此交往中比较密切，具有同质性。

第二，各业缘社区之间的互动性大，并形成网络布局。地区专业化是对小生产条件下"万物俱全"、自给自足的自然经济的否定，它的存在目的，不仅是为了满足本社区内部的需要，在很大程度上，甚至主要是为了满足其他社区，以及全国性的需要。因此各社区间的协作往来，不是可有可无，而是决定各自存亡的关键。为了更有效的组织好各社区间人才、物资和信息的流通，有计划地进行社区布局，使之形成合理网络，已越来越引起人们的关注。

第三，社区规模有向小发展的趋势。在一定条件下，人口的相对集

---

① 《马克思恩格斯全集》，第46卷（上），第480页。

中可以发挥生产效益,提高生产率。但过于集中,便会产生许多复杂的难以解决的社会问题,现代大城市中诸多"城市病"皆由此而生。因此本世纪的社区人口流动便显示了明显的带趋向性的波动;上半世纪人口集中向大城市,下半世纪除了上述这种趋势外,还出现了人口分散流向小城市和集镇的势头。我国目前也提出了控制大城市规模、积极发展小城镇的城市发展战略。在国外,未来学家、社会学家也都认识到人口"从集中到分散是一大趋势。"《第三次浪潮》的作者托夫勒也说道:"第二次浪潮的好大狂正在淘汰,适当规模的组织机构开始时兴。"正在兴起的业缘型社区是符合这种"适当规模"的人口组织。因其专业化分工的有计划性,和该功能特区人口的可控制性,便具备了合理布局人口的条件,为本身的发展打下了坚实的基础。

三、社区研究的意义

第一,通过对社区研究,可以加深对社会的认识,从而把握人类社会的变迁和发展规律。社会是一个庞大的社区体系,各种类型各个层次的社区是其不可缺少的构成单元。社会是变化和发展的,但动因在社区内部,而且通过社区来实现。社区是社会变迁的物质承担者,社区的变迁和发展,从本质上说,就是社会变迁、发展的一个侧面。人们认识事物的发展,总是循着从个别到一般的路线,因此,认识社区也就是认识社会的开始。我们总是生活在一个具体的社区,通过关心、研究、认识进而把握这个社区,才能为我们今后科学地认识人类社会及其变迁,打下一个坚实的基础。

第二,通过社区研究,可以为社会规划和社会管理提供科学的依据。中国幅员辽阔,各种类型、各个层次的社区都有,因而,给社会规划和社会管理带来很多困难。而且,现代社会发展的复杂性和快节奏,要求把决策管理置于科学的基础上。单靠少数人"拍脑袋"的管理方式显然落后于时代了。社区是一个复杂的大系统,对其每项决策和实践,往往都是"牵一发而动全身",需要科学论证。因此,现代社区的发展,要求我们无论从微观管理到宏观决策,都要进行科学的研究。

第三,通过社区研究,可以为社会学的学科建设提供丰富的材料和信息。社会学是研究人类社会的结构、功能发生、发展规律的。一个社区就是一个小社会,社会学所要研究的概念、范畴和规律,都可以在一个社区里找到丰富的原型。恩格斯曾经说过,对于一门学科的发展来说,往往是社会需要比办十所大学更强有力。通过对社区的实地调查和研究,积累大量而丰富的材料和信息。科学的概括、提炼和修正才有可靠的基础。只有这样形成的理论,才是取之于社会,用于之社会,对人类社会实践和科学事业的发展提供科学的依据。

《现代化与社会主义新人》
叶南客等著,重庆出版社,1991年。

第一章 人的现代化:中国现代化战略再探讨

第一节 社会发展战略的系统反思

中国社会正发生着令人炫目的变革。中国人民正在与数千年沿袭下来的封建意识形态相决裂,一系列与社会主义商品经济相适应的现代观念开始崛起于东方大地。然而。令人欢欣鼓舞的变革,必然伴随着新世界诞生时的阵痛。变革者们虽然具有巨大的决心和信心,但同样也面临着巨大的压力。这重重压力是来自各方面的,其中最为沉重的却是来自变革者自身,即更新自我、超越自我。

在党的十三大会上,党中央从理论上阐明了我国社会发展所处的历史阶段是社会主义初级阶段,并指出这是一个"改革和探索"的阶段,是"全民奋起,艰苦创业,实现中华民族伟大复兴的阶段"。回顾近十年来的改革,我国社会迅速走上了发展社会主义商品经济的道路,经济建设方面开始了以推进外向型发展和集约增长为特征的模式转换,生产结构趋向合理,技术进步开始加快,经济实力有所增强,人民生活显著改善,在工业化、城市化浪潮叠起的同时,民主化、科学化已随同政治体制改革的展开而走上新时代的舞台。

但是。头脑清醒的人们会感到,最近一两年,我们的改革步伐显得有些滞缓而沉重了。社会运行中出现了局部时空失衡、失控的态势。这一方面是因为国人在经历了较长期的持续震荡后,对改革的期望张力减弱、承受力下降,从而出现了情绪滑坡;一方面是在社会发展中一些旧矛盾日趋严重,新问题陆续产生,阻碍了社会的健康发展。比如社会管理上官僚主义、短期行为屡禁未止,重大责任事故屡有发生;经济生活中贪污、漏税、行贿、走私乃至"全民经商";意识形态领域中优良传统道德受到讥嘲。理想失落,资产阶级自由化思潮不时兴风作浪;同时,在文化传播中庸俗读物泛滥、淫秽录像流行,封建迷信活动又沉渣泛起;日常生活中的天灾人祸、卖淫、性病以及大案要案更使得舆论纷扬、群心不稳。上述令人心忧的现象,向我们昭然揭示了一个社会变迁中的重大隐患:在我们的整体改革中,文化的变革滞后了,人们长期呼唤着的精神文明建设并未取得实质性的成功。当前社会肌体中的种种新病旧疾,都可以在社会主体——变革者自身落后的文化素质和文化心态中找到病源。我国社会现存的文化体制、文化形态和文化环境犹如一副"沉重的翅膀",正抑制着社会本身朝向社会整体现代化的起飞。

如果运用社会学的有机整体观来反思社会的进步变迁,我们认为:社会的变革应是包含经济、政治、文化三大系统协调演进的运行过程。事实上,一个健康运行的社会也必然要求经济、政治、文化各系统间的协调和发展。这是历史唯物主义最精彩、最核心的思想。而中国近年来改革发展的受挫,也正如邓小平同志深刻总结的那样,最大的失误在于教育没跟上,首先是思想政治教育的薄弱,其次也当然包括文化教育基础工作的被忽略。这就需要我们对我国的现代化战略予以重新审视。早在60年代,周恩来总理在第三届全国人大第一次会议上就提出了要"把我国建设成为一个具有现代工业、现代农业、现代国防和现代科学技术的社会主义强国"的伟大号召。1975年,第四届全国人大会议上,他又提出要"向四个现代化的宏伟目标前进"。80年代,实现社会主义的四个现代化是我们推动社会进步的行动纲领。然而今天,中国改革的现实告诉我们,亟须在"四个现代化"的基础上。提出实现中华民族精神、文化的现代化或简称为"人的现代化"的战略。

历史证明,我国社会体制改革和现代化的最终实现,有赖于我国文化变革的同步参与和成功;缔造和建立有中国特色的新文化体系应成为社会主义现代化的战略要点。这一创造新文化的价值就在于促使中国的历史变迁真正实现质的飞跃,为我国全体成员自觉接受共产主义观念和目标奠定坚实的心理基石。不论是来自理论还是实践的启示,愈来愈多的人们达成了这样的共识:文化是和经济、政治同样重要,甚至是更重要更本质的因素。使一代具有崭新文化素质的新人在中国文化更新的过程中逐渐产生出来,这才是改革成功、社会进步、民族发展的最可靠的保证。因此,我们说:文化改革、人的现代化,是我国社会现代化的必然要求和战略要点,它也将生动地体现我国现代化建设由低级向高级、由外在向内在、由局部向整体发生深刻变迁的历史进程。

那么,这里提出的"人的现代化"和文化变革的关系是什么,和社会整体现代化的关系又怎样呢?

第二节 人的现代化与社会现代化的协同发展

在上一节中我们说过,中国社会、经济、政治的变革必须要有文化变革的相互配合。而文化改革是一项内涵极为丰富的系统工程,它包含着文化观念、文化管理体制、文化环境等多因子多层次的综合形态更新。那么,文化变革的起点何在,从何着手呢?我们的观点是:塑造一代新人、实现社会主义人的现代化。其理由在于:首先,人是文化的载体。文化的内核价值观念,只有通过人的意志和生活方式才能予以体现。评价新文化是否出现,也只有到活生生的人群中观察方能得到答案。其次,作为社会主体的人,是旧文化的继承者,也是新文化的缔造者。只有培养出一代勇于开拓创新的改革者,才有可能建立起适应时代进步的新文化形态。再者,从另一角度来看,文化革命旨在唤醒人的自我意识,恢复人的主体行为,从而造成一代新人茁壮成长的社会结构。因此,我们甚至可以说,人的现代化不仅是我国现代化变革的起点,实质上也是其最终目标。

社会的变革包含着文化的变革,社会的现代化必须包括文化变革核心——人的现代化。因此,人的现代化事实上是社会整体现代化中的一个组成部分,而且是极为重要的核心构件。两者是一体化的关系;而在历史的每一个具体进程中,两者又相互影响,互为因果,历史的车轮要求人的现代化与社会现代化协调发展,同步前进。

从社会现代化对人的现代化而言,首先,思想来源于现实,社会现代化是人的现代化的现实基础,要想从根本上改造人,使之具有现代化意识,必须改变落后的、非现代化的现实。没有新的现代化的现实,新的现代化观念不可能凭空产生,即使产生了也难以巩固和发展。

其次,社会现代化是人的发展、转型的导向和制约因素。例如,随着社会从自然经济向商品经济的转化,人们的观念也从封闭、保守转向开放、竞争。又如,随着生产力的发展,人们的消费观念也在变化,"新三年,旧三年,缝缝补补再三年"的古训不再为大多数人所乐于接受了。但是,消费观念的变革又受到生产力发展水平的制约。我国目前的国民收入即使在发展中国家也还处在中下水平,当然不可能也不应该提倡高消费和超前消费,向发达国家看齐。

其三，社会现代化反映了人的发展的成熟状态。在现代化的社会里，公民具有良好的文化素质，都能自觉遵守社会规范，犹如一架运转正常的机器，各个零部件协调运行，而不是一架"发疯"的机器，运转失灵，噪音震耳，经常需要大修。

从人的现代化对社会现代化而言，首先，人是社会大系统中的主体和核心构件，人的素质的高低对社会和经济的发展具有决定性的影响。60年代，许多殖民地、半殖民地人民从帝国主义的压迫下解放出来，建立了自己的独立自主的国家。但是，它们中有许多国家在向现代化的方向迈进中发展并不顺利，人民的观念、思想和行为改变不大，整个社会生活很难感到一点现代化的气息。那里虽然也有现代化的机器在运转，但那是由外国人操纵的。由于人得不到彻底改造，社会也得不到彻底改造，经济发展缓慢，长期摘不掉贫困落后的帽子。我们的社会主义现代化建设，也是一个千百万人的事业，只有造就出千百万现代化的社会主义新人来，我们现代化的事业才能成功。

其四，人是社会各方面发展的主导动力，现代化事业的目标、任务、制度都是靠人来制定和执行的。拥有一代有魄力、有眼光、有头脑的现代化的社会主义新人，才能够克服旧社会积淀下来的重重困难，才有可能冲破不合理的观念、制度所形成的重重障碍，建立新的、推进社会发展的制度，实现伟大的目标。否则，封闭、保守，不扬弃那些阻碍改革和现代化建设的旧观念，拖拖沓沓、慢慢腾腾，自然不可能完成那些艰巨而又复杂的任务，也就不可能实现现代化事业的宏伟目标。

最后，人的现代化是社会现代化的重要条件。四个现代化都只是物质文明的现代化。虽然物质文明的现代化可以推进人的现代化，但归根到底，如果没有精神文明的现代化，即人的现代化，四个现代化的事业终将难以成功。正是从这个意义上讲，我们还需要积极谋求人的现代化。根据马克思主义的观点，"整个历史也无非是人类本性的不断改变而已"[①]，共产主义新人的本质特征，就是"每个人的全面而自由的发展"[②]。社会现代化就是要促使亿万人民向着这一共产主义新人的理想目标迈进。

历史经验表明，人的观念的变革是社会改革的前奏。新的观念往

[①]《马克思恩格斯全集》，第4卷，第174页。
[②] 马克思、恩格斯：《共产党宣言》。

往产生于变革之前的先进人物头脑之中,或者从国外引进、传播先进的思想,经过冲突和抉择,终于形成了新的观念。一旦这种先进思想同改革的需要结合起来,就会产生巨大的力量。现代化事业需要有新的、先进思想的现代人来推动,并在现代化建设的过程中,造就一代新人。正是从这个意义上,法国现代规划的制订者让·莫内讲:"现代化要先化人后化物。"我们要实现现代化,首先必须解决人的现代化,离开了人的现代化,社会现代化也不可能真正实现。

第三节　中国现代化百年之旅的主旋律

我国是现代化的"落伍者"。从19世纪到现在,在漫长的社会变迁过程中,我们经历了崎岖曲折、血雨腥风的痛苦道路,现代化在政体繁衍、思潮起伏的强烈冲突与选择之中艰难伸展。今天我们在回顾总结中国近百年的现代化历史时,越加深刻地认识到,在这百年之旅中,一代又一代人的观念变更、素质提高构成了现代化的主旋律。虽然这一基调时隐时现,但中国现代化的主体,事实上就是人的观念、行为的现代化变迁,中国现代化所取得的成功在于人,现代化的滞后也缘于人。今天,在实现四个现代化的新长征途中,更加迫切地需要明确人的现代化的战略目标。这既是历史的启示,也是未来的召唤。

1. 五四运动的主旋律是人的现代化

我国长期是自给自足的自然经济占主要地位,交换在整个经济中不起决定的作用。高度中央集权化的官僚制度,形成超稳定的政治秩序。儒家"天不变,道亦不变"的传统思想阻止着社会根本变革的发生。封建的家庭和宗族群体对个人施加控制,宋儒更以"存天理、灭人欲"的说教,扼杀人的个性发展。科举限用八股,引导仕人穷经皓典,死记硬背,无暇独立思考,文字狱更迫使人谨小慎微,不敢越雷池一步。教育只是灌输传统的价值观念、道德准则和行为规范,西方的科学技术知识无法在中国传播生根。晚清政府政治腐败,闭关锁国,以天朝大国自居,日益与世界上发生的巨大变革不谐,无法应付外来的挑战。

1840年鸦片战争的炮声,打开了闭关锁国的门户。中国人不能再封关制夷了,就改而"师夷之长技以制夷"。这样对外来文化不再完全拒斥,而是借外来文化强大自身,当然是一个进步,可是主张"中学为体,西学为用"的人还是念念不忘中国的道德。结果,洋务运动虽然带来了洋枪洋炮,而甲午海战一役,北洋水师全军覆没,不能不使人从中省悟:"西人之强者兵,所以强者不在兵"(梁启超语)。对外来文化,不仅要引进"形而下"之器,还要发展到"形而上"之道,对西方的政治、制度、法律、哲学同样也要学习。维新派正是用西方的进化论反对封建主义的"天不变,道亦不变"的传统观念,要求实行变法。孙中山青少年时期就接受了西方教育,领导辛亥革命,推翻了清朝的统治。但是,百日维新没有群众基础,没有丝毫触动从中央到地方的全部官僚机构,最后仍然被反动势力扑灭。辛亥革命虽然推翻了满清政府,却没有真正唤醒人民的觉悟,接着是袁世凯称帝、张勋复辟、军阀混战,未庄还是赵老太爷和假洋鬼子的天下,老百姓还是过着和过去一样的日子。

1915年《新青年》发起了冲决精神网罗的斗争。《新青年》的影响形成了震古烁今的五四新文化运动。五四,作为一场思想启蒙运动,其真正的意义在于通过人的革新来实现中国社会的改造。《新青年》大力主张"自主自由之人格"。《湘江评论》的创刊宣言,强烈抨击旧的价值观念,指出中国四亿人中差不多"全然不认有个人,不认有自己,不认有真理"。鲁迅从人的基本要求出发,大声疾呼:"一要生存,二要温饱,三要发展,苟有阻碍这前途者,无论是古是今,无论是人是鬼,是《三坟》《五典》,百宋千元,天球河图,金人玉佛,祖传丸散,秘制膏丹,全部踏倒它!"五四新文化呼唤中华民族新的崛起,它的主旋律是人的现代化。而"民主"和"科学"则是现代化的体现形式。根据当时的历史发展,中国先进的知识分子经过十月革命学到了马克思主义,并勇敢地投入炽热的反帝反封建的勇敢斗争中去。由于政治救亡的兴起,启蒙没有充分展开。五四新文化运动呼唤的人的现代化这一伟大而艰巨的任务,还有待后来人继续努力完成。

2. 解放战争的胜利与人的解放

帝国主义的侵略激起了广大人民的爱国热情。人们强烈地意识到现代化的重要性。但是,日本的长期入侵和掠杀,破坏了中国趋于稳定的政治局面,摧毁了实现现代化的经济基础。接着,中国内部的政治局势又一时极大地限制了前进的步伐。

中华人民共和国成立以后,拥有完全独立的国家主权,国际地位日益提高,政府努力寻求将国际环境调整到有利于现代化建设的方面来。在第一个五年计划期间,国民经济迅速发展,国家兴建了一批现代化的重点工程,为今后进一步发展打下了可靠的基础。农村经过土地改革,极大地调动了农民的积极性,农业生产得到迅速的恢复和发展。中国共产党在人民群众中享有崇高的威信,社会实现了高度的整合。现代教育得到了普及,对吸收国外先进技术至关重要的高等教育和科研工作也都有了重大进展。社会主义的建立为人的解放、发挥人的潜能、追求人的全面而和谐的发展创造了条件。这些都是实现现代化的有利因素。

然而,现代化的进程并非一帆风顺。在国际关系方面,由于美国当时对中国采取敌视的态度,使中国不得不选择"一边倒"的政策,站在苏联一边;到了60年代初,中苏双方在意识形态上的分歧日渐扩大,苏联突然撤走全部技术专家,使中国许多工程项目无法完成。因此,毛泽东十分强调自力更生,表示要和贫穷和不发达的小国站在一起,反对工业化大国,特别是两个超级大国,在世界范围形成一个"农村"包围"城市"的态势,这样就陷入了自我封闭的状态。十年动乱中个人崇拜严重,压抑了群众的主动性和创造性,人们的主体意识和民主参与无从实现,同时也丧失了实现现代化所亟需的稳定机制,使国民经济濒临崩溃的边缘。几十年间多次折腾,差距越拉越大,成了现代化的"落伍者"。

3. 改革、开放顺应世界现代化的潮流

粉碎"四人帮"以后,寻求现代化成为中华民族的共同心声。但是以引进技术、引进装备为特征的洋跃进,正与洋务运动相仿,不但未能促进现代化,反而使外汇支出激增。外汇储备出现负数,造成国民经济的失衡与全面危机。它再一次告诉人们,急躁冒进,单纯从"器物"外层着手,是不可能实现现代化的。十一届三中全会以来,对现代化的注意力开始从技术转向体制,从农村实行联产承包责任制到对城市工业管理体制的十年改革,使我国经济有了长足的发展。从1978年到1987年,按可比价格计算,国民生产总值增长1.25倍,国民收入增长1.2倍。这就为中国人民的思想解放和精神发展提供了物质基础。改革开放,加强了我国与世界的密切联系,促进了对现代社会基本价值的认同,使中国的现代化与世界先进文明正面融合有了可能。经济改革在一定程度上调整了我国社会各阶层人民之间、人民与执政党之间长期的紧张关系,人民的历史主体与国家主体的地位得到初步的恢复,从而奠定了我国实现现代化的社会基础。十年改革符合中国人民的根本利益,顺应世界现代化的潮流。

可是,当前我国十年改革的成就与一系列社会问题并存。我国社会现正面临人口爆炸、教育落后、通货膨胀、物价上涨、治安混乱、社会不公、生态破坏等问题,严峻的现实令人深为忧虑。中国仍然存在着贫困和愚昧。西北地区黄土高坡的农民依旧"日出而作,日入而息",东南地区富庶的农民仍在造坟、修庙、赌博、纳妾,物质的富足并没有解决精神的贫困。中国现在还有几亿文盲,不改变这一落后状态,怎样能够实现现代化?

我们在改革中最大的失误就是忽视了最主要的因素:人的精神建设。改革的根本目标就是整个社会的全方位现代化,达到人类文明在当代的最高标准和最新成就。我们不仅要有物质的、制度的现代化,更重要的是还要有人的观念的现代化,使全民族的精神素质达到当代人类文明的最高水准。最近对意识形态工作的重视,对教育改革的关注,关于观念变革和主体论的探讨。加强精神文明的建设,都是围绕人的现代化这一主题而热烈展开的。

4. 现代化进程的逻辑线索

人对事物的认识往往是由表及里、由现象到本质、由外层物质文化到中层规范文化再到深层观念文化。对现代化的认识亦复如此。经济的起飞是现代化的基础,没有经济的起飞,一切现代化都谈不上。但是经济起飞必须有一个合适的时机,有一个适当的政治结构来保障,而政治的变革首先又要有人的观念变革。洋务运动"师夷之长技以制夷"是从物质层面开始接触现代文化;戊戌变法和辛亥革命是想从制度方面来变革现实;"五四"新文化运动则涉及文化心理,要冲决精神网罗。"四个现代化"是物质层面对现代化的要求。这个口号的提出对纠正上层建筑决定论,忽视发展经济的错误,无疑是一个很大的进步。但是,那种把民主与现代化建设对立起来的观点;只抓物质文明建设,不抓精神文明建设;只抓产值翻番。不顾经济效益和社会效益的观点,都是十分错误和有害的。所以,在实现四个现代化的同时,还有民主和文明的要求。物质文明建设、民主政治建设和精神文明建设都是社会主义现代化建设的根本目标。我们对现代化的认识,就是社会变迁必须经历"物质—体制—文明—人的变迁"这样一个由表及里的发展过程,不断深化,全面推进。

1500年前后,欧洲人需要与东方通商。由于土耳其占据君士坦丁堡,切断了欧洲人往东方的商道,他们被迫寻找新路,这才有哥伦布发现新大陆,麦哲伦环球远航,使欧洲人最先走向世界。欧洲开始出现了强大的王朝,政治权力开始向中央集聚,统一的民族国家在欧洲兴起,欧洲的政治格局焕然一新。欧洲又发生了文艺复兴运动,使欧洲人从神的束缚下解放出来,在成为"人"的道路上迈进了一大步。接着,宗教改革运动和启蒙运动继之而起,人的价值观念发生了质的变化,个性的解放与张扬代替了对上帝和教会权威的顺从。英国通过光荣革命而建立了新的政治制度,形成了适合经济起飞的政治条件。到18世纪下半叶,人类历史上第一次工业革命就在英国全面展开,通过漫长的渐进改革的道路,实现了工业化、民主化,进入了现代化社会。我国从五四的思想启蒙运动,到夺取全国胜利的政治解放运动,以至十一届三中全会以来的经济建设与体制改革,可以说也是经历了人—文化—政治—经济的社会变迁过程。但是,如前所述,五四运动由于政治救亡的兴起,思想启蒙没有充分展开;新中国成立以后,社会主义精神文明建设和民主建设有所忽视;十一届三中全会以来工作重心转移,集中力量搞经济建设。但是实践证明,如不同时进行文化变革和提高人的素质,经济改革也不可能取得胜利。中国现代化的历史和逻辑发展线索都在提醒我们,必须尽快研究和制订人的发展战略。

第四节 "人的现代化"研究的背景和内容构架

本书的写作,便是以上对我国现代化战略再探讨的产物。既然中国社会主义的现代化是由社会整体结构的现代化和人的现代化有机交织而成的变迁过程,我们便极为关注如何在加速实现四个现代化的同时,有目的地尽快造就出一代有较高文化素质和高尚精神境界的社会主义新人。研究并制订"人的现代化"战略,是社会改革对我们每一个理论工作者提出的重大历史性课题。

基于当代社会改革对我们产生全面挑战的时代背景,为了探索促进个人现代化和社会现代化的最终完满实现,我们于1986年提出并开始了"现代化与社会主义新人"的研究。当时我国农村经济改革取得初步成效,更加综合的城市工业经济体制改革正在展开,政治体制改革已提上议事日程,而"文化讨论热"正转向更为现实所需的"文化发展战略热"的研讨;这时我国社会经济文化改革的全面性已形成多数人的共识,同时主体人的素质的滞后构成使改革缺乏后劲、动力减弱的威胁也正逐渐为全国上下所警惕。在此之前,党中央已发出了加强社会主义精神文明建设,培养一代新人的号召。无疑,我们的研究主题是与时代同步的,而且对改革已到攻坚时刻的今天,仍有一定的超前意义。在近五年的调查研究和理论探索中,我们深深体会到实现人的现代化不仅是中国社会主义改革中日益突出的战略问题,也是现代社会,文化变迁的必然结果。它生动地体现了我国现代化由低级向高级,由表象到本质、到总体付诸实现的历史进程。相应而言,对于现代化过程中社会主义新人的研究,也必然是一个巨大的系统开发工程,五年间的探索也仅是刚刚迈出的第一步。

人的现代化研究,内容极为丰富,并且兼容多学科理论和方法于一体,本书将就以下三个层次展开分析和探讨。

1. 基础理论研究。首先要进一步阐发和探讨马克思主义的"人学"观。马克思主义经典作家们在一开始进行他们伟大的理论创造时,便提出:"我们的出发点是从事实际活动的人,而且从他们的现实生活过程中我们还可以揭示出这一生活过程在意识形态上的反射和回声的发展。"① 马克思主义者对现实的人的发展是极为重视的,他们曾多次论述过人的本质、人的价值,人在不同历史形态中的发展特征、人与环境的关系。在《共产党宣言》中,马、恩更是将每个人自由全面的发展提到了共产主义者奋斗目标的高度。因此,马克思主义的有关人的发展学说,必须成为我们研究现代化新人的理论基础和指导思想。其次,社会学、心理学等现代社会科学有关"人"的理论和研究方法也是基础理论中的重要组成部分。"社会主义新人"是多学科所关注的对象,我们的研究当然也要借鉴现代人类学、文化学、哲学、社会心理学等多学科的最新成果,但由于本书作者主要是社会学研究的人员,并鉴于社会学的实证方法优势,本书将着重从社会学的社会化、现代化,社会变迁,人格,角色,分层,生活方式等理论角度论述现代人的人格转型特征,其分析方法也将主要采用社会学的实证、聚合、比较等方法。具体参见本书第一部分第一至第四章。

2. 主体系统研究。本书第二部分(第五章～第十章)即是对现代化主体的方方面面展开系统分析,这将构成我们研究的中心层次。我们认为,现代人的发展,是个有既定运行目标,多层次、多因素,开放型的动态系统,它包括了人的社会环境、社会行为、社会意识形态三个循环互动的序列。其运行目标是实现马克思主义的伟大理想:"每个人的全面而自由的发展。"

---

① 《马克思恩格斯选集》,第 1 卷,第 30 页。

人的现代化主体运行系统,通过功能模拟的简化,可以看作是由内部三个亚系统的互动而构成的有机整体。如图1-1:

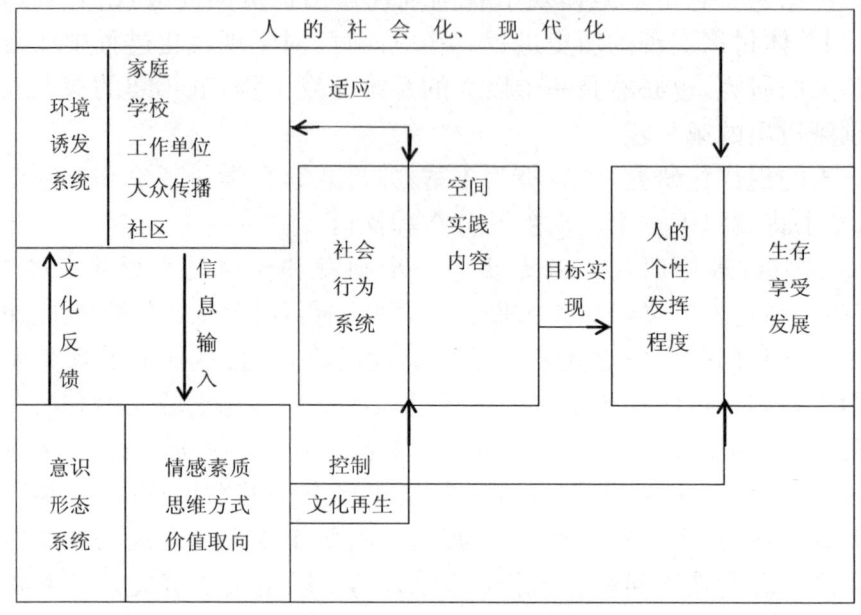

图1-1 "人的现代化"运行系统模拟

这三个亚系统通过信息对流互相刺激调整速度和目标,共同构成了向有利于"人的个性发挥"这一现代化目标趋前运动的整体。这三组系统既是人的现代化的运行主体。又是这一运动过程中不可或缺的因素链。因此,在研究人的现代化时,我们应首先着眼于对这三个主要亚系统的分析。通过定性与定量相结合的研究,探索人的现代化得以产生、发展和实现的各种作用机制。

任何事物的发生发展都是在特定环境中进行的。环境构成了主要外因。同时,环境因素和运动主体又是时常渗透重合的。环境的变化也正是考察事物变化的一个显著标志。环境系统具有"双向机制"。在人的现代化过程中,环境作为一个独立的诱发系统,它作用于人的社会化程度正是从外部特征上反映了人的现代化程度,因此个人向现代化转变本身是人的环境和他的社会环境相互影响的过程。

社会行为是人和物的社会因素在一定时间和空间中的结合,具体表现为现代人素质和生存方式、生活水平、质量以及生活形态的变迁。由于现代人的行为方式具有直观、具体、生动等外部可测性特征,因而在考察人的现代化系统运动时,社会行为系统的变迁是最为直接突出而引人注目的。事实上,环境的改造、观念的确立、物质文明与精神文明的同步建设等社会进步因素常常凭借人们行为方式的更新得以鲜明地再现。

精神境界的现代化是人的现代化最本质的反映。只有人类意识形态系统的进步以至现代化,才意味着人的现代化开拓了真正深刻的运动,正如英格尔斯在《人的现代化》一书中所揭示的"从社会心理学的观点来看。最具有挑战性的工作,莫过于研究和解释人们如何从传统人格逐渐转向现代化的人格了",这里说的人格转化,就是人的意识形态系统变迁的过程和结果。

总之,对人的现代化发展研究,是一项极富有历史意义的系统研究工程。当前,我们必须从以往仅停留在对人的现代性倾向外部特征的归纳、描述上进一步深入到这个系统内部展开机制分析,也就是说要渗透于人的现代化内部过程,对该系统内在的构成以及运行原理进行剖析,才能深刻把握住现代人发展的本质和趋势

3. 问题、对策研究。理论分析必须来源于现实,为中国现实服务。基于这一立场,本书第十一、第十二两章将较具体地探讨当前改革中产生的人为的社会问题以及现代人发展中面临的障碍性因素,还将在进一步探讨人的现代化的规律性特征基础上,对于如何促进社会与人的协调发展,制订人的发展战略方案提出一些理论建议。当前,在社会主义新人成长过程中,的确还存在不少"现代化综合症",亟待我们予以诊断并消除病根,如:封建保守的反现代倾向、资产阶级自由化、拜金主义、不合理的消费结构、盲目攀比心理、病态的闲暇生活以及青少年越轨增多等等。我们将在最后一部分,力图从提高人的精神素质、促进社会主义精神文明建设的角度出发,寻找解决社会问题的答案,为下一步的改革创造良好的社会条件和心理基础,为培养和造就出一代有理想、有道德、有文化、有纪律的社会主义新人作出我们的理论贡献。

《小康社会的理论与实践》

邹农俭,叶南客,徐琴,项光勤,唐仲勋著,中国农业科技出版社,1994年。

第二章　中国的现代化进程与小康社会

小康,是中国人对于社会发展进步所做的千年长梦,一旦美梦将成

现实,我们理智化审视小康的内涵实质时,发现它也随着中国经济文化的变迁发生了重大的变化,其内核被赋予了时代的新意。昨日的小康是与"大同"相对应的一种社会文明境界,今日的小康则是中国百年现代化宏伟战略中的一个关键环节和重要阶段;实现小康并不是中国人的最终目的,而仅仅是现代化长征中的新起点。因此,当我们探讨小康社会发展内涵及其现代性特质时,也应将其纳入中国现代化的整体进程之中加以考察,从而我们的立论便具有一个新的高度。

一、中国现代化战略及其阶段性目标

1. 中国现代化发展进程概观

中国现代化的启动迟于西方发达国家,但其过程中的一些基本内涵是相同的,工业化、城市化以及经济的增长都是现代化中的关键要素,西方社会的现代化动力在中国社会变迁中也发生了积极作用。

根据中国近代社会发展的实际状况和我国社会发展的宏观规划,我们将中国现代化历史进程大体概括为:从1850年代的现代性因素萌发到2050年现代化基本实现,这200年便是中国社会变革进步的大过渡时期。它在中国古老的历史长河中虽然短暂却极为重要,它将用这一段时间从三千年封建文化的阴影下走进充满生机的现代性文明社会,这一过程在其他不少国家要用四五百年甚至更长的时期,从现代性因素生成和各个发展时期特征来看,我们可将这一个现代化总体进程再细分为四个发展阶段。

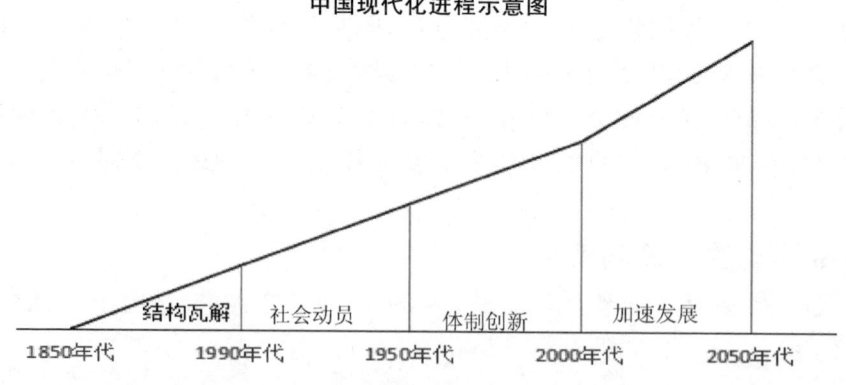

中国现代化进程示意图

这四个阶段的年限划分是相对的,大致的,而非绝对的、特定的。四个阶段的发展速度也是逐渐加快并不均匀的;而且在不同时期,现代因素的发展重点也各不相同,但有着逐级递进的内在关联。

第一阶段是现代化的准备期,从1840年的鸦片战争开始,随后是太平天国起义,由外至内摇撼着古老中国的封建大厦,现代西方的民主政治、文化科学、宗教意识、生活方式等全面渗透,迫使三千年传承下来的封建社会发生结构性瓦解、断裂,太平军的节节胜利更是动摇了封建帝制。19世纪末的中日甲午战争、戊戌变法运动以及义和团的崛起,一次又一次地加速了清帝国封建社会结构的瓦解,使中国的上层官员们感到了变革的威胁及其不可抗拒的压力,也使中国的老百姓感到了变革是自身的迫切需要。

第二阶段是现代化的动员期,主要体现在现代政治体制的启动和新文化的启蒙等方面。20世纪初有两个群体的崛起是中国现代化萌芽的显著要素,一是由于"兴学堂、派留学"而涌现了第一代小新式知识分子,正是这些人随着观念的变革和思想的成熟在随后"五四"新文化运动中充当了主角,实施了中国文化进步中的社会动员。二是以孙中山、黄兴等人为领袖的资产阶级革命团体的出现,掀起了中国民主革命运动,充当了大清帝制的掘墓人,从而在1911年的辛亥革命中揭开了中国政治现代化的崭新一页。但是由于20世纪前期中国产业革命发展较慢,三四十年代日本军国主义的入侵,阻碍了中国现代化的建设,因而前几十年还只是现代化的酝酿动员阶段,直到中国共产党人建立起一个新的社会主义制度,才使中国的现代化进入了质变的更高阶段。第三阶段是现代化的创新期,其中又有两个高潮一次低谷,首先是在50年代中国确立了社会主义的民主新体制,不久又确定了国家工业化方针,并在1964年的政府报告中最初提出了现代化的发展目标,构成了现代化的第一轮高潮。从1967年到1976年的文革十年中,由于人为的灾难,造成了中国政治混乱、经济滑坡、文化萎缩,使中国的现代化由止步而陷入低谷;80年代随着解放思想,实事求是,以经济建设为中心目标的确定,中国现代化进入了经济、文化、政治的全面高速发展和体制创新期,迎来了现代化第二次高潮。

第四阶段是中国现代化的加速期。尽管这一阶段尚未到来,但是基于以下几点认识我们可以乐观地预见21世纪前50年将是中国大变快变、日新月异的年代。首先中国人将在建设社会主义市场体系的过程中,通过深化改革理顺政治、经济、文化各方面发展中的体制关系,为下阶段加速发展铺平道路;其次到20世纪末中国有希望实现政府所制定的现代化第二步建设目标,使人民生活达到小康水平,使中国进入小康社会。这一目标的实现,便为中国的进一步发展奠定了雄厚的国力基础,并且在人民生活水平提高,文化素质提高的同时,将产生推进现代化起飞的巨大动力;再次 21 世纪的中国发展将处在一个社会稳定、内部团结的新格局中,国内经济文化等发展要素将更为协调,国际关系和全球发展也将趋向多元均衡和理性化,进而为中国的高速持续发展提供有利的成长环境,将促使中国在 2050 年前后成为现代化大家庭的重要一员。

2. 中国现代化"三步走"战略的确定

在中国社会主义建设的战略步骤问题上,我国基本实现现代化分"三步走",这就是党的十二大以来所说的"温饱—小康—基本实现现代化"。为实现三步走发展战略,党的十四大报告中指出,要在现代化建设的长过程中,争取出现若干个发展速度比较快、效益又比较好的阶段,每隔几年上一个台阶,应该说这一科学的现代化战略构想,与中国社会主义现代化的总设计师邓小平的理论贡献是分不开的。

邓小平同志在勾勒中国现代化发展的宏伟蓝图时,正确处理了现代化的总体目标与战略步骤间的辩证关系,巧妙灵活地运用了战略与策略的关系,在 70 年代末最先提出了著名的中国现代化战略发展"三部曲"。这就是以 80 年代初为起点算,"十年是第一步,第一步的目标就是翻一番。人均国民收入达 500 美元,这个目标估计可以提前实现。然后再过 10 年,即到本世纪末再翻一番,人均国民收入达到 1000 美元,这是第二步。实现这一目标,我国达到小康水平,我们国家的力量将会有很大的壮大。更重要的是第三步,目标是在实现上面两个目标之后,再用 30 至 50 年时间再翻两番,大体上达到人均四千美元。达到这一步,中国就成为中等发达的国家。这就是我们的雄心壮志"①。后来考虑到本世纪末中国人口要达到 12 亿多,又把本世纪末的人均国民收入 1000 美元改为 800 美元。邓小平又把这一"三部曲"的设想称为"政治目标",指出"我们确定了一个政治目标,发展经济,到本世纪末翻两番,国民生产总值按人口平均达到八百美元,人民生活达到小康水平。"②

---

①《邓小平文选》(第三卷),第 226 页。
②《建设有中国特色的社会主义》(增订本),第 65 页。

这一战略目标的制定，充分体现了中国的国情特色。"三步走"战略，包括了本世纪末国民收入人均 800 美元的发展目标，也包括了实现小康的社会文化目标；同时还包括了下世纪中叶人均 1000 美元，基本实现现代化的长远目标。既体现了战略设计的系统性，也是切实可行的科学规划。这一目标对于发达国家来说是不能成为目标的，有的国家现在就已超过人均 4000 美元，但是从中国的实际出发来看，中国有 12 亿多人口，到本世纪末人均 800 美元，"那时不按人口平均而按国民生产总值来说，就居于世界前列了"①。因而这一战略阶段的划分体现了共性与个性的结合，符合中国底子薄、人口多、现代化起步晚的基本国情同时，中国社会主义制度的优越性也将通过"三步走"的实践过程得以展现。中国的发展若能贯彻这一战略，本身就是其优越性的体现，表明能以比资本主义更快的速度发展生产力。邓小认为实现了这一战略发展，第一，是完成了一项非常艰巨的、很不容易的任务；第二，是真正对人类作出了贡献；第三，就更加能够体现社会主义制度的优越性。……这不但是占世界总人口四分之三的第三世界走出了一条路，更重要的是向人类表明，社会主义是必由之路，社会主义优于资本主义②。因而"三步走"的战略内涵不仅是中国的现代化进程，而且是世界现代化，特别是第三世界如何实现现代化，以及社会主义与资本主义谁优谁劣的世界性的竞争，它体现出人类发展的必由之路。

中国现代化战略的设计，是雄心壮志与实干精神、远大目标与具体措施、总体战略与分步策略的有机统一，对我国经济、政治、文化的发展具有极为重要的指导意义。正像邓小平同志曾指出的："这是我们的雄心壮志"，但"我们做出的不是一个左的判断，制定的也不是一个过急的目标。……应该是能做到的"③。当然，"实现这样一个目标，也不是很容易的。讲大话、讲空话，都不行，要有一系列对内对外的正确方针和政策才能实现。党的十届三中全会以来，我们确定了对内经济搞活、对外经济开放的政策。要实现这个目标，没有这个政策是不可能的。"④因此，在现代化的"三步走"战略中集中着目标与手段，战略与步骤，目的与方针、政策之间的辩证统一，它是整个中国社会发展的主流所在，意

---

① 《建设有中国特色的社会主义》（增订本），第 74 页。
② 《邓小平文选》（第三卷），第 324—325 页。
③ 《邓小平同志论改革开放》，第 123 页。
④ 《建设有中国特色的社会主义》（增订本），第 66 页。

味着中国经济、政治、思想观念和人际关系都将发生全面的变革和进步。

3. 第二步战略目标的提出

小康,是中国特色的社会主义社会的一个历史发展阶段,是中国人民在彻底解决温饱问题以后向着富裕阶段过渡的时期。作为全国人民本世纪奋斗目标的小康,是由邓小平同志首倡,并在 90 年代初制定的"中华人民共和国国民经济和社会发展十年规划和第八个五年计划纲要"中加以确认的。在"纲要"的第一部分"1991—2000 年的主要目标和指导方针"中明文提出到本世纪末要"实现我国社会主义现代化建设的第二步战略目标","人民生活将发生由温饱上升到小康的阶段性变化,人民的健康水平、营养状况、平均寿命和识字率等生活质量指标达到或超过中等收入国家水平"。

建设小康,是全国人民梦寐以求千百年的强烈愿望,是人民群众最大最根本的利益所在。1979 年,邓小平同志首次提出了实现小康的目标,并对其赋予了现代社会经济发展的内涵,将其纳入中国现代化的总体进程之中作为一个特定的发展阶段。1984 年,邓小平同志在江苏苏州视察时,进一步对小康的几个重要方面作了具体勾画,提出了:人不往上海、北京跑,乐于当地生活;人均住房 20 多平方米,教育普及、吃住用现代化;人的精神面貌有很大变化等。1992 年邓小平同志在南巡重要谈话中更是明确提出了一部分率先实现小康的地区加速发展、尽快达到富裕程度的问题。近十年来,中国共产党人在邓小平等老一辈革命家的率领下从理论到实践上都进一步明确了自己所处的历史阶段和伟大使命,确立了现代化的宏伟构想,特别是当前对小康概念的丰富发展,不仅揭示了我国经济发展新阶段人民生活提高的基本方向和要求,而且体现了我国社会主义制度对经济、社会协调发展、物质文明和精神文明共同提高的客观要求。

二、小康社会:从梦想到现实

1. 美梦成真

迷人的小康生活像梦一样苦苦萦绕在多少代中国人的心里。中国的现代化终将把中国人的千年小康梦变成为活生生的现实。由于中国幅员辽阔,"是一个经济文化发展很不平衡的大国,全国小康水平的实现,不论从时间上还是地区上,都将是逐渐推进的"①,因而在全国人民努力奔小康的同时,在我国一些大中城市和沿海发达地区的农村,已初步达到了小康社会的发展目标,美梦成真了。

根据社会学者的定量测算,1990年时全国平均实现小康的水平离小康目标还有30%的距离,但这时的北京、上海、天津三市因农业比重小,工业发达,已分别实现了小康目标的111%、108%和100%;另外,辽宁、广东、江苏等省实现程度也都接近了80%,都在全国平均数70%以上②。到1998年时,中国城乡居民收入不断提高,"消费结构继续向小康型转化,食品支出占消费支出比重,城镇为51%,农村为56%,均比上年有所下降"③。1993年全国人均金融资产达1900元,这笔巨大的结余购买力,说明相当一部分居民已进入吃穿有余的小康生活水平④,"消费需求正由生存需求向着发展和享受需要转变,即除了满足基本物质生活需求外,要向高层次的文化生活服务方向发展"⑤。

在江苏南部经济较为发达的太湖流域,早已于90年代较普遍地达到了小康标准,其中苏州市辖的太仓市城乡发展更是中国小康化中的一个成功范例。例如,到2000年全国实现小康的经济目标是人均国民生产总值达到800美元,而太仓1992年的人均国民生产总值已高达1459美元,已大体相当于现在世界新兴工业化国家80年代初期的水平;1992年太仓人均纯收入达到1759元,比全国小康线标准高出60%;在物质生活中,全国的小康标准恩格尔系数要小于50%,住房面积农村人均20平方米,城镇人均8～10平方米,而太仓的恩格尔系数低于50%的水平,居住面积城镇达11.6平方米,农村达57.9平方米,其中楼房占86%。另外在有关小康的社会指标中,如人口素质、社会保障、社会秩序、文化教育等等,太仓均不仅是率先提前,而且是高水平、高质量地达到全国统一的小康发展目标⑥。因而使到过苏南、到过太仓的人,都亲身体验到了中国现代化前景的现实性和无比魅力,备受启迪,备受鼓舞。

---

① 见《纲要》,第39页。
② 参见《1990年各省市区小康目标实现情况的试测》,《社会学研究》,1992年第2期。
③《1993～1994年中国:社会形势分析与预测》,第45页,中国社会科学出版社。
④ 参见《1990年各省市区小康目标实现情况的试测》,《社会学研究》,1992年第2期,第46页。
⑤《1993～1994年中国:社会形势分析与预测》,第45页,中国社会科学出版社1994年版。
⑥ 详见金世明等著:《中国的一个小康市》,江苏人民出版社1993年版。

2. 小康实践的伟大意义

小康的社会发展目标提出后,对全国人民具有巨大的鼓舞和激励作用,奔小康成了亿万人民的有力的精神支柱;人们多么希望千百年来的美梦能在自己手中化为现实,真可谓是"梦里寻它千百度",转眼小康在眼前了。

90年代中国现代化的神圣使命可以归结到一点,就是使小康社会从梦想变为现实,这十年中全国人民的奋斗目标就是要实现小康。可以肯定,这十年中国的发展进程以及国内部分先进地区已有的成功实践,对中国对世界,都将具有重大的理论意义和现实意义。

首先,小康实践是中国特色社会主义现代化的生动体现,是邓小平同志建设有中国特色社会主义理论的又一印证。

邓小平同志多次指出:"抓住时机,发展自己,关键是发展经济"。"我国的经济发展,总要力争隔几年上一个台阶"。"革命是解放生产力,改革也是解放生产力"。"走社会主义道路就是要逐步实现共同富裕"。邓小平理论的上述观点在我国迈向小康的征途中都产生了现实影响,例如东南沿海发达地区,这几年经济发展速度比较快,尤其是乡镇企业的发展把农村各种潜在优势不断转化为现实的经济优势,成为推动农村经济发展和小康进程的加速器。在社会生产力的发展方面,从80年代以来,广东、江苏、上海、浙江等地区域经济实力迅速增长,到90年代初期,一些主要的经济社会发展指标已达到或超过了我国2000年小康社会发展的目标,江苏苏南地区在初步实现小康的同时,不断缩小贫富差距,走的是一条依靠集体经济、走向共同富裕的道路,体现了社会主义也能富农村、富中国的可行性和优越性。

其次,小康实践在证明社会主义能够富中国的同时,还揭示了一条在第三世界国家赶超现代化的新模式,从而具有深远的国际意义。

中国的现代化探索已引起了越来越多的国际友人和经济界人士的关注和思索,尽管中国目前还是一个发展中国家,还比较穷,但我国一部分发达地区已经发展到了一定水平,已经建成了小康社会,只要目标明确,路子正确,艰苦创业、奋力追赶,也一定能赶上和超过世界先进水平。同时,小康社会的实现造成了更加坚实的物质基础,在今后建设社会主义现代化的过程中,就更有必要、也更有条件吸收和利用世界各国包括资本主义发达国家所创造的一切文明成果来发展社会主义,因而中国小康的成功实践对世界一些不发达国家和地区也具有借鉴意义。

第三，当代中国社会发展中的两个文明并举是小康实践中的重要特征和宝贵经验。

在我国一些经济较发达的地区，精神文明建设也一直受到重视，在大力发展物质生产力的同时，必须大力发展社会主义精神文明，这已成为有中国特色的社会主义道路的重要内涵，如江苏南部地区的教育、文化、科学卫生事业都在经济高速发展的同时得到蓬勃健康的发展，社会治安综合治理工作也有序地开展。在文化建设上，苏南小城镇作为农村文化中心的地位逐渐形成，文化站、文化中心、影剧院、书院等文化娱乐设施陆续林立于小城镇，带动了广大农村社会新风尚的形成发展，苏南的两个文明协调发展确实成为中国小康进程中的成功典范。

第四，江苏苏南的小康之路是中国走向小康的示范工程。

苏南地区实现小康之路的过程，概括起来就是农村工业化、人口城市化以及生活方式和生活观念现代化的过程。在农村工业化方面，苏南的苏锡常三市农村工业的产值均超过该地区农村工农业总产值的90%。在人口城市化方面，苏南乡镇工业的发展加快了农业人口向第二、三产业转移，促进了农村人口合理流动和农村人口城市化的进程。在生活方式、生活观念现代化方面，苏南人民开始重视追求文明、健康、科学的生活方式，在吃、穿、用、烧等方面城乡已经没有多少差别。在生活观念上，人们有了相对独立的自立性、工作和生活增强预计性，观念的多元化开始被人们所接受。因此，实践证明，苏南的小康之路不愧为中国走向小康的示范工程，苏南农村的今天将成为中国广大农村的明天，苏南的城乡协调发展和两个文明的同步建设，对于全国大部分地区的社会经济发展具有重要的启示价值。

三、小康进程的启动点与关键环节

当代中国经济和社会发展最重要的特征是从温饱走向小康，实现现代化建设第二步战略目标。这是中华民族为赶上世界经济现代化潮流而奠定基础的决定性时期，也是社会主义制度在中国逐步完善并进一步发展的重要关头。我们究竟应该怎样来认识和把握机遇，怎样来组织和实施这一实践问题呢？这里涉及一些重要的理论问题和更多的实践问题。我们应当科学地选择经济和社会发展中的要素重点，通过若干关键环节和事关全局的要素率先转型来启动中国小康社会的整体演进。我们试将小康进程中的超前发展要素谓之"启动点"，概括为"三个转换一个提高",具体分析如下。

1. 城乡企业要尽快向现代化企业体制转换

这是90年代企业本身转换经营机制,提高企业素质和效益而提出的内在要求,这将构成中国社会发展的经济基石。小康目标必须建立在具有生机和活力的社会主义微观经济基础上,使企业真正获得自主经营、自负盈亏、自我约束和自我发展的机制。因为只有搞活企业,才能创造出更多的物质财富,进一步增强我国的经济实力,促进经济繁荣和社会发展,提高人民群众的生活水平,其意义非同寻常。

在传统体制下不存在搞活企业的问题,企业的任务只是完成上级下达的生产指标,没有自主经营的要求。只有在社会主义市场经济体制下,才要求企业"活"起来,成为真正的商品生产者。最近经济理论界、企业界讨论所谓"斯米克现象",为什么有的全民企业挂上合资企业的牌子,就能活起来?实际这是花钱买个机制。仅仅靠政策倾斜,政府保护,并不是用建立造血机制搞活企业,企业难以真正活起来。

正确界定企业产权关系,说到底,是把公有制与商品经济对资产制度的要求统一起来。从这样的要求出发,在公有制基础上对国有资产实行商品化、价值化管理,通过以国家控股和公有企业相互参股,构造我国微观经济基础。但是应当看到,推行股份制,界定产权关系,是一个循序渐进的过程。因为产权关系(所有制关系的具体形式)在生产关系中处于决定性的支配地位,紧密联系并有力制约着许多宏观和微观的管理体制。如财政体制、金融体制、领导体制、人事体制、劳动制度、社会保障制度等。因此,不能操之过急,需要各方面为之创造条件。目前可以从推动产权机制进入企业入手,采取多种措施逐步向股份制的目标模式过渡,如完善企业承包经济责任制,将资产增值、技术改造、新产品开发等企业目标纳入承包指标体系之中,逐步形成健全的企业规范,为最终过渡到股份制打下基础;以资产一体化为纽带,加快股份制企业集团的发展,让一部分企业从现行的体制和行政管理系统中相对独立出来,试行股份制,逐步成为股份制经济的排头兵,充分发挥示范效应,从而推动整个企业制度的改革和产权制度的转变。

2. 农业生产方式的现代型转换

通过增加农业科技含量、完善农业生产的社会化服务体系和发展规模经营,是当代农业现代化的重要内涵,是发展农村经济的新生长点,也是改善广大农民生产、生活方式的根本举措,将成为中国农村实现小康的动力标志。

在中国的工业化达到一定水平后,要及时地用较多资金和特别优惠的政策扶持农业,要采取多种措施,加速农业社会化服务体系的建立,发展多成分、多层次的社会化服务体系,通过综合服务促进农业的集约经营,向"优质、高产、高效"农业,以及向专业化、基地化的方向发展。对农业经济发展快的地方应因势利导,尽快普遍实行农业适度规模经营,用投标、股份、租赁等多种办法,搞活耕地的使用权,在稳定土地集体所有的基础上加快承包土地的合理流动,使之由平均、分散向耕田能手或企业集中,以提高土地规模经营的效益。

在当前深化农村体制改革中,要进一步强化农业的基础地位,加快发展农村经济,增加农民收入,这是中国农村实现小康的关键所在。在农业生产方式的现代性转换中,农业部门应转换职能,增加对农业的调控手段,不仅管生产还要管经营,在培育农村市场体系的同时,还须适应商品经济的农、工、商、贸、科技诸环节综合经营、一体化的要求,鼓励农民参与多种形式的经济合作组织,使之由小生产、小流通逐步走向社会化的大生产和大市场,要促进农民通过各种专业协会等中介建立起现代型的经济联合网络,在市场竞争中更好地自我保护、自我发展。

在农业生产方式、经营体制转换中,应把股份机制引入合作经济和其他各类农业企业中,以进一步明晰产权,合理分配和使农民积极参与,实行民主监督和民主管理。通过股份制合作,促进农村各类要素的优化组合和农村经济的现代发展。

3. 加快农村社区模式的转换

在农村工业化的同时实现城市化。费孝通教授曾说过:"我国农村正在发生的重大变化,本质上是一个工业化过程,把工厂办到农村里去的另一面就是乡村的城市化,这可能是我国工业化的一个特点。"①在肯定中国农村社会变迁主流的同时,要看到由于体制改革的滞后和第三产业的落后,我国的城市化水平与当前的工业化成长、现代化要求远不适应,既制约了城市带动农村的功能发挥,又限制了农村的人口流动,不利于农业生产的现代化转型。90年代中国农村的城市化和经济中心地带现代都市群的崛起,将成为小康进程中的重要标志和综合性动力。

---

① 参见《城乡协调发展研究》,第322页。

农村城市化是指农村社区形态向城市社区形态转化的过程和趋势,它既表现为农村人口向城镇的集中,同时也表现为城市向农村的扩展促使农村社区形态改变的过程,这是社会发展到一定阶段必然出现的现象。当代的城市化已从旧时的自发流动过程转变为全国性有计划性的综合运动过程,需要强化中央和地方政府的统一动员和组织,有关部门和基层组织共同负责,并从政策上鼓励和引导农民进城镇兴办各种企业、参与小城镇建设。1993年10月国家建设部在江苏召开了全国村镇建设工作会议,明确提出了以小城镇为重点,加快村镇建设步伐,促进农村经济和社会全面发展的战略任务,这是我国农村城市化运动中的又一动员令。根据国家的战略部署,当前在加快社区模式转换中应进一步明确发展目标,使城市化和小康化相互协调、融为一体;要进一步修改当前的建镇标准、理顺部门间关系和工作联系,注重城乡社会经济要素的合理流动和有序分布,在加快农村社区转型的同时应加强现有大中型城市的两个文明建设。

城市发展问题,直接关系到小康的实现和现代化建设的进程。城市是人类社会的主体,在生产上有聚集效应,是城乡经济的载体;在文化上有交融作用,并能满足人的多样化要求,现代化城市的本质特征是满足人的需要,适合人的尺度,便于人际交往。因此,在向小康目标迈进的过程中,居民住宅条件、第三产业发展城市灾害预防、城市环境治理和生态保护,以及社会保障事业等问题都日益突出,亟须给予及时而有序的解决,从而切实提高城市居民的生活质量和环境质量。

4. 尽快实现全体国民素质的综合提高

中国社会经济的发展目的在于提高人的素质和生活质量,而小康社会的建设也正在于全体国民的努力。90年代中国小康阶段社会发展的又一个重要内容,是正确确定人才培养的层次与结构,不能片面追求高等教育,应当澄清一个观念,并不是受过高等教育的人才越多越好,只有高、中、低人才形成合理的结构比例,才能充分发挥各类人才的作用;尤其是在资金紧张,投资不可能很多的条件下,更应当讲究人才培养结构的合理性。在小康阶段,迫切需要大批的中级技术人才和熟练的劳动者,迫切需要提高全民族的整体素质。因为经济和社会的发展,社会经济综合效益的进步,不仅受制于专门人才的数量和质量,而且还受制于全体劳动者素质的高低。现代化不可能建立在少数先进的科技人才与整体的落后文化背景这种强烈反差的二元社会之上,日本为了实现经济的高速增长,在相当长的时间里就是把重点放在培养中层,大力发展工科大学和职业高中。在实现小康目标的过程中,我们应当把有限的资金用在刀刃上,一要大力发展职业技术教育和成人教育,二要把基础教育升学教育的模式逐步转变为素质教育,从而使人才培养结构与人才需求结构较好地统一起来,为经济和社会发展服务。可以说,没有中国国民素质的整体提高,便不可能有中国小康社会的圆满实现,中国小康时代能否尽快到来,势必取决于当代人的素质提高程度和国民生活方式、价值观念的现代化转型程度。

《中国现代化的历史进程》
胡福明主编,安徽人民出版社,1994年。

第五章　第五节　工业现代化的基本特征及走向

一、工业现代化是国民经济现代化的先导

在不同国家的不同历史时期中,对工业发展阶段或目标有工业化和工业现代化的不同提法,工业化意即在原来经济比较落后的国家中建立强大的现代工业,变落后的农业国为先进的工业国的过程;工业现代化则是指用现代科学技术武装工业,用现代科学方法来组织管理工业,提高职工的科学技术水平和企业素质,把落后的传统工业转变为具有当代世界先进水平的发达工业这一历史过程。工业化和工业现代化是两个不同的概念,但两者又具有多重内在的联系,工业化是工业现代化的前提基础,没有工业化就不可能有工业现代化,工业现代化又是工业化的重要阶段和内容,工业现代化是在工业化发展到一定阶段之后对国民经济发展新阶段、新内容、新目标的认定。

由于工业是国民经济的主导,因此,工业现代化在国民经济现代化中占据极其重要的地位,这不仅表现在它是生产现代化劳动手段的唯一部门,而且表现在它是对国民经济其他部门进行技术改造和使之现代化的主要部门。可以这样认为,离开了工业现代化,整个国民经济的现代化就无从谈起。当然,并非是说,只有工业部门实现了现代化,国民经济其他部门才有现代化,而是说,在整个国民经济现代化的过程中,工业现代化要先行,要成为先导。

从中国民族工业萌芽,工业化已历经了百余年的历史;而中国工业的现代化历程则是在60年代方才揭开序幕。1964年,周恩来总理在第三届全国人民代表大会上所作的政府工作报告中,第一次正式地提出了在本世纪实现农业、工业、国防和科学技术四个现代化的目标。在1978年12月党的十一届三中全会上,这目标重新被提出,并强调要把全党的工作重点和全国人民的注意力转移到社会主义现代化建设上来,同时也强调了实现工业现代化是中国现代化建设的一个重要内容和奋斗目标。

在中国现代化的历史进程中,工业现代化确实扮演着一个不同寻常的重要角色。这是因为:首先,工业现代化是提高社会生产力、巩固和发展社会主义制度的重要物质基础;其次,工业现代化是不断提高人民物质文化生活水平的重要手段,工业是提供生产资料的重要部门,又是越来越重要的消费资料生产部门,人民生活消费的丰富和更新,要求工业尽快实现现代化;第三,工业现代化是提高社会经济效益的重要途径,工业现代化包括生产技术、管理等生产全过程的现代化,可以极大地增加全社会各部门的产出比重,明显提高现代化过程中各部门的社会经济效益。第四,工业现代化是实现四个现代化的决定性环节,在四个现代化中,农业是基础,科技是关键,但是农业要依靠现代工业改造才能实现农业机械化、现代化目标;而科技也必须通过工业生产才能转换为现实生产力,由于工业是提供劳动手段、能源和主要原材料的,所以工业的现代化成为社会经济各部门现代化过程中的前提动力和决定性环节,因而也就是我们本节目标题中阐明的,是国民经济现代化的先导。

二、中国工业现代化的特征与进程

中国的工业现代化是在两大背景下展开的:首先它是社会主义现代化中的重要因素,是四化中的一环,因而它具有中国社会主义的特色;其次它是建立在中国尚不发达的工业化基础之上的,因此它具有现代化初始期的欠发达特征。具体而言,中国工业发展在近几十年中取得了长足进步,在以下五个方面向着工业现代化的目标迈进。

第一,劳动资料的现代化。劳动资料的数量、质量和结构是工业现代化的首要标志,正如马克思所说:"各种经济时代的区别,不在于生产什么,而在于怎样生产,用什么劳动资料生产。劳动资料不仅是人类劳动力发展的测量器,而且是劳动借以进行的社会关系的指示器。"①劳动资料的现代化引起了现代生产组织方式的变革,极大地提高了劳动生产率,从而加快了国民经济现代化的整体进程。目前我国工业生产中还存在着装备陈旧、基础件、元器件质量差以及工艺落后等现象,离现代化的要求有相当的距离,但应肯定的是,80年代以来我国工业技术进步的速度在加快,电子产品达到13%—15%的增长率,光纤通信、激光、新型材料、核工业等的增长率超过了20%,这些都有力地说明了中国工业现代化正在健康发展。

第二,工业结构的现代化。从世界上发达国家工业现代化的过程来看,工业结构的现代化主要表现在三个方面:一是工业部门构成完整,能源工业、原材料工业和加工工业能够均衡发展;二是传统工业的比重下降,新兴工业部门如石油、化工、电子计算机、宇航等技术密集型或知识密集性工业比重提高;三是企业规模经济的强化,企业组织结构向专业化、协作化和合理化方面发展,尽管我们要看到当代中国工业结构存在许多不合理的布局,仍有不少瓶颈产业阻碍了现代化的发展速度;但也要肯定的是10多年中我们逐步建立并完善了我国的工业结构体系,轻重工业发展趋于均衡,新兴工业部门大量涌现,有的已成为世界先进技术或产品,我国的企业规模布局正趋向合理化,大中小型企业协调发展,企业集团崛起,促使中国企业在现代化过程中竞争力增强。

第三,工业组织管理的现代化。现代工业是广泛应用现代科学技术成果的高度社会化大生产,各部门之间的联系密切,管理十分复杂,要求有一套与之相适应的现代化管理,否则再先进的技术装备也难以发挥效能。管理现代化的内容主要包括:管理人员知识化、专业化水平较高;管理体制和生产组织的合理化;管理方法的综合化、科学化;管理手段的计算机化和高效特征,等等。早在50年代,我国领导人便注意到现代化建设中管理的重要性,毛泽东同志曾强调,各级领导干部"要讲全面规划的问题,经营管理的问题,领导方法的问题"。② 在《论十大关系》中他再次强调要"学习资本主义国家先进的科学技术和企业管理方法中合乎科学的方面。工业发达国家的企业,用人少、效率高,会做

---

① 《马克思恩格斯全集》,第23卷,第204页。
② 《毛泽东选集》,第5卷,第206、287页。

生意,这些都应当有原则地好好学过来,以利于改进我们的工作"。① 80年代以来,我国的管理科学得到巨大的发展,企业管理中民主化、科学化的进程加快,这是当代中国工业向现代化迈进的一个重要的因素和标志。

第四,工业劳动者素质的现代化。工业生产现代化和劳动社会化的发展,要求工业劳动者必须具备较高的文化科学知识;同时也要求工业内部各类人员的素质构成相应变化,工业中从事脑力劳动的比例上升,从事体力劳动的比例下降;技术人员的比重增加,直接从事机器操作的生产工人减少。由于专业化协作的发展以及生活服务的社会化,还要求企业内部从事职工生活服务人员日益减少,要求社会上从事服务性就业的人员增加。近几十年中我国职工队伍的文化素质构成有了明显的提高,特别是80年代以来职工业余时间学技术、补文化课一时成为热潮,加快了劳动力素质的更新和提高。但应承认,我国工人的素质整体状况尚不容乐观,特别是为数众多的小型企业以及大量的乡镇工业中,劳动者实际文化程度还处于小学水平,以体力密集型为主,因而影响了生产技术构成的提高,而且产品质量不尽如人意,也容易导致生产效率的低下。

第五,主要技术经济指标达到当代世界先进水平。工业现代化是在世界经济现代化过程中展开的,一个国家的工业是否发达,产业结构是否现代化是在比较中确定的,因此工业现代化应由系列有代表性的技术经济指标来加以衡量,工业主要技术经济指标达到当代世界先进水平,既是工业现代化的结果,也是重要的标志。在技术经济指标中,主要工业品产量、劳动生产率、主要原料和能源消耗、资金占用,尤其是先进机器设备的自给率等占有重要的地位。当前我国工业发展中,有相当多的工业产品产量居于世界前列,就其绝对量来说可纳入工业大国之列,然而在生产过程中技术含量还相当低,生产率也和现代化国家有明显的差距,先进技术设备的自给率也不高,这说明中国工业的现代化尚处在起步阶段,虽然少数技术经济指标已达到世界先进水平,但总体上看,工业产业成长还是较落后不成熟的。

中国工业现代化从60年代列入国民经济发展规划中后开始启动,但因遭到"文革"10年的人为阻碍,进程被迫中断,直到80年代后工业

---

①《毛泽东选集》,第5卷,第206、287页。

现代化才得以大踏步前进。中华人民共和国成立40余年来,我们已经建立起了独立的比较完整的工业体系和国民经济体系,1983年我国已生产钢4002万吨,原煤7.15亿吨,原油10607万吨,机械工业已形成了相当规模的制造能力,这些都使中国的工业生产在国际经济中具有突出地位,都为实现我国工业现代化提供了物质条件。但是由于我国的工业管理素质较差,1957年以后的若干年代,指导思想上又几度犯了"左"的错误,使工业现代化举足不前,甚至在一个时期内出现停滞倒退,直到80年代工业现代化仍处于起步阶段。目前我国按人口平均的国民收入、主要工业产品的人均产量、产品质量以及经济效益等指标都落后于世界发达国家。80年代中后期,中国加快了城市工业管理体制改革,进步扩大对外开放,坚定不移地加快发展社会生产力,促进商品经济和市场经济的发展,为今后几十年中实现工业现代化创造了多方面的有利条件。

三、中国工业现代化的六大走向

中国工业经济在80年代以前,主要是按照产品经济的模式运行的;经过10多年的改革开放,中国工业开始向社会主义市场经济体制转变,工业走上了现代化轨道,为进一步发展生产力,壮大国民经济,改善人民生活,建立社会主义现代化强国打下了雄厚的物质基础。当前,中国的工业化和工业现代化都已进入一个新的历史时期,但是也要认识到,由于产品经济几十年的影响,我们的工业发展观念、政策措施以及企业经营的方式方法都还存在着旧模式的烙印。为了尽快消除工业现代化进程中的障碍,为了促进中国工业的繁荣振兴,我们有必要进一步解放思想,在深化改革中做好以下六方面的工作,从而保证工业现代化的顺利实现。

第一,建立现代企业制度,是中国工业现代化的首要特征。传统的计划体制和僵化管理不可能使中国工业走向现代化,在社会主义制度下发展市场经济,建立新的市场经济体制,是解放和发展生产力的必然要求。在建立现代企业制度过程中,理顺产权关系是基础,转换企业经营机制是根本,深化分配和社会保障制度的改革是保证,转换政府职能是关键。中国工业化要上新台阶,必须学会运用市场机制,按照社会主义市场经济的要求,以市场需求为导向,树立大生产、大市场、大流通的观念。企业转换机制,要真正成为自主经营、自负盈亏、自我发展、自我约束的法人实体和市场竞争的主体,要摆脱对于政府主管部门的依赖,要自主地组织生产、面对市场、开拓市场,让企业直接参与国际竞争。

第二,提高企业经济效益是实现工业现代化的内在动力。经济效益偏低是中国工业生产的通病顽疾,是工业现代化迅速发展的较大阻力。在80年中国工业经济的多次学术会议以及有关决策部门也都提出过,要实现中国工业从粗放经营为主向集约经营为主的战略转移,但至今多数企业中经营粗放、外延发展模式仍在延续。现代化的工业要求是质量效益型、资源节约型和科技先导型的发展模式,这个问题不仅要在工业化过程中形成一种共识,更要将其付诸现实。

第三,进一步扩大开放,加强专业化协作,提高企业竞争力,是中国工业现代化的有效保证。工业再上新台阶,必须全方位对外开放,壮大自身实力。对外开放可以弥补建设资金的不足,增加国家税收,增加劳动者的就业机会,更多地获取国际经济信息,特别是在对外开放中可以加快企业经营机制和国际市场的接轨,在外向型生产中开展国内、国际性合作,有利于尽快地改善我国企业经营素质,适应市场竞争,在开放和专业化协作中,学到更多的先进技术和科学管理方法,加快工业现代化的步伐。

第四,推进工业科技进步,增大工业生产中的科技含量,是工业现代化的突出标志和积极动力。各国工业化的历史经验证明,没有众多先进的科学技术进入生产领域,就不可能有真正意义上的工业现代化。我们应该肯定,80年代以后,中国工业遵循邓小平"科学技术是第一生产力"的思想,实行了科技面向经济建设、工业发展依靠科技进步的方针,科研与生产初步结合,产生了巨大的社会和经济效益;但另一方面,许多企业还存在科技进步意识不强、科技革新的劲头不足,只求眼前微利、不顾长远发展的现象,因而缺乏能够占领市场的新产品,难以节约成本、提高企业效益,导致发展速度的滞缓。当前,要使企业形成自觉追求技术进步的机制,不能仅依靠政府部门的外在推动,而应通过竞争,把企业推向市场,企业只有在市场竞争中,才能形成不断提高技术改进工艺、更新产品的内在动力。

第五,大力发展乡镇工业,是中国工业现代化中的新特征、新要求。以往我们谈到工业现代化,大多数情况下是说城市工业的现代化,而今我们看到在中国工业化的整体进程中,农村工业和城市工业已结为一个相互支持的有机整体,没有农村的工业化就不可能真正实现国家的整体工业化和现代化,而且乡镇工业的发展不仅带动了农村经济的全面变革,事实上也有效地促进了城市工业经济的改革和加速发展,促进了城乡结合、工农结合,加速了城乡一体化的进程。我们今天发展乡镇工业不能停留于促进农村经济建设的简单意义,而要把它上升为是促进中国社会整体工业化、现代化中的一大要素来认识,因此对于乡镇工业,也应列入国家工业化的总体布局加以规划发展,要使乡镇工业从过去办"五小工业"的圈子中跳出来,放宽眼界,走向大市场,积极推进乡镇工业向规范化、市场化和现代化发展。

第六,加强基础设施建设,解决"瓶颈"产业问题,是工业现代化的发展前提和基础性保障。大力发展交通运输、能源、通信等基础设施建设,既是工业产业结构自身调整布局的重要议题,也是推动工业加速发展的外在动力,而且还是工业现代化一个鲜明标志。同时,我们也早已认识到,中国的基础设施建设与工业发展进程极不协调,已成为国民经济加速发展的限制因素,即所谓"瓶颈"产业。因此,解决这些产业落后的问题,已成为保证工业再上新台阶、保证中国经济新的一轮高速增长和发展后劲的重大举措。当前要采取综合措施,积极加快交通运输、邮电、能源工业的发展,要加快价格改革的步伐,改变基础产业价格长期偏低的状况,逐步建立起规范的市场价格形成机制,推动基础产业的发展;同时还应吸引外资投向基础设施建设,要在国家政策允许范围内,采取优惠措施,鼓励外商将资金投入我国的基础产业项目,这也是有着明显投资效益的;另外还要调动各级政府的积极性,多方筹集资金投向基础设施建设,要使各地的决策部门意识到这是涉及全局和长远利益的一项重要工程。

工业化是中国近百年来的一项正在进行而尚未结束的重大实践活动,工业现代化是中国经济新成长阶段的大趋势,它已和中国社会各个方面的现代化相互联结交融,汇成中国现代化的巨大洪流,它不仅改变了中国数千年沿袭下来的传统经济模式,更全面而有力地改变了中国社会结构、社会风貌,它还将对人类的未来产生日益明显的影响。正如一位德国工业化专家所说的:"工业化将不可避免地、更有力地决定地球上未来的生活……"[1]

---

[1] 鲁道夫·吕贝尔特:《工业化史》,上海译文出版社1983年版,第346页。

《边际人——大过渡时代的转型人格》

叶南客著,上海人民出版社,1996年。

第一篇　人格新论

"现代人是一种结构新颖的人类,现代问题是一个刚刚出现、其答案在于未来的问题。"[瑞士]荣格《探索心灵奥秘的现代人》

第一章　现代人格理论的新假说

1. 边际人格的出现

人格是一个内涵丰富、历史久远的概念。我国先秦就有荀况性恶和孟轲性善的争论,更早些时候的孔夫子曾多次提及人的个性差异,如《论语·阳货》中认为"性相近也,习相远也",这是中国较早的有关人格差异源于环境与教养的朴素理解。西方的人格理论也可溯源到古希腊罗马时代的希波克拉底和西塞罗等气质、品质和角色理论。具有现代意义的人格学说应该归功于从19世纪开始出现的欧洲临床医学、心理测量学、行为主义和完形心理学派的发展。到20世纪中叶,西方人格理论已趋向成熟,并形成了有独立体系的人格心理学学科。

1950年代西方学者通过对各类人格特质的深入解剖,提出并解释了现实社会中常见的数十种人格类型。如卡特尔在1965年发表的《人格的科学分析》一书中便分析了乐群性人格、聪慧性人格、稳定性人格、特强性人格、兴奋性人格、有恒性人格、敢为性人格、敏感性人格、怀疑性人格、幻想性人格、世故性人格、忧虑性人格、实验性人格、独立性人格、自律性人格、紧张性人格等16种类型。在此前后,其他心理学家还提出了病态人格、分裂型人格、健康人格、反社会型人格等等。这些人格分类从多维度上深化了人们对人类行为、人格结构的认识。然而我们还是遗憾地发现,上述心理学家的人格分类,都是基于微观的角度,尚缺乏对人类社会文化变迁中人格变化的宏观把握。

尽管分裂型人格从某种意义上解释了社会冲突会导致人格的解组,出现个体自我价值与外部表现价值的分裂、个人行为与行为间的分裂以及自我内部各种情感、欲望、信念、意义等心理要素的分裂,然而,分裂型人格是出现在某一类人身上的一种病态人格,它不能解释大多数人在急剧的社会文化变革中心理、行为失调而不失控的常态反映。

在急剧变革的社会中，面临着难以迅速适应的环境，现代人往往处于一种正常但不够健康、失态但不至于失控的人格状态，这种人格内部行为和态度是矛盾着的，而多项矛盾的因素又不断为适应和抗拒外界的变动而相互求同、相互容纳，终于共同酝酿出了一个介于健康自由人格和病态失控人格之间的稳定性人格——多元矛盾共处交织并不断变动的新人格——边际人格。边际人格潜伏于缓慢的社会心理变迁之中，并终于在现代化的大震荡下引爆出来。它可以被认为是一种新型人格，但更准确地说，它是现代化变迁中人对自身变迁的一种最新解释。

在对这种新人格内涵作出科学解释之前，还是有必要对"人格"这一基本概念作一回顾。人格，是人们在日常生活中经常使用的概念，也是一个充满歧义而又为多种学科所广泛引用的术语。据人格心理学家阿尔波特统计，对于人格定义的阐述较为经典之说就有50种之多。然而，他所列举的50多种还只是从类型区别上讲的，倘若把所有不同的人格定义都列举出来，恐怕500种也不能涵盖得了。因为人格理论并不仅仅是心理学家所关注的问题，哲学家、美学家、法学家、社会学家、伦理学家和文化人类学家等也都关注着人格理论的研究，这就使人格问题的探索具有更为复杂的因素和其文化背景。人格的概念来自拉丁文"面具"（Persona）一词。面具是在戏台上扮演角色所戴着的特殊面罩，它表现剧中人物的身份。我国京剧的脸谱也表明了人物的性格和角色特征。把"面具"指义为人格，实际上具有两层内涵：(1)一个人在生活舞台上演出的种种行为；(2)一个人的真实自我。把人格说成是面具那样的东西，说明人格就是表现于外的、在公众场合上的自我，是人对于社会习俗和惯例向他提出的要求而作出反应时所具备的外壳，即瑞士心理学家荣格所谓"自我的外延"，"文化要求于他的所演角色就成为人格，其实也就是他的公开的人格"。[①]

人格在中国古代典籍中未曾出现，中文"人格"一词是从近代日文中引进的，而日文中的人格则是对英文Personality的意译。20世纪初我国学者开始关注并引用人格的概念，较早的如梁启超曾在《新民说》中提及："忠孝二德，人格之要件也。"这是把"忠孝"等同于人格，对人格从德性和伦理的角度去界说的，这是中国传统文化的价值尺度的映照。

到目前，涉及人格理论的学科有数十门之多，人格的各家定义也不

---

① 参见陈仲庚等：《人格心理学》，辽宁人民出版社1987年版，第2页。

下百种，然而一直没有一个较权威的、广为社会所接受的解释，相对而言，近十年来心理学、社会学、文化人类学对人格的研究较系统深入，这三个流派的观点也有较大的影响。我们对人格的理解不妨从总结这三种学科理论的分析角度入手。

在一本 90 年代初由国内学者编著并已享有较高声誉的《现代社会心理学——社会学、心理学和文化人类学的综合探索》书中，从上述三个学科角度对人格的研究观点作了较精辟的概括：心理学家认为，人格为个体所具有，是个体心理的独特构成，并有其内在的根据和机制；心理学努力探索的是人格的层次结构、人格的内在动力、人格的形成发展、人格的类型差异、人格的评估鉴定、人格的治疗矫正以及人格与社会化的关系等等。社会学家认为，人格与个体在社会化过程中实际加入的社会生活情境密切相关，是在社会互动关系中产生、发展和表现出来的；社会学家从复杂的社会互动过程出发，探讨个体人格的存在方式、发展方式和作用方式。文化人类学家认为，人格与人类文化的传统密切相关，个体在接受文化熏染时，形成与其文化相应的人格类型，成为文化特有的构成部分；文化人类学家则从文化变迁入手探讨人格的文化共同性和跨文化差异性以及人格对文化变迁的作用。

归总起来看，人格是一种特定的心理结构和行为方式的统一，是在社会互动中形成的，不同的文化背景决定了人格特征和取向的差异。从这些原则出发，我们比较倾向于台湾社会心理学家杨国枢教授的综合性定义："人格是个体与其环境交互作用的过程中所形成的一种独特的身心组织，而此一变动缓慢的组织使个体适应环境时，在需要、动机、兴趣、态度、价值观念、气质、性格、外形及生理等诸方面，各有其不同于其他个体之处。"①

在确定了人格的内涵定义之后，我们对于边际人格的内涵定义也易于把握和阐述了。我们认为：边际人格是现代化过程中人格变化发展中的新类型，它是个体在与急剧变化的社会文化体制、人际关系规范作用时，其内在心理要素发生矛盾、冲突、自我协调后呈现的多元交织的身心结构，它的文化特质在于跨时代、跨民族的生活要素融于一身，使人格具有过渡性、边缘性和易变性。这些特性不仅凝结在个体之中，而且积淀于一个社区、一个民族乃至一个时代的大多数公民身上。

---

① 《云五社会科学大辞典·心理学册》，台湾商务印书馆 1973 年版，第 204 页。

在未经实证分析之前,对边际人格的界说只能是一种假说,是我们对现代化过程中人格变迁的产生原因、背景、特征、走向的新判断和新推论。边际人的界定包含着三个层次的内涵假设:

边际人格是众多人格类型之一种;

边际人格是现代化过程中社会文化环境急剧变动下的产物;

边际人格是群体共生的,多元文化交织并存的,不断趋向变动的一种特殊人格。

本书将通过大量生动的案例、翔实的数据和多学科的理论对上列假设进行探讨和证明。

2. 边际人的人格特质

任何人格特质的形成,都依赖于一定的社会土壤和气候,依赖于特定的文化背景。边际人格特质的社会文化背景便是近百年来的现代化运动。在现代化运动的冲击下,传统的文化体系开始衰落和解体,不再成为社会的主流文化或主导文化。在这种情况下,人们感到他们的生活背景受到破坏,他们所依据的价值规范受到冲击,原来的角色期待也不再是普遍有效的。他们所熟悉的东西被破坏了,他们所面对的东西有许多是不熟悉的,总之,他们感到一种"意义的失落"。现代人就像文化上的"移民",处处感到不舒服、不适应、不习惯、不理解,因而产生心理上的焦虑、压抑或冲突,人格出现了解体危机。美国现代化理论的著名学者布莱克教授曾详细论述了现代化运动对人格的冲击和震荡:

"现代化对人格的稳定和认同的影响也是令人担忧的。传统社会由其环境形成了相对稳定的人格特征,在那里,文化遗产经历千百年,变化甚慢,而老人则是这种文化遗产的公认受托者。孩子在家庭邻里的一片安全感的氛围中长大,他们乐于与自己社区的成员发生面对面的关系,但与其有不同文化遗产的人们却是相对隔绝的。这种环境和关系有助于形成强烈的认同感和自信心,因此,传统社会中的绝大多数成员从不会因遭遇规范和价值冲突而紧张。"

"虽然个人调节的基本心理问题不可能因时代而变,而且侵略性人格、被动性人格以及神经病患者可能极为鲜见。但在现代化进程中,这些调节的环境却发生了很大变化。传统的文化遗产迅速被削弱,而让位于基本不确定的规范和价值。孩子成长的环境、培育他们的规范直接受到各种潮流的影响,都市化改变了家庭结构,地方社区解体了,农民丢弃了乡村而奔向城市,而且时有出走海外的。随着劳动机械化而发生的男女之间关系的变化深刻影响着多少世纪以来区别男女角色的古老的认同方式。"

"比起传统社会,现代社会中的个人不大受其环境的支配,就此而言,个人更自由了。但同时,他更无法确定自己的目的,而且在大动荡的时代,他要准备着为了有目的的领导而交出自己的自由。这就是所谓的在迅速变化的社会中个人认同特征的丧失。现代环境倾向于把社会原子化,它使得社会成员失去共存感和归属感,而没有这些,个人的实现就不可能令人满意地完成。不少人把个人的不安全感和焦虑感视为现时代的标志,这可以直接追踪到现代化带来的深刻的社会分裂。"①

现代化运动冲破了传统的社会化模式,从深层改革了人们的生活观念取向,也随即在现代人的一切行为方式中得到相应的体现,这一场由此及彼、由表及里的变革使社会变迁的主体——现代人格的各个结构层面的特质或多或少地产生了一种边际性状态,这里试作一番扼要的分析。

人格的结构要素是多层次、多类型的,不同学科的提法也不尽相同,这里我们综合心理学、社会学及文化人类学的观点,将现实生活中的人格特质大致分为五个层面的内容(见下图)。

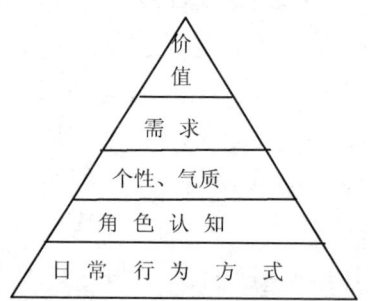

这一人格结构分层表明,行为方式是人在日常生活中最常见、直观的言行举止,它是人格外在显露的主要载体,在人格系统中具有基础地位和表层特征。一系列行为方式的统一组合,构成了一个完整的角色扮演过程。人是一个丰富的角色丛的组合,各种行为方式的有机综合既受个体角色认知能力的决定,又反映了他对自我角色期待的认知及其和社会期待的相协调的水平,角色认知反映了人的自我意识,也体现

---

① 引自[美]布莱克:《现代化的动力》,四川人民出版社1988年版,第42—43页。

了人格的外在完整、协调程度。人的角色取向以及角色特征类型又是受内在的个性、气质决定的,活跃的个性易导致角色的多样化、多变化;稳定内向的气质常使得角色行为具有被动性、保守性。个性气质的养成则受更深层的人格动力倾向系统制约,人格动力倾向系统有两大要素,即包括内在驱动的需求系统和目标导向的价值系统。需求主要是指人体内在的各种生理、心理和社会性需要与动机、兴趣等。价值是人格中的最高层次要素,是决定人的活动方向和所有角色行为的意识倾向,包括信念、信仰、成就欲望、世界观等等。

无须寻找典型案例,眼前大量的事实使我们可以清晰地看出,经过现代化洗礼的边际人在这五层次的人格特质中都展现出有别于传统人格类型的种种特征。

首先是在日常行为模式上,传统人一整套稳定的、内在的、封闭色彩浓郁的行为体系被冲垮。边际人的行为方式在经历了相当长时间的失衡、失序后,逐渐走向现代社会所需要的方式,系统努力向有现代化特色的行为方式发展和过渡。具体来说,这种"过渡性"行为特征正如一份中国社会心理发展报告中所概括的:从依赖趋向于独立、从被动趋向于主动、从退缩趋向于进取、从守旧趋向于创新、从怯懦趋向于敢为、从"甘当中游"趋向于积极表现、从自馁趋向于自信、从僵化趋向于灵活。① 也正是因为边际人格具有不稳定和矛盾交织的内在特征,因此这种行为方式的变迁也不是顺利的和直线的,犹如报告随后说明的那样:"由于内部和外部阻力强大,新行为方式时常遭受挫折,成效受限,这种主动化、积极化过程在80年代中期一度出现加速度之后,到80年代末期表现出后退趋向。"②

基于行为方式的全面转型,边际人的角色认知顿时进入一片惶惑,他们所长期体验、熟悉的角色系统正在瓦解,变迁着的社会不仅要求他们原有角色的转换,而且强迫他们不断地补充、不断地上演一个个陌生而崭新的角色,例如在代际关系中年轻人越来越早地成为人际互动的主动者,成为领导、骨干和鼓动者,而老年人常常要扮演继续社会化的角色,成为被教育者、被领导者;在家庭关系中,家庭角色的互动中轴也正从以往的父子长幼关系转向以情感为纽带的夫妻关系。在这一特定

---

① 参见陆学艺主编:《中国社会发展报告》,辽宁人民出版社199年版,第529—533页。
② 同上,第534页。

的时代中,由于人们对新旧角色期待的认同感到无所适从,由于人们尚未摆脱旧角色观念的困惑又仓促地扮演着一连串新角色,因此边际人的角色冲突频率最高、振幅也最大。

　　边际人的气质、个性当然也处于变化、过渡之中,尽管这种变化较行为方式、角色认知更加不易把握,但我们的确感受到周围多数人由于文化的开放、传统的消退而逐渐改变了自己待人接物的方式、改变了自己认识世界的思维方式,使自己变得更加开朗、开放和开明。然而,又正如美国学者马塞勒说的:"思想的文化传统影响着自我怎样去认识自身,继而又影响着这种认识如何与构成人格结构的基本处理机制的操作发生相互作用。"①由于文化正在流变,传统仍有其强大阵地,人的个性、气质又是人格中较稳定一类的特质,因而边际人的个性气质虽也呈现了多元性、过渡性,但其变化程度仍滞后于他们的生活方式和需求的发展。

　　需求是一种内在的心理动机,是人格发展的一种深层动因。开放的社会、多元丰富的文化选择启开了传统人的需求之门,各种需求间的差异矛盾、需求与社会供给的差异矛盾强化了边际人格的失衡,继而诱发了普遍性的失望和失落。人本主义心理学将人的需求划分成由低向高的五个层次,传统人多数满足于追求较低的基本生活需求层,现代人则向往着自我实现的最高层次。现代化过程中的边际人一方面体现了需求目标的多元性,另一方面需求的重点表现在三—四级的中间层,即迫切需要得到归属感、参与感和自我尊重的满足。如《中国社会心理发展报告》中即反映了当代中国人"社会要求"的四个主要方面:要求富足多彩的生活、要求思想解放与行为自主、要求平等、要求民主和参与。②在这里,人的价值实现和潜能发挥尚未列进国人的中心议题。

　　现代文明的转换使越来越多的人开始意识到并关注起个人人格的价值意蕴,并对各种社会价值观重新定位、重新取舍,对自我价值的实现进行了积极的追求和探索。"在每一种较高级的生产过程中,一个人需要了解和相信自己——越彻底越好。确切地说,他感到自己身上有一种有价值的,同时又是独特的东西——特性。他有责任去创造、交流和实现它,只有经过长期的关注自我的沉思,他才能去把握它,才能把

---

① 马塞勒等:《文化与自我》,浙江人民出版社1988年版,第7页。
②《中国社会发展报告》,第502—512页。

它从杂质中净化出来,把它组织结合起来。只有这样才能使自己一方面摆脱摹仿,另一方面摆脱反复无常,才能正视真实的自我,既不羞愧也不狂妄。"①在现代化过程中,边际人开始摆脱了传统的束缚,开始独立地寻找自我价值的方位和主体价值实现的途径。根据杨国枢等所作中国人社会心理变迁测量的结论,现代国民的人格价值取向正在发生一系列的变化,即由家族主义取向向制度主义取向过渡、顺服自然取向向支配自然取向过渡、他人取向向自我取向过渡、过去取向向未来取向过渡、自抑取向向表现取向过渡、依赖态度向平权态度过渡、权威态度向独立态度过渡、外控态度向内控态度过渡,等等。②

3. 边际人的角色分类

"边际人"是对现时代人格转型中一种较为普遍的人格特质的理解和概括。在现实中,由于人在不同的社会场中扮演着不同的角色,他的边际行为随着角色行为不同而千差万别;这种不同的各种边际性角色又丰富和深化了我们对边际人格的认识。所以,要进一步识别"边际人",就必须先对现实中的各类边际性角色作观察和区分。

对"边际人"的分类尚属一项开拓性的工作,由于不同的分层角度可能对边际人作出多种多样的分类,本书试图按边际人产生的动因、边际性的表现方式、程度及其效果这一逻辑联系对边际人的角色行为作以下五种分类:

——基于边际人格的产生动因,主要分为"内发型边际人"和"外发型边际人"。内发型边际人较为敏感地学习和接受了新文化观念或外来文化及其生活方式,在社会转型中,自身内部滋生了一种与变革时代相适应甚至超前的生活理念、需求和价值取向。这种人格转型是自愿的、自发的。由于新文化的感受、学习是一个潜移默化的过程,内发的边际性是逐步增强的,个性成长有自我协调和选择的余地,这类角色多数是较年轻、有较多文化素养的人士。外发型边际人往往是身不由己地处于一个崭新的环境中,他必须面临并尽快地适应认同新文化因素,尽快地学习摹仿新生活方式,这种人格转型是被动的,外界诱发的,故带有某种机械性。这类人常常是移居国外或从农村流向城市的移民,他们在区位移民后立刻便发生了文化心理移位。这一过程是突发的,

---

① 库利:《人类本性与社会秩序》,华夏出版社1989年版,第114页。
② 杨国枢等主编:《中国人的心理与行为》,台湾桂冠图书公司1991年版,第251—252页。

选择和自我协调的余地很少,精神常常处于高度紧张状态。

——基于边际性产生的又一种动因——文化冲突类型,边际人可分为"过渡人"和"边缘人"。在"引论"中我们已提及由新旧二重体制、规范、行为取向导致的冲突称作"时间性文化冲突",其冲突中形成的转型人格即所谓"过渡人",如李大钊、毛泽东等人都是饱读诗书的传统文人,又较早地接受了马克思主义的先进文化和社会新思潮,成为传统的变革者,这类人也可称作"历时态边际人";另一类文化冲突是"区位性文化冲突",包括不同民族、不同地区、不同地位者之间观念、态度以及生活方式、思维方式的冲突矛盾,其冲突中形成的转型人格便成为"边缘人",如现实生活中的新侨民,入城打工的农民工等,这类人因同时跨越两种以上的不同文化便可称作"共时态边际人"。

——基于边际性的不同表现方式,我们还可将边际人分为"内隐型边际人"和"外显型边际人"。应该肯定,在现代化的强力推动下,不管个体主观意图如何,每个人都自觉或不自觉地被烙上了边际性的时代烙印。有些人因边际性强度较弱,或个性中内向保守成分较多,在外表上看,似乎仍是一个"传统人",但他的内在观念、动机取向等心理因素实际上都已发生了变化,只是一时不易观察到而已,这种边际人格是属于内隐型的。有些人思想活跃、个性外倾,喜新求异,一望而知是一个勇于变革、富有动感的"边际人",这种边际人格便是外显型的。日常生活中,老年人、女性内隐性成分较多,年轻人和男性具有更强烈的外显性。

——基于边际化倾向发展的快慢程度,边际人又可分为"先导型边际人""主流型边际人""仿效型边际人"。先导型边际人站在文化的前沿,他们思维敏捷,善吐故纳新,视野开阔,不断求变,所以最先也最容易在文化冲突中选择新的、先进的文化观念和文明方式,并通过以身作则来传播、感染其他阶层。如知识分子特别是人文科学的先进分子,他们是当代文化变革中的领潮人;又如80年代崛起的乡镇企业家、个体户,他们是中国走向市场经济新体制的弄潮儿。主流型边际人是社会的主体成员,他们素质较高,思想态度具有统治和主导的地位,如行政干部企业管理者和军警司法人员等等,他们的变革倾向弱于先导型边际人,但一旦这类人走向变革、走向现代化,便将意味着中国社会、文化上的整体性和实质性的进步。"仿效型边际人"相对于"先导型"人格文化观念较滞后、被动,相对于"主流型"人格在社会政治、经济体系中的地位也属于边缘型,因此他们的观念、价值取向变革最慢,生活方式受他人影响较少,当社会多数成员趋向边际化后,他们也便受传动式地踏上边际化之路,这些人有如城市里的中老年职工和内地农村农民。

——基于人格边际化的社会效果,我们又可将边际人分为"进取型边际人"和"病态型边际人"。进取型边际人较能适应现代化新文化背景下的社会化模式转换,他们易于接受新生事物,在自身转型中能保持较健康的良性心态,不断进取,锐意创新,因而容易较顺利地度过艰难复杂的文化冲突和选择过程。病态型边际人则是这场冲突和选择中的不适应者,他们中有的个性较脆弱,不善于自我调适,有的个性固执不愿意为新观念、新体制所同化,因而新旧规范理念的冲突在他们身上表现得更加激烈悲壮,其中不少人因未能适应急剧的人格转型,在现代化大潮中败下阵来,焦虑暴躁,怨天尤人,意志消沉。更有甚者,因心理过度失衡而出现人格分裂的危机,这类人不仅自我处于濒临崩溃的边缘,而且导致了诸多社会性病态行为的出现,不利于现代化的健康发展。

4. 人格边际化效应

人是社会化的产物,边际人便是现代化社会的早产儿。人是社会运行的中心主体,是推动社会进步的真正动力,因此,当现代人格发生变化乃至边际化后,便像"一石激起千层浪"般扩散开去,导致各类社会关系、结构以至社会制度的改组或重构,各种大大小小的边际化效应无处不在地影响着我们每一个人的生活和发展取向。要想深入全面地了解边际现象,就不能不重视并揭示与人格边际化相伴生的各类社会效应。

日常生活中可观察到的边际化效应不胜枚举,人们也已对其做了大量的理论研究。这里仅列出其中四个要点作一分析。

第一,边际失范效应。"失范"是传统社会学的一个重要概念,主要指在社会变革中,因新旧体制结构、文化冲突和交替,而导致人们普遍存在的无可适从感。失范概念由迪尔凯姆在其名著《自杀论》中最早提出,由当代美国社会学家默顿进行了较系统的理论解释。

迪尔凯姆在分析自杀的社会成因中提出,从传统社会向现代工业都市社会大转变时出现了社会解体,由此而导致了两种自杀类型,一类是人们缺乏把社会规范内在化的机制,或从不恰当的情景中产生的"利己性自杀";一类便是社会规范缺乏、含混或者社会规范变化多端以致不能向社会成员提供指导的社会情境中产生的"失范性自杀"。这种失范性自杀实质上是社会剧变中人格瓦解、出现危机的苦果。默顿在1957年发表的《社会结构与失范理论中的连续性》一文中提出:"可以把文化结构定义为一系列有机组织起来的规范性价值观念,这种价值观念支配着对某一特定社会或集团的成员而言是习以为常的行为。……失范可以被想象为文化结构中的一种断裂,这种情况在文化的规范和目标同该群体成员在社会结构层次上以符合这些规范和目标的方式行事的能力之间出现分裂时特别容易发生。"当前的边际人格也正是在传统文化向现代文化转轨中,因冲突、断裂而出现的过渡人格,这一阶段的人格边际效应突出地表现在个人行为失范和社会行为失范双重层面。个人行为失范表现为个体人格发展中出现了理想与现实、传统与现代多元价值的冲突而导致自我不知所措,难于认知社会取向,难于给自己定位,出现了美国社会学家彼德·伯格尔所谓的"漂泊的心灵"。失范行为在个体身上短期表现为一种迷茫和探寻的交织,时间过长则使人的心理疲惫、变态。众多个体失范会引发一定时空中的社会心理失范,在社会行为中呈现出社会动荡不安,呈现大量集群的短期行为、颓废行为、无政府行为,以及享乐主义、极端个人主义等种种非理性行为。

第二,边际创新效应。现代人的大量边际行为并非都是消极的、负面的,失范行为中也有探索、创造新规范的成分。事实上每一种创新,每一种建构新规范新秩序的结果都是对传统的背离,对陈旧僵化规范的冲突与改造。所以社会学家如默顿等人便是"把创新看成是美国社会中人们对因结构而引起的失范性紧张作出的最普通、最重要的反应,因而也是最常见的一种越轨行为。……那些不能掌握正统手段但高度渴望成功的人为了实现他们的目标而创新或创造非正统手段,并使用这种手段。"[1]边际创新效应在中国当前各层面的体制改革中最为常见,如国民经济体制在经历了80年代的十多年困惑、探索和"摸着石头过河"之后,终于在90年代创造出有中国特色的社会主义市场经济发展新思路;再如80年代初的个体户、私营者阶层虽然当时还是自惭形秽亦为世人所不屑一顾,但在今天他们的阶层行为、形象却逐渐高大而为世所瞩目,老板角色竟成为当今的新职业时尚。

第三,边际失控效应。任何事物的发展皆应有度,边际人的出现同时便伴生出失范行为,失范行为如调适得当又加以合理引导便会产生

---

[1] 参见[美]D.道格拉斯等:《越轨社会学》,河北人民出版社1987年版,第58页。

良性的创新行为；如得不到及时的引导，任其发展，则会导致心理变态及人格病态；如果失范效应不仅未加调控反而使其扩大、恶化，超过社会和个人能承受的价值、行为失范度，社会将因失控、失调而出现解体、滑坡，个人将因过度失范、失控而产生人格解体，或者是因心理防线瓦解而自我毁灭，从而出现大量消极的越轨行为及其反社会行为。正如一位纪实文学作家所形容的，中国社会边际失控的主要效应便是出现了社会断层、人格断层，由此而引发了一系列因断层、失控而萌发的社会病态和人格病态，诸如：

（1）社会组织的松散。它集中表现为户口档案的权威和集体主义精神的丧失，它由经济结构性调整、人员流动、打破铁饭碗等引起，更深的原因是信息时代信息爆炸引起的亚文化分合聚散和相应的分众化变动。

（2）人情的疏离散淡。它集中地体现为朋友间的疏离和家庭的裂变，它由掘金的狂热、跳槽的普遍化、价值观的困惑等引起，更深的原因是工业社会给个体成员自立的经济条件和相应的个体意识崛起。

（3）社会操作规则的紊乱。它集中地体现为经济上的假冒违法诈骗，人际间的诚信沦落等等，它表面由有关规则欠缺和操作不易引起，更深的原因是大变动所特有的转轨变形失控。

（4）精神的虚幻迷惘。它集中表现为迷信泛起和现世感官享乐追求，它似由"极左"造成的信仰危机和金钱刺激的沉醉愤懑引起，但其更深的原因在于特定时期的中西文化撞击和市场经济特有的无常波动。

（5）大面积违法和枉法。它集中地体现为经济犯罪、集团犯罪、恶性犯罪、团伙犯罪的规模化和经常化，它似由全民掘金、两极分化和赌博心理引起，更深的原因在于法制未普及和权力制约机制不健全和民主化进程不够。

（6）掠夺和倾轧风行。它集中体现为普遍地盗窃国家资财和掏取他人腰包，硬性地对待弱者和对手，它表面由利益追逐和道德沦丧引起，更深的原因是社会原始积累不足，市场发育不充分，竞争机制不成熟。

（7）公益行为的摒弃。它集中地体现为"希望工程"受冷落和"雷锋叔叔无户口"，它表面由人们变得自私、胆小、短视引起，更深的原因是几千年遗留的小农经济思想和当代练摊形成的小生产作风和国民素质不高。

(8) 民族自尊心弱化。它集中体现为崇洋风和留学热和外嫁热,它表面由金钱追逐与享乐之风引起,更深的原因是中外经济、人文的落差和我们还未最终形成充分强大的综合国力。

八个病灶涉及各种经济人文领域,它交叉组成了一团乱糟糟的绳索,束缚了人们的大脑,扭曲了人们的躯体,造成了人格的变形。①

第四,边际循环效应。从历史的长河中看,边际人格是传统社会到现代社会转型中的一个短暂的过渡现象。然而针对一个特定的社会时代、一个特定的社会成员,这种边际性也可能是个相当长的阶段。这是因为人格边际化是涉及因素众多且呈现系统互动的变迁过程,非常容易并已形成了一种环链相扣逐层推进的循环模式,如边际人格的边际行为和边际心态自然组合成一种特殊的边际文化,边际文化的蔓延便扩散为社会边际化;反过来边际性社会必然为每一个社会个体成员提供了一种新的社会化模式,并在各种边际效应的共同作用下塑造出一系列新的边际人格因素。因此,正是边际人的出现又诱发了边际因素的增多,催生了更多的新边际人。这种边际循环效应在短期内没有消减迹象,从而加剧了现代化过程中人格边际化的长期性和复杂性,同时也使边际人在我们这个时代更具有了普遍性影响,这正是我们提出这种新人格假说的又一理论基点。

《中国人的现代化》

叶南客著,南京出版社,1998年。

第六章　中国人的现代化发展趋势与战略

作为最后一章,本章将在总结全书观点的基础上,以展望的目光对中国人的现代化趋势与战略作出带有超前性的分析。我们将阐明中国的现代化进步必须以提高现代人的整体素质和生活质量为基础、为动力,从而迎来一个"人的质量"开发的新时代;还将阐明在21世纪中由于人类生产方式和生活方式的不断变革创新,将会促使中国人的人格要素从内到外发生与新时代相适应的多重变迁。在根据中国社会现代化整体战略目标和前景确立了人的现代化战略目标之后,笔者拟对测

---

① 摘自张宇光:《断层间的中国——中国当代人格档案》,长江文艺出版社1994年版,第366—367页。

量和评估人的现代化发展战略进程的人的发展指标体系作进一步探讨,最后从理论和实践的结合上对新时期中国人的现代化战略实施提出若干有创见性的建议和看法。

第一节 "人的质量"时代的到来

1. 现代化呼唤着"未来意识"

20世纪80年代初,东西方两位睿智老人虽然身处现代化的不同背景,但却不约而同地强调起人类发展的"未来意识"。一位是中国社会主义现代化的开拓者邓小平,他在为景山学校的题词中提出了教育要"面向现代化、面向世界、面向未来",实际上是指出了中国人的现代化发展必须"面向世界、面向未来"。另一位则是前罗马俱乐部的创始人A. 佩奇,他在1981年发表的罗马俱乐部第11份报告《世界的未来——关于未来问题一百页》的第一部分中,便开宗明义地指出:"人类已成为地球未来的主人,这个基本观念应当作为我们重新估价自己和世界,重新看待我们在世界上的地位的总出发点……未来再也不是站在过去立场上所期待的那种未来了,也不是如果人正确使用智慧和机会本应展望的未来。但是,事在人为。只要人类真心实意,懂得怎样来健全自己,就能够合理而现实地创造出理想的未来。"[①]应该看到,这两位老人是站在了当代理性世界的最高层,他们的目光穿透了近两百年来被工业滚滚烟雾笼罩着的碌碌红尘,又一次把身边发生的伟大变革和人类的未来联系到了一起。

人所共知,近两百年来的工业化、市场化、城市化乃至现代化,急遽地增加了人类的财富,不但前所未有地加快了人类文明的进程,而且为人类的发展提供了更大的空间和更多的选择机会。然而,人类却在越来越多的选择、越来越激烈的竞争、越来越丰富的享受中,渐渐远离了田野牧歌时代的灵性与浪漫,失去了男耕女织时代的互助、宽厚与执着,忘却了工业化伊始科学社会主义者所高呼过的目标人的全面而自由的发展。现代化中的世俗和市场氛围助长了人的本性中的欲望、贪婪、功利、好斗、寡义的扩张。从19世纪后期到20世纪末的百余年中,在物质文明日益繁荣的同时,人们看到了战火绵延中的弱肉强食、看到了霸权殖民中的资源掠夺和生态恶化,也看到了良知遗失时的道德滑

---

① A. 佩奇:《世界的未来》第10页~第11页,中国对外翻译出版公司1985年版。

坡和尔虞我诈。因而近些年来开始有越来越多的有识之士感叹,现代化一方面使我们更快地走向和接近未来,但另一方面却使我们越来越看不清未来的前景了。

这时,处在现代化初级阶段的中国人,在经历了前十多年改革开放的疾风骤雨之后,已日益明白人类未来必须以高度的精神文明为标志,在现代化的实践中必须要物质和精神两个文明"两手抓、两手都要硬"。而一些走向后工业化的发达国家也开始意识到发展的中心和目的亟须从"物质增长第一"转向更加重视生活质量和人的个性发展、重视人与社会生态的可持续发展。以法国学者 F. 佩鲁和意大利学者 A. 佩奇为代表的一批"新发展观"论者,进一步地树起"以人为中心的发展"的大旗,强调人类未来寄期望于人类自我革命,从人类的自我觉醒中调整全球发展战略、理想的社会发展前景和当代人的行动目标,正如佩奇所说:"从最广泛的意义上来说,人的发展是人类的最终目标,与其他方面的发展或目标相比,它应占绝对优先地位。"① 在此前提下"进入历史危急时刻的当代人,再也不能无视全人类所处的险境和未来的选择了;未来的性质将取决于当代人的抉择和行为。如果当代人的行动,也就是说各国和各国人民的行动是明智而负责的,那么,人类探险事业的灿烂前景将展现在我们眼前"②。在《世界的未来》报告末尾,佩奇还代表该俱乐部提出了当前必须重视并应着手去做的三件大事:"(一)以人为发展中心的人类革命,应该提高人的质量和才能以及对人的职责的认识。(二)改革社会和人类体制的政治结构,以确保其可控性。(三)通过国家间的自愿联盟采用全球方针和战略,无须等到自愿联盟系统化或普遍化以后,再制订这种方针和战略。"这三件大事,实际上是提醒各国,人类的未来寄希望于自我的发展和全人类的共同行动,如果当代人能够在 20 世纪即将过去之际及时地领悟并确立这一新的"未来意识",它将不仅有效改善即将开始的 21 世纪现代化的运动轨迹,而且将对人类的远景产生积极的影响。

2. 未来意识呼唤着"人的质量"的开发提高

我们注意到了未来学家佩奇多次强调的一个新概念"人的质量",虽然他从没有对这一概念作出内涵的划定和规范性解释,但我们知道

---

① A. 佩奇:《世界的未来》第 125 页、第 127 页,中国对外翻译出版公司 1985 年版。
② A. 佩奇:《世界的未来》第 125 页、第 127 页,中国对外翻译出版公司 1985 年版。

他对人类未来的期待绝不会指向数量的增长以及外在身高体重的发展,或者是简单的知识积累和物质生活的丰裕,而是他在和日本思想家池田大作对话时所揭示的"人的革命的基本目标,人的革命肯定可以获得的最重要的成果,假设要最充分地开发人的最深处的各种能力……人的开发中所包含的文化的振兴和人的人格的全面提高之类的概念本身,已经比现在社会一般通用的开发的概念具有更广泛更积极的意义"①。因此,我们所理解的"人的质量"是指人自身所具有的素质、潜质和生活质量的统一体;"人的质量的开发"就是要创造各种条件努力提高人们的综合素质和生活质量,不断开掘并发挥人的潜在素质和潜能。一旦理解了这一概念,我们立即感到,不仅是人类的未来有赖于人的质量的开发,现实中的经济社会协调发展、现代化运动更迫切需要开发人的质量!这一"新发展观"和我们的现代化目标也是相通的,中国人的现代化战略,必须是在控制人口数量、提高人口质量基础上付诸实现。

虽然我们没有明确提出"人的质量开发"的目标,但是自从80年代初邓小平同志提出了教育现代化目标后,中国人对于人力资源、精神文明建设、小康社会的生活质量目标的重视,以及近年来众所关注的人的现代化战略,事实上都是对人的质量开发的具体实施和进一步深化。而且人的质量开发在现实中的一系列实践,已日益凸现了它对中国现代化所具有的多重积极影响。

首先,人的质量开发提高为中国现代化明确了极为重要的战略资源。在现代化的建设中,主要有三大类生产要素资源,是机器、设备、自然资源等物质性的要素,二是能物化到产品中去的各种软件要素,三是生产主体人自身的精神素质,包括理想道德、文化技能、纪律和敬业心等等。前两类要素资源的参与生产、加工对象都表现为自身的被客体化,即将自身物化或转化到产品中去,变成产品的一部分,而第三类要素并不会被物化到产品之中,它们始终是人所以能操作工具、进行生产加工、制造产品的本位素质。正像毛泽东同志曾说过的,世界上只有人是最可宝贵的,人类正是凭借自身这些素质的导向、规范、调节作用才在社会活动中"不仅使自然物质发生变化,同时在自然物质变化中实现自己的目的,并且由此规定活动的方式和方法使意志服从这个目的"②。

---

① 【日】池田大作、【意】佩奇合著:《二十一世纪的警钟》第165页,中国国际广播出版社1988年版。
② 马克思:《资本论》第1卷,第202页。

多年来,我国各地区、各部门在制订发展战略中,尽管也都会提及智力开发或人力资源战略,但长期并没有把包括精神、文化、观念、道德、品质、潜质在内的整个人的素质当作最宝贵的战略资源对待。直到近年来随着人的质量意识的逐渐突出、人的现代化战略的逐渐明确,人们才发现在社会经济的发展中,深刻的文化背景、强烈的国民精神、雄厚的科教竞争力才是更具有根本性、总体性、稳定性、可持续性的战略资源,今天的人力资源开发,直接决定着明天的国力地位和国家形象。

其次,人的质量开发提高是中国现代化建设的重要动力和根本途径。精神文明建设和人力资源的开发,固然有其推动经济社会发展的功能,但若仅仅将其作为手段便大错特错了,因为精神文明建设首要目的还是为了人的发展,为了人的各种素质的开拓和发展。历史的反思、现状的挑战,都使人们愈加深切地体会到,中国的现代化最短缺的不是资金、不是设备,而是具有现代化素质的人;技术的现代化、体制的现代化、观念的现代化,说到底就是人的现代化。我国是一个人口多、底子薄的发展中国家,社会主义初级阶段突出的困难正在于人的素质低、知识陈旧且结构不合理。因此,依据我国国情特点,吸取国外先进经验,积极推进人的素质的现代化开发势将成为中国现代化的根本途径。

第三,人的质量的开发提高是中国现代化战略的重要突破口。当前的社会主义市场经济体制建设和现代化战略,是以整个经济社会结构调整和资源的重新配置,从而造成更高一级的发展机制和发展功能为前提的。显然没有人的素质的大纵深高效率开发,是根本不可能的。例如当前面临着为数众多的农业剩余劳力,如果没有这批人的科技文化水平和经营管理素质的尽快提高,农村结构的优化调整就十分困难。中国的现代化特别是经济的现代化是以国有大中型企业的改革为龙头,要求各类企业都进行适应市场经济的深化改革,而企业改革的成败很大程度上取决于企业领导者以及广大员工的素质能否适应事实上所有企业生产规模的内涵增长与扩大,是依靠了人的技术水平和智力开发、管理能力的提高来获得的。

3. 人的质量的开发提高方式

在走向 21 世纪的进程中,人的质量开发模式必然要相应发生与以往迥然有异的变化,诸如更具有超前性、自主性、复合性、竞争性以及可持续性的素质、潜质开发和生活质量的整体性提高。从现代化建设的一般要求来看,从中国特定的国情来看,对人的质量实行终生、全面而有效的开发模式必须具备以下一些特征：

第一，将人的质量要素的外延开发和内涵开发相统一。在现代化的准备阶段，人的温饱未解决之前，人们更关注的是生活水平的提高、健康状况以及人际关系等外延要素的发展。而在中国走进小康时代，大步走向现代化的今天，人们的注意力聚焦点便开始转向发展的内涵质量上了。城乡居民不再停留在要求少生病、吃饱饭的水平上，而是更加注意健美、养生和自我价值实现，要求有大容量的智力开发和更高层次的精神生活内涵。

第二，将人的职业生活质量和日常生活质量要素开发相统一。随着社会生产率的不断提高，直接生产时间将越来越少，人的素质开发将逐步由"八小时以内"为主转向"八小时以外"为主，将业余时间的文体生活个人兴趣、业余进修和他的职业素质、劳动技能提高相结合，从而实现人的各种专业素质、科技文化素质以及精神素质提高过程同经济生产及社会的发展过程同步化、一体化。

第三，将人的专业技能和综合素质、潜质开发相统一。在以往的社会分工模式中，强调配置学有专长的纵向人才，而现代化社会中特别需要造就纵横结合的立体"T"型人才，既要求专业基础雄厚、功底扎实、有一技之长，又要求有广博的知识面和较高的智商和情商，具有较全面的工作能力和发展潜力，从而适应快速发展且变化万千的信息时代的需要。

第四，将人的质量的在职开发和退休开发相统一。近年来的老年社会学理论已强调，人的社会化过程必须具有全程性，即要对人的素质进行终生开发，老年的社会化同青壮年的社会化同样重要。传统的思维中，认为社会化的主体是青少年，人的质量开发的职业生活时期，同生产、工资、报酬等直接挂钩的劳动、工作、学习是人的质量开发的重点，也是主要目的。而事实上现代科学告诉我们，任何一个个人，从生到死的整个生命历程，始终存在着一定的活力机制，始终有一个素质开发问题，人的全面发展是自我开发的最终目的。老年人要确立活到老、学到老的终生社会化观念，把健身康体、延年益寿的学习、锻炼、运动也作为提高自身修养、促进生命潜能开发的重要部分，从而不断发挥余热，提高晚年生活质量。

第五，将群体素质的开发和个体素质及其个性开发相统一。在传统制度下，人们较为重视集体观念、群体行为，在素质开发中，从各行各业的生产劳动到各种宣传、教育与思想工作,都是"大兵团作战"式的统一行动,因缺乏个性而大大削弱了人的个体意识。现代化建设迫切需要人们个性的丰富、主体意识的崛起和个体积极性的充分发挥,在人的质量开发中,必须将个体开发和群体开发有机结合,坚持以个体开发为基础,实现群体结构的不断优化。

中国的现代化事业,急切呼唤提高"人的质量"时代的到来,我们相信一旦人的质量开发模式实现和完成上述转变,中国人的现代化便将步入一个崭新的阶段。

第二节 社会主义新型人格的成长

1. 21世纪的前景与背景

英国的著名文学家C. 狄更斯在其名著《双城记》的开头曾有一段对英国产业革命时代社会转变的生动描绘:"这是怀疑的时期,这是最坏的时候;这是智慧的年代,这是愚蠢的年代;这是信仰的时期,这是最好的时候;这是光明的季节,这是黑暗的季节;这是希望的春天,这是失望的冬天;人们正在攀登天堂,人们正在堕落地狱;总之,这时代正和现在那么相像……"①的确,现在和那个时代那么相像。当我们走近21世纪的门槛之际,我们既看到随市场化、世俗化而来的欲望的扩张、精神的迷茫、道德的滑坡,看到许多文明进步中所不应出现的愚蠢、狡诈和欺凌;同时我们也看到随着文化的繁荣和科技信息的发达,人类前景一片光明,如果人类把科技进步的成果全部致力于和平与发展,21世纪将是一个美好的时代,人类将迎来一个充满希望的春天。因此,著名的未来学家J. 奈斯比特在他的《2000年大趋势》一书中也指出:"20世纪式的黑暗时代就要结束",在这个"黑暗时代"中,"工业化的影响巨大,集权主义盛行,科学技术扰乱了我们的生活……2000年是具有巨大吸引力的一年,不仅正促使人们大胆试验市场社会主义,而且对宗教的复兴和环太平洋地区经济的高速发展都有推动作用"。在此基础上,"21世纪最激动人心的突破之所以将发生,不是因为科技的进步,而是因为人性论的发展"。②

"以人为中心"的发展将成为21世纪的标志和重要突破,而下个世

---

① C. 狄更斯:《双城记》第1页,广东教育出版社1994年版。
② J. 奈斯比特:《2000年大趋势》第7页、第8页,中共中央党校出版社1990年版。

纪的经济社会发展方向、速度、规模与方式特征也同时成为人的发展的重要背景乃至必备的前提条件,我们展望21世纪中国人的现代化前景,必须对届时的国际国内宏观趋势有一个较全面的把握。奈斯比特在他的名著中曾引用90年代的若干重要迹象,提出了十个"导向21世纪的大趋势",即:"全球经济欣欣向荣;艺术再度复兴;自由市场社会主义出现;生活方式全球化和传统文化民族化;福利国家私有化;环太平洋地区崛起;妇女走上领导岗位;生物时代来临;宗教复兴;个人的作用日趋重要"。① 这一分析预测有其明显的局限性,并且未经过科学的论证,但是启迪意义仍较明显,给人留下了较广阔的进一步探讨的空间。除了上述的十大趋势之外,我们认为21世纪的社会发展还将呈现两大特征,一是以脑力活动为代表、为主体的文化、科技、知识、信息、理念将在人类文明进步的所有领域发挥越来越突出的主导作用;二是人类文明各个领域的联系日益加强,显现出网络化或一体化的取向,诸如城乡社会结构的一体化、各类产业结构布局的一体化、全球经济和生活方式的一体化等等。

　　基于党的十五大的召开,党中央为我们已指明了"把建设中国特色的社会主义事业全面推向21世纪"的奋斗目标和主要任务,我们对21世纪中国的发展前景更有信心、也更为明确。在下个世纪初,在国民生产总值快速增加实现翻番的基础上,人民的生活将更加宽裕,社会主义市场经济体制将不断完善;到2020年前后,国民经济将更上一个台阶,经济、政治、文化各项制度趋向完善,东南沿海等地的发达省份如江苏、广东以及上海市都将率先实现基本现代化的目标;到21世纪中叶建国100年时,将建成富强、民主、文明的社会主义国家,基本实现社会经济发展的现代化目标和指标,从而充分发挥出社会主义制度的巨大优越性。根据陆学艺等同志在《21世纪的中国社会》一书中预测,到2040年中国现代化发展将呈现9个方面的新特征:① 进入发达社会和高度的现代文明;② 富裕社会的经济和文化;③ 进入后工业社会,信息服务业占主导地位;④ 高度发展的城市社会;⑤ 大多数社会成员过上小康生活,形成有利于稳定的阶层结构;⑥ 中国的国际化城市和国际化社会;⑦ 比较完善的民主社会和法制社会;⑧ 一个多样化的公众社会;⑨ 社会的高科技化。随着中国社会经济的转型与巨大变迁,到21世纪中期

---

① J.奈斯比特:《2000年大趋势》第3页、第4页,中共中央党校出版社1990年版。

我们国家的国情面貌将发生如党的十五大报告中所描绘的一系列变化①：建成包含现代农业和现代服务业的工业化国家，经济市场化程度较高，科技教育文化比较发达，全体人民生活比较富裕，地区差距逐步缩小，建立和完善比较成熟的充满活力的社会主义市场经济体制和民主政治体制；广大人民牢固树立共同理想，自强不息，锐意进取；加快建设两个文明，逐步缩小同世界先进水平的差距，从而实现中华民族的伟大振兴。

2. 21世纪的人类生活形态

根据以上对下个世纪国际、国内发展前景的宏观鸟瞰，我们不难看出21世纪我国居民的生活形态变迁，将面临这样一些有利的社会环境和条件：首先，国际环境进一步缓和并趋向协调，寻求和平与发展已成为全球发展的共识，人类互相需要支持和合理的分工，互相尊重其他民族的优秀传统，人们将生活在一个多元文化共享共荣、相互促进的星球之上。其次，社会主义市场经济体制已全面确立，整个社会体制也将处于更加民主、公正而充满效率和活力的运行状态中。第三，我国的人口增长将有效降低而人口质量将明显提高，人力资源和社会自然资源得到极大的开发利用，从而使人的自由发展拥有更为广阔的空间。第四，当前方兴未艾的全球新技术革命和信息化发展在下一世纪将在中国普结硕果，这场高科技革命将使人类的智慧、能量增大到何种程度无人能下定论，但它必然对未来中国人的工作、学习、日常生活以及思维方式产生全面而重大的影响。它要求未来人格中拥有比现在高得多的文化修养和技能素质，它要求人们的思维方式、思维结构、思维主体和思维对象发生整体而深刻的变化。高科技时代和信息社会的到来，在改造21世纪人类生存条件的同时，将创造出由新型生产方式和生活方式组成的全新的人类生活形态。

展望人类由工业文明向后工业文明或知识经济时代的转化，我们已被周围发生的大量事实告知和证明，21世纪的生活形态势将建立在以下一系列生产方式变迁的基础上：① 机械化的生产方式正被自动化的生产方式所取代。随着电子计算机技术、通信技术、自动控制技术的不断发展，社会生产的自动化程度不断提高，自动化的范围不断扩大，从而生产效能不断提高。② 刚性生产方式正在变化为柔性生产方式。

---

① 参见《中国共产党第十五次全国代表大会文件汇编》，第16页，人民出版社1997版。

早先那种大批量、标准化的刚性生产方式正被小批量、多样化、灵活的柔性生产所取代。在电脑的指挥下，通过一种灵活制造系统自动控制和调节从而随时改变机器的行为模式，根据不同的需要生产不同款式的产品。③ 分割型的生产方式正在改变为系统整体型的生产方式，新型生产方式既保留合理的、科学的分割和分工，又从整体目标出发，把局部放在整体之中，明确每个局部在整体中的地位与作用，明确各局部在生产过程中的动态制约关系，使各局部生产互动地进行，它在把生产过程同自然环境分离出来的同时又把生产过程和自然环境联系起来，使生产和自然环境之间的物质、能量的交换既达到人的生产目的又有利于自然环境的生态平衡。④ 大规模集中型的生产方式正在改变为规模适度的分散型的生产方式，现代有线或无线的信息传输系统把分散在一个城市、一个地区甚至世界各地的工作者的劳动联结成某种生产过程，这确实是种新型的工厂和生产方式。①

日新月异的生活方式是人类生活形态的进步动因，也是21世纪生活形态中最重要、最丰富多彩的部分。随着现代化社会的到来，未来新人的生活方式将以合理、自由、丰富为最高原则和主要特征。最近曾有青年学者通过对80年代中国社会与人的现代化变迁的分析，提出了"现代化前景与人的发展趋向"的八点特征，即："政治追求从多样化转为明确化；经济利益从直接性转为规划性；文化生活从新奇化转为实用化；人际交往从利用型转为互益型；伦理道德从多变型转为建设型；人格模式从分裂型转为协调型；事业前途从趋同化转为多样化；社会认识从幻觉型转为现实型。"②这些转变特征对于我们捕捉21世纪人的生活风采有颇多助益。在上述生活方式变迁的基础上，随着下个世纪中叶社会主义初级阶段使命的完成，中国社会将赋予我们的后代以更多的时间资源和物质消费资源，他们"将合理地调节他们和自然之间的物质交换，把它置于他们的共同控制之下，而不让它作为盲目力量来统治自己；靠消耗最小的力量，在最无愧于和最适合他人的人类本性的条件下进行这种物质交换"③，从而促进自己的全面发展。那时的人可以更加科学合理地安排自己丰富多彩的日常生活，在生活理性程度增加的同时，未来人的生活形态中也将增加更多的自由度，未来人的生活方式将

---

① 李惠国、吴元梁主编：《高科技时代的社会发展》第86页—第91页，中共中央党校出版社1996年版。
② 谭建光著：《中国现代化与人的发展引论》第168页—第181页，中国国际广播出版社1993年版。
③《马克思恩格斯全集》，第25卷，第927页。

全面反映出新人发展的本质进步,人将真正全面地占有自己的多方面本质。新生活方式启示人们:社会主义人的现代化,就是要求在不受限制的历史前景中,人的自由生活的确立和自由个性的发展,并且在此过程中不断推进人类生活形态的文明化程度。

3. 面向未来的人格要素

21世纪的前景为中国的新人类成长提供了无限广阔的空间,社会主义市场经济体制和现代化目标的实现为未来中国人的发展创造了前所未有的动力与条件。从本世纪以来开始注重的"人的质量"的开发,为中国人的现代化发展奠定了坚实的基础;现在已日渐显现的人类生产方式和生活方式的巨大变迁,也为我们昭示了种种适应和趋向于现代化的人格要素。基于以上乐观的预见和推论,我们有理由认为在即将到来的21世纪,中国人的现代化进步目标和重要成就,就是逐渐形成这样一系列面向未来的社会主义新型人格要素:

首先,中国人的价值观和思维方式将是主体意识和全球意识的协调统一。下一世纪的中国人所具备的现代化人格特质中,首先要具备的应是健康科学的人生观、世界观,在他们的价值观中应该体现出人的主体价值和为全人类的发展而奉献的生活追求,这是人的个性和社会性的完美结合。个人目标与社会目标的一致与统一是对个人生活意义和社会发展意义的最本质的理解,它体现了未来理想社会中"每一个人的发展是所有其他人发展的条件"(马克思语)的本质要求,所以"向共产主义迈进,这是个人目标和社会目标的尺度不断变化的过程,这越来越明显地表现为个人的个性化,同时也是个人同社会、社会目标、社会存在和发展的意义的统一。可见,这是对未来的不断追求,它既在个人水平上又在社会水平上赋予人生以意义和价值"①。

其次,中国人的人格动机和心理需求将主要体现为多元性和社会指向。在人们物质生活还不够丰裕、社会资源尚未被充分开发利用的现实社会中,人们更加关注的是现实生活质量的提高和社会物质条件的改善,人格深处的行为动机和发展心理以满足基本生存需要为主导,从而停留在人类适应生存、努力求发展的"本能性需求"阶段。这个阶段对人格发展的心理预期指向是单一的,主要集中在致力于改善衣食住行条件、满足温饱实现小康化生活水准等方面。当前我国的"以经济

---

① 弗罗洛夫:《人的前景》,第303页。

建设为中心"和很多第三世界国家的"增长第一战略"、"工业化战略"以及"基本需求战略"等都是这一社会阶段大众心理需求指向的突出反映。当社会进步到现代化阶段后,宽裕的社会环境和丰富的物质文化资源已使人的基本需求得到了较大程度的满足,人的本能性需求便退居其次,心理需求指向集中于充分有效发挥人的社会属性这一"本质性需求"。由于人的社会属性要求人格的全面发展,未来中国人的发展动机也将体现为从物质享受到精神发展再到价值实现和潜能开发等多层次;在人们的物质需求不断发展和不断满足的同时,人们的心理素质也将通过德育、体育、智育、美育等,在道德、智力、情感多方面得到全面和谐的发展。

第三,中国新人格中的角色认知将在角色互动频率增长的基础上,充分显示出角色行为的高层次性和高参与性。应该看到,下个世纪的中国现代化社会中还不可能做到马克思所预想的共产主义社会那种消灭人的旧式角色分工,"每个人都可以在任何部门内发展","上午打猎,下午捕鱼,晚饭后从事批判……"但在那时人们将极大地解放自己的体力,更自由地选择自己的职业,更全面、合意地发挥自己的角色作用。现代化人格中的角色特质首先就是高层次性,因为现代化社会要求提高国民的整体素质,知识经济社会中没有知识将寸步难行,每个人的角色行为基础就是他首先便得成为一个知识分子,这是现代化文明中合格社会成员的起码要求。第二个角色特质在于作为社会主人翁的高参与性。现代化社会中的所有公民,人人都参与社区建设和国家的重要决策,他们都具有较高的文化修养和政治修养,相互间具备平等交流和民主对话的水平,因此他们都是有文化、有主见的经济学者和社会学者,他们在高度参与社会发展的同时,使自我价值得到更充分的体现,使个体人格的完善和社会发展的成熟化更加协调并且能相互促进。

第四,中国新人格要素的核心构件——个性气质将随着现代化程度的不断提高而进一步呈现出丰富性、进取性和富于正义感和美感。人性全部丰富内容的发展,就是作为个性的人在其精神活动和物质活动过程中,在同他人的交往中,在作为掌握和再现人类社会文化经验的学习、教育和培养过程中,在社会关系和生活方式及自我意识的进一步完善的过程中的发展。现代化的新人将是勤奋好学的人,同时也是富于正义感和美感的人,这是完整的全面发展的个性——正是这种个性体现着人的本质力量、人的精神和肉体尽善尽美的真正统一的理想。

正义感使得人的心胸宽广,可以"避免失落心理所带来的孤独",进而"没有屈膝的苦闷和奉承的扭曲";"业余爱好的情趣,丰富内容的陶冶,使人格荡起悠闲的快乐轻舟"。① 生活丰富而富有美感的人有着积极开朗的个性,必然成为快乐的拥有者,从而在实现自身现代化的同时积极乐观地创造着美好的未来。

《江苏社会发展50年》

宋林飞主编,叶南客、陈颐副主编,江苏人民出版社,1999年。

第七章 人的现代化发展

回顾中华人民共和国成立以来的50年,中国的现代化事业成就斐然,社会主义事业培育出一代代新人,而人的发展又推动了社会的加速进步。从江苏而言,近50年来人口数量得到有效控制,人口素质、质量不断提高,各类人口结构趋向合理,这一切都有利于社会与人的现代化同步发展。

人的现代化是人口素质、生活方式、思想观念全面发展的集中体现,它是社会现代化的结晶,也是社会现代化的重要动力。人的现代化内涵十分丰富,它是以现代社会环境更新进步为互动性背景,以社会主义精神文明建设为导向,以人的素质、潜能开发为动力基础,以现代生活方式、生活质量进步为主要景观特征,以人的社会心理、观念进步为内核,以人的个性全面自由发展为最终目标。由于本书其他章节中关于江苏人的生活水平、文化素质、消费与生活质量等已有专门分析,本章拟侧重从城乡居民的闲暇生活、社会交往、观念变迁等方面,揭示江苏人现代化变迁的若干重要特征和趋势。

7.1 江苏人的现代化发展阶段及其特征

1949年10月中华人民共和国宣告成立,这不仅宣告了一个新制度的全面建立,也宣告了一个新时代的到来。社会主义制度的确立为新时期人的发展提供了动力与光明前景,但由于尚处于初级阶段,还不具备人的全面自由发展的良好条件,加之我们缺乏社会主义建设的经验,

---

① 周中之、苏军:《走向21世纪的人格》,第264页—第266页,江苏教育出版社1993年版。

犯了不少人为的错误,导致人的现代化步伐坎坷,屡经曲折。从新中国成立至今的近半个世纪,江苏人的现代化成长经历了两个大的历史阶段。

第一个阶段是明确社会主义方向,但在探索中又遭重大挫折的时期,它包括了从新中国成立到70年代末"文化大革命"结束近30年的风雨曲折。50年代中国开始了社会主义建设,在人文领域一个最大的变革便是确立了马列主义毛泽东思想为全中国新的历史进程中意识形态系统的核心和主导地位,也成为指导中国人的现代化发展的精神支柱。这一时期,江苏的现代科学、技术、教育和文化传播事业都有了一定的发展,社会主义新人应有的思想境界和崭新风貌在江苏城乡居民中初步展现,以王杰、董加耕为代表的一批新时期先进模范形象不断涌现,并成为引导人民学习进步的榜样。然而在60年代中后期,由于一些领导人指导思想上的错误,发动了全面动乱的"文化大革命",在人为的思想文化冲突中,人们失去了评判取舍的价值标准,自己毁去了原有的精神家园,70年代走出来的江苏青年有不少成了无传统也无信念的精神流浪儿,人的现代化出现了倒退和迷失。

第二个阶段是重新拨正航向,在改革开放中加速现代化进程的时期,包括了从70年代末迄今尚未结束的大变革与大发展。70年代末由江苏学人参与引发的"真理标准"的大讨论,是20世纪中国又一场重大的思想解放运动,在新的意识形态氛围中,人们开始有理性地、理直气壮地正视自己的传统和所面临的现实,80年代的对外开放实质上是中国又一次主动地打开了心理国门。这一时期的中国"文化热"、"人学热"、"生活方式变革热",实际上也是在补"五四"文化运动的启蒙之课。社会主义精神文明建设《决议》的提出,事实上是对国民文化价值变革的社会动员和新的整合。这一阶段至今远未结束,这一轮的国民性格重塑将比以往更加富有成效,因为他是在中国的政治、经济、文化变革取得重大进展的基础上,与社会整体现代化相协调同步的。这次新的发展不再是少数人的"呐喊"与"彷徨",而是政府与大众的共识与共鸣。在历经百余年的苦苦求索和困惑之后,这场跨世纪的人自身变革将更具明确的目的性和更富有理性,并可望在下个世纪真正实现社会主义人的现代化。

生活方式和思想观念的变革是建立在现代人经济生活基础之上的,尽管前30年江苏城乡居民的消费方式、结构、闲暇时间、活动内容以及他们的社会交往发生了全面的变化,但由于前30年经济成长缓慢,物质生活基础较弱,相对于80年代日新月异的生活方式变革而言,1950年到1979年间人的现代化变化不算大,而且还阻力重重。

这里,我们通过对积极因素和消极现象两个层面的分析,将前30年江苏省居民生活进步的基本特征作一客观、扼要的分析。

从积极的意义上看,中华人民共和国成立后,前30年中的发展显示了三个值得肯定的特征。第一,保持并发扬了勤奋工作、艰苦朴素的优良传统,在日常生活中发扬了艰苦奋斗、建功立业的精神。这个时代特点有其历史的原因和背景,今天仍有值得重视和可借鉴之处。第二,60年代涌现的董加耕精神,反映了江苏青年乐于奉献,热爱劳动、热爱家乡的良好社会风尚。第三,江苏青年在党的领导下,带头移风易俗,对消除封建文化习俗和落后的保守观念起到了重要作用。即使在"文革"期间,由于广大知青下农村、下厂矿和当地农民同吃、同住、同劳动,不论其他功过是非如何评说,客观上讲,对于城市文明推向农村和落后偏远地区农村的现代化过程确实起到了不可磨灭的加速作用。

从消极的影响来看,前30年中江苏人民在自身发展中存在着三点明显的缺陷,既影响着社会整体的变革,又阻碍了个体的现代化进程。第一,闭锁性。由于受长期以来的农业文化的消极影响,80年代以前的江苏居民生活多为内向保守型,闲暇时间中很少有户外活动和社会交往,在农村老实木讷的被人赞赏,青年女子过于活跃便会作为"交际花"遭人白眼;日常消费和文化活动多沿袭传统,缺乏创新,人际之间缺少交流和信息的沟通。第二,依附性。由于受生活水平低下的约束,青年人缺乏自食其力、自主生活的社会基础,在80年代以前,青年人的日常消费交友乃至择偶,在较大程度上不是依附于家长权威便是求同于同龄人群体;闲暇生活、社会交往均处在被动地位,缺乏主体意识。第三,非理性。在全球生活方式、价值观念现代化的大潮中,江苏居民却在"文革"时期受到的错误文化观念的影响下,生活方式上出现了诸多非理性的现象。例如,批判所谓的资产阶级的奇装异服,反对修正主义的生活方式,女孩子"不爱红装爱武装",个个要当铁姑娘;男孩子扎根农村闹革命、凭着老茧上大学等等,令当代青年难以理解的社会现象比比皆是。

30年弹指而过,江苏人民在中华人民共和国成立后的前30年中,生活水平有提高、观念有进步是主流,但在发展变化中也留下了不少令人难堪的印象和值得汲取的教训。当历史的指针走到 80 年代时,江苏人的现代化以其大跨度的步伐和色彩斑斓的内容开辟了一个令人目眩,使人神往的新天地。

7.2 当代人的生活方式转型

一、闲暇生活多元化

闲暇时间增多是人的自由发展的必要前提,闲暇生活也是人的现代化变迁的重要载体和标志,马克思正是从这个意义上把充裕的自由时间称作是"共产主义财富的标志","那时,由于给所有的人腾出了时间,创造了手段,个人会在艺术、科学等方面得到发展"。① 江苏人的现代化进程也体现了革命导师所揭示的大趋势,80 年代迄今城乡居民闲暇时间日益增多,闲暇生活内容日趋丰富。

80 年代初省统计部门曾对南京、无锡、常州、苏州、南通、盐城、淮阴、徐州等八个市的 695 名职工,进行了一次为期一周的连续登记调查,在调查的一周内,平均每人各项业余活动时间分配情况如下:

表 7 - 1　1983 年城镇居民一周业余时间分配

	时间(小时)	构成(%)
一周业余时间合计	120	100
上下班往返时间	6	5.0
个人生活必需时间	66	55.0
家务劳动时间	21	17.5
学习及文体活动时间	15	12.5
其他	12	10.0

上述调查显示,80 年代初江苏城市居民每周真正用于学习和文化活动的闲暇为 15 小时,平均每天约 2.14 小时。在这段宝贵的时间内,市民们的闲暇生活内容大致是:学习文化科学知识、阅读报刊文艺书籍占 49 分钟,有 7.2% 的职工参加业余学校学习。职工平均每人每天业余学习文化科学知识占 22 分钟。其中经常学习的有 227 人,占 32.7%,平均每人每天为 1 小时 6 分钟。学习时间在半小时以内的占被调查者总数的 12%;半小时至 1 小时的占 9%;1—2 小时的占 8%;2

---

① 《马克思恩格斯全集》,第 46 卷,第 218~219 页。

小时以上的占4％。阅读报刊文艺书籍平均每人每天占27分钟。其中经常阅读的有563名,占81％。阅读时间在半小时以内的占46％;半小时至一小时的占24％;一至一个半小时的占7％;一个半小时以上的占4％。上业余学校学习的有50人,占被调查者总数的7.2％,平均每人每周占用4小时58分钟。

文艺体育活动时间超过1小时。职工文体活动包括看电视、听广播、看影剧、文体表演、游园散步及其他娱乐体育活动。平均每人每天占用1小时22分;其中看电视、听广播的最多,达692人,占99.6％。职工每天文体活动时间在半小时以内的占被调查者总数的12％;半小时至1小时的占27％;1~2小时的占42％;2~3小时的占14％;3小时以上的占5％。由于职工家庭电视机、收音机普及率较高,因而看影剧、文体表演的职工相对减少,仅占32％。

在不同性别者中,女职工家务时间比男性多一半。在家务劳动中,女职工平均每天达3小时38分,而男职工仅2小时26分,其中,做饭菜,女职工为1小时19分,比男职工多27分钟;缝洗衣物女职工为52分钟,比男职工多36分钟;购买商品、照看孩子的时间,男女职工基本相同。女职工学习时间比男职工少37.3％。女职工由于家务劳动时间多,相对地学习科学文化知识、阅读报刊书籍的时间就少了。每个女职工业余学习时间为37分钟,比男职工少22分钟。男职工用于文体活动时间比女职工多四分之一。女职工平均每人每天用于文体活动时间为1小时9分,比男职工少23分钟。主要是女职工看影剧、文体表演、看电视、听广播和体育活动时间比男职工少。

不同职业者中,商饮服务人员看电视、听广播、游园散步时间长,工人次之。科教人员、行政人员体育锻炼时间长。商饮服务人员看电视、听广播的时间每天占1小时14分,比工人多13分钟,比行政人员多15分钟,比科教人员多25分钟。游园散步时间,商饮服务人员每天为14分钟,也均超过工人、行政人员和科教人员一倍。

科教人员和行政人员脑力劳动较多,为了增强体质,他们比较注重体育锻炼,平均每天体育锻炼32分钟,多于工人、商饮服务人员。

学习文化科学知识的时间,科教人员较多,行政人员和工人次之,商饮服务人员最少。科技教学人员为了更好地发挥自己的作用,大部分均在钻研业务、自学、备课时间较长,平均每人每天的学习时间为40分,比行政人员多1倍,比工人多1.4倍,比商饮服人员多 3 倍。如按实际学习的人数计算,科教人员每人每天达 1 小时 10 分,比工人多 10 分钟,比行政人员多 25 分钟,比商饮服务人员多 35 分钟。

80 年代中江苏省居民闲暇生活的一个主导性趋势便是业余文化生活日趋多彩、多元化,学习空气浓厚,闲暇智力投资不断扩大。到 80 年代中期,城镇居民的业余生活日趋丰富,并向社会化方向发展。看电视、看电影、种花、养鱼、旅游、集邮、照相、音乐欣赏等项文体活动越来越为广大城镇居民所喜爱。1985 年,城镇居民家庭电视机的普及率达 90%。而同期全省城镇居民用于文化生活方面的支出逐年增大,平均每人支出 72.1 元,比 1980 年增加 39.5 元,增长 1.2 倍。而同期人均生活费支出增长 65.5%,大大低于文化生活方面支出的增长幅度。由于文化生活支出大幅度上升,占生活费支出的比重逐渐增大,已由 1980 年的 7.5% 上到 1985 年的 10%。

1989~1990 年笔者曾对全省以及苏南地区城乡居民的闲暇生活作过抽样调查,结果显示,当时城乡居民每天闲暇时间为男性 2.94 小时,女性 2.62 小时,显然,其闲暇时间容量已大于 1983 年调查之时了。1989 年时不同年龄群体拥有闲暇时间调查统计如下表所示:

表 7-2 不同年龄者的闲暇时间表 1989 年 单位:%

年龄段	17 岁以下	18—25 岁	26—35 岁	36—45 岁	46—55 岁	56 岁以上
小计	315	5	65	152	50	32
半小时	18	0	3	11	3	1
1 小时	39	0	4	15	13	6
2 小时	82	3	10	38	17	9
3 小时	70	1	16	38	9	6
4 小时	67	0	18	38	6	4
5 小时	22	1	8	8	1	4
6 小时	12	0	5	4	1	2
6 小时以上	5	0	1	0	0	0

应该说,80 年代后期的江苏居民闲暇生活中,还存在着较浓厚的"被动受传型"色彩,即以选择看电视、看电影、看报纸、听广播者为多,还缺少主动的选择和创造性活动。17 岁以下的少年以学习文化为主,18~35 岁的青年兴趣比较广泛,积极参加各种活动,36~55 岁的中年

人抽空看些书报杂志、电影、电视,56岁以上的老年人除看电视、听广播之外,更多的是串门聊天、打牌下棋、游园散步和种花养鸟以消磨时间。但承袭80年代初以来的文化活动日益丰富的趋势,我们也看到已有越来越多的居民正在投身于各类丰富而开放的社会文化生活之中。如下表所示:

表7-3　1989年城乡居民闲暇时间活动安排　　　　单位:%

分类\内容	科技活动	体育活动	文艺活动	文化娱乐	社会讲习班	社会工作	综合性沙龙	其他
男	6	21	1	24	2	18	6	22
女	3	12	1	34	2	14	1	33
城	1	18	1	33	3	10	1	33
乡	8	16	1	22	0	25	6	22

自从90年代中期我国执行了新的双休日制以来,江苏城镇居民的闲暇容量又骤然扩大。如何更随意、更有个性地"休闲",已成为现代人日益关注的一个议题。1998年,江苏省社科院社会学所与共青团南京市委,对南京城乡的1500名青年进行了一项大型抽样调查。调查发现,近年来南京青年的整体闲暇时间有了大幅度的上升,已达人均每天4.15小时。如图7-4所示:

表7-4　南京青年闲暇时间情况

时间	比例(%)
2小时以内	6.59
2~3小时	18.29
3~4小时	19.44
4小时以上	51.94

该调查显示,青年人在享受物质生活的同时,也十分注重精神文化领域的活动。看报刊、文艺作品超过了80年代人们主要娱乐活动的看电视,而排在了首位,并且比例高达60.4%,而补习文化也以27.53%排在第四位。具体闲暇活动内容排序可见下表:

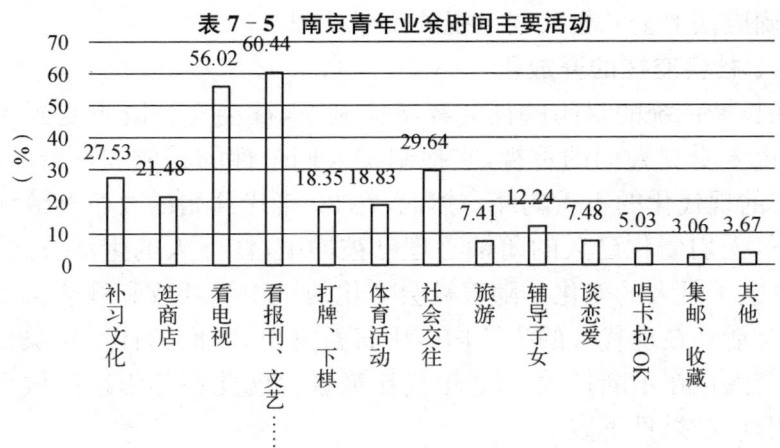

表 7-5 南京青年业余时间主要活动

从问卷中显示：男女青年对闲暇时间的安排是不尽相同的，女青年更加热衷于逛商店、看电视、看报刊及文艺作品；同时从调查来看，辅导子女学习大多数由女同志承担；而男青年则大多将闲暇时间用于社会交往、体育活动、参加补习班学习及打牌、下棋等娱乐活动之中。由此可以看出一般的空闲时间男青年较喜欢参加一些与外界交流的活动，而女青年则更愿意待在家中。同时，不同的文化层次是影响青年选择休闲活动的重要决定因素。以看报刊、文艺作品，补习文化，体育活动，旅游等文化活动为主要参照内容，文化层次越高的青年，选择的比例则较高。

闲暇时间是检验文明和进步的示波器，它的数量多寡显示了社会劳动生产力的高低和工业化发展的程度，它的结构优化反映了个人的意识和个性随着社会发展的状态。90 年代工作时间的缩短为闲暇时间的增多提供了可能，也促使人们更加重视这一时间的合理安排和把握。虽然不同阶层社会成员的闲暇时间具有其自己的特征，如农民时间结构带有季节性的特点，而企业工作相对较固定；体力劳动者在家务劳动上所花时间较多，业余时间安排更倾向于享受和消遣，而脑力劳动者由于文化层次较高，使得他们更加注重精神文化生活的享受，且劳动和闲暇界线较模糊，往往处于一种"积极"休息的状况。从年龄上来看，显然受婚姻和家庭等各方面的影响。以 26 岁为界，26 岁以下"小青年"闲暇时间较多，而 31～35 岁之间的青年人闲暇时间相对最少。但是，从南京来看，城乡青年人总体平均闲暇时间已达到每天 4.15 小时，并且 4 小时以上的占青年人的一半以上(51.94%)。这些数据让我们切实地感受到：青年人自由支配的时间已经随着社会的进步大大增加，也更让我们认识到加强对现代人业余文化生活的关注，对其进行正确的引导,确应摆上全社会共同重视的议事日程。

二、社会交往的开放化

在长期传统的封闭的社会经济体制下,社会交往既不受到人们的鼓励,也未受到人们的重视,它扼制了人们个性的开放和视野的拓展,成为人的现代化的重重羁绊。然而,在80年代开始的改革开放大潮的冲击下,人们僵化已久的闭锁心理已被冲破,江苏人的生活方式、交往方式发生了巨大的变化。随着社会文化的进一步开放和社会流动的加快,社交活动在现代人的生活内容中日益突出,人们的社交对象日益广泛,社交圈也在不断扩大。90年代初笔者曾就此在苏南地区城乡作过抽样调查,结果见下表:

表7-6 各类人员闲暇交往规模　　　单位:%　1991年

分类	规模	1—2人	3—5人	6—9人	10人以上	几乎没有
性别	男	13.21	36.90	14.05	23.06	8.60
	女	27.22	35.17	9.17	12.84	11.93
居住地	城市	19.41	38.47	10.40	15.94	11.44
	集镇	13.33	33.33	14.44	30.00	5.56
	农村	21.17	28.47	17.52	23.36	6.57

根据对上表的进一步分类分析,可以看出在直接交往的规模上,男性大于女性,干部、个体户大于工人,农村居民大于城市居民,但这仅是一种面对面的直接交往。随着现代交通、通讯、邮电事业的发展,城市人越来越多地倾向于写信、电话、传真等间接交往,城镇居民每年外出旅游、出差等远距离社交的机会也要多于农村农民。在交往对象的选择上,年龄较大、文化较低和住在农村的人多数选择血缘、地缘性的亲戚、邻居;而年轻人、学历较高和城镇居民则多和同学、同事、朋友往来,侧重于业缘性和机缘性。

表7-7 江苏居民每年向外地发信情况人数　　　%　1989年

各类人员		从不写信	一至二封	三至九封	十封以上
性别	男(477人)	11.95	35.43	23.06	27.67
	女(327人)	21.71	33.94	21.71	18.96

续 表

各类人员		从不写信	一至二封	三至九封	十封以上
居住地	城市	16.29	34.66	20.45	24.96
	集镇	13.33	37.78	23.33	25.56
	农村	16.06	35.58	30.66	18.98
职业	工人	32.71	43.93	12.15	7.48
	农民	12.82	28.21	33.33	25.64
	干部	10.58	31.73	24.04	32.69
	商业职员	25.00	38.04	22.83	7.61
	个体户	18.69	39.25	16.82	20.58
	专业人员	5.56	35.56	30.00	28.89
	学生	5.77	29.81	20.19	43.27

表7-8 江苏居民一年中外出情况 % 1989年

各类人员		经常外出	一至二次	没有外出	未答
性别	男(477人)	22.64	53.67	19.92	3.77
	女(327人)	6.12	59.33	30.89	3.67
居住地	城市	15.60	57.37	22.18	4.85
	集镇	25.56	54.44	20.00	0.00
	农村	10.95	51.09	36.50	1.46

以上两表也显示，基于城市化、工业化的发展，现代人的交往方式也越来越多地从以往直接交往转向更大量的间接交往，社会活动的范围越来越大，交往方式也呈多元化趋势。

90年代，江苏省居民社交生活方式在80年代已具有的开放性、自主性和现实性的基础上，又进一步展现出两大趋向：一是当代人的公共关系意识强化，他们的交往行为更趋文明，交往动机讲究互惠互利原则，交往功能与当代中国的市场化进程相趋同。二是伴随着信息化社会的来临，人们的交往手段趋向现代化，异地间接交往在人际交往中比重加大，各种发达的电子媒介和通信渠道为当代人社交规模的扩大、速度的加快、效益的提高以及社会方式的现代化奠定了社会物质基础。

1998年南京青年抽样调查表明，社会交往已成为当代青年生活的重要内容和重要需求。在交际面上,数据显示,南京青年人际关系比较积极,有2～4位好朋友的占绝对多数(63.49%),拥有5人以上好友圈子的占24.88%,仅一位好友的占8.43%,没有朋友的只占2.79%。在同事、同学关系,家庭、婚姻关系,上、下辈关系,同性、异性关系等四类人际关系中,南京青年选择同性伙伴作为交心对象的最多,占54.86%,其次是恋人和配偶(46.92%),与父母、子女、兄弟、姐妹的家庭关系亲疏再次,而同事关系相对弱化。调查还显示,南京青年将"良好的朋友关系"看作是在家庭、健康、事业之后的重要选择。参见下表:

表7-9 最愿与之交心的人　　　　　　　　　　　　　1998年

位序	选项	频数	百分比
1	志趣相投的同性伙伴	807	54.86
2	配偶或恋人	677	46.02
3	同学	409	27.80
4	母亲	374	25.42
5	志趣相投的异性伙伴	331	22.50
6	兄弟姐妹	301	20.40
7	单位同事	268	18.22
8	父亲	205	13.94
9	子女	66	4.49
10	教师、师傅	63	4.28

日益增多的社会交往,对江苏人的全面发展产生了多方面的积极功能,它有利于促进信息流动、调节社会关系、提高人的素质、推进人的全面发展、维持社会的整合。开放的社会交往已成为历史发展的必然趋势,它将给江苏城乡社会带来无限的生机和繁荣。

三、生活态度务实化

改革是当代中国人的又一次自我革命,它由外到内引发了中国社会各个层面、各种关系要素的重组,随之而来的对外开放和社会主义市场经济的建设,触发了当代国民心理一次次与之相应的重大调整,人们的社会心态经历了"文革"后的迷茫、80年代的群情高涨和90年代理性探求的大幅度跨越。经历了80年代急风暴雨般的洗礼,江苏居民对改革和各方面大变化的心理承受能力大大增强,90年代人们的心态逐渐平稳和务实,理性探索和积极进取的成分越来越浓。同时,由于社会经济体制改革不到位,以及与政治、文化的发展不够协调,江苏居民的心态进步中还存在着与现代化不相适应的倾向,如:在要求改善生活的同时个人主义、享乐主义抬头,思想解放的同时,少数地区封建迷信乃至黄色文化屡禁未止,在要求民主的同时,人自身的行为主动性较差,权力制约要求较弱,而具封建色彩的"清官"意识较浓,等等。

基于我们仍处在社会主义初级阶段的基本国情,对现代人的生活感受确实不应估计过高,即使在经济较发达的江苏苏南地区,也不可能超越初级阶级。我们对该地区所作的一项实证调查便反映出,居民们对自身的生活状态处于基本满意。参见下表:

表7-10　苏南居民生活质量分类评估　　　　　1991年

	生活质量构成	满意度均分		生活质量构成	满意度均分
职业生活	劳动方式强度	3.25	人际关系	和同事关系	3.74
	工作环境条件	3.24		和领导关系	3.36
	工资福利待遇	2.94		和父母关系	3.89
	职业社会声望	2.98		和子女关系	3.92
	晋级提升机会	2.68		社交关系	3.29
	本单位改革情况	2.77			
物质生活	经济收入	3.05	精神生活	业余精神生活	3.11
	住房条件	3.01		医疗卫生状况	3.12
	饮食状况	3.24		周围社会风气	2.78
	衣着打扮	3.08		生活安全感	3.39
	拥有高档消费品	2.70		婚姻生活	3.87
	家务负担	3.25			

满意度得分是根据五点式尺度测量计算的,最低为1分,最高为5分,中间状态为3分。

这里显示出,在90年代已基本实现了小康生活的苏南城乡,居民们对生活的满意度也不是很高。除了对各种人际关系及其婚姻生活评价较好外,他们对工资福利、收入和住房条件以及多种物质、文化生活都倾向"一般",甚至不太满意,对周围的社会风气以及生活安全感也觉得不甚理想。

当前,人们对生活目标的追求也和初级阶段的发展水平相吻合,多次调查数据表明,对幸福家庭、身体健康和衣食不愁、生活安定的追求构成了现阶段多数劳动者生活目标的主体。1996年,在对江苏全省

800户居民的调查中,公众最为关注的社会问题依次是:腐败现象(63.0%)、物价上涨(53.3%)、社会风气(48.8%)、消费品质量(44.0%)、待业或失业(28.0%)、入学升学(17.9%)、环境污染(14.4%)、交通拥挤堵塞(8.3%)。① 近年来,我们对南京市民关注的社会热点问题进行了连续性的追踪调研,其结果也表明,社会治安、廉政建设、物价、住房以及失业下岗等问题,是多年来人们共同关心并迫切希望得到解决的问题。详见下表:

表7-11　南京市民对于社会热点问题的关注点

排序	1994年南京(1000人)	1996年南京(1000人)
1	物价上涨	腐败风气
2	腐败风气	物价上涨
3	伪劣商品	社会治安
4	社会治安	交通问题
5	交通问题	失业下岗
6	乱收费用	环境污染
7	环境污染	住房问题
8	分配不公	工资改革

这些数据显示出,当前的江苏居民仍以提高物质生活质量为首要追求,不仅关注个人的健康和收入,还要操心子女、家庭及其住房等等,这些构成了他们向现代化努力的现实基础,体现了社会主义初级阶段的国情特征。

从发展趋势上看,随着江苏现代化步伐的加快,江苏人将更加注重自身精神和物质生活质量的总体改善。从生活需求上看,随着物质生活水平的提高,当代人的消费正向高层次发展,文化生活的丰富将成为跨世纪追求的热点,因此城乡居民生活方式将较快向发展型转变。在生活行为上,当代人已不同于以往的实惠、耐用、节俭等传统性取向,而特别注重审美、新潮、变异以及个性化,不论是物质还是文化消费行为,都将向国际化潮流趋同。

我们应该充分肯定现代人生活进步的主流。改革开放以来江苏经济、社会的巨大进步促进了全省人民生活水平、生活方式、生活质量的显著改善与提高。城市居民的生活已全面实现了小康标准,消费结构趋于

---

① 参见《中华工商时报》,1997年1月12日,第2版。

多元,生活方式丰富拓展;农村居民在恩格尔系数降低的基础上购买力水平不断提高,衣食住行趋向城市化、现代化。人们的生活目标健康、合理,生活态度积极务实,符合现实国情,有利于人与社会的持续协调发展。

7.3 当代人的价值观念变革

价值观念是在环境与生活形态变革的基础上逐渐变化而进步的。但它对人的现代化却产生了更深层次、多层面的推动作用。80年代以来,江苏人开始了与整体现代化相适应的观念进步和自我个性的发展,逐渐显现出一些迥异于以往的价值取向。当前人们正处在从计划经济体制向市场经济体制全面转轨的时期,在市场经济条件下,个人利益被充分肯定和承认,现代人的价值取向中,出现了重经济而轻政治、重物质而轻精神、重实惠而轻道德、重个性而轻共性等一系列变化,逐渐形成、产生了与我国经济体制发生根本变化后多种所有制并存相适应的多元化的价值观。现代人的价值观是多方面、多层面的,这里我们仅选择其中若干重要因素,结合省内历年来的调查材料,对现代人观念的变革作进一步实证分析。

一、当代居民的人生观

人生观中包括了对人生目标、自我位置、幸福标志等方面的态度和看法。众多调查表明,当代人既摆脱了"文革"中的极左心态,也不同于资本主义社会惟我、惟利的价值取向,而是选择了公私兼顾、较为现实的人生态度。如80年代后期,我们在全省城乡所作的抽样调查中,列出了"奉献型"、"为己型"和"公私兼顾型"三种人生目标。其中回答人生目标就是"为自己、为小家庭争取优越生活"的人数最少,占调查总数的2%;回答人生就是"为他人、为社会多做奉献"的也只有12.1%;85.2%的人选择了"既为社会作出尽可能多的奉献,同时又为自己和家庭争取优越的生活"。1995年,我们在苏南地区作了有关人生幸福标准的定量评价,发现当前人们对幸福目标的标准是现实而积极的,他们对幸福标准的选择排序是:第一,身体健康;第二,有一个温暖的家;第三,事业上获得成功;第四,能为社会作贡献;第五,有知心朋友;第六,能力得到充分发挥;第七,非常有钱;第八,自由自在、不受约束;第九,有社会地位。[1]

---

[1] 参见《苏南现代化研究》,第362页,中国经济出版社1995年版。

二、当代居民的人际观念

与西方强调个人主义的生活价值不同,中国人看重彼此依赖的以情境为中心的生活方式,强调发扬国家利益、集体利益、个人利益相结合的社会主义的集体主义精神。在1989年,我们做的有关"人与人的关系应该是怎样的"全省调查中,回答"利己也利人"者达55%,答应该"大公无私、先人后己"者占28%,认为应该"利己不损人"者占11%,认为"竞争无情、损人难免"者仅6%。1995年,我们在江苏城乡进行了一项500人的抽样调查,进一步证明现代人有比较正确的人际观念和集体主义精神,如在问及"自己在得到好处的同时,会对别人或集体造成一点损失,但这是无关紧要的"看法时,很不同意者比例高达52.7%,不太同意者34.3%,回答比较同意和非常同意者仅有3.2%。另外,在问及对"因工作方便,拿一点单位东西,是近水楼台先得月,可以理解"的看法时,持否定态度的也占绝大多数,比例为83.5%,另有11.9%的人持"无所谓"态度,同意者仅4.5%。虽然现代人的人际观念取向是健康积极的,现代人的交往频率和广度高于以往,但交往质量不一定同步上升,特别是高情感的投入越来越少。1996年的人际观念调查也证实了这一点,有59.5%的人同意"现在人与人的交往中,以诚相待的情况不多见了",持相反态度者不到38%。随着社会的变化,现代人的交往对象选择标准也有所改变,在注重情感的同时也更注重志趣相投和文化的含量。

三、当代居民的职业观

职业对于每个成年人来讲都具有无比深刻的内涵,它决定了人们踏入社会后的生活场景,提供了从业者的角色模型和交往模式,制约了不同岗位上的人不同的利益取向和价值标准。所以说,人们对职业的选择实际上也就是对其未来生活道路的选择;反过来看,职业声望和职业期待的变更也折射出社会的进步与阶层分工的变化。

基于工业化和现代化社会中社会分化的加快,现代人的职业取向渐趋多元,职业流动的愿望也更强烈。80年代末,我们曾就居民选择职业的考虑因素作过调查,结果表明,"能够发挥特长、能够提供较好的受教育机会、社会地位高、工作稳定、收入高和工作轻松"是当时江苏人择业观的前6项要素。[1] 1994年,我们在对南京千户居民的调查中,共列出数十种职业类型,让市民选出自己心目中较理想的前十项。其结

---

[1] 叶南客等著:《现代化与社会主义新人》,第313页,重庆出版社1991年版。

果如下表：

表 7-12 南京市民职业评价排序　　　　　　　　　　　　　　% 1994 年

排序	职业种类	女	男	合计
1	律师	28.70	35.93	64.63
2	医生	29.13	32.80	61.93
3	记者	23.99	32.80	56.79
4	企业经理	21.03	33.19	54.22
5	机关干部	22.12	28.70	50.82
6	财会人员	23.99	25.96	49.95
7	大学教师	21.69	24.97	46.66
8	合资企业职员	17.20	27.27	44.47
9	出租车司机	17.09	26.62	43.71
10	个体户主	17.09	26.18	43.27

通过对市民职业评价的分层统计分析，我们初步得出现代人的职业选择和评估标准具有三个特征：首先，职业评估标准的综合性。人们的择业观是多元的，是对各种岗位社会地位、工作环境经济收入乃至文化层次等综合的判断。如上列的前三项职业均是有较高的社会声誉、较丰厚的职业报酬、较高的文化档次，是多种职业优势的有机统一，则促使这类职业得到人们的好评。其次，职业选择中的市场导向性。尽管从 80 年代起社会学界便对职业意愿作过多次实证调查，但 1994 年的南京调查，却是中国进入社会主义市场经济体制建设后最早而较有代表性的一次大规模社会测量。它及时地反映了市场化条件下现代人职业心态的最新变化，和 80 年代明显不同的是财会人员、合资企业职员、出租车司机、个体户主等在数十种职业选择中名列前十位，表明市场经济的影响开始深入江苏人心。这些在前十年不为人所重视而又有一定风险性的职业，之所以受到现代人的青睐，就在于它们适应了市场经济的发展，会给人带来较明显的经济效益。第三，职业取向上的急功近利性。由于受市场大潮的冲击，部分市民的职业偏好中不重视职业的社会贡献而重视个人利益的最大化，一些实用性的与市民生活关系密切的职业受到市民的追奉，而一些公益性强、报酬不高又无权无势的职业则受人冷落。

四、当代居民观念现代化的测量

以上大量事实证明，当代江苏居民的心态和价值观都在日益趋向现代化。从80年代后期开始,笔者会同江苏省社科院"现代化与社会主义新人研究"课题组的同人们参照国外学者的研究思路,结合中国国情,曾对江苏城乡居民观念现代化程度,作过一系列调研和测评。

我们首先初步确定,现代人观念进步的主体要素是由三类较为主要的心理取向构成的,即现代人的主体意识、效益意识和创新意识。而这三种进步观念又是由其内部多层次的进步取向子因素复合组成的;我们列出了三大类近40项指标因素,进而设计成60多题的"人的现代化发展抽样调查问卷",于1988年、1989年对全省城乡居民进行了等误差分层随机抽样调查和测评。调查结果显示,千余名被调查者中现代化意识的得分均明显超过问卷测评的中界值,呈现出"较现代"的倾向。

首先是广大劳动者的主体意识日益突出,表现在现代人具有了更多的社会参与意识和社会责任感;民主意识和法制观念得到了强化;在日常生活中,人们要求确立择业、择偶等生活方式和内容中的自主权利;他们更加尊重老人、尊重妇女、尊重下一代人,在自身发展过程中,更注重个性发挥和价值、潜能的展现,渴望成才并为社会作出更多的贡献。这些,可从下面的两题中窥见一斑。

表7-13 现代人的主体意识比较　　1988年　804人　%

家中的事应由父母做主,你赞成吗?	很赞成	较赞成	拿不准	不太赞成	很不赞成	平均得分
城市	6.24	27.90	6.76	39.34	14.73	3.30
集镇	16.67	21.11	3.33	47.78	8.89	3.11
农村	16.42	30.60	3.73	34.33	9.70	2.90
许多人希望工作有自主权,您同意吗?	很同意	较同意	难说	不太同意	很不同意	平均得分
城市	22.01	28.77	29.64	13.69	5.89	3.47
集镇	10.00	24.44	42.22	18.89	4.44	3.17
农村	15.67	16.42	43.28	15.67	8.96	3.14

其次,效益意识的日益强化是现代人观念变革的重要标志。主要

体现在越来越多的人讲求务实,关心社会信息;要求机会均等下的公平竞争;强调时间、效率和生活的计划性;更加尊重知识、人才在现代化建设中的地位。参见下表:

表7-14 现代人的效益意识比较　　　　1988年　804人%

对知识重要性的看法	很同意	较同意	拿不准	不太同意	很不同意	得分
男	46.33	30.4	7.76	12.16	3.35	4.03
女	37.92	30.89	11.93	16.82	2.45	3.85
对生活要有计划的看法	很同意	较同意	拿不准	不太同意	很不同意	得分
男	23.9	36.48	8.6	19.5	9.2	3.47
女	22.94	36.39	8.26	19.88	10.09	3.43

第三,创新意识在一向追求老成持重、中庸求稳的中国人中萌发,不仅成为现代人观念转型的重要特征,而且已成为推动中国社会焕发青春、加速运动的重要动力。在现代江苏人中,普遍要求生活消费、环境体制的变革,希望有更多的社会流动、社会开放;在人的自身发展中,进取精神、风险意识、首创开拓观念日益增强,以往"人怕出名猪怕壮"、"枪打出头鸟"等中庸观念已为多数人所抛弃。在创新意识形成中,年轻人显然走在这场变革的前列。参见下表:

表7-15 现代人的创新意识比较　　　　1988年　804人　%

您是否认为:改革虽有风险但比吃大锅饭强	很同意	较同意	拿不准	不太同意	很不同意	得分
17岁以下	66.67	26.32	3.51	1.75	1.75	4.54
18岁—25岁	55.23	30.54	12.13	0.42	1.67	4.37
26岁—35岁	44.61	37.25	13.24	2.94	1.96	4.2
36岁—45岁	56.69	31.5	9.45	1.57	0.79	4.42
46岁—55岁	42.17	32.53	10.28	2.41	3.61	4.07

从以上分析可以看出,当代江苏人的价值观念是建立在时代发展的基础上,表现出一种与时代发展相同步的变化。在经过80年代末价值观的冲突、分化以后,面对纷繁复杂的社会现实,面对多元的经济体

制,多元的发展理念,多元的社会榜样,多元的文化信息,江苏人价值观构造进入了一个筛选、重建期,逐渐趋于现实,少了些坐而论道的东西,多了些积极而务实的理念,并呈现出多元化、市场化、现代化的衍变趋势。

2005年:《中国长三角区域发展报告》
万斌主编,社会科学文献出版社,2005年。

长三角区域文化进程及联动发展评估与分析
（叶南客,韩海浪,丁宏,张卫）

四　长三角文化联动发展的战略思路

1. 打破"围墙",协调共赢

作为世界第六大城市群,作为我国经济发展最快的地区,作为地缘相近、人缘相亲的繁华之地,长三角应该致力于成为全国文化内容创新最多、文化辐射力最大、文化消费能力最强的地区。

长三角文化的联动发展有其深厚的历史基础。自春秋以来,即有吴越文化的渗透交融;五代至南宋,苏杭一带成为中国最为繁华富庶之地,素有"上有天堂,下有苏杭"之美誉;宋都南迁,杭州又成为汉文化的政治中心及文化中心;上海开埠以来,吴越文化及外来文化又在此地相互融合,形成了优雅精致、饶有都市气度的海派文化。长三角区域长久的文化积淀彼此包容、影响、碰撞、吸引、融合,形成了共同和谐的文化圈域,创造出悠久灿烂的历史篇章,有着源远流长的人文亲和力。在新的历史时期下,长三角城市群迎来了又一轮发展契机。文化是城市之魂,是经济发展之动力,加强长三角地域文化的合作与交流,促进区域文化交流和联动发展,是这本就同质同源、一脉相承的文化的发展必然性,更将有利于提高区域整体竞争力,加速长三角区域的一体化进程,在中国乃至世界的文化格局中占据令人瞩目的重要地位。

长三角区域共16个城市,分属2省1市,行政区划的分割难免造成各地文化市场及文化管理体制上的分割,省、市之间,甚至同省的城市之间都存在着不同程度的文化壁垒。从文化规划上看,各市都有着打造各自的文化大市或文化强市的宏伟蓝图,却少有如何与其他城市交流协作的构想,构造长三角文化圈的规划远远落后于构造长三角经济圈的规划;从文化管理体制上看,各市文化管理部门的职责、管理范围各有不同,为政府层面特别是文化工作部门的互动与合作带来一定的障碍。

要实现长三角区域文化真正的融合,形成"长江三角洲新文化中心",必须更新观念,打破行政区划的藩篱,变各自为政、以自我为中心的独赢思维为相互协同、联动发展的共赢思维;将长三角地域的文化事业和文化产业真正做大做强,消除市场分割的体制性因素,实现开放条件下地区的整体融合,达到地区优势间的互补效应,体现长三角区域的整体文化竞争力。2003年在上海举行的首次"长江三角洲文化合作与发展"论坛正标志着长三角区域文化合作与发展迈上了一个新台阶;而2004年江浙沪文化厅局长联席会议签署的《关于加强长三角文化合作的协议》标志着三地间文化合作迈出实质性的步伐。

2. 制度创新,共建平台

行政壁垒是目前长三角区域文化合作的一大障碍,为长江三角洲文化的长远发展和融合建立强有力的组织协调机制,政府应该有所作为。各地政府应着眼于长三角区域一体化的长远利益,加快文化管理体制改革步伐,尽快突破行政"瓶颈"的体制性障碍,积极进行制度创新,建立正式的区域文化合作交流协调组织,充分发挥政府的主导作用,使长江三角洲16个城市的文化建设和发展形成一个整体,共同参与国内、国际的文化市场竞争。

目前,每年举办一次的"长江三角洲文化合作与发展"论坛为长三角文化合作提供了良好的政府及民间的对话平台。可考虑在此基础上,建立更为紧密型的文化交流合作组织,由各省市的文化主管部门、文化业务部门、重要文化企业及知名的文化学者共同组成,定期召开工作会议,进一步推动文化资源共享,提出长三角文化合作的整体思路和设想,从空间资源的整体性和网络关联性出发,编制长三角文化发展的整体规划、基础设施联合建设规划等,各省市的文化规划需接受该规划的指导,与其相协调,相配合。以该组织为核心,积极鼓励成立各类官方或非官方的其他文化交流组织,充分发挥民间力量在推进区域文化合作中的有利作用,逐步形成长三角地区政府引导、市场主导的良性合作机制,有组织、有序地推动区域文化建设和发展。

3. 资源共享,市场共通

长三角地区拥有极为丰沛的文化资源,文化人才层出不穷,文化设施网络齐全,文化建设成果累累。如果这些文化资源局限在某一省某一市中,各自画地为牢,无疑难以发挥其推进先进文化建设、满足人民群众精神需求的最大效果,造成资源闲置和极大浪费。长三角又是中国经济最为繁荣、城市最为密集、交通最为便利的地区,自古人文荟萃,居民收入和文化鉴赏水平较高,有着成为中国最大的区域文化消费市场的潜力。为此,我们建议尽快推进建立长三角开放、畅通、一体化的区域文化共同市场,以市场化的手段促进区域文化资源的共享和优化配置,保证各种生产要素通过市场规律自由地流动。

(1) 资本流动。长三角区域内应统一文化事业和文化产业进入的市场准入门槛,统一税费,统一市场和游戏规则,建立普惠制式的文化投融资体制,各地出台的优惠政策或是鼓励文化事业、文化产业发展的支持政策,应在区域内共享。鼓励文化资本在区域内的自由流动,鼓励文化产业的跨地区、跨行业、跨种类经营,鼓励文化企业间自发自觉的联合或合并,打造国内领先、具有国际竞争力的文化旗舰。

(2) 人才流动。通过各种形式,加强长三角区域内各类文化人才的流动和合作。打破对人才的禁锢和封闭传统,逐步构建统一的人才市场,共同创造公平竞争的人才环境,防止过度竞争和无序流动。以项目为龙头,使文化策划人才、创作人才、表演人才和经营人才实现强强联合,进行文化用人制度的创新。合作进行各类文化人才培养和培训,整合长三角诸多著名院校的师资力量,培养现代型的文化复合人才。

(3) 信息流动。运用现代信息技术手段,建立公开、透明、完整的信息平台,使区域内的文化信息资源进行实时传播、异地交流。倚托各地的图书馆网络和文化门户网站,共建"长三角文化信息网",发布各地最新的文化政策、文化市场动态、文化演出信息、人才需求信息等,使企业和市民及时掌握长三角区域内文化发展的第一手信息,加速和引导区域文化资源的合理流动,推动区域统一文化大市场的形成。

4. 和而不同,错位发展

长三角文化是相融相通、一脉相承的;由于地理、自然环境的相近性和历史渊源的久远,不少城市在文化资源上有共性,甚至有交织难解之处。如近年来镇江杭州有"许仙"之争,宁波宜兴有"梁祝"之争。在文化设施建设和文化发展定位上,大多数城市也多有雷同之处,追求小而全的痕迹较重。

孔子曰:"君子和而不同。"著名社会学家费孝通也曾提出其"文化自觉"的理论,"各美其美,美人之美,美美与共,天下大同。"从文化的发展形态来看,虽同属一文化圈,苏沪浙三地经过漫长的历史时期已有其不同的文化特色,如江苏的悠远深邃、雍容气度,上海的优雅精致、国际风范,浙江的灵动多变、激进昂扬。从文化发展的趋势看,多样性的文化无疑比一致性的文化更具吸引力,"越是民族的就越是世界的",只有多元的和差异的文化,才能保持旺盛的生命力。只有各城市都保持自己的地方特色,创造出属于自身的文化品牌,才能在文化竞争市场中有一席之地,区域文化的合作和交融才有其现实基础。

根据当地的历史特色、自然风情和人文区隔,根据在长三角文化圈内不同城市文化发展的定位要求,坚持和而不同、错位发展的战略,真正创造出各具特色、形式多样的地方文化品牌,对本地文化传统进行继承与创新,发挥文化区位优势以取得竞争优势,是丰富长三角区域内文化特色,形成资源互补,形成长三角文化大品牌,实现文化合作和联动的可持续发展的必然途径。

(作者单位:南京市社科院、江苏省社科院)

《中国社区发展报告(2007—2008)》
于燕燕主编,社会科学文献出版社,2008年。

南京和谐社区建设的探索与创新
叶南客,陈如,匡强

摘　要: 和谐社区的建设要求社区建设的多样性和统一性。南京在推进全面建设小康社会进程中,社区建设多年来一直处于全国前列。近年来,南京不仅形成了若干实践模式,给和谐社区建设注入了多维的丰富的内涵,而且创制出和谐社区建设的统一的指标体系和评价方法,给全国和谐社区建设提供了参照标准。本文在综合分析南京建设全面小康社会进程中社区建设经验的基础上,提出了南京和谐社区建设的推进思路。

关键词: 和谐社区　模式评价　指标创新

2007年是南京推进跨江发展、建设"五大中心",又好又快地推进"两个率先"的关键一年。预计南京城市居民人均可支配收入将超过

20000元,农民人均纯收入将超过8000元。这意味着南京将实现全面达到小康的阶段性目标,步入"后小康时代"。和谐社区建设成为南京全面建设小康社会以及南京"后小康时代"社会发展的重要战略。

一、南京和谐社区建设的多样性与统一性

和谐,一般用来指涉审美对象结构上或组合上的美学特征,是对立统一法则的具体化。我国在提出构建社会主义和谐社会和全面建设小康社会的重大历史任务时,将之借用到社会建设领域,表明人们对一种美好的社会结构形态的期盼。"和谐社区"是构建和谐社会和全面建设小康社会的重要基石,它突出了社区建设的两个重要特征:一是多样性,即社区行动者、社区结构性要素、社区类型、社区建设的领域和重点等等会有一定程度的分化;二是统一性,即各种要素、各个领域等方面在分化的同时,需要内在的有机联系,也就是说,在社区分化的基础上也要实现社区整合。南京在全面建设小康社会的进程中和谐社区建设呈现出多样性与统一性的特征。

(一)南京和谐社区发展态势已外在地显现出多样性

社区发展过程中的分化趋势主要表现在社区类型、规模、设施、功能和人群构成上的差异。就南京而言,目前这种差异已十分明显。南京的和谐社区建设是在城市化、现代化和国际化的三重背景下展开的。在城市化进程中,南京主城区内出现了众多的新型社区,但也仍有数量众多的老社区,它们在外显形态和设施、规模方面都存在着较大的差距。随着城市建设地域范围的扩张和功能的升级,南京也新增了不少"专能社区",如新建的大学城和工业园区等,这些区域都将经历一个社区发育的过程,期待配套设施和公共服务的逐步跟进和完善;另外,在南京也有不少的所谓"转制社区",比如由原村委会转制过渡成的城市社区。村委会转制为城市社区后,原村委会集体经济何去何从等一系列问题都有待进一步明确。此外,虽然从总体上看,南京市区已进入物业管理时代,但很多社区却缺乏相关的组织,社区组织形态上的差异也是社区分化的重要表现之一。这些分化不仅展现出社区建设和社区发展的永恒活力,也规定着当前社区建设与社区工作的重点内容,还延伸着社区研究的理论触角。

(二)南京社区建设的各项努力正内在地促成统一性

虽然南京的社区有上述各类分化,但是,在市委市政府的统一领导下,围绕和谐社区建设的各种努力——指导思想、发展理念、主体框架、执行路径等等,在实践与探索过程中都逐渐明晰并且趋于成熟,共同合成具有辐射力和影响力的南京市社区工作体系,促成了社区在分化基础上的统一。

和谐社区建设首先统一于政府对其高度重视,而这种重视则来源于和谐社区建设在新时期所具有的促进社会进步方面的功能。一般来说,社区建设的目标是解决社区问题、促进社区发展。联系到和谐社区建设,其目标和努力方向也有这两个维度。就"解决问题"而言,通过和谐社区建设要解决的问题主要有三类:一是上述社区分化可能导致的社会断裂,比如社区发展差距过大,社区阶层化的负面效应等等;二是社会问题的社区化可能造成的社会矛盾和冲突,如公共治安、环境污染、社会救助、老龄服务等等;三是目前我国社区建设中存在的管理体制与运作机制方面的问题,比如行政化与自治化的矛盾、资源低效利用、社会参与不足等等。就"促进发展"而言,通过和谐社区建设,旨在依托社区这个载体,优化社会组合、完善社会设置,以实现整个社会文明的进步和人们幸福感的普遍提升。

基于上述对新时期和谐社区建设意义的认识,和谐社区建设受到南京市委市政府的高度重视,成为南京"后小康时代"的重大社会发展战略,并且将通过各种努力,把南京的和谐社区建设打造成全国文明进步的品牌。

在统一了思想认识之后,需要统一工作框架、执行路径与发展方向,或者说统一行动。多年来,南京市将社区建设分解为社区服务与社区管理两大重点,紧紧抓住"以人为本,服务居民"和"扩大基层民主,完善社区自治"这两条主线,开展各项社区建设工作,在构建文明祥和、管理有序的新型社区框架体系方面取得了明显的成效。

实际上,上述两条主线不仅表明了社区建设的重点(社区服务与社区管理),而且引导出政府在社区建设中的角色定位,即有所为和有所不为。"以人为本,服务居民"表明政府在构建社区服务体系尤其是在提供公共服务方面的态度,确立了建设服务型政府的路线;"扩大基层民主,完善社区自治"强调政府在政治文明发展中应该有的作用,政府要对社区居民的自我管理、自我服务、自我教育、自我监督加以扶持和帮助。进一步说,上述两大主线标明政府在社区建设中的职责与角色定位:政府要让渡社区建设空间,明确社区管理权限,夯实社区服务基础,引导社区政治文明发展,促进社区社会力量发育。

(三)标准化:南京和谐社区建设多样性与统一性结合的重要创新

南京和谐社区建设指标体系的设计是社区建设工作与评价方法的创新,围绕和谐社区建设的主题,指标体系能把一个抽象的概念转变成基层最广泛的实践,构筑一个城市具有内在联系的社区体系,并在不断修整、纠偏和完善的过程中促进社区工作与社会发展,体现出当前社会管理和社区建设的学理化特征。

以白下区标准为蓝本起草的江苏省《和谐社区建设评价总则》通过专家评审,已正式上升为江苏省和谐社区地方标准,并在此基础上向国家标准化委员会申报了国家标准。民政部、国家标准化委员会充分肯定了这一细则,有关专家称之为社区建设的"模板"和"标尺",并将标准作为示范向全国转发。这是南京的和谐社区建设对江苏乃至全国的重要贡献。

《南京市和谐社区建设评价细则》2007年5月16日发布,该细则是相关实务部门和理论研究者合作的成果。其中的评价指标合计分值为1000分,包括8个一级指标(居民自治、管理有序、服务完善、文明祥和、保障有力、治安良好、环境优美、充满活力),34个二级指标(如居民自治分为民主选举、民主决策、民主管理、民主监督)和86个三级指标(如民主选举再细分为社区成员代表大会和社区居民委员会的选举细则)。

在指标测评方法上,《南京市和谐社区建设评价细则》不仅给予每项指标不同的分值,还赋予了不同的权重。在测评方式上,将部门、单位的自我评价和社会评价相结合,设计了听取汇报、查阅资料、代表访谈、居民调查、实地查看等多种方式,每项指标都有各自的测评对象,相关部门均成为被测评对象,且根据业务类型的不同、权限的大小就每个一级指标指定了各自的责任主体。应该说,这种合理采用指标体系的办法,将与和谐社区建设相关的事务量化、细化,将责任落实到与社区建设相关的各个部门、方方面面。

值得一提的是,锁金村街道以"和谐锁金,幸福家园"为主题,开展了各项社区工作,意识到社区工作应该在提升居民的幸福感这个终极目标上下工夫,锁金村街道为此进行了有益的尝试。2006年9月,锁金村街道广泛听取专家和居民意见,并借鉴国外和外地的先进经验,制定了《和谐社区"幸福指数"评价准则》,评价准则从安宁幸福感、生活幸福感、民主幸福感、成就幸福感、康居幸福感等10个方面,规定了在评估和谐社区构建成效时居民"幸福指数"方面的评价要求。每季度,由专家组、居民代表和普通居民按照标准对项目打分,幸福指数大于90为"非常幸福",小于90大于80为"幸福",小于80大于70为"基本幸福"。现在,幸福指数已经成为检测锁金村街道和谐社区建设成效的重要指标。

二、南京和谐社区建设的多维探索

当前,创建和谐社区已经成为全国各地社区建设的共同目标,各种形式的创建活动也相继开展。《中共南京市委、南京市人民政府关于推进和谐社区建设的意见》中明确指出,在建设"管理有序、服务完善、治安良好、环境优美、文明祥和"的现代化新型社区中政府要"保障有力",而社区则鼓励"居民自治、形成特色"。事实上,南京已在多年的社区建设和发展过程中,积累和开创了丰富的旨在促进社会和谐的实践模式,给和谐社区建设注入了多维的丰富内涵。

(一) 人生和谐:社区教育的系统推行——玄武区学习型社区建设

南京市玄武区积极响应创建学习型社会的号召,以学习型社区为核心,大力推进学习型社会的建设工作。在"管理创新、文明创建、市民创业"三个创建目标理念的指导下,玄武区逐渐形成了"资源整合、文化打造、特色彰显"的学习型社区创建模式和一条从内容到形式的地方化特色链条,如图1所示。

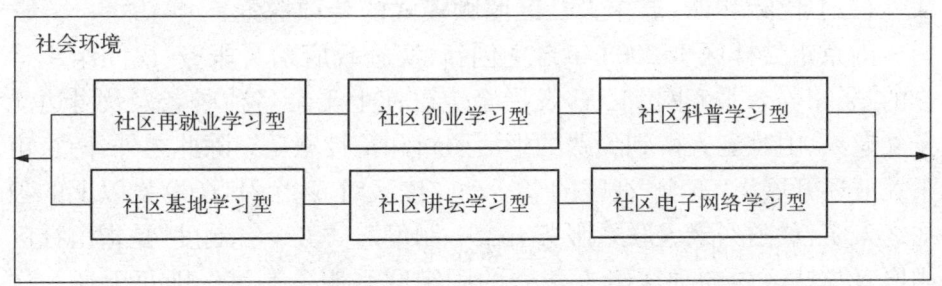

图1 南京市学习型社区创建模式示意图

玄武区坚持以满足人们的学习需求为出发点,努力使学习成为居民的首选生活方式。学习型社区的建设成为居民人生不断前进的助跑器,在促进地方文化发展的同时,使学习成为促进人生和谐发展的持续动力。

(二) 人际和谐:多元载体的睦邻行动——"爱心超市"和"时间银行"

人际和谐就是要实现社区居民的相互交往和友好相处,最终促成社区互帮互助的人际关系。除了社会主义精神文明建设以及道德宣传以外,借助物质、资金、服务等实体开展的互帮互助活动成为推进人际和谐的催化剂。

"爱心超市"是白下区推行的一项社区互助项目。"爱心超市"是向辖区内所有低保家庭和低于生活保障标准1.5倍的边缘困难群体实施救助的一种方式。按照救助办法,辖区内三无老人、孤儿、重残人员以及民政部门认定的特殊困难人员可以获赠爱心救助卡,持卡群众可在就近的"爱心超市"每月免费领取50元的商品;对劳动年龄段内有劳动能力的低保对象发放爱心救助积分卡,参加公益活动可获积分,然后去"爱心超市"换取商品。在"爱心超市",社会各界捐助的物品琳琅满目,普通市民也可以到这里来选购物品,同时也是献上一份爱心。

"时间银行"是建邺区社区建设的有效尝试。"时间银行"是一个比喻说法,指的是在辖区内的居民中,有一部分居民有时间和有意愿帮助他人,或热心服务社区公益事业,而另一部分居民又需要这样那样的帮助,社区管理人员根据这情况,将他们组织起来,进行互助,或进行公益服务,并将他们参与的时间记录下来,就像把钱存进银行,当服务时间达到一定额度时,除了可以享受同等的时间,还可以获得一定的精神奖励。"时间银行"作为一种政府倡导、社区运作、群众参与的网络组织,本质是聚集民间的道德力量,唤起公民互助意识。"爱心超市"和"时间银行"都是邻里互助的一种表现,体现了人与人之间的和谐相处。

(三)代际和谐:老年人社区照顾模式的专项探索

南京市鼓楼区于2003年自主创新,实施政府购买服务、民间组织运作的"居家养老服务网"工程,发展至今已使上千余名独居老人及身边无子女老人、困难老人得到免费的生活照料和精神慰藉。除此之外,南京市下关区还开展了"五个"社区助老活动。该区对64个社区60岁以上的独居老人实行"独居老人联系服务五个一制度"。"五个一制度"是指由社区志愿者与辖区内的独居老人建立的固定联系服务制度。即每天通一次电话,了解老人的生活起居情况;每周上一次门,走访慰问或请医护人员给老人检查身体;每月一次扫尘,组织社区志愿者或中小学生为老人打扫居室;每季一次约访,与独居老人亲属沟通老人的思想、生活、健康等方面的情况;每年一次活动,以游园、联谊、座谈及其他文体活动等多种形式组织集体活动,促进独居老人间的横向交流,丰富他们的精神生活。

(四)群际和谐:发掘社区建设中的带头力量——党员义工

推进社区建设首先要打破群体间的隔阂,形成社区互动机制,当然这其中需要带头力量。这种带动可以有多种形式,包括党员对一般群众的带动,强势群体对弱势群体的带动,城市居民对外来人口的带动等等。

党员义工是玄武区针对党员志愿者服务中存在的服务项目偏少、活动形式单一等问题,在借鉴和吸收了国外义工服务的做法和经验的基础上,发动党员自愿加入服务组织、自主选取服务项目、自行与服务对象协商确定服务形式,定期自觉为群众提供义务服务的实践探索。经过两年多的实践推广,目前玄武区共有注册义工3000多人,结成帮扶对子200多对,义工服务社区近7万小时,受益居民达到1.6万多人次。事实证明,党员义工服务具有较强的适应性和生命力,它已经成为优化干群关系的重要途径。

(五) 权责和谐:社区行政模式的纵向调整

权责一致是指行政机关依法享有多大的权力,就应当承担多大的责任,不应当有无责任的权力,也不应当有无权力的责任,这是权责和谐的前提。秦淮区"社区工作准入制"和白下区撤销街道办事处的试点是权责和谐的有效尝试。

长期以来,在实际工作中存在着把社区居委会当成一级办事机构的认识和做法,造成了社区工作关系难以理顺,社区居委会行政负担过重,自治组织的权利得不到保障,已成为制约基层民主自治发展的最大障碍。自2000年以来,秦淮区一直在努力探索为社区居委会"减负"的有效途径和办法,把探索建立机关部门工作进社区"准入制"作为推进基层民主自治、深化社区建设的突破口,即凡是机关部门工作需要进社区的,都要根据规定办理报批手续,通过一定程序审定后方可进入。

基于强化社区自治功能的需要,各地都对街道办事体制进行了改革创新。改革从调整和转变街道办事处的职能,理顺街道与社区的关系起步,进而重构社区自治体制。南京市白下区撤销了淮海路街道办事处,设立社区党工委、社区行政事务受理中心、社区居委会。这样做的目的旨在精简编制人员,减少管理层次,简化工作程序,降低工作成本,加强民主自治,实践证明已取得了良好的社会效益。

(六) 利益和谐:社区治理模式的横向创新

构建和谐社区一个最关键的问题就是要处理好、协调好各方面的利益关系,如居民委员会与物业管理公司之间的利益关系,居民与居民之间的利益关系等等。近年来,南京市秦淮区探索在新建商品房小区建立社区党组织、社区居委会、业主委员会和物业管理公司共同协商社区事务、共同开展社区服务、共同创建和谐社区的"四位一体"社区管理模式,以实现"自我管理、自我教育、自我服务、自我监督"的居民自治总目标。实践落实了党的构建和谐社会的主张,丰富了为社区居民服务的内涵,引导了居民自治向规范化、法制化方向发展,找到了基层党组织在社区工作中新的着力点。

鼓楼区议事园是一种建立在以全体社区成员为主体,以议事会、议事箱、议事厅、议事栏为载体的基础上的社区议事机制。社区议事园定期就某一话题集中社区相关居民及有关人员进行讨论,话题主要来自居民意见的反馈,以及社区工作者平时与居民沟通所掌握的情况,因此议事园议的也就是老百姓身边的事,迫切想解决的事。这种做法不仅使居民反映自己的心声有了更加畅通的渠道,发挥自己的力量解决自己面对的问题有了更广阔的空间,而且使居民实现了有序的社区参与,真正成为社区民主自治的主人。

下关区阅江楼街道社区工作自治管理委员会于2003年9月诞生。该委员会由街道全体社区工作者大会差额选举产生。委员会的章程规定,它的主要任务是加强社区之间的横向联系,推进居委会民主自治制度建设,完善社区民主监督机制;协助街道协调街道工委和办事处与居委会之间的工作,维护社区工作者权益,研究、协调、解决各社区工作中的焦点、难点、矛盾问题,推广交流社区居委会自治工作中好的经验、好的做法,组织培训社区工作者,引导社区其他民间组织开展自我教育、自我管理、自我服务活动,进一步推动和促进社区工作的民主自治。

(七)人区和谐:城市居民生活方式的新突破——建邺区新型社区中心

建邺区新型社区中心的设置参照了新加坡的邻里中心模式及其在我国苏州工业园区的成功实践。社区中心为区域性、开放性的社会管理与服务平台,是由区委、区政府规划建设,面向全社会提供的可用公共设施。社区中心具备办理公共事务、开展社区服务、组织居民活动三大功能,为党政机关、政府直属事业单位、民间组织、商业机构提供运行空间,为地区开展党政管理、保障救助、公益服务、医疗卫生、商业服务、文化体育、教育科技等方面的工作提供载体。社区中心内的各党政派驻机构根据党务、行政服务项目需要在政务受理大厅设立若干窗口,使街道的职能科室前台化,方便群众办事。

(八) 区际和谐:农村社区建设的新探索

南京市近年来积极探索,引导农村社区发展,浦口区侯冲村就是在新农村社区建设中涌现出来的一个典型。侯冲村通过发展农民协会,组织起来共建社会主义新农村,如今成了远近闻名的"和谐村"。成立于2005年的种植养殖协会现有会员300人,由种植业大户、养殖业大户、农村经纪人代表和村民代表组成。靠着"一联科研院所、二联市场、三联农户"的种植养殖业协会带动,侯冲村一跃成为人均收入达7200元的先进村。

侯冲村有一个"6+1"的农村和谐新模式,老干部、老党员、议事小组是"6+1"中的"1",劳动就业协会、助弱扶贫协会、文体娱乐协会、公共卫生协会、计划生育协会以及老党员老干部议事协调小组代表"6"。这六个协会组织每组都组织架构严谨,职责分工明确,平衡机制完备,目标内容务实,网络服务体系齐全,深得百姓的赞誉,成了地方党委和政府基层管理的重要力量。经过几年的发展,如今侯冲村形成了以苗木花卉、水产家禽等为主导产业,中心村初具规模,政通人和,安居乐业,社会事业稳固发展的良好局面。

侯冲村的一个比较鲜明的特点是:不是全村跟着一个人、一个组织走,而是充分调动全村人的积极性、创造性,把具有各种特长的农民发动、组织起来,使他们为老百姓服务,再通过他们带动其他人。这样的做法比较有利于培养村民当家做主的意识和能力。农民协会实际上属于"第三方组织"。所谓"第三方组织"是指介于政府和企业(机构、民众)之间的中间组织,比如协会、中介等。它们独立运行、自主管理,在政府和企业(机构、民众)之间承担着协调、疏导作用。

三、南京和谐社区建设的推进思路

南京市围绕社区的各类探索为和谐社区的建设打下了良好的基础,而和谐社区评价标准的出台将启动南京新一轮的社区建设。我们认为,目前南京的社区工作体系已经逐步成熟(如图2)。南京将进一步完善社区工作体系,充实和提升社区工作主体(突出社区人才队伍建设)、导体(突出完善社区管理体系建设)、载体(突出社区基础设施建设)的品质,政府将加大相应的诱导性投入。在这样的社区发展背景下,南京和谐社区建设将实现四个转向。

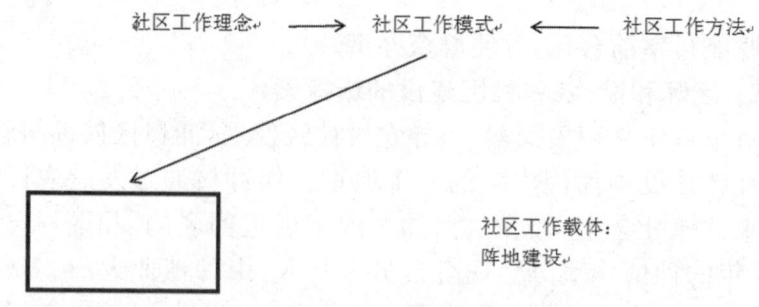

图 2 南京社区工作体系的总体框架

（一）公共服务的合作化：从政府设施供给型转向社会项目运作型

长期以来，政府在社区服务的开展方面偏重于设施的供给，而且追求小而全，比如通过兴建社区图书馆来满足社区居民学习的需要，通过兴建社区老年活动室来满足社区老年人的活动需要等等。这样的做法，有助于社区服务体系的发育，但是却无助于社区服务质量的提升。社区的基础设施建设只是一种基本的开展社区服务的保障，社区服务质量的提升更需要社会化参与。今后，政府应面向全社会的福利机构或者是其他机构，将社区内老年人、单亲家庭、青少年等问题立项，由这些机构或团体来申请项目，政府出钱来购买这些服务，而服务的效果则通过专业的评估机构来评估。这样做不仅放宽了服务的范围，还能调动社会福利机构以及社会团体的积极性，让他们去承接政府一般很难直接做好的服务工作，进而不断地提高社区服务的质量。

为此，建议在保障社区工作基本启动资金（日常办公与活动经费）到位的基础上，成立社区建设与发展基金。结合具体社区的特色或者困难，地方社区自己报送社区建设与发展项目，聘请专家参与评估、论证，在充分考虑与整体城市社区发展规划的融合性、区域资源优势功能发挥的一致性的基础上，立项并且划拨经费（具体社区经费划拨方案参见表1），在项目执行的过程中开展项目过程评估与社区问责，合理开辟南京社区个性充分张扬与合理分布的特色局面。

表 1 社区经费划拨方案

经费类型	目标内容	使用说明
刚性划拨	社区基础设施建设与活动保障性经费	统一标准：结合社区人口规模
柔性划拨	社区特色项目开展与补助发展性经费	专家论证：结合社区实际状况

(二) 社会服务的专业化:从大众型需求满足

转向个人型需求满足社区服务应该经历从整体照顾到个体照顾,由普通需求的满足到特殊需求的满足的一个转变过程。不同的社区有不同的总体需求,我们过去在提供社区服务时主要是顾及全体社区居民或者大多数人口的生活与就业需求,而事实上,社区居民除了具有一般性的生存和发展需求以外还有个别化的个人困扰。比如有的老人需要精神上的慰藉,有些家庭面临特殊的子女教育或者情感问题,有的社区成员面临社区适应,等等。个人照顾式的服务呼唤专业化的社会工作。为此,我们建议做到以下三点。

1. 引进人才

即引进具备相关学历的社区社会工作专业人才到街道工作或者到社区就业,增加社区工作队伍中专业人才的比例。今后,专业化的社会工作者有望走进社区,开展社区工作和社会服务,帮助处于困境中的个人或者家庭,通过开发社会资源和个人潜能,改变对其不利的观念和环境,解决问题并且预防问题发生,促进融入社区和适应生活。

2. 专家介入

即让具备一定资质的专家参与到社区工作队伍的升级工程中来,主持在职培训、职业教育、岗位准入、技能测评、职称评定等等。目前,这些工作势在必行,而政府部门的工作人员无暇顾及,也很难做好。这就应该放手让具备相关资质的第三方——专家系统去完成,以便用最新的理念与科学的理论指导相关的实践。

3. 制度设立

主要是尝试确立社区工作队伍的职称序列和一系列奖励考评制度。目前民政部为加强社会工作专业技术人员队伍建设,规范社会工作专业技术人员职业行为,已经出台了《社会工作者职业水平评价暂行规定》和《助理社会工作师、社会工作师职业水平考试实施办法》。在社区工作的队伍建设方面,南京市应该走在全国的前列。

(三) 社区资源的共享化:从版块型封闭格局转向网点型开放格局

当前的"社区"概念主要是从行政区划的地理边界上来认识的,这就很容易导致社区建设的封闭化,将一个个社区都人为地划分和割据成板块。这样虽然便于管理,但不利于社区资源的整合,是社区资源整合的主要障碍之一。事实上,社区资源的开放化有助于资源占有者的互惠共赢,有助于培养包容、接纳和互助的社区精神。和谐社区应该是信息共享,资源互用的。我们应该打破这种封闭化的管理,依托数字化社区建设,实现社区与社区之间网络连接,实现居民需求与周边甚至更远社区资源的便捷对接,最终达成全社会社区设施资源的开放,以及各类就业、服务、文化、学习等社区活动信息的流通。社区在发展过程中也会遇到各种各样的共性问题,几个社区联合起来解决要比自身"关起门"来处理方便快捷得多。

(四)社区功能的核心化:从内卷型社区建设转向外联型社会建设

以往的社区建设在理顺社区关系、改善社区环境等方面着力,使得社区呈现管理有序、环境优美的时代风貌。然而,社会的发展已经让社区有了更多的任务需要承载,社区也相应有了更高的功能诉求,社区将成为社会建设的平台。这就要求在和谐社区的建设进程中,我们将着力点从社区内部结构和功能的和谐方面转向社区外部,使得社区成为和谐社会建设各个层面的连接点,让社区在解决民生问题方面充分发挥自己的贡献。比如,社区就业就是一个能缓和就业压力的新渠道。社区就业可以针对社区居民出现的新需求,实现强势群体对弱势群体的带动,实现城市居民对农村居民的带动,促进社会融合与服务业的发展。有理由相信,今后的社区将成为地方发展的核心。

参考文献

http://www.nanjing.gov.cn/pub/njgov/zwgk/zfgb/0705/070502/200706/20070606_214478.htm.

周舫:《我市和谐社区构建中存在的突出问题和对策建议》,未发表的调研报告。

南京市社会科学院课题组:《南京和谐社区的实践模式与理论创新》,载《"社会管理与和谐社区建设"政协论坛论文专辑》,《南京社会科学》2007年增刊。

http://www.longhoo.net/gb/longhoo/news/nanjing/dushi/userobject1ai594146.html.

http://www.ytzs.gov.cn/gb/info/XXDT/2007—06/12/1203166274.html.

陈如等著《和谐社会发展的基石》,东南大学出版社,2006.

《中国特色社会主义在江苏的成功实践》

叶南客主编,江苏人民出版社,2008年。

第六章 把提升文化软实力作为文化强省建设的重要目标

第二节 战略目标与路径选择

一 文化强省的战略目标及其标志

"十一五"时期,是江苏贯彻落实科学发展观、全面建设小康社会的关键时期,也是我省加强文化建设,提高文化软实力,实现从文化大省向文化强省转型的关键时期。自从1996年江苏在全国率先提出了建设与经济发展相适应的文化大省的目标后,全省文化事业开始走上全面繁荣的道路。江苏的精神产品生产、文化设施建设、文化产业发展、人才队伍培养等方面都取得了重要成果。根据2006年文化竞争力指数比较分析,江苏文化竞争力位于全国第二方阵的首位,仅次于北京、上海。这从一个侧面反映出江苏文化软实力位居全国前列,文化大省的目标已基本完成,我省正处于从文化大省向文化强省迈进的战略转型期。随着江苏由文化大省向文化强省的推进,新时期的新问题逐渐显露。如区域文化竞争力不平衡,公共文化服务与传媒竞争力(第4位)人力资源竞争力和文化创新竞争力(第5位)、文化消费与生活质量竞争力(第5位)、人均事业费投入(第14位)相对不足。还有小富即安、重文轻商、重官轻商的价值取向等。这些都延缓了江苏文化经济的发展步伐。

文化强省,强就要强在文化的软实力、影响力、辐射力上,强就要强在文化所带来的巨大的社会效益和经济效益上。这是文化强省的主要标志。具体有以下方面。

首先,文化产业发达,并在全国占有较大比重,具有较强的软实力。文化产业规模进一步扩大,文化生产和服务能力显著提高,文化产业增加值在全省GDP中的比重有较大增长,逐步成为国民经济新的增长点和支柱产业。文化消费在城乡居民生活支出中的比重有较大提高,人均文化消费支出位居全国前列。努力健全文化产业政策和法规体系,建成全国文化产业发达的重要省份。

其次,文化事业全面繁荣,主要指标在全国名列前茅,具有较大的影响力。集中体现在四个方面:一是拥有思想精深、艺术精湛、制作精良,体现江苏特色,产生全国甚至世界影响的精品力作。二是拥有一批在全国有较高知名度的各类文化艺术人才,拥有一批熟悉国际文化运作懂得文化工作特点的高级文化经营管理人才和各类掌握文化产业高新技术的专门人才。三是拥有一批全国先进的标志性文化设施。四是拥有覆盖城乡的公共文化服务网络。

第三,在产业发达和事业繁荣的基础上,形成能起带动作用的文化辐射力。从我省的实际出发,主要凸现三个方面:一是增强中心城市文化辐射功能。在城市规划和建设中,把城市功能、城市环境与城市文化形象有机统一起来,体现文化内涵,提高城市建设的文化品位。二是增强文化市场辐射功能。以市场为导向,努力开发和生产有市场需求的文化产品,扩大江苏文化产品在国内外市场的份额。三是增强文化技术辐射功能。实现与高科技的紧密结合。利用江苏高校和科研院所的技术优势,不断提高江苏文化产品生产和文化服务的技术含量,在一些优势产业方面形成技术制高点。

未来几年,在新一轮的竞争中,江苏省文化发展的战略目标应是,率先实现文化现代化、文化国际化、文化产业化、文化均衡化,促进文化与经济互动发展、事业与产业齐头并进,城市文化辐射农村,使文化发展成果普惠于民。把江苏建设成为与率先基本实现现代化相适应的文化强省,拥有发达的文化产业、繁荣的文化事业、先进的文化设施、充满活力的文化体制、丰富多彩的群众文化生活,文化软实力位居全国前列。

二 文化强省建设的路径选择

1. 文化现代化

江苏要实现由文化大省向文化强省的历史性跨越,着力点是进行文化创新,推进文化现代化建设。文化现代化是对传统文化批判、继承与创新的过程。文化创新是人类存在与发展的根基和动力源泉,更是实现代表先进文化的行动。文化现代化的根本任务就是文化创新及其如何实现的问题。文化创新包括对影响人的素质和创造力发展的某些文化价值观念和思想方法的纠正和创新,以及对文化知识的改善和增进,对人的精神心理状态、较低的文化素养和创造力的提升等。江苏文化创新应包括以下内容。

(1)文化精神创新。文化的现代化,首先是文化观念与文化精神的现代化。文化精神创新主要表现在思想观念创新、价值心理的创新。一个没有先进的文化精神的民族是没有希望的,也必定是没有软实力的。江苏省委适时提出的"创业、创新、创优"就是对全省传统文化精神的创新与升级。要继续推进精神文明建设,倡导社会公德、家庭美德和职业道德,大力弘扬以创业、创新、创优为核心的新时期江苏精神,着力构建诚信江苏,在全社会形成艰苦创业、开拓创新、争先创优的社会主义新风尚。要根据新时代新形势下文化发展的规律和特点,解放思想,更新认识,确立全新的文化观念。只要有利于提高人民精神境界的文化成果,一切有利于发展我省文化事业和文化产业的管理方式,都应当予以鼓励、支持和推广。

根据文化现代化的发展要求,应重点确立这样一些文化观念:(1)文化生产力的观念。如今文化再不是为发展经济而搭的台。文化本身也要唱戏,而且要唱大戏。文化产品的生产和物质生产一样,其智力投入和物质投入具有社会生产力诸要素的基本特征,因而文化生产力也是社会生产力的重要组成部分。应当看到文化发展为经济发展提供支持并开辟新的领域。文化产业已成为一个方兴未艾、前景广阔的新兴产业,成为新的经济增长点。它的市场将随着人们消费观念的改变和消费能力的提高而越来越大,它所创造的价值在国民生产总值构成中的比重也会越来越高。

(2)文化双重性的观念。过去过分强调甚至只承认文化产品的意识形态属性,不肯承认它的商品属性。这种观念影响颇深,严重束缚了文化产业的发展。随着社会主义市场经济的发展,文化产品的商品属性日益显现出来,文化产品的生产和流通与市场运作一般规律的联系愈益紧密。因此,必须充分认识文化的双重性,把商品属性的普遍性和意识形态的特殊特性结合起来,更加有效地促进文化产品的生产和文化产业的发展,实现社会效益与经济效益的统一。(3)文化多样化的观念。人类社会的多变性和生活的丰富性决定了文化的多样性。不同国家、不同民族、不同地域在不同时期所创造的文化,具有不同的特色和价值。我们不仅要允许和鼓励文化的多样化,而且要创造必要的条件和环境,让不同文化相互激荡、碰撞和交融,使之相互吸收,交相辉映,共同发展。江苏历史文化资源丰富,文化资源软实力全国排名第一。这是江苏的文化特色。要加大对历史文化资源的研究、保护和利用力度,努力推出更多具有地方特色的文化品牌,弘扬具有江苏特色的优秀文化,形成江苏文化建设的新亮点。

(2)文化知识创新。文化知识创新包括个人的知识创新和国家、地区的知识创新,包括自然科学知识创新和社会科学的知识创新等。如果文化知识普及和创新的程度受到限制,特别是科学知识的普及和水平不理想,就会使文化创新基础欠牢、根基不深,人的素质和创造力均停留在较低的水平上,严重制约和影响文化现代化的创建。在文化现代化的过程中,文化设施建设是文化知识普及与创新的载体和舞台。江苏人均事业费投入较低,需要加大文化投入。优先建设关系人民群众切身文化利益的公共文化设施,建设一批代表江苏文化形象的重点文化项目,大力推进文化信息资源共享工程等重大文化工程建设,加强乡镇综合文化站建设,改善基层文化设施条件,推进农村有线电视村村通,提高公共文化服务能力,进一步完善覆盖城乡的公共文化服务体系。加大对重要社科研究机构的扶持力度,积极推进重大社会科学学科的建设,促进哲学、社会科学繁荣。在国民教育中扩大人文社会科学知识的比重,加强哲学社会科学知识的普及教育。

创新公共文化服务方式。适应人民群众多方面、多层次、多样化的文化需求,拓宽服务领域,创新服务方式,提高服务质量。完善国有博物馆美术馆、爱国主义教育基地等公共文化设施免费或者优惠开放制度。促进数字和网络技术在公共文化服务领域的应用。鼓励社会力量捐助和兴办公益性文化事业。支持民办公益性文化机构的发展,鼓励民间开办博物馆、图书馆、文化馆等,在用地、税收等方面给予政策优惠。

文化现代化和文化创新的最重要的和终极的目标是实现人的现代化,实现人的全面发展。21世纪区域之间的竞争,是人的素质(包括人的思想、道德、精神、意志、智慧、能力在内)的竞争。从这个意义上说,没有文化发展相伴随、相促进,现代化的进程就会延缓。文化现代化是促使人的现代化和社会现代化发展真正实现的途径,是江苏现代化建设取得决定性胜利的关键。文化现代化也使我们能够代表先进文化发展方向。要以改革创新为助推器,以文化现代化为战略目标,全面提升我省的国际影响力和国际软实力,把江苏由文化资源大省建设成为文化产业大省,实现从文化大省向文化强省新的跨越和发展。

(3)文化体制创新。适应社会主义市场经济发展的要求,加快文化体制机制创新,形成有利于多出精品多出人才、充分调动广大文化工作者积极性创造性、富有生机活力的文化管理体制和运行机制。这是建设社会主义先进文化的迫切要求。要全面贯彻中央关于深化文化体制改革的精神,认真实施我省文化体制改革试点工作方案,努力在破除影响先进文化发展的体制弊端上探索新路子,在解决制约先进文化发展的难点问题上取得新突破。①

一是加快文化事业单位改革。贯彻"增加投入、转换机制、增强活力、改善服务"的方针,对政府兴办的公益性文化事业单位,在理顺体

---

① 参见梁保华:《在全省文化工作会议上的讲话》,载《新华日报》2006年9月20日。

制、加大投入的同时,加快转换内部运行机制,大力推进劳动人事、收入分配和社会保障制度改革,引入竞争和激励机制,努力拓宽服务领域、创新服务方式,切实提高服务能力和水平,最大限度地发挥公益性文化事业的社会效益。在确保公益性文化场馆性质、功能不变,确保一定数量公益文化活动的基础上,按照"国有资产、市场运作、自负盈亏、自担风险"的原则,探索公共文化设施国有民营的新路子。对政府兴建的剧院、体育场馆等文化设施,通过公开招标的方式,探索实行委托经营、承包经营、租赁经营等,实现文化设施物业管理的社会化产业化。继续推进乡镇文化馆(站)机制创新,推动形成公有民营、股份合作、目标责任等新的运行机制。

二是推进国有经营性文化单位转企改制。这是文化体制改革的中心环节。要按照创新体制、转换机制、面向市场、壮大实力的方针,以转企改制为重点,对国有经营性文化单位实行单位性质转变、劳动关系转换、产权结构转型,增强微观主体的活力,形成一批有实力、有竞争力的国有或国有控股文化企业。推进国有文化企业股份制改造,完善法人治理结构,加快建立现代企业制度,充分发挥国有文化资本的市场控制力、影响力和带动力。认真落实改革中涉及职工利益的有关政策,维护好职工的基本权益,确保改革平稳顺利进行。

三是鼓励非公有资本进入文化产业。认真落实《国务院关于非公有资本进入文化产业的若干决定》精神,鼓励支持非公有资本以多种形式进入政策许可的文化产业领域,逐步形成以公有制为主体、多种所有制共同发展的文化产业格局。引导和鼓励现有大型民营企业集团进入国家允许的文化领域,鼓励和扶持有一定规模、实力较强的文化企业组建集团公司。加强和改进对非公有制文化企业的服务与管理,为非公有资本的发展创造良好政策环境和平等竞争机会。根据我国加入世贸组织的承诺,积极吸引外资,提高文化领域利用外资的质量和水平。

四是创新文化管理体制。要切实转变政府职能、改进管理方式、创新管理手段,推动文化行政管理部门逐步实现由办文化向管文化转变,由管微观向管宏观转变,由主要面向直属单位转为面向全社会。按照政企分开、政事分开的要求,理顺文化行政管理部门与所属文化单位的关系,做到管办分离、机构分设、财务分开。在试点地区探索调整市县文化行政管理机构,归并文化、广电、新闻出版行政管理部门,统一履行文化行政管理职能。根据属地管理的原则,整合执法力量,分级组建文化市场综合执法机构,统一行使文化市场行政执法职能。

2. 文化国际化

随着经济全球化的纵深推进,以及加入WTO过渡期的基本结束,我国将在新起点上参与国际合作与竞争。这为江苏提升文化国际化水平提供了新的机遇。要进一步提高江苏文化对外开放交流的层次和水平,使江苏对外文化交流保持全国领先,成为开放交流活动的文化高地。在更大范围、更高层次上发展开放型文化,必将增强其对发展和改革的推动作用,促进江苏经济文化发展迈向更高水平。必须进一步拓展对外文化交流和传播渠道。充分利用各种资源,创新文化"走出去"的形式和手段,吸收借鉴世界各国优秀文化成果,提升江苏文化产品的影响力和软实力,积极推动江苏文化面向世界、走向世界,扩大江苏文化的覆盖面和国际影响力。

(1)扩大对外文化交流。组织举办高水平文化交流活动,增进世界对江苏的了解。重视文化领域的多层次互访,加强友好城市间的文化交流,主动开展对外文化合作。在国外举办江苏文化节、文化周、艺术周、电影周、电视周和文物展等工作。城市要在对外文化交流中发挥龙头作用。通过艺术表演、举办展览、合作出版、版权贸易、互换广播电视节目、互办文化周、缔结友好城市、民间文化往来等多种形式,增加对外文化交流项目。重点办好国际性文化旅游节庆活动,组织有影响的对外文化演出、展览,积极参加国际文化艺术比赛,扩大江苏文化在海外的影响。大力扶持文化产品出口,运用多种方式,拓展对外交流合作领域,利用国外营销渠道,进入国外市场。

(2)扩大对外文化贸易。建立以鼓励文化产品和服务出口为导向的政策服务体系和奖励机制。扶持和帮助省内具有较强创新能力和国际市场竞争力、拥有自主知识产权的品牌文化产品申报进入国家出口指导名录。鼓励、支持江苏更多的文化特色产品打入国际市场,扩大江苏工艺美术、民间艺术等传统文化产品在海外的知名度和市场占有份额。通过版权贸易、合作出版、图书输出等形式,扩大苏版图书在海外的销售和影响。积极参与在法兰克福、莫斯科、美国、法国等地举办的国际书展,继续办好在美国、澳大利亚、西班牙的"江苏书展",并向其他国家和地区拓展。组织创作、翻译出版介绍江苏历史文化和当代江苏各个领域成就的出版物,翻译出版江苏作家的代表作品,扩大江苏出版物出口和版权输出。鼓励规模大、设备和技术先进、管理科学的印刷复制企业积极开拓国际市场,发展印刷、光盘加工贸易。

（3）拓展民间交流合作领域,鼓励人民团体、民间组织、民营企业和个人从事对外文化交流。扩大商业性展演、展映和文化产品销售。加强哲学社会科学领域的国际交流,扩大江苏哲学社会科学在世界的影响。建立健全中外学者交流机制,加强与外国有影响的哲学社会科学机构、中国问题专家及研究机构的交流与合作。把文化"走出去"工作与外交、外贸、援外、科技、旅游、体育等工作结合起来,把展演、展映和产品销售结合起来,充分调动各方面力量,形成对外文化交流的合力。

（4）加快人才国际化步伐。重点培养造就具有世界眼光和战略思维、高层次的人才队伍。加大学科带头人的培养力度,集聚和培养一批具有国际水平的骨干人才。发展与国际接轨的人才服务机构,加快建立国际互认的专业技术职业资格制度,积极引入适应江苏需要的国际职业资格证书标准体系。充分尊重人才,建立能体现人才价值、灵活有效的薪酬机制,创造宽松的氛围,为国际人才来江苏创新创业提供良好的环境。积极吸引海内外高层次人才。制订和实施紧缺人才引进计划,重点引进经济社会发展急需的各类高层次人才,加大引进海外留学人员及外国专家的力度。积极推进人才柔性流动制度,鼓励国内外各类高层次人才来江苏服务、创业。

（5）扶持文化企业"走出去"。大力发展外向型文化企业,以文化产品"走出去"带动文化企业"走出去"。培育影视剧、出版物、文艺演出等出口重点企业,完善促进文化产品和服务出口的政策体系,加强文化产品出口推广工作。支持动漫游戏、电子出版物等新兴文化产品进入国际市场。通过评估认证,每年在从事演出、艺术品产销、音像、动漫、网络文化服务的文化企事业单位中建立1—2个国家级、省级文化产品出口示范基地,推动出口导向型企业发展,培育壮大对外文化贸易主体。鼓励社会文化艺术中介机构与文化企事业单位的产销合作和联营,共同开发国际文化市场。加强与跨国媒体集团的合作,合资兴办旅游、娱乐、工艺美术、影视剧制作、装潢设计等项目,利用跨国集团的市场体系和网络系统,开拓国际文化市场。加强与海外著名出版、发行机构的合作,组建面向海外市场的出版发行公司。巩固与港澳特区文化部门、机构和民间组织业已建立的长期合作关系。扩大与台湾地区在表演艺术、造型艺术和文物保护、历史研究、艺术教育等方面的交流与合作。

(6) 处理好民族优秀传统文化与对外文化交流合作的关系。值得一提的是,在强调文化国际化战略的同时,处理好弘扬民族优秀传统文化与对外文化交流合作的关系。民族优秀传统文化是民族赖以生存发展的精神支撑。在经济全球化的大背景下,面对世界范围各种思想文化的相互激荡,必须把继承弘扬民族优秀传统文化作为文化建设极为重要的任务纳入精神文明建设全过程。在继承发展优秀传统文化、大力弘扬民族精神的同时,要立足于改革开放和现代化建设的实践,着眼于世界文化发展的前沿。充分发挥江苏对外开放的优势,积极开展对外文化交流合作,广泛吸收外来有益文化,博采众长、推陈出新,实现文化的与时俱进,不断增强社会主义文化的吸引力和感召力。要加快实施"走出去"战略,积极组织我省文化单位、文化产品到国外展演展览。支持文化产品出口,鼓励有条件的企业拓展海外市场,努力扩大江苏文化的影响力和竞争力。

3. 文化产业化

深化文化体制改革,构建结构合理、技术先进、与国际接轨的文化产业体系。根据中央的精神和文化工作的实际,当前江苏文化体制和机制的改革必须把握好以下方面:一是划清文化事业和文化产业的界限;二是政府重点抓好公益性文化事业;三是大力发展经营性文化产业,放低准入门槛,采取政策扶持,使之更快发展,尽快适应文化领域的进一步开放与竞争。继续创新文化产业经营管理方式,探索多元化投入机制,积极引导鼓励支持社会资本进入政策许可的文化产业领域,形成国有资本为主导,多种所有制共同发展的文化产业结构,把文化产业培育成国民经济的支柱产业和新的经济增长点。

近年来,江苏着力推进文化产业园区建设,做大若干个文化圈或文化带,大力发展新兴文化产业,使文化产业软实力不断增强。2007年,江苏文化及相关产业实现增加值587.35亿元(现价,不含个体经营户),比上年净增150.10亿元,按不变价计算,比上年增长30.68%,不仅比全省GDP的增长速度高15.88个百分点,也高于全省第三产业的增速,比第三产业增加值的增长速度(15.9%)高14.78个百分点。面对这一新的发展契机,应当看到发展文化产业具有很大的潜力,必须充分发挥全省文化资源和人才资源丰富的优势,采取有效措施,努力实现"十一五"期间文化产业增长速度高于全省GDP和服务业的目标。

一是明确发展重点。"十一五"期间,要发展壮大广播影视、新闻出版、文艺演出等优势产业,大力发展文化创意、文化博览、动漫游戏、数字传输等新兴产业,加快发展文化旅游、工艺美术等特色产业,推动文化产业跨越式发展。要把文化产业发展纳入全省经济发展总体规划,制订文化产业发展专门规划和扶持政策,实施一批具有引导性和带动性的重大项目,提高文化产业规模化、集约化水平。

二是加强资源整合。通过市场机制和政策引导,完善有进有退、合理流动机制,推动国有文化资本向市场前景好、社会效益高的领域集中。以资本为纽带,实行联合重组,重点培育一批具有较强竞争力的大型文化企业和企业集团。支持广电、出版、报业、演艺等省级文化产业集团做强做大,加快推进广电传输网络整合,培育跨媒体跨地区的综合性文化集团和战略投资者。支持中小型文化单位向"专、精、特新"方向发展,形成富有活力的优势产业群。加快文化产业园区和基地建设,形成一批特色鲜明的文化业创新集聚区。

三是推动产业升级。积极利用数字、网络等高新技术和现代生产方式,改造传统文化生产和传播模式,延伸产业链。促进文化产业与教育、科技、信息、体育、旅游、休闲等产业联动发展,与工业设计、城市建设等经济活动紧密结合,形成新的经济增长点。积极开发具有自主知识产权的原创性作品,打造一批具有核心竞争力的知名文化品牌和创新型文化企业。支持和鼓励各类文化企业与科研机构、高等院校结成创新型组织。

四是健全市场体系。培育各类文化市场,促进文化产品和生产要素在更大范围内合理流动,为发展文化产业创造良好的市场环境。重点发展文化产品市场,完善文化要素市场,培育和规范以网络为载体的新兴文化市场。大力发展连锁经营、物流配送、电子商务和电影院线等现代流通组织和流通方式。建立健全市场中介机构和行业组织,提高文化产品和服务的市场化程度。

五是优化文化产业布局和结构,推进科学技术在文化领域的应用,加快文化产业优化升级步伐,促进我省文化产业加入国际文化产业分工体系,不断提高国际软实力。大力提高文化产业规模化、集约化和专业化水平,建设一批实力雄厚、具有较强软实力和引领作用的文化企业和企业集团,建设一批文化产业强市和区域性特色文化产业群,形成文化产业协调发展格局。

六是鼓励和引导文化消费。适应城乡居民消费结构变化的趋势，创新文化产品和服务，培育消费热点，拓展消费领域，引导社会公众的文化消费。文化产品生产单位要面向群众，努力降低成本，提供价格合理、丰富优质的产品和服务。具备条件的地方，可采用政府补贴方式，向社会提供低价文化产品。提高国民的文化消费意识，拓展教育培训、健身、旅游、休闲等与文化相结合的服务性消费。改善文化消费环境，加强文化产品价格监管，建立和完善文化产品消费投诉、受理机制，维护消费者的合法权益。

4. 文化均衡化

要从现阶段经济社会发展水平出发，以实现和保障公民基本文化权益、满足广大人民群众基本文化需求为目标，坚持公共服务普遍均衡原则，兼顾城乡之间、地区之间的协调发展，统筹规划，合理安排，形成实用、便捷、高效的公共文化服务网络。切实维护低收入和特殊群体的基本文化权益。采取政府采购补贴等措施，开辟服务渠道，丰富服务内容，保障和实现城市低收入居民、残疾人、老年人和农民工等群体的基本文化生活需求。

第一，地域间的均衡。根据文化软实力指数分析，江苏文化软实力发展很不平衡，苏北文化软实力整体低于苏南地区。所以要加快苏北文化建设，提高其文化软实力。没有苏北文化的大发展，就不可能有真正意义上的文化强省。实施扶持苏北文化建设工程，加大对苏北文化设施建设的投入，加大对苏北基层文化建设的扶持，促进区域文化协调发展。通过帮助苏北培养、培训文化人才等措施，促进苏北文化发展。苏北各市应从实际出发，根据比较优势和文化资源，大力发展文化事业和文化产业，改善文化环境和投资环境。通过苏南帮扶和南北合作，加强文化资源的联合开发，努力形成苏南苏北优势互补、良性互动的区域文化协调发展新格局。

第二，基层与上级之间的均衡。加强基层文化建设，坚持把文化工作的重心放在基层，大力发展健康向上、丰富多彩的群众文化。围绕建设社会主义新农村，加快发展农村文化，逐步增加农村公共文化资源总量，丰富农民群众精神文化生活。推动城市公共文化服务向农村延伸，积极开展送书、送戏、送电影下乡活动。每年集中招标采购一批农村适用、农民喜爱、内容健康的图书，配送到县、乡、村。以政府补贴的方式组织文艺表演团体到基层演出。建立"三下乡"活动长效机制，壮大基层文化工作队伍,鼓励农民自办文化,组织开展多种形式的群众文化活动,提高农村公共文化服务水平。大力发展社区文化,推进科教、文体、法律、卫生"四进社区",提高社区文化建设整体水平。同时,要加快发展校园文化、企业文化、家庭文化,形成生动活泼的基层文化建设新局面。

第三,城乡之间的均衡。加强农村文化建设,增加政府投入,合理配置公共文化资源,加大文化资源向农村的倾斜,着力推进农村文化建设重点工程,建立农村文化建设的长效机制。统筹城乡协调发展,充分发挥城市文化辐射功能,带动小城镇和农村文化建设,逐步改变城乡之间文化发展不平衡现象。采取更加有力的政策措施,切实抓好农村群众文化的基本阵地、基本队伍、基本内容和基本活动方式的建设和管理,坚持不懈地解决发展不平衡、不协调、不全面的问题,统筹区域文化软实力协调发展。加大文化资源向农村的倾斜力度,按照统筹城乡发展的要求,把农村文化建设纳入经济社会发展规划,纳入财政支出预算,扩大公共财政覆盖农村的范围,文化领域新增加的财政投入应主要用于农村。省财政设立专项资金,支持经济薄弱地区农村公共文化事业建设,加快乡镇综合性文化站、村文化室、农家书屋建设步伐。对重点项目和产品可采取政府采购的方式,直接送到农村。

《区域现代化的理论探索与创新实践——以江苏为例》

叶南客等著,中国社会科学出版社,2014年。

导言
率先实现基本现代化的使命与愿景

一 党的十八大开启了区域率先现代化的新征程

本书是在深入学习贯彻党的十八大以及十八届三中全会精神背景下研讨写就的。2012年召开的党的十八大首次明确了中国特色社会主义事业五位一体的总体布局,确定了中国现代化全面发展的大方向。基于此,我们在2012年研究"苏南现代化的功能定位"重大战略课题和写作本书时便是从经济现代化、社会现代化、生态现代化、文化现代化以及人的现代化等多方位展开了对区域率先发展的研究。

本书写作的又一重要理论基础,同样来源于十八大报告。报告中专门提出了"鼓励有条件的地方在现代化建设中继续走在前列,为全国改革发展作出更大贡献"的号召。这一新提法,体现了党中央统筹全国改革开放全局,发挥先行地区带动力,促进区域科学、协调、互动发展的重大战略意图;体现了党中央对经济社会发展先行地区对全国发展贡献的充分肯定,为现代化建设先行地区今后的科学发展、率先发展进一步指明了方向。这就要求以江苏为代表的我国先发达地区更加自觉、更加积极地坚持走创新驱动、内生增长、绿色发展之路,当好"率先现代化"的先行军,以江苏"三创三先"的精神气概为全国的现代化做好引领和示范。

对于十八大报告这一新精神我们可以从三个角度深入把握:首先允许有条件的地方先行先试,这是中国改革开放的重要经验。"有条件"指的是发展基础,既包括资源条件,也包含发展成果;"鼓励"体现了一种政策导向,体现了全党意志和中央决策取向;"继续走在前列"是一种目标要求,保持优势并要继续有创新、有提升;"为全国改革发展作出更大贡献"是一种更高层次、更广领域的要求,表明中央不仅希望有条件的地方要继续加快实现自身发展,率先基本实现现代化,而且还要在带动周边区域发展、在全国改革发展中发挥足够的引领示范带动作用。建设苏南现代化建设示范区,有利于苏南创新经济社会发展模式,在更高层次上加快区域现代化建设;有利于促进长江三角洲地区乃至东部地区提升综合实力和国际竞争力,为中西部地区提供更大的发展空间,推动全国区域协调发展;有利于推动科学发展、加快转变经济发展方式,实现共同富裕和人的全面发展,为全国跨越中等收入阶段提供示范和借鉴;有利于探索社会主义现代化建设一般规律,推动我国现代化建设"三步走"战略实施。

其次,着眼全局性宏伟蓝图进行关联思考。2015年,我们将为全面建成小康社会打下具有决定性意义的基础;2020年,全面建成小康社会;21世纪中叶,基本实现现代化。在参观《复兴之路》展览时,习近平总书记又特别指出,实现中华民族伟大复兴,就是中华民族近代以来最伟大的梦想。总书记统筹全国现代化建设全局,把伟大的中国梦与十八大提出的两个百年目标相结合,让人振奋,催人奋进,令人向往。在实现这些宏伟目标中,"有条件的地方"应当发挥自身优势,率先实现这些目标,继续走在全国工作前列,并积累有效经验,为其他地区发展提供先行经验积累。根据中国区域政策非均衡增长理念，要鼓励有条件的地区或城市先试先行。长三角地区区位条件优越，自然禀赋优良，经济基础雄厚，体制较为完善，城镇体系完整，科教文化发达，是我国综合实力最强的区域，具有在高起点上加快发展的优势和机遇，在现代化建设中有条件走在前列。国务院批准的长三角区域规划明确提出，到2020年长三角地区要在全国率先基本实现现代化。作为中国和长三角地区最具发展活力区域的江苏，就世界经济发展趋势和国内发展条件看，江苏提出率先基本实现现代化，条件具备、时机成熟、恰逢其时。探索区域现代化，将给全国其他地方树立标杆，积累经验。2010年，江苏已经全面达到省定的全面小康指标，如期实现了"第一个率先"，即率先全面建成小康社会，开启了迈向"第二个率先"的新征程。党的十八届三中全会又进一步确定了全面建成小康社会和全面深化改革开放的目标，同时鼓励有条件的地方在现代化建设中继续走在前列。我们根据中央提出的新要求，丰富拓展"两个率先"的目标内涵，明确提出要在确保2015年全省以县为单位达到省定全面小康指标的基础上，进一步提升全面建成小康社会的质量和水平，鼓励苏南等有条件的地区开启基本实现现代化新征程，努力增强经济发展新动力、构建城乡区域发展新格局、增创改革开放新优势、形成社会建设新局面、建设生态文明新体系，以务实的举措和过硬的成果，不断开辟"两个率先"实践的新境界。

最后，基于江苏的新阶段新目标进行新定位导航。开启江苏率先基本实现现代化的新征程是国家赋予江苏的新历史使命，苏南现代化示范区建设是江苏实现国家历史新使命的探路者、先行军。2010年国家批准实施的长三角区域规划，要求该地区在全国率先基本实现现代化。苏南又是长三角的率先发展地区，围绕苏南再编制一个规划，表明国家希望苏南在现代化建设中更好地发挥示范和带动效应。国务院将苏南现代化建设示范区上升为国家战略，既是苏南发展的一次重大机遇，也是一场新的城市竞争，对于苏南地区充分发挥自身优势，进一步提升国际竞争力，为江苏乃至全国的现代化建设进行探索和实践，提供样板和示范。改革开放30多年来，江苏具备了继续走在全国前列的前提和条件。因此，把"两个率先"带好头、转型升级做示范作为江苏"十二五"发展的总目标，既是顺时应势的战略决策，也是特殊阶段的重要使命，更是全省人民群众的殷切期盼。借助苏南现代化建设示范区的地位提升所提供的更优政策环境,江苏应该借势把跨江面海、辐射带动周边的区域优势最大化地释放出来。应当进一步充分挖掘区域合作和协调发展的优势潜力,在加强区域协作与融合中提升中心城市地位,在拓展发展空间中激发发展极功能,在带动区域一体化协调发展中推动自身率先发展。

二 江苏率先基本实现现代化的机遇与挑战

作为经济大省的江苏拥有着丰厚的历史文化资源,在全国具有较强的区域竞争力和影响力。改革开放30多年来,经过全省上下的共同努力,具备了率先现代化的前提和条件。今后五到十年,既是江苏转型发展至为关键的时期,又是率先基本实现现代化攻坚决战的时期。综观新阶段新形势,机遇与挑战并存,机遇大于挑战,地区间机会同在,江苏机会更佳,处于可以大有作为、必须争先率先的重要战略机遇期。

从江苏发展的历史阶段看,我们已经由全面小康转入率先基本实现现代化新阶段。多年来,江苏坚持科学发展不动摇,不断提升发展标杆,推动经济社会转型创新跨越发展,使整体实力、发展水平不断跃上新台阶;我们坚持以人为本、执政为民不动摇,不断满足人民群众的需求,解决人民群众关注的现实问题,让老百姓得实惠,使人民生活水平、社会保障水平不断跃上新台阶;我们坚持提升城市功能品质不动摇,集中力量推进一批事关全局、事关长远、事关民生的基础设施、功能设施、生态环境及文化项目建设,使城市承载能力、竞争力不断跃上新台阶;我们坚持全域统筹发展不动摇,构建城乡统筹、区域协调的新格局,使城乡面貌、公共服务、产业集聚不断跃上新台阶;我们坚持改革开放创新不动摇,沉着应对国际金融危机,着力解决发展中的体制机制障碍,维护社会公平正义,使经济发展活力、社会创新能力不断跃上新台阶。

经过多年发展积累,江苏物质基础更为雄厚,科教资源优势更为突出,文化魅力更为彰显,基础设施支撑更为有力,在"第一个率先"中走在了全国前列,向"第二个率先"迈进的条件已经具备、时机更趋成熟。当前全省城乡正由投资驱动向创新驱动转变,正面临以创新驱动为核心战略,以创新型经济和服务型经济为主攻方向的第三次重大历史机遇。江苏是创新资源密集型省份,科技、教育和人才资源丰富,区域创新竞争力一直位居全国前列,实施创新驱动战略、发展创新型经济具有突出优势;江苏各个城市的历史文化底蕴深厚,都是兼容并蓄、开放包容的城市,发展创新型经济和服务型经济、提高文化软实力具有独特优势。

从苏南基本现代化的实现指标看,省定率先基本实现现代化的认定标准是:要同时满足综合评分达到90分以上、单个指标实现程度达到80%以上、人民群众对现代化建设成果的满意度达到70%以上三个条件。省统计局根据省级相关部门认定后的数据推断,今日江苏既有继续走在前列的基础条件,也有继续走在前列的历史责任,理应加快前进步伐、追求更高目标,理应为全国现代化建设作出新贡献。

对照江苏省基本实现现代化的指标体系,根据综合测算,全省2011年基本实现现代化综合评分,评分的初步结果为:苏州以84.4分名列第一,无锡以84.1分名列第二,南京分别以1.1分、0.8分的差距落后于苏州、无锡位居第三(见图1),常州和镇江分别以79.1分和76.6分位居第四和第五位。

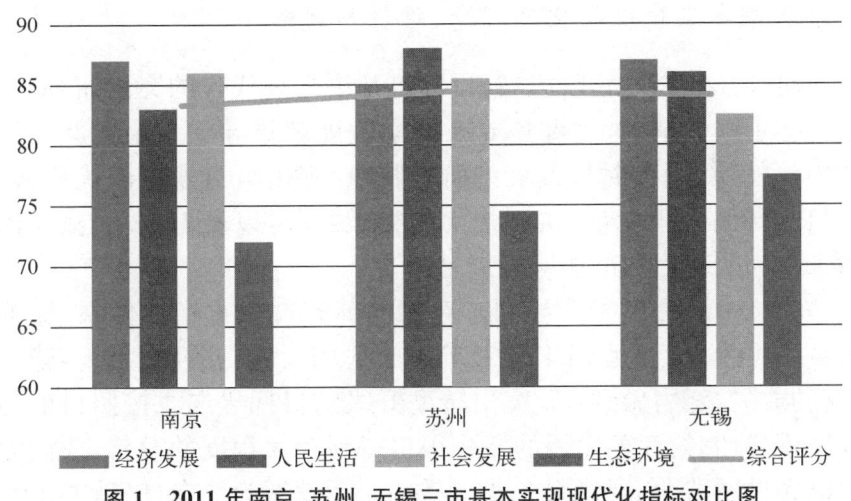

图1　2011年南京、苏州、无锡三市基本实现现代化指标对比图

从综合评分看,南京与苏州、无锡均处在第一方阵。南京在优化经济结构、社会事业发展以及科技、人才方面领先于苏州、无锡;苏州在人民生活方面有明显优势;无锡在生态环境方面占有先机。苏州2011年实现程度达到80%以上的指标有29个,比南京多2个;其中,已经超过目标值的指标共有12个,比南京少2个;实现程度低于60%的指标有3个,比南京少4个。无锡2011年实现程度达到80%以上的指标有33个,比南京多6个;其中,已经超过目标值的指标共有15个,比南京多1

个;实现程度低于60%的指标有7个,与南京持平。

上述指标还折射出,江苏经济社会发展仍存在不少困难和挑战,做大做强经济总量和质量、产业结构调整优化转型升级、构建现代产业体系、转变发展方式、促进区域协调发展的任务十分繁重。特别是城乡居民收入、"三农"发展、资源约束和环境质量仍是我们需要主攻的瓶颈。从长远来看,率先发展的江苏也面临重重先发性的挑战,我国正处于由中等收入向高收入阶段迈进的关键时期,面临更加复杂多变的国际环境和日趋激烈的国际竞争。顺利实现从全面小康向基本现代化的跨越,迫切需要继续探索现代化发展的有效途径。苏南在率先发展中面临一些亟待解决的问题,主要是:企业创新能力有待加强,产业竞争力有待进一步提升;资源环境约束加剧,可持续发展能力有待进一步增强;收入分配结构不够合理,社会管理水平有待进一步提高;体制机制不够完善,民主法治建设有待进一步加强。

三 江苏基本实现现代化的理念、路径与战略

面对江苏发展的新阶段、新目标以及率先现代化的突出瓶颈,深入贯彻落实十八大精神,关键是要在科学发展观指导下立足于新一轮发展的内涵特质、紧扣时代发展的阶段特点、突出自身发展的优势特色,走以目标导向为理念,以机制建立为突破路径,以赢得主动、赢得优势赢得未来为战略目的的协同发展之路。

一是进一步突出三个导向。对照江苏省现代化指标体系,江苏存在城乡居民收入、万元 CDP 能耗等多个薄弱指标,要高度重视,建立靶标,有的放矢,努力做到:① 突出转型升级的目标导向。按照目前的经济发展模式,制约江苏发展的瓶颈很难得到较大程度的改善,我们需要建立以先进制造业、现代服务业"双轮"驱动发展为导向,坚持发展高端制造业,加快发展高端服务业,引导全省产业向高端、高质、高效方向发展。② 突出约束性指标强制性硬调控导向。所谓约束性指标是一种必须完成的指标。按照省定基本实现现代化指标目标值,江苏省率先基本实现现代化必须在居民收入、生态环境等几个关键指标上进行硬调控,这些短板性指标如果不能如期完成,区域率先基本实现现代化就是一种空谈,各级领导干部要高度重视,深刻理解指标硬约束的重要性,全力以赴确保按期完成指标的时序进度。③ 突出结构性指标的导向性。十八大已经明确提出有条件地区应率先基本实现现代化,而现

代化不是传统意义上的工业化,它需要我们走创新驱动、内生增长、绿色发展之路,它需要我们摒弃过去传统的经济增长方式。江苏省基本实现现代化指标体系中已明确规定了这些指标。按照十八大精神和江苏具体实际,在服务业占CDP的比重、高新技术产业产值占规模以上工业的比重、文化产业占CDP的比重、研发经费占GDP的比重等指标上要进步提高考核权重,引导更多资源精力投入到结构调整领域。

二是强化四个突破路径。目标导向是一个指挥棒,为我们今后工作指明了方向,而完善的体制与机制是保证目标实现的突破点。针对江苏基本实现现代化进程中存在的短板现象,需加快实施四个体系,强化四个突破。"四个体系"是:① 进一步完善区域基本现代化统计监测和考核评价指标体系的统计、公布、运行的制度设计;② 加快构筑具有高端化、规模化、区域特色化的现代产业体系;③ 加快实施切实可行且有效地促进城乡居民收入快速增长的机制和工作体系;④ 加快建立起以低碳节能、绿色消费为主要生产生活方式特征的生态补偿、生态修复、生态建设体系。"四个突破"是:① 在富民增收、解决群众利益、增进民生幸福感上实现突破;② 在破解城乡二元结构、加快全域一体化发展上实现突破;③ 在治理社会突出矛盾、建立健全现代型社会管理体制上实现突破;④ 在遏制生态环境和资源状况不断恶化,促进人与自然和谐发展上实现突破。

三是实施三个赢得战略:

(1) 赢得主动战略。战略是保障目标实现和路径突破的重要手段,当前首先应从宏观上实施顶层设计,进一步优化和强化规划引领,国家区域战略均等化导致了区域发展的均衡化。如何在均衡化发展中脱颖而出是下一轮区域率先发展的政策诉求。例如南京已被国家《长三角区域规划》定位为长三角区域中心城市,辐射中西部的门户城市。这些定位只停留在长三角层面上,而像南京这样的城市,无论在长三角,还是江苏省层面上都具有不可替代性,应该用国家中心城市的顶层设计战略重新突出南京应有的地位。同时,要在微观上打赢两大攻坚战。首先,全力以赴打赢提升率先基本实现现代化薄弱指标的攻坚战。聚焦工作重点,紧紧围绕城乡居民收入、生态环境质量、农业农村发展的突出矛盾,加大定向突破力度,必须进一步优化工作方法,加大对标找差力度,强化关门倒逼机制,突出监测考核引导,以科学的方法实现超常规的进度,为到规定年限全部指标达标奠定坚实基础。其次,动员打赢城乡面貌整体改善攻坚战。全面加强城市设计工作,始终坚持先做城市设计、后做项目设计,让城市的整体风格和区域个体建筑处处体现出"绿色、人文、智慧、集约"的理念。全面加快城乡建设步伐,全面提升城市管理的科学化、精细化、人性化水平,使城市公用设施的标准更高、维护更好,使出行难、停车难问题得到缓解,使空气和水环境质量进一步改善,让危旧房、城中村旧貌换新颜,让城市环境更加绿意盎然,向全世界展现"美丽江苏"的崭新形象。

(2) 赢得优势战略。江苏的科教资源优势突出,发展潜力巨大,但要用政策创新——顶层设计来激活,才能赢得优势,这需做到:① 探索科技创新的试验政策,建立创新试验政策先行区。以南京为例:南京科技九条政策出台后,南京的科技资源优势开始显现,科技创新潜力逐渐浮现。在南京"321人才扶持政策"有力推动下,海内外很多领军人才带着技术跑到南京来转化。同时,我们也清醒地看到南京在科技创新上还有很多路要走。第一,在科技创新政策上步子应再迈大点。需对国家创新型先进城市出台的政策进行再梳理,对南京科技创新中小企业进行抽样调研,两者结合探索出台一些敢为人先的政策。第二,建立创新试验政策先行区。在创新创业特别社区建设基础上,再前进一步,对适合于南京科技创新创业的有利的、好的做法可以进行推广。进行先探索发展,后总结提升,只要有利于促进南京科技创新创业发展的政策就可以在创新创业特别社区实践,逐渐打造创新试验政策先行区。② 制定培育战略性新兴产业的先导政策,打造产业发展集聚区。战略性新兴产业已经成为我国各地竞相发展的重点,而科技资源是发展战略性新兴产业的基础。苏南五市作为科技资源丰富的城市,在苏南现代化示范区建设中更应该走在全国城市的前列。第一,制定差异化的扶持战略性新兴产业政策;第二,重点培育适合本地区特点的战略性新兴产业;第三,建立战略性新兴产业发展集聚区。从战略性新兴的产业培育、成长规律出发,尽快探索出台有利于区域战略性新兴产业培育的先导政策,率先在苏南地区建立战略性新兴产业的发展集聚区。

(3) 赢得未来战略。十八大提出美丽中国之路,江苏应以率先建成基本实现现代化大业为契机,积极回应和谋划未来美丽江苏之道,这需做到:① 衔接基本实现现代化指标体系,启动编制美丽城乡行动规划纲要。美丽江苏是一幅人民生活幸福、生态环境优良、民主法制完善、文化事业繁荣、经济发展优化的伟大蓝图,与全省基本实现现代化一脉相承。我们要赢得未来发展,就要超前谋划,提前做好新一轮生态文明行动规划纲要的编制。② 彰显生态文明,打造美丽中国践行区。我们务必要树立更加强烈的忧患意识和使命意识,始终坚持以生态为基的方针,勇敢扬弃工业文明旧时代,奋力走在生态文明新时代前列,把江苏建设成为生态经济发达、生态环境优美、生态系统安全、生态文化浓厚、生态制度健全、自然生态与社会文明高度和谐统一的独具魅力的绿色大省。今后应加快六个方面的工作,即加快完善顶层框架设计,让区域生态格局全面优化;坚定推进绿色发展道路,让生态经济基础不断夯实;坚决打赢节能减排战役,让环境污染问题得到治理;全面加强生态保护建设,让重要生态系统恢复生机;深入推进生态制度创新,让环境政策法规更为有力;大力倡导生态文化,让生态文明理念深入人心。③ 突出四个坚持,实现经济、社会、政治、文化和生态五位一体协同发展之势。实现美丽江苏的伟大蓝图,从现在就要更加自觉、更加积极、更加努力地实现四个坚持原则,即坚持科学发展争先、改革开放创先、和谐稳定争优的追求;坚持走创新驱动、内生增长、绿色发展的道路;坚持民生为先、统筹为要、生态为基、文化为魂的方针;坚持弘扬敢于创业创新、奋力创优创造的精神。只有这样才能全面把握机遇,沉着应对挑战,赢得主动,赢得优势,赢得未来,把江苏率先现代化的蓝图描绘得更加辉煌。

《迈上新台阶——南京的战略使命》

叶南客,李成骅主编,中国社会科学出版社,2015年。

第一章 现代城市文明示范区建设的战略构想

第四节 现代城市文明示范区的目标与路径

一 提升城市现代文明的战略目标

习近平总书记在江苏考察讲话中提出的"四个全面""强富美高"和"五个新台阶",是对江苏省和南京市文明素质、城市文明程度的肯定。深入贯彻落实习近平总书记系列重要讲话精神,南京市要把"四个全面"作为建设"社会文明程度高"的"新南京"的根本方向和指导思想,努力实现南京城市物质文明、精神文明建设的"双提升"。南京市要把建设"社会文明程度高"的"新南京"的探索和实践,放在率先全面建成小康社会、率先基本实现现代化的伟大历史进程中,作为实现"两个率先伟大使命"的终极目的和新标杆,要以创新为动力,以更高标准、更高质量,积极探索"新南京"文明城市创建的新常态,全面提升南京城市文明水平,促进南京城市文明发展。

当前,以《中共江苏省委江苏省人民政府关于深入学习贯彻落实习近平总书记视察江苏重要讲话精神的意见》和《中共南京市委南京市人民政府关于贯彻落实习近平总书记视察江苏重要讲话精神建设"经济强、百姓富、环境美、社会文明程度高的新南京"的意见》为指导,推动南京文明程度上新台阶,战略目标是:将南京市建设成城市社会文明程度更高的示范区,具体而言是培育和践行社会主义核心价值观的引领区、创新城市文明建设工作的先行区、"五个文明"协同共生共长的实验区、中外文明竞争融合的交流区、城市精神品质和文化软实力的展示区,为江苏省和全国各地实现更高程度的社会文明积累经验、提供示范。

二 构建现代城市文明示范区的战略路径

1. 大力培育和践行社会主义核心价值观

大力推动培育和践行社会主义核心价值观引领区建设工作。坚持把社会主义核心价值观贯穿于新南京建设全过程,注重健全和规范各方面的制度设计,将核心价值观传播覆盖到社会所有人群,重点加强和发挥领导干部和公众人物正面示范效应。坚持把群众性精神文明创建活动作为社会主义核心价值观建设的重要载体,树立和学习身边先进典型,探索和完善城市文明创建的长效、常态的长期化机制,深化志愿之城建设,不断提升城市文明程度。加强舆论引导和网络文化建设,强化依法管网力度,推进政务微博、媒体官方微博等新媒体建设,集聚网上舆论引导合力,更好地凝聚正能量、弘扬主旋律。坚持从丰富的党史资源中汲取营养,加大雨花先烈事迹和精神的宣传力度,有效统筹雨花台烈士陵园、梅园新村、渡江胜利纪念馆等红色文化资源,充分发挥"4·23"南京解放纪念日、"12·13"国家公祭日等纪念日作用,因势利导开展革命传统教育、红色旅游等活动,弘扬民族精神,凝聚复兴力量。坚持从优秀传统文化中汲取营养,建设南京优秀传统文化传承体系,加大城市文化遗产保护力度,实施"南京历史名人、名作、名建筑"评选等活动,使之成为涵养社会主义核心价值观的重要源泉。坚持从新的时代精神中汲取营养,带头弘扬"三创三先"新时期江苏精神,锻造南京精神,彰显城市品位,激扬社会风尚。

2. 加强思想理论建设

加强思想理论建设工作,提升培育和践行社会主义核心价值观引领区的理论高度,引领现代城市文明示范区建设不断深入。紧紧围绕"四个全面"战略布局,深化对十八大和十八届三中、四中全会精神的宣传教育,扎实开展中国特色社会主义、"中国梦"主题宣传教育活动。把学习贯彻习近平总书记系列重要讲话精神引向深入,推动讲话精神由党政机关向基层一线延伸,进学校、进社区、进乡村、进企业。加强意识形态领域引导和管理,制定党委意识形态工作责任制具体办法,引导广大党员旗帜鲜明地发出正面声音。深入推进社科强市建设,构建南京特色新型智库围绕如何"迈上新台阶、建设新南京"的重大问题和现实课题,形成一批有深度、有创见的理论成果。

3. 在城市公共空间倡导群体性文明行为

倡导城市公共空间的群体性文明行为,推动城市精神品质和文化软实力展示区建设工作。城市公共空间是城市居民进行公共交往、举行各种活动的开放性场所,其目的是为广大公众服务。一座城市文明程度高低,最终体现市民在公共空间中的文明行为上。在城市公共空间倡导群体性文明行为,要进一步制定和完善广场、博物馆、公园、文化馆、文化站等公共文化机构的服务标准。鼓励区、街道和社区根据实际情况制定出台相应的倡导公共空间群体文明行为的市民公约、小区公约。要把公共空间文化服务机制改革作为提高市民文明素养的重要内容加以推动。通过创建公共空间文明行为示范区,大力推进美术馆、公共图书馆文化馆(站)免费开放,精心组织安排适合进城务工人员、老年人、残疾人等群体的广场、社区、工地文化活动,引导市民养成文明行为和文明习惯。同时,充分开发利用城市公共服务区的广场、公园和博物馆等公共文化场所,解决公共空间文化产品和服务的有效供给问题。例如,通过保证广场建设和依法使用、搞好城市广场规划等形式,深度开发利用公共广场。

4. 健全部门行业作风的规范性文明制度

以部门和行业作风规范化建设工作,推动创新城市文明建设工作先行区建设。政风行风是规范性文明制度建设和一个城市文明程度的底色和关键。要以城市窗口(涉外、行政审批等)、重点部门行业(交通、医疗等公共服务)、城市风景线(重点旅游景区等)等为重点,开展、实施文明制度性建设工作。一是构建齐抓共管工作机制。要创新转变作风、提升效能、服务群众的举措,形成强化示范驱动、党政领导带头抓,强化力量整合,市纠风办协调抓,强化责任落实,部门行业主动抓的生动局面。二是打造服务百姓的综合平台。将服务群众、改善民生作为热线工作的着力点,成为政府接受社会监督、服务广大群众、解决实际问题的综合性平台。要创新播出载体,拓展热线覆盖面;创新内容设置,提升热线关注度;创新节目形式,增强热线实效性。三是建立科学运转的常态机制。以制度建设为根本,按运行、考核、问责三大系统,建立和完善一套科学有效、管用的制度和机制。要加强制度建设,增强保障力;加强监督检查,增强约束力;加强考核评价,增强引导力。

5. 通过培育志愿义工机构强化文明氛围

开展"五个文明"协同共生共长试验区工作,当前阶段要切实强化和培育志愿服务精神。加强志愿者和义工队伍建设,着重在队伍建设的质量和内涵上有突破,通过志愿者和义工开展社会服务,在城市形成浓厚的助人为乐的文明氛围。要着眼促进社会和谐,紧贴群众现实需求,壮大队伍,完善机构,丰富载体,拓展领域,创新机制,开展系列主题活动,广泛动员社会资源为政府分忧,为群众解难题、办实事,切实在全社会培育、弘扬志愿服务文化,提高公民道德素质和城市文明程度。一是培育志愿文化,弘扬志愿精神,引导志愿者在服务群众需求中实现个人价值,享受心灵快乐。通过大力宣传弘扬"奉献、友爱、互助、进步"的志愿服务精神,着力培育志愿服务文化,引导志愿者在切实为群众办实事、解难题中实现个人价值,增强社会责任意识,提升思想道德素质,提高全社会参与志愿服务事业的积极性。二是完善工作机制,打造服务平台,提升志愿者服务群众的规范化、科学化水平。要改变志愿服务组织自发成立、无序发展、做表面文章、与群众切实需求相去甚远的状况,进一步完善组织机构和工作机制,建立健全规章制度,有效整合资源,统一运作实施,推进志愿服务规范化、科学化发展。三是紧贴社会需求,精心设计项目,促进社会团结互助、和谐稳定和公平正义。按照"社会关注、群众急需、志愿者力所能及"的原则,从经济社会发展需求和群众愿望出发,精心设计活动项目,广泛动员社会资源,为政府分忧、为群众解难,提高志愿服务的实效性,形成团结互助、平等友爱、共同进步的社会氛围,促进社会和谐稳定和公平正义。

6. 借力重大活动传播现代文明理念

以重大活动为载体和契机,将南京市打造成中外文明竞争融合的交流区。近年来,南京市先后举办一系列重大活动,尤其是青奥会和国家公祭日。借力重大活动,主动传播城市文明理念,如"青奥蓝"、城市公共秩序、城市文化建设、和平理念等,提升城市文明品质和内涵。一是举办各种各样的体育活动,打造城市精神文化的氛围。政府要重视对城市精神文化的培育,各个新闻媒体、学校、社区等要以举办一系列的体育文化活动为载体彰显城市精神。营造城市体育文化氛围,让体育活动成为文明城市建设中市民体验公平规范、公平竞争精神诉求的活动形式。二是借助重大活动加强南京城市品牌营销推广。借助亚青会、青奥会和国家公祭日,利用南京名人效应、城市文化名片、城市门户网站等多种营销媒介加强城市品牌的营销推广,不断地提升南京文明城市的知名度和影响力。三是借力重大活动,加强南京文化软实力建设。挖掘历史文化,不断地把南京源远流长的历史、博大精深的文化和南京现代城市形象相结合,塑造新的城市文化和城市文明;充分利用南京高校多、科研力量强的优势,在重大活动前后,统筹规划、设计城市文明品牌;不断提炼和塑造城市精神,让市民养成文化自觉、文明自觉的习惯,成为文明礼仪的实践者和传播者。

7. 构建多元化的激励措施彰显文明效应

创新城市文明建设工作先行区需要健全制度化和规范化的部门行业作风,也需要探索有助于提升文明程度的激励措施。固化和稳定现有文明成果,产生更高文明效应,需要多种手段并用,通过实施积极的和消极的多元化措施,例如评选行业"文明服务品牌""五好家庭"及先进个人和组织,或者采用经济、法律法规的规范性约束(地铁安检、违停罚款、老赖曝光)等手段。一是通过"三个同步"实现城乡文明协同建设。对照国家、省和市关于城市文明建设的"标准",做到城乡文明建设上"要求同步";按照国家、省和市文明城市评比标准,做到测评范围和测评结果等同的"测评同步";最后要努力实现城乡文明建设的"效果同步"。二是提升市民文明素质。通过丰富教育内容、拓展教育覆盖面、加强载体建设,切实推进"市民文明素质工程";通过加强舆论监督、加强社会监督、加大惩处力度,完善市民文明素质教育约束机制;通过依托市级媒体,广泛进行政策法规宣传、诚信宣传、职业道德宣传和社会公德宣传;开辟专栏专题专版,大力宣传文明创建,揭露和批评文明陋习,宣扬健康向上的文明风尚,努力营造处处见文明、人人讲文明的浓厚氛围。

执笔人:叶南客　李义波　许益军

课题负责人:
叶南客(南京市社会科学院院长、研究员、博士生导师)

课题组成员:
许益军(南京市社会科学院社会发展所所长、研究员)
李义波(南京市社会科学院社会发展所副教授)
黄栋林(南京市委宣传部文明办创建处处长)
吴伟(南京市委宣传部宣教处处长)
金波(南京市委社建工委办公室、政研室主任)
朱考金(南京市社会科学院社会发展所副所长、副教授)
任克强(南京市社会科学院社会发展所助理研究员)
董淑芬(南京市社会科学院社会发展所副研究员)
匡强(南京师范大学社会发展学院讲师)
易彬彬(河海大学公共管理学院博士研究生)
颜玉凡(河海大学公共管理学院博士研究生)
伍慕梅(南京市委社建工委办公室主任科员)

《国家治理与社会发展》

叶南客主编,上海人民出版社,格致出版社,2017年。

序

　　习近平总书记在强调国家治理体系和治理能力现代化时指出,必须"不断提高运用中国特色社会主义制度有效治理国家的能力"。这说明中国政治与国家发展是实现"两个一百年"和中华民族伟大复兴中国梦奋斗目标的动力因素。习近平总书记在庆祝全国人民代表大会成立60周年大会上的讲话中强调:"设计和发展国家政治制度,必须注重历史和现实、理论和实践、形式和内容有机统一。要坚持从国情出发、从实际出发,既要把握长期形成的历史传承,又要把握走过的发展道路、积累的政治经验、形成的政治原则,还要把握现实要求、着眼解决现实问题,不能割断历史,不能想象突然就搬来一座政治制度上的'飞来峰'。"这说明中国政治与国家发展也是实现"两个一百年"和中华民族伟大复兴中国梦奋斗目标的结果表征。

中国政治与国家发展是实现"两个一百年"和中华民族伟大复兴中国梦奋斗目标的关键性因素,是"关系根本、关系全局的重大问题"。

中国政治是切入点,国家发展是制高点。习近平强调:"改革开放以来,我们党开始以全新的角度思考国家治理体系问题,强调领导制度、组织制度问题更带有根本性、全局性、稳定性和长期性。"这说明在开创中国特色社会主义事业新局面、实现中华民族伟大复兴的历史进程中,中国政治是最好的切入点,国家发展是至关重要的制高点,这两者涉及党和国家事业发展、人民幸福安康、社会和谐稳定,只有抓住了这个"牛鼻子",才能更好地认识中国、理解中国、研究中国、阐释中国。

中国政治与国家发展是研究视角也是理论来源。中国现代国家建设、国家治理体系和治理能力现代化的实践都有政治的因素,所有的问题都可以转化成中国政治与国家发展的问题来研究。中国改革开放近四十年来的成就的取得离不开中国政治与国家发展,同时这些成就也在推动中国政治与国家发展。从这个方面来讲,从中国政治与国家发展的视角切入,运用政治学的眼光透视中国现代国家建设、国家治理体系和治理能力现代化的实践;反过来,正如习近平所指出的,"中国特色社会主义政治制度之所以行得通,有生命力、有效率,就是因为它是从中国的社会土壤中生长起来的。中国特色社会主义政治制度过去和现在一直生长在中国的社会土壤之中,未来要继续茁壮成长,也必须深深扎根于中国的社会土壤"。这种扎根中国的政治和国家发展实践,可以为中国政治学理论和世界比较政治学理论研究提供强大的知识源,从中国现代国家建设、国家治理体系和治理能力现代化的实践中提炼理论要素,可以更新理论界关于政治和国家发展的常识、认知和阐释。

近年来,《南京社会科学》围绕"中国政治与国家发展"的主题,着力发挥综合学术期刊的优势,倾心竭力策划专题栏目,约请各学科领域的知名专家撰写专稿,形成了一批丰厚的学术成果,现重新构思体例,精心编排,以"国家治理与社会发展"为书名,结集出版。

作为党的十八大以来国内学界首本聚焦中国政治与国家发展研究的结集著作,我们编选时,勉力做到理论和实践相结合,纵向和横向相交织,宏观和具观相呼应,原理和问题相匹配。以此,根据近年来《南京社会科学》刊发的有关"中国政治与国家发展"系列文章的主题和视角，本书由"中国共产党与中国政治""国家治理与国家发展""社会创新与社会治理""跨域治理与城市发展"等部分组成。编选出版此书，一是因我们充分认识到在当前中国国家治理体系和治理能力现代化建设中，中国政治与国家发展所发挥的不可替代的关键性作用；二是希冀通过本书，倡导和推进扎根中国实践、中西融通、开放多元的学术生产，进一步实现中国政治与国家发展研究的中国化深度、全球化广度；三是立足对建设、创新与发展中国特色新型智库的研究，使其成为拓展知识效用、坚守中国道路的学术载体。衷心感谢在《南京社会科学》贡献智慧的专家学者，感谢格致出版社，感谢编委会同仁的协力合作，也期待本书有良好的学术影响和社会反响。

共享发展理念的时代创新与终级价值
叶南客

党的十八届五中全会提出了以"人人参与、人人尽力、人人享有"为主要内涵的共享发展理念，这一新发展理念体现了全面建成小康社会进程中坚持人民主体地位和共同富裕的重要指导原则，明确了"共享是中国特色社会主义的本质要求"。提出了新时期国家发展的核心目标是为了"使全体人民在共建共享发展中有更多获得感，增强发展动力，增进人民团结，朝着共同富裕方向稳步前进"。同时，还要保障"就业、教育、文化、社保、医疗、住房等公共服务体系更加健全，基本公共服务均等化水平稳步提高。教育现代化取得重要进展，劳动年龄人口受教育年限明显增加。收入差距缩小，中等收入人口比重上升。我国现行标准下农村贫困人口实现脱贫，贫困县全部摘帽，解决区域性整体贫困"。作为直接指导第一个百年中国梦实践的政治方针，共享发展理念具有着重大的时代创新价值和伟大的实践意义。

一、共享发展理念的理论基础

共享发展作为建设中国特色社会主义的核心命题，是体现社会主义优越性、维护政治合法性的要求。马克思曾指出，"任何一种解放都是把人的世界和人的关系还给人自己"。按照马克思主义唯物史观，人是全部人类活动和全部人类关系的本质基础，人的自由全面发展是人类活动和人类关系的最高范畴。人民群众是历史的创造者，尊重人民群众的主体地位首先要求尊重人民群众的根本利益。在以马克思主义思想为基础构建中国特色社会主义道路时,需要保障人的自由全面发展。同时,"三个有利于"以及维护"解放生产力,发展生产力,消灭剥削,消除两极分化,最终达到共同富裕"的社会主义本质,都要求坚持共享发展。只有坚持发展为了人民、发展依靠人民、发展成果由人民共享,切实解决人民群众最关心、最直接、最现实的利益问题,才能切实贯彻全心全意为人民服务的宗旨,真正保证社会公平正义,真正实现最广大人民的根本利益。从而,才能维护社会秩序的稳定、社会关系的和谐,才能体现共产党的先进性、社会主义制度的优越性以及政权的合法性。

著名经济学家、诺贝尔经济学奖得主阿马蒂亚·森在《以自由看待发展》一书中指出一种特定的发展观,即自由是发展的首要目的,自由也是促进发展的不可缺少的重要手段。所谓"自由",它是指人们在所处的社会条件下拥有多大的"可行能力",去享受他们根据自身的理由而珍视的那种生活,亦即"实质自由",包括人们免受与贫困相连的各种困苦的能力;同时也包括诸如有机会接受教育、发表言论、参与社会和政治活动等进一步的自由(阿马蒂亚·森,2012)。因此,经济增长本身不能被看作就是目标,发展必须思考经济学的伦理层面,更加关注使我们生活得更充实和拥有更多的自由,亦即对于人的尊重和关怀。这种自由的发展观可以看作是共享发展理念的理论基础,其核心要求是人的发展,个人能够公平地享受到发展带来的物质需求得到满足、尊严得到保证、潜能得到提高。可见,坚持共享发展既是实现个体全面发展与实质自由的要求,也是社会稳定和谐和政治合法性的要求。具体来讲,共享发展在本质上要求坚持以人为本,以社会公正为核心价值观,从而实现建构和谐社会现实目标和实现共产主义的最终追求。

在具体层面上,共享发展理念要求效率与公正的平衡、一次分配和二次分配的平衡,个体在发展起点、过程和结果的机会平等,以及人人平等与自由。而在现实的实践层面上,需要牢固确立广大人民群众的社会主体性地位,尤其注重对社会弱势群体的权益保障。在经济发展战略中,应该采取"亲贫式"增长战略来促进经济社会可持续发展。因为一些发展中国家的实践证明,经济增长并不能自动地惠及穷人。正如刘易斯所说"发展必然是不平等,因为它不会同时开始于经济的各个角落"。而且,中国长期以来增长优先的发展政策产生了诸如贫富差距、腐败和环境污染等问题。因此,我们需要转向"亲贫式增长"的发展模式,以保证增长的可持续性以及包容性,让更多的底层群体分享到经济增长的成果。

二、共享发展理念的南京实践

南京市在推进民生建设方面,率先践行了共享发展的理念。将共享发展的理念融入民生建设的规划之中,并在具体项目上予以操作实施。因此,在民生建设上取得了显著成就。在经过了20世纪80年代中期解决温饱、1998年实现以村为单位的总体小康、2009年实现以区县为单位的省定全面小康社会目标三个阶段之后,于"十二五"时期进入了建设更高水平小康社会并向基本实现现代化迈进的新阶段。2015年经济总量预计达到9500亿元。人均地区生产总值预计达到1.8万美元,达到中上等收入国家和地区水平。地方一般公共预算收入、全社会固定资产投资、社会消费品零售总额预计分别达到1000亿元、5700亿元、4500亿元,分别为"十一五"末的2倍、1.7倍和2倍。城乡居民收入差距进一步缩小,城乡居民人均可支配收入年均增长10.3%和12.4%,城镇登记失业率始终控制在3%以内。

经济发展的同时,南京开始了更加注重发展的共享,并将其作为民生建设的核心理念。2015年,为了贯彻落实习近平总书记视察江苏重要讲话精神的要求,南京市委提出了建设"经济强、百姓富、环境美、社会文明程度高"的新南京目标。在此基础上,南京出台了《推动民生建设迈上新台阶行动计划》,以推动更高标准全面建成小康社会为目标,着力攻坚空气和水环境质量、单位GDP能耗、现代农业发展水平、现代教育发展水平、居民收入水平、城镇住房保障体系健全率、群众满意度等项目,努力为群众创造更美好的生活环境和生活品质。在全面建成更高水平小康社会的基础上,积极探索基本实现现代化,其主要成效和经验有以下三个方面。

1. 以共享发展理念来促进社会结构优化

全面建设小康社会的重要目标之一,是优化社会结构。社会结构通常包括人口结构、家庭结构、就业结构、收入分配结构、消费结构、城乡结构、区域结构、组织结构和社会阶层结构(陆学艺,2010)。在坚持共享发展理念下,南京市的社会结构持续优化。

人口结构。2013年,南京常住人口达到818.78万人,其中主城常住人口占据41.94%;城市化率达到80.5%,就人口素质而言,大学以上文化程度占到31.89%,成为继北京之后第二个大学以上文化程度人口超三成的城市。

就业结构。"十二五"期间,预计全市新增城镇就业人数100万人;实现再就业45万人;援助就业困难人员再就业6.5万人,农村劳动力转移就业30万人次,培育自主创业者7万人,创业带动就业59万人。到2013年,南京的城市登记失业率为2.67%,远低于同年全国城镇登记失业率的4.1%。

城乡和区域结构。南京出台《南京市区域城市化规划》,开展新型城镇化综合试点和新市镇综合改革,明确有序推进常住人口市民化,南京主城已高度城市化,浦口、六合、高淳、溧水等区城市化率也已超过50%。占有全市土地面积40%的江北地区也被批复为国家级新区,南京南北发展不均衡的问题将得到进一步缓解。大力推进城乡统筹发展。高淳、溧水撤县设区,公共服务均等化在向全域统筹迈进。

2. 以共享发展带动人民生活质量和社会质量提升

中共十八届五中全会提出"人民生活水平和质量普遍提高"。社会质量理论的视角则能够帮助我们认识社会结构优化和社会治理体系健全的发展优势。南京提出建设幸福都市,并在全国副省级城市中率先建立了幸福都市考核评价指标体系。以民生幸福为目标,以构建"保障和改善民生十大体系"为重点,提升民生保障水平。2011年到2014年,全市城乡公共服务支出占一般公共预算支出比重,分别为68.8%、72.3%、74%、75%。在2014年全省民生幸福"六大体系"建设监测统计中,南京民生发展水平指数位列全省第一。

教育普惠,教育质量提升。"十二五"以来,南京每年用于免费义务教育和各类助学的资金3.85亿元,向农村转移支付教育经费5亿元,先后开展三轮大规模的教育布局调整,撤并薄弱学校,增加新区学校布点,有效扩大了优质教育资源覆盖面。南京不断促进优质教育资源均衡覆盖,通过区域统筹、规划引领、机制创新等方式,力推义务教育阶段的优质教育资源向新区、郊区及农村地区辐射,探索义务教育政府购买公共服务的方式。全面推开教师区管校用,公平均衡配置教育资源,从根本上解决择校问题;鼓励民办学校优质发展医疗均衡,健康水平提升。优质医疗资源"越出城墙、跨过长江、下沉社区",卫生服务体系健全率达到100%,全市平均寿命由2000年的74.49岁提高到2014年的82.17岁,居民幸福感不断提升。虽然初步建立了分级诊疗制度,社区医疗机构硬件条件也得到了极大改善,但市民仍主要向大医院集中,大医院"看病难"和社区医院"吃不饱"共存问题仍较突出。南京引导优质卫生医疗资源向新区、薄弱区布局,实施医生职业化改革,鼓励三甲医疗机构医生定期到社区医院坐诊,强制二、三级医疗机构医务工作人员流动,实施乡镇卫生院派驻卫生室轮岗制度。

社会统筹,社会保障提升。南京市社会保障投入每年以20%—30%的速度增长,2014年城乡基本社会保险覆盖率达到98.99%,已超过"十二五"末的规划目标。南京推进三大基本医保制度统一,并且三大基本医保向职工基本医保水准看齐,同时城、郊区标准将逐步统一,健全城乡社会保障体系,由城镇社会保障向统筹城乡社会保障转变、由单位职工保障向城乡居民保障转变、由单一支柱向多层次体系转变。

3. 以共享发展理念托底弱势、解决贫困

经济进入新常态的过程中,经济增速放缓和结构调整并行在一定时间内可能会带来一般民众收入增加的放缓,对于贫困群体、职业不稳定和失业者来说则有更加强烈的挫败感,从而形成相对剥夺感和某种不满。习近平总书记多次强调社会政策要托底,要守住民生底线。我国进入经济发展新常态的过程伴生就业不足、失业困难群体基本生活遭受威胁等问题,需要社会政策托底。社会政策托底应该是积极的托底,从保障基本民生、促进就业和社会参与、培育健康的社会心理、预防底层群体的社会沉淀和社会结构固化、支持经济发展转型方面发挥作用。

共享发展提高城乡居民收入。2014年全市城镇居民和农民人均可支配收入分别达到42568元左右和17661元左右,较2011年启动居民收入倍增计划前有较大增长。但与上海、杭州和苏州相比,城镇居民人均可支配收入分别为三市的89.2%、95.4%和91.2%,农村居民人均可支配收入对应比例仅为83.3%、75%和75%,提高城乡居民收入仍然任重道远。南京多措并举提高居民收入水平,坚持以创业带动就业,优化居民收入增长方式,健全促进职工工资稳定提高的收入内生增长机制,扩展居民获得财产性收入的空间,构建农民增收长效机制,缩小城乡收入差距。

共享发展促进老有所养。作为全国养老服务业综合改革试点城市,南京共有养老床位4.8万张,其中社会力量兴办的占70%,人均养老床位数保持全省第一,率先在国内形成医养融合的养老服务模式并得到民政部推广。下一步,南京将全面建成以居家为基础,社区为依托,以机构为支撑的"三位一体"社会化养老服务体系。

共享发展推动精准救助。习近平总书记强调对困难群众要格外关注、格外关爱、格外关心,凸显对困难群众的保障托底帮困。南京注重做好困难群体托底工作,完善以低保为基础的社会救助体系,按照世卫组织"覆盖人口比例""覆盖费用比例""覆盖服务项目"三个维度继续推进医保,建设社会救助"一门受理"平台,将原来分散在教育、住建、卫生等十几部门的"碎片化"救助整合到街道社会救助服务中心。

可见,南京的发展战略和举措正是在积极践行共享发展的理念下,从提高居民物质生活水平、缩小城乡差距到建设和谐的自然与人居环境进程中提高社会文明与生活品质,从居民生活质量的改善到居民的满意度、幸福感和获得感的提高中,充分体现了全面小康进程中的公平、正义与和谐。

三、共享发展理念的价值目标

"治天下也,必先公,公则天下平矣。"只有让发展成果公平共享,全面小康才能凝心聚力;只有让人民幸福安康,才能让发展更有温度、让幸福更有质感,才能不断增进人民团结,才能让13亿多中国人朝着共同富裕目标稳步前进。在共享发展理念的指导下,南京在民生建设方面取得了重要成就,确立了普惠共享的民生建设规划,并在具体民生需求方面采取有效措施,保障居民的养老、医疗、教育和生活等多方面的需求。同时,在新环境新形势下,面对民生需求的多元化,还需在共享发展理念下采取新的合适的民生治理措施。从而,建设一个"经济强、百姓富、环境美、社会文明程度高"的新南京正在从理想走向现实。

南京的实践探索再次证明共享发展解决了"为了谁、依靠谁"这一深刻命题,也指明了共享是实现推动社会可持续发展的动力所在。十八大以来,习近平反复要求多谋民生之利、多解民生之忧,解决好人民最关心最直接最现实的利益问题,使改革发展成果惠及全体人民。要推动经济社会持续发展,就必须紧紧围绕改善民生、争取人心来推动经济发展。"效率优先"发展理念深度激发了改革开放之初我国经济社会的活力和人们的生产积极性,使生产效率获得极大提高,逐渐形成了先富阶层和先富群体。共享发展,是我国在经济社会发展到全面建成小康社会冲刺阶段,对于"效率优先,兼顾公平"发展理念的完善和升级。发展决定民生,离开了发展,无法改善民生;民生影响发展,民生问题解决好了,发展才会有力量、有后劲。

坚持共享的发展理念,不仅仅是人作为社会性主体追求全面自由发展的要求,也是国家和社会发展的最终价值目标。同时,坚持共享发展理念,对于地区的建设发展具有重要意义,一方面它能创造稳定和谐公平的社会环境,促进经济社会的发展;另一方面,共享理念下的发展本身又能够推动社会的公正和谐与人的全面自由发展。坚持共享发展,关键是作出更有效的制度安排,加紧建设对保障社会公平正义具有重大作用的制度,逐步建立以权利公平、机会公平、规则公平为主要内容的全面小康的社会保障体系,努力营造公平的社会环境,保证人民平等参与、平等发展权利。要让发展成果更为公平更为及时地惠及全体人民,归根到底要通过公平正义的制度来落实,只有这样共享发展才能成为全面建成小康社会的绚丽标志,共享发展才会成为中国社会现代化的坚实基石以及强劲和持续的社会动力。

【参考文献】

魏志奇:《发展成果人民共享的理论建构》,《求实》2015年第1期。

王思斌:《试论经济发展新常态下积极的社会政策托底》,《东岳论坛》2015年第3期。

阿马蒂亚·森:《以自由看待发展》,中国人民大学出版社2012年版,第12—14、42页。

《决策之前》

新华日报编委会编,江苏人民出版社,2018年。

新华日报/2017年/8月/2日/第013版思想周刊·智库

在服务"一带一路"中展示江苏文化作为

叶南客 谭志云

新丝绸之路经济带是在经济全球化时代,东西方文明为扩大互利发展的一种自觉意识和有计划的区域合作,是在新的历史条件下对古丝绸之路的继承、创新和发展,对于我国实施"西进"战略,拓展国际发展空间,实现中华民族伟大复兴具有重大而深远的意义。在推进"一带一路"倡议中,江苏具有独特区位、环境与文化优势,用文化的方式丰富"一带一路"内涵,扩大"一带一路"影响,深入推动"一带一路"倡议,是江苏文化强省建设应有的责任。

依托友好城市开展文化交流,推进高层互访。目前江苏省已与51个国家缔结正式友城234对,友好交流城市将近200对,友城总数全国第一。发挥江苏国际友城众多的优势,加强友好城市间的文化交流,重视文化领域的多层次互访,展开多领域的合作,主动开展对外文化交流。每年赴1至2个友城举办文化交流活动,推进江苏与各友城间在文化艺术、文化产业、文化遗产保护、文化与科技融合等各领域的交流与合作。"十三五"期间推进友城文化交流工程和对台文化交流深化工程。以英国埃塞克斯郡、加拿大安大略省等传统友城及新建友城为重点,积极参与丝绸之路国际艺术节、"丝绸之路文化之旅"系列活动。进一步发挥对台文化交流基地作用,利用江苏丰富的民国时期历史文化资源优势和地域特色传统文化资源,深化苏台两地在舞台艺术、造型艺术、文化产业、文化遗产、图书文献等领域的交流合作。

整合各方资源,汇集对外文化交流多方力量。开展对外文化交流是一个系统性工程,仅仅通过官方渠道,由政府部门主导进行推动是远远不够的,还需要依靠社会团体、社会组织和民间等多方力量来共同参与。要整合省内文化及社会科学、新闻出版、广播影视、民族、宗教、侨务、教育、体育、旅游等多方资源,同时,注重在政府搭台的同时,鼓励社会组织、社会团体、民营企业等多方力量参与。通过民间渠道深化对外文化交流,并在政策、人才、资源等方面给予大力支持;另一方面,借助民间资本和民间文化的力量,将民间文化的传承与发展结合起来,积极打造对外文化传播的精品力作,推出具有地方特色、民族特色的对外文化交流品牌。

充分利用好国内外交流平台。全媒体、大数据时代,对外文化交流工作要善于借助和利用大型海外平台、国家级平台和各种有效的传播平台。一是充分利用国际平台,提升江苏国际知名度。利用国际性书展会展、大型体育赛事、经贸活动、节庆庆典等活动契机,积极与目标国建立广泛联系,推动社科文学精品的版权贸易输出。借助法国巴黎非物质文化遗产展等国际平台,联合商务厅举办淮扬菜美食展等活动,集中展示被列为技艺民俗类非物质文化遗产的江苏美食品种。二是充分运用国家平台,提升江苏对外影响力。借助国新办、外交部、文化部等中直部委的"欢乐春节""感知中国"等大型活动平台,开展"欢乐春节·美好江苏"江苏民俗彩灯文化展和江苏非遗展示活动。三是充分整合利用江苏外宣海外阵地。利用凤凰出版传媒集团的江苏文化产业(欧洲)促进中心、"符号江苏"国际文化交流中心,江苏广电总台的金色梦想英、美分公司,以及省教育厅、省商务厅在各国办事机构的场地人员等资源,组织城市形象宣传、江苏书画文艺精品等活动,打造江苏形象常态化展示窗口。

深化精品项目,引领对外文化发展。多年来,"感动江苏""符号江苏""同乐江苏""精彩江苏"等品牌活动在促进江苏与世界各国间的对外文化交流方面发挥了重要的作用。通过这些主题活动,将江苏大量的优秀文化遗产和文化作品展示给了大家,让国外公众在本国就可以更直接感受和了解江苏文化。这些品牌活动大多以政府为主导,合作伙伴多为政府部门、政府间国际组织或有影响的大型专业公司,既保证了活动较高的水准和较大的影响力,同时,由于重视采用展览、演出、电影电视、广场活动、研讨会、演讲会等综合性交流形式,便于更全面地展示江苏文化,发挥出活动的规模效应。如"感知江苏"文化节活动,集展演、推介、交流活动于一体,已经在世界上20多个国家的40多座城市举办,将江苏及中国大量的优秀文化艺术介绍给了世界各国公众。"以精品创作带动普遍繁荣"的思路,鼓励广大文化工作者创作更多反映人民主体地位和现实生活、群众喜闻乐见的优秀精神文化产品。

创新对外文化交流途径。一是以艺术途径感染人。充分借用微电影、动漫卡通等新颖时尚的交流形式,把江苏声音、江苏形象转化为国外受众爱读爱看的故事、听得懂听得进的话语,增强亲和力感染力。今后努力将近年来涌现的如赵亚夫、王继才夫妇等"时代楷模""最美人物""江苏好人"的凡人之美、生活之美,用文艺的形式表现出来。二是以文化途径吸引人。在"符号江苏·口袋本"系列图书推介中,我们将围绕《论语》等文化经典素材,结合江苏历史文化名人,编写翻译更多适合于不同国家、各种文化背景的人阅读的中国文化经典故事丛书。三是以教育途径培养人。支持省重点文化企业自建共建孔子学院、孔子课堂和中文学校,促进世界多元文明的交流。四是以活动途径凝聚人。于沿线各国,举办"感知江苏"系列文化交流活动,向世界展示江苏经济、社会的发展变化和江苏文化的多姿多彩。

提档升级对外文化贸易,实现效益融合。建立文化出口重点企业和项目数据库。从培育一批省级文化出口重点企业和重点项目入手,探索研究省级文化出口重点企业、重点项目的评价办法,参照国家文化产品和服务出口指导目录以及重点企业、重点项目目录,统筹考虑省文化产业单位名录库中文化企业的出口总额、产品结构、科技含量、市场潜力等因素,制订我省文化出口重点企业和重点项目评价办法,定期发布《江苏文化出口重点企业目录》和《江苏文化出口重点项目目录》。通过扶持一批文化出口骨干企业和品牌项目,推动更多文化企业和项目进入国家文化出口重点企业和重点项目目录。

价值理念共融,分享文化资源。江苏在进一步深化拓展"同乐江苏"等既有活动品牌内涵时,应把传统文化深刻思想内涵与当代中国价值观念引入对外文化交流活动,把中国当代价值观念与世界各国人民价值观念联系起来,凸显中华优秀传统文化、江苏特色文化的博大精深,展示江苏人文环境的魅力。江苏一方面要加强与沿线各地的交流合作,共同对沿途的市场、资源、产业进行深度挖掘;另一方面要充分发挥江苏城市文化底蕴深厚、文化资源开放、文化环境包容等独特优势,在文化走出去、请进来中,通过援助、互补、合作等多种形式与沿途区域共同推动"一带一路"文化建设,实现文化资源在更多领域、更广泛空间的互助、共建与共享。

第三篇 著作序言

《大都市发展的顶层设计——以南京为例》
叶南客等著,中国社会科学出版社,2017 年

总序

加强智库建设、提升智库的决策服务能力,在当今世界已经成为国家治理体系的重要组成部分。十八届三中全会通过的《中共中央关于全面深化改革若干重大问题的决定》明确强调,要"加强中国特色新型智库建设,建立健全决策咨询制度"。2015 年,中共中央办公厅、国务院办公厅据此印发了《关于加强中国特色新型智库建设的意见》。2016 年,习近平总书记在哲学社会科学工作座谈会上的重要讲话,鲜明地提出了"加快构建中国特色哲学社会科学"这一战略任务,为当前和今后一个时期我国哲学社会科学的发展指明了方向。2017 年,在党和国家事业发生历史性变革之际,习近平总书记在党的十九大报告中深刻阐述了新的历史条件下坚持和发展中国特色社会主义的一系列重大理论和实践问题,提出了未来一个时期党和国家事业发展的大政方针和行动纲领,统一了全党思想,吹响了决胜全面小康社会,夺取中国特色社会主义伟大胜利的号角!在这一关键阶段,充分发挥新型智库的功能,服务科学决策,破解发展难题,提升城市与区域治理体系与治理能力的现代化,对促进地方经济社会的转型发展、创新发展与可持续发展,加快全面建成小康社会,实现中华民族伟大复兴的中国梦,具有重要的战略价值导向作用。

南京是中国东部地区重要中心城市、特大城市,在我国区域发展格局中具有重要的战略地位,其现代化国际性人文绿都的定位已经被广为知晓、深入人心,近年来在科教名城、软件名城、文化名城以及幸福都市的建设等方面,居于国内同类城市的前列。在全力推进全面深化改革的新阶段,南京又站在经济社会转型发展和加速现代化的新的制高点上,围绕江苏"两聚一高"和本市"两高两强"新目标要求,加快建设"强富美高"新南京。如何在"五位一体"的总布局下,落实全面深化改

革的各项举措,聚力创新加快转型,亟须新型智库立足时代的前沿,提供战略的指点与富有成效的实践引导,对一些发展难题提出具体的政策建议和咨询意见。

值得称道的是,在国内社科系统和地方智库一直具有重要影响力的南京市社会科学院及其主导的江苏省级重点培育智库——创新型城市研究院,近年来围绕南京及国内同类城市在转型发展、创新驱动、产业升级、社会管理、文化治理等一系列重大问题、前沿问题,进行富有前瞻性的、系统的研究,不仅彰显了资政服务的主导功能,成为市委、市政府以及相关部门的重要智库,同时建立起了在省内和全国具备话语权的研究中心、学术平台,形成了多个系列的研究丛书、蓝皮书和高层论坛品牌,在探索新型智库、打造一流学术品牌、城市文化名片方面,取得了令人瞩目的成绩,走出了地方智库开拓创新、深化发展的新路径。自2014年以来打造的《金陵智库丛书》,则是南京市社会科学院、创新型城市研究院的专家们近年资政服务与学术研究成果的集成,不仅对南京的城市转型以及经济、社会、文化和生态等多个方面进行了深入、系统的研究,提出了一系列富有建树性的对策建议,而且能立足南京、江苏和长三角,从国家与区域发展的战略层面破解了城市发展阶段性的一些共同性难题,实践与理论的指导价值兼具,值得在全国的范围内进行推介。

《金陵智库丛书》围绕南京城市与区域发展的新挑战与新机遇,深入探讨创新驱动下的当代城市转型发展的路径与对策,相信对推动南京的全面深化改革,提升南京首位度,发挥南京在扬子江城市群发展中的带头作用,具有一定的战略引导与实践导向作用。一个城市的哲学社会科学发展水平和学术地位是衡量这座城市综合竞争力的代表性指标,是城市软实力的重要组成部分。要做好南京的社科工作,打造学术研究高地,必须始终坚持正确的政治方向和学术导向,必须始终坚持高远的发展目标,必须始终坚持面向社会、面向实践、面向城市开展研究,必须始终坚持特色发展打造优势学科,必须始终坚持高端人才培养优先的战略,必须始终坚持全社会联动增强社科队伍凝聚力和组织性。我们南京社科系统的专家学者,要以服务中心工作为使命,在资政服务、学术研究等方面,具有更强的使命感、更大的担当精神,敢于思考、勇于创新,善于破解发展中的难题,多出精品,多创品牌,为建设高质量、高水平的新型地方智库,为建设社科强市做出新的更大的贡献。

（作者系江苏省社科联副主席、南京市社会科学院院长、创新型城市研究院首席专家）

《南京市经济社会发展蓝皮书(2018—2019)》
叶南客主编，南京出版社，2018年。

序言

《南京市经济社会发展蓝皮书(2018—2019)》是南京市社科院汇集我市各方研究力量编著的，旨在对全市经济社会发展进行综合分析、研判和科学预测的权威年度报告，是国内外了解南京发展状况、南京市委市政府科学决策、南京市"两会"代表和委员参政议政的必备参考资料，是南京构建高端智库决策咨询系统、建设社科强市的一个重要品牌。本书秉承客观性、公正性和科学性的理念，在实证研究和理论分析的基础上，以科学、翔实的经济社会发展数据为分析预测基础，理性分析城市建设和发展中的难点、重点和热点问题；从专业角度出发，总结城市经济社会发展经验，对南京下一年度的经济社会发展趋势做出科学预测，有针对性地提出可操作的对策建议，力求为党委、政府科学决策提供智力支持，为公共政策选择提供理性观照，为社会公众提供资讯参考。

2018年是全面贯彻落实党的十九大精神的开局之年，是改革开放40周年，是决胜全面建成小康社会、实施"十三五"规划承上启下的关键一年，是南京处于转型升级、高质量发展的重要关口之际，也是南京以创新引领高质量发展的重要窗口期、提升省会城市功能和首位度的战略机遇期。本书的编撰出版，对南京的发展具有重要的理论价值和现实意义。

本书力求全面总结2018年南京经济社会发展情况，反映新特点、分析新问题、提出新趋势。全书内容分综合篇和专题篇两部分。全书主要着力于以下几个方面：一是经济发展过程中的现代产业体系建设、开放型经济发展、战略性新型产业发展、金融形势、现代服务业发展、创新型经济发展、参与"一带一路"建设等问题；二是社会发展进程中的医疗卫生事业、民生保障、网络舆情、社会组织等议题；三是政法发展进程中的党建工作、法治建设、法治政府建设、专项治理法治化等课题；四是文化发展进程中的文化遗产保护与利用、民俗文化发展、文化体制改革、公共文化服务等选题。既有及时的现状分析，又有针对性的对策研究；既有理论研究，又有趋势判断，充分体现了理论与实践的统一。

在总结历年《蓝皮书》编写经验的基础上，本着严谨认真的态度，我们对本书的选题编辑质量提出了更高的要求，希望能给读者带来丰富的知识与信息。全书的框架设计、统稿和终审由我和季文同志负责，黄南研究员、吴海瑾研究员、付启元研究员、董淑芬副研究员以及科研处邓攀处长、李玉等同志参与了本书的审稿、联系等工作。

本书的编撰出版工作得到了市委、市政府、市人大和市政协的大力支持。同时也特别感谢市委宣传部、市委政法委、市委党校、市发改委、市建委、市科委、市教育局、市民政局、市财政局、市审计局、市统计局、市交通局、市商务局、市文广新局、市卫计委、市体育局、市信息中心、市老龄办等十多个部门的高度重视和积极配合。上述有关部门给我们提供了高质量的研究报告。本书也凝结了南京市社会科学院全体人员的心血，感谢他们的智慧和奉献。

需要说明的是，《南京市经济社会发展蓝皮书（2018—2019）》坚持专家立场、学术视角，体现科学性、前瞻性、应用性及可读性，力求客观公正、实事求是、充满理性地处理感性材料，有效地避免片面性和主观性。本书的研究和编撰，实行专业研究与兼职研究相结合的方式，作者基本上是南京市社会科学院和在宁高校的专家学者以及党委、政府部门的研究人员。我们提倡在学术上各抒己见，兼收并蓄，因此本书各位作者的观点只属于作者个人见解，不代表其所在单位甚至课题组的立场。另外，本书涉及大量统计调查数据，由于来源不同、口径不同，可能存在前后不一致的情况，务请读者在引用时进行核对，作为参考。

我们坚信，在以习近平新时代中国特色社会主义思想的指导下，按照高质量发展的要求，南京统筹推进"五位一体"总体布局和协调推进"四个全面"战略布局，围绕"两聚一高""两高两强"，加快建设"强富美高"新南京，全力打造具有国际影响力的创新名城，南京的明天一定更加美好。

叶南客
2018年12月

（南京市社科院院长、南京市社科联主席、南京城市发展战略研究院首席专家）

《创新力——江宁民企创新故事》

丁晓斌、成岗主编,江苏人民出版社,2019年

序

习近平总书记指出:"发展是第一要务,人才是第一资源,创新是第一动力。如果不走创新驱动的道路,新旧动能不能够顺利转换,中国就不可能真正强大起来。"

习近平总书记在东北考察时明确表示,党中央毫不动摇地支持民营经济发展。2018年10月在广东考察时,习近平总书记同中小民营企业负责人亲切交谈时表示,党中央高度重视并一直在想办法促进中小企业发展。10月20日,习近平总书记在给民营企业家回信时表示,支持民营企业发展,是党中央的一贯方针,这一点丝毫不会动摇。11月1日,习近平总书记在京主持召开民营企业座谈会并发表重要讲话,习近平总书记定调:所有民营企业和民营企业家完全可以吃下定心丸、安心谋发展!这一年,从国家到省市区,传达出一个清晰的信号:"党中央一直重视和支持民营企业发展,这一点没有改变,也不会改变。"

民营企业也是城市创新的重要组成部分。习近平总书记提出要让民营企业真正从政策中增强获得感,意味着企业的改革创新和转型升级将获得更好的保障及支持,当前及今后一段时期,民营企业可以聚精鼓劲迎挑战、一心一意谋发展。

2018年是江苏省会南京市的创新之年。年初上班第一天召开的全市动员大会出台了《关于建设具有全球影响力创新名城的若干政策措施》(1号文件),引起了全国各地广泛关注和全体市民的倾力参与。

李克强总理11月29日视察南京工作时专门表扬"南京这座城市是开放的,是有活力的"。在国务院第五次大督查中,南京着力打造集聚创新资源"强磁场"的做法,作为典型经验得到全国表扬。

同样,2019年上班的第一天,全市又再次召开"南京市创新名城建设推进大会",出台了再度聚焦创新名城建设的1号文件。可以说,南京创新发展的力度和影响力走在全国前列;未来,南京建设创新名城的步伐不会放缓,只会加快。

在2018年末,我拿到即将在江苏人民出版社出版的《创新力——江宁民企创新故事》的书稿。这是继2017年推出《文化力——江宁民

企文化故事》之后,江宁区委统战部、区工商联通过联合南京知名媒体《南京晨报》,即将推出的又一部重要著作。他们深入挖掘江宁民营企业发展背后的创新故事,通过报、网、端、书等方式,深入企业一线与董事长、企业中层乃至一线员工攀谈,以一个个扎实的数据、触动人心的故事,让人感受到创新的力量,读来感人、感怀、感动!

　　破解制约创新的现实难题,社会各界必须形成合力,应以构建创新生态为着力点和支撑点。当前,南京在科技创新方面还缺少一些标志性、引领性的科技创新型企业。应该说南京拥有经济发展和企业创新的"高原",但是还缺乏"高峰"。而新的高峰要从"高原"里"长"出来,离不开一个良好的创新生态。以构建创新生态推动创新发展,长出创新"高峰",既是一个可行的思路,也是聚力创新的客观规律。按照"大创新"的要求,将科技创新与经济、文化、法律、制度创新相配合,将思想理念创新的"脑洞力创新"、科技创新的"主动力创新"、文化创新的"软实力创新"以及制度创新的"源动力创新"相融合,才能真正蹚出一条具有南京特色的创新之路。

　　(江苏省社科联副主席,南京市社科院院长,创新型城市研究院首席专家,南京市城市发展战略研究院首席专家)

第四篇　书评文章

探索四化建设中的大问题
原载《读书》1985年第4期
叶南客　叶克林

"江苏省小城镇研究",是列入我国"六五"计划的哲学社会科学的重点研究项目之一。1983年9月在南京召开了第一次"江苏省小城镇研究学术讨论会"。会后选遍了第一集论文选《小城镇大问题》。

收入这本书中的二十五篇文章,分别就小城镇中的乡镇工业、商品流通、智力开发、文化生活等问题,从不同侧面,再现了党的十一届三中全会以来我国农村集镇的变革新貌,展示了我国农村城镇化的发展大趋势。全书有以下几个特点。

第一,立足于现实,旨在解决四化建设中重大的理论问题和实际问题。随着农民逐步走向富裕,乡村工业化的春天正在到来。这时,两大尖锐的现实问题摆在我们的面前,一是如何促进农村商品经济向纵深发展,加快实现城乡融合?一是农村产业结构调整后,大量从种植业中剩余出的农村劳力如何转移从而实现最佳人口布局?这两大问题解决得成败与否,直接关联到四化大业能否早日实现。这本书的作者们,通过深入调查细致分析,向我们提出了许多有益的建议。从宏观上看,就是要大力发展小城镇,把调整农村经济结构、发展乡镇工业、促进农村剩余劳力的分层转移、加速农村政治经济文化中心的建设,以带动农村商品经济的全面发展融为一体,只有从系统的观念出发,作出统筹考虑,才能使各项问题得到完善解决。此外,在研究方法上,"一开始就摆脱了在概念中兜圈子、从书本到书本的模式,力求在对小城镇的实际考察中提高认识"。可以说,实事求是是该书的一大特色。

第二,放眼未来,提出小城镇建设是社会发展的一大趋势。考察近百年来的西方城市化过程,不难发现与此相应而来的两大社会问题:一是城市化的发生是建立在广大农村破产的基础之上,哪里响起城市工业机器的轰鸣,哪里便有失业农民的怨声载道;二是城市化发展加剧了城乡的分裂,一面是大都市的豪华奢侈,一面是内地农村的破败凄凉。

在我国的城市化过程中,西方的教训应引以为戒。目前我国的城镇乡网络中,存在着大中城市过于集中,农村集镇过于稀少分散,城市难于带动农村同步发展的现象,我国大部分农村,仍处于一县仅一个县城镇的"独生子女"局面。这种状况若不及早改变,势必阻碍城乡的交融,难以形成合理的城镇乡网络。正是基于这一点,江苏小城镇研究的同志们,提出当前重点发展小城镇可以强化城乡交融中的枢纽功能;同时在发展小城镇中更要加快中心集镇的建设,实现一个县城镇数个中心集镇的合理布局。"这样,在一个经济区域里,就形成了一个层次有序的网络,这样的网络是比较符合农村商品流通需要的"。这一战略方案的提出无疑对于加速实现我国人口的合理布局,尽快形成合理的城镇乡网络,具有积极的意义。

第三,通过对小城镇的研究,开辟了社会学的研究领域。在此以前,我们接触到的中西方的社区研究,主要是对城市和农村的研究,忽略了作为农村发展的"前进基地"集镇社区的重要功能。今天,从中央到地方都已认识到,要发展商品经济,小城镇不恢复是不行的,如果我们国家只有大、中城市,没有小城镇,农村里的政治、经济、文化中心就等于没有腿。基于这一认识,《小城镇大问题》一书,不仅向我们揭示了小城镇在促进城乡交融中的突出地位和作用,而且以较多篇幅,描述了苏南集镇社区的发生、发展、类型、结构,以及集镇中的交通、文化、教育、消费等现状。可以说,这是我国第一部系统研究集镇社区的专著,它对进一步开展集镇社会学的研究作了思想准备,奠定了初步基础。

这本书中的研究方式方法,对于我们从事社会学的研究也有许多可资借鉴之处。如在科研力量的组合上,采取了多形式、多渠道协作,多层次、多学科的合作攻关,将中央和地方的科研队伍、不同学科的科研人员,理论工作者和实际工作者多重力量聚为一体,使研究工作具有了一定的深度和广度。在研究方法上,既有传统的座谈走访、典型解剖,也采用了问卷调查、数理统计等现代科研手段,将定性与定量研究较好地结合并用,使读者对于研究对象的了解得以深化、系统化。

(《小城镇大问题》,江苏省小城镇研究课题组编写,江苏人民出版社1984年6月第1版)

社会系统的新透视

原载《中国社会科学》1989年第1期

叶南客

近年来国内出版的社会学概论性读本,都试图建立自己的学术体系。它们或是将社会学理论中的主要范畴、概念按"静"和"动"的分析串列而成,或是概述社会学的理论形成和实际运用。而《现代社会学》并不满足于此,它力求对社会学的研究对象本身作进一步的透视剖析,试图提炼出一些社会系统运行的机制和规律,因而具有一定的理论深度。

该著由三编组成。第一编——社会元素论,以社会的基本单位"群体"的逻辑起点,论述了"群体、需要、规范、互动"四种主要的社会构成要素。第二编——社会组合论,进一步分析了上述元素在社会交互作用过程中所形成的四类主要的组合方式:家庭、集体、社区、社层。第三编——社会系统论,从宏观的社会系统高度,考察了社会元素及其组合体在三种非经济的社会生活领域中的综合运行状态,即政治社会、消费社会、传承社会以及由三者互动而促成的社会整体运行状态。

在我看来,该著有以下三个特点:

第一,理论追踪着当代的改革实践。在"政治社会"一章中,作者对"政治的社会透明度"展开了系统研究,提出了一系列促进政治体系合理运行的理论建议,在"社会运行"一章中,作者通过对"社会运行的协调发展程度""社会风险"及其"承受力"等问题的探讨,为我国社会改革的全面展开和消除障碍作出了理论预见,在"社会积极性的调节""人才开发"等章节中,作者还就如何做好社会变革中的主体——人的工作,提出了不少有益的观点,为决策部门和各级领导进行社会管理、加快社会发展提供了理论根据。

第二,理论从深入调查研究中而来。该著不少理论观点,都建立在大量社会调查的基础上,反映了作者观察和分析社会现象和社会问题的广度和深度。例如,在对"人们现实需要"的研究中,作者通过对南京、常熟、南通等城市青年的社会心理调查分析,较准确地把握了当前城市青年较为迫切的三大社会性需求,这就为采取有效措施,调动社会成员的积极性提供了科学依据。在"社区"研究中,作者通过80年代以来对我国农村社会的连续性调查,对当前农村剩余劳动力的出现和转移、农村社区的变迁和城市化方案等问题都作出了独到的有较高理论水平的分析。

第三,在比较中寻觅符合国情特色的社会学理论。该著介绍了大量欧美各国的社会学经典理论和最新成果,有不少材料直接引自原著。在有关社会结构运行、变革的研究中,作者既认真分析了当代欧美的后工业化浪潮和现代化理论,又及时关注了苏联东欧的体制改革进程和社会管理理论,进而对我国的社会发展进行了多元化、多方位的比较研究。这些广阔而系统的比较,使该著中的若干理论观点和建议具有更多的科学性,这无疑是对于社会学理论中国化作出的积极努力。

该著的缺点是第三编的内容不够舒展,论述不够系统。有一些似乎值得一谈的问题,如三个社会系统之间的关联特征,我国传承社会的特点,当前流行的社会发展理论等等,未能顾及或是一笔带过,从而使该编的内容显得薄弱。另外书中个别内容的安排也是可以重新调整的,例如第六章"集体"中的第五节"聚合行为",作为一种"非组织行为",放在第四章"互动"中,使之与其他行为并列加以阐述,也许更为合理一些。

送给你生存的自信
——《走向社会的名片》评介

原载《博览群书》1994年第8期

叶南客

刚读完周晓虹近著《走向社会的名片——公共关系理论与实务》,便使我联想到当代哲人池田大作有关读书的一段名言:"优秀的书籍给予我们的东西,不是单纯的知识,也不是瞬间即逝的刺激,而是生存的自信,做人必备的才智和勇气——书籍并不是把外在的东西轻易地交给我们,而是促使我们内在的东西喷涌出来。"(《人生寄语——池田大作箴言集》P51,上海社会科学院出版社)。确实,《名片》一书不仅仅较系统地给我们提供了有关公关理论与实务的最新知识,更为我们提供了有关企业形象策划、设计的新思维、新方法,为众多年轻的公关学子新人显示了一个新的绚丽世界。对于讲过公关课、写过公关文、搞过公关实务的我,更觉得这本书不是人云亦云,而是有不少人所未言、人所未想到的新见解。

公共关系登上中国大陆也有 10 多年的历史了，粗略算来，迄今已正式出版的公共关系著作和教科书不下百余种，然而严格看来，相当多的属于"剪刀加糨糊"式的拼凑之作，给人留下了较深印象的仅寥寥数本。我确信晓虹这本足以列入"寥寥"之内，其主要原因或可以说本书的特长优势有以下三点：

首先，作者以严谨的治学态度和雄厚的学识在总结分析了数十种公关定义基础上，对公关的内涵性质作出了更高层次、更为完整的阐述，提出了公关定义的界说应由"关系""活动""学科"三要素共同组成（具体表述见该书 P11），这一概括是有其创见性也较为科学的。

其次，本书的明显特色也是一个非常善意的出发点就是实用，看后使人便于仿效操作。眼下不少公关类的书中提及公共实务时便以虚代实，一会儿目的性质，一会儿功能原则，使初学者如雾中观花、隔靴搔痒。《名片》书中用七、八、九、十共四章篇幅和大量实例不厌其烦地剖析了公共关系实务活动的各个过程；尤其是公关活动的精髓——公关策划部分，也是本书发挥最精彩的部分，作者运用自己若干较成功有代表性的策划案例，非常生动详尽地介绍了这一重要公关实务的过程、要点、方式和方法，对于公关界新手可谓慷慨解囊、传经上门。

再者，本书体现了开阔的理论视野与亮丽的语言艺境的有机组合，使人不由得感叹此书果然"好看"。作者凭借长年的知识积累和厚实的理论功底，自由游刃于数百种书报刊物之中，中外古今信手拈来，旁征博引、化繁为简；从《左传》名言到《艾柯卡自传》，从宏观的人类学、文化学、社会学到微观的广告学、统计学、管理心理学，作者笔墨纵横，深入浅出，一气呵成。达到了作者在"序言"中给自己提出的要求："希望够在写作形式与风格上有所创新，改变读者久已形成的某种阅读习惯"（P. 3）。

在结束本篇读后感之际，我又想起池田大作对读书人的要求："对那些庸俗轻薄的不屑一顾，而寻求有真情的优秀作品"。（池田大作箴言集，P53）恰好晓虹在他的书一开头也不约而同地提出了"中国公共关系事业的健康发展，迫切需要在实践领域少一些庸俗之举，在理论领域少一些庸俗之作"（P. 3）。应该承认，作者基本上实现了自己的诺言，这本书不媚俗、不庸俗。

（《走向社会的名片》周晓虹著，中国社会出版社 1993 年 7 月出版。）

现代化的曙光初照
——《苏锡常发展报告》评介

原载《江海学刊》1995年第4期

叶南客

当人类步入21世纪的倒计时钟声频频敲响之际,中华民族在20世纪的最后几年中又掀起新一轮的现代化建设高潮。位处中国东南沿海地区的江苏省凭借其天时、地利、人和等优势显然走在全国现代化的最前列,而地处江苏南部长江三角洲黄金区域的苏州、无锡、常州三市十二县,更以令人瞩目的实力和魄力吹响了"在本世纪末基本实现现代化"的进军号!新近出版的《苏锡常发展报告》一书便为我们详尽展示了这一宏伟战略目标实现的可能性和实施的可行性。

由周海乐教授主编、人民日报出版社出版的《苏锡常发展报告》系国家"八五"社科研究规划重点项目成果,全书以1978～1993年苏锡常的发展实践和同期公开发表的统计数据为基础,以区域持续发展为主线,以揭示可持续发展的规律和态势为内容,以为领导机构提供有益的思想理论材料为宗旨,由一个总体报告——"区域持续发展总体报告"和五个专题报告即:"人力资源发展专题报告""物力资源发展专题报告""社会资源发展专题报告""政治资源发展专题报告""区域持续发展现实方位专题报告"等共同组成,篇末还设有两个信息量较大的附录:《苏南发展研究论著索引(1985～1993)》《苏锡常发展大事年表(1978～1993)》。统观全书,内容丰富、全面而且实在,论证深入、系统并饶有新意,是近年来众多苏南发展研究成果中一部不可多得的力作。之所以这样评价,是因为该书至少具有以下三方面较为突出的优势特征。

首先,本书体现了完整翔实的优势。在这部洋洋近50万言的超大型研究报告中,作者以持续发展为主线,对改革开放15年来苏南区域整体中的经济社会、政治及其人力资源发展进行了全景型的、宏观与微观相结合的研究分析,包涵的资料相当完整(仅数据图表便有80多份),涉及的领域十分广泛,论及的现实问题也较为全面,可称得上是迄今为止国内有关苏南发展研究中一份最为翔实的综合性报告了。

其次,本书体现了发展理论的优势。与以往的苏南模式研究有所不同,《苏锡常发展报告》以改革开放15年来苏南持续发展的实际进程为背景,以发展社会学和发展经济学理论相结合的独特视野,研究揭示了这一较大区域一定时间跨度内可持续发展的规律和发展特色。作者从经济、社会协调发展和城市、乡村共同繁荣的角度,系统地剖析了苏锡常城乡社会经济不断跃上新台阶并日趋国际化、市场化、集团化、混合化等最新走向,全面揭示了两种生产协调化劳动人口非农化、社区结构市镇化、智力开发规范化等社会发展的最新态势;同时通过实证分析,对苏南的小康水平和发展方位作了界定,就本区域全面小康和实施"第三步战略构想"作了论证,就此点而言本书可算是深入学习、研究小平同志发展理论并用以指导实践进程的最新成果。

再者,本书体现了比较评析的优势。没有比较就没有鉴别,只有通过广泛地比较分析才能恰如其分地评估苏南发展中的进步和差距,也只有通过深入全面地比较分析,才能正确抉择合理可行的区域发展策略。本书中作者搜集筛选了大量翔实的国际国内数据,采用了国际通用的比较分类法和综合评分法,将苏南的社会经济发展与省内主要城市、国内主要大城市、国内其他发达地区以及周边国家及港台地区作对照分析,从而科学系统地评估出了苏锡常的发展程度和特色。这种研究方法令人信服,能使读者们在了解本研究对象之外得到更多的启发,这也是我们很多区域发展研究中或者忽略了或者是想到了而未能努力实现的一项重要任务。

这项大型报告的特点、长处当然不止于上述,其他还有如:"人力资源发展报告"和"政治资源发展报告"过去很少有人详细论及,本书作出了系统而有新意的探讨;苏南区域小康进程的实证评估、区域市场框架的初步设计等都有一定的深度和独到见解,这里限于篇幅不一一罗列了。掩卷之余,也还觉得本书存在着一个明显的不足,便是战略对策研究较为薄弱。作为以高校理论工作者为主撰写的这份报告,这一弱点可以理解;但作为一项国家级重点规划成果,在其四五十万言的篇幅中,战略对策仅二三千字,虽然各个分项报告篇末也作了一点对策性思考,但都是提出问题后一带而过,缺乏全局观念,即使在最后的"可持续发展的战略选择"中,其论证虽有针对性却又显得缺乏可操作性,难免使读者有美中不足的遗憾。这点不足看来要留待作者和更多的同行特别是实际工作部门的同志,在加速实现苏南现代化的伟大实践中作出更具体、更有力、更完善的探索和补充了。

专家点评:神童,你中了什么"邪"

原载《莫愁》2000年第1期

叶南客

　　江苏省社科院社会学所所长叶南客:袁强的情形十分令人惋惜。从社会心理学的角度看,在袁强的中小学学生生活中,由于其父母培育理论的失误,至少导致了袁强在学习上出现了三方面的问题。一是学习目的的偏颇。似乎学习就是为了考高分上大学,而忽视了学习是为了提高综合素质,促进人的全面发展。在这种学习目的的指导下,孩子便成了单向度发展的人。二是学习兴趣不足。家长没有培育孩子了解世界、关注生活的多方面情趣,当孩子一旦如愿考上大学后,便似乎失去了追求目标,也使得学习兴趣无所附丽,学习动机渺茫,便容易导致心理健康出现危机。三是学习障碍不会主动克服。由于以往学习中家长包揽了孩子的生活琐事,学习中遇到的细小困难也常由父母亲自遮风挡雨,使孩子失去了学习和生活的免疫力和承受挫折的能力。当他一旦上了大学,独自面对生活、面对学习的困难时,过去所未遇到的学习障碍便成为脆弱心理所难以抗拒的"大山"。这一事例再次启发我们的家长,21世纪要求人们关注素质教育、关注孩子身心全面发展重于一切。家长在教育培养子女成材时,切莫把下一代培养成只知道考了多少分的"单向度人"。

　　目前,在家庭教育中普遍存在重智轻德、忽视素质教育的问题。智力投资过热、盲从、拔苗助长,而对于非智力因素很不重视。前不久南京市一项2千人的家庭教育抽样调查表明,在我市的家庭教育中也较普遍地存在着重智轻德现象。在591份家长问卷中,回答对子女着重"思想品德"教育的为6.5%,着重"文化学习"的为11.4%;而在1332份学生问卷中,回答"家长平时注重思想品德"的仅有5.8%,"注重文化学习"的却有25.8%。不少家长只要孩子肯学习,对他们的要求一应满足,娇惯放任,对他们的思想缺陷往往视而不见,甚至袒护隐瞒,使孩子养成自私和专横跋扈的性格;生活上则对孩子大包小揽,现在很多孩子极少干家务甚至不干,衣来伸手饭来张口,养成依赖、懒惰的习性,动手能力极差。家长还帮助孩子处理一切事务、解决一切疑难,甚至帮孩子做作业,致使孩子缺乏独立生活能力和独立思考能力。

　　21世纪将是一个知识经济的时代,我们正处在由工业社会向知识社会的深刻转变中,需要具有开拓精神、冒险精神、创业精神,能将所学知识转化为生产力的人才,即综合素质创新型人才。这样全方位、高素质的人才应该在成就动机、竞争能力、开拓能力、知识结构、兴趣爱好、个性化人格和适应能力等诸方面有出色的表现。

做一个21世纪的合格家长,要培养出21世纪需要的人才,就要确立面向未来的新的家教观念,从现在做起,避免以往的家教误区,狠抓素质教育,并与学校教育沟通协调。教育的现代化工程,使未来的学校教育改革将是大手笔大力度的,家长要主动了解学校教育的进程和近期教育的重点,了解孩子在学校的表现,配合老师做好课外辅导和素质教育。更重要的是家长要努力学习,提高自己的综合素质,通过自身良好的品行以及和现代化相适应的人生观、人才观、育儿观的养成,言传与身教相统一,发挥出潜移默化的教育功能。掌握一些现代教育学、人才学、心理学等知识,做到家教中的科学性与艺术性。

城市建设理念的转型
——议《城市设计》的科学价值

原载《现代城市研究》2000年第3期
叶南客

苏联著名城市学者 A. B. 布宁在总结20世纪城市建设风格时有一句名言:"现代城市未解决的问题中最落后的可能是美学问题。为了使建筑及其整个城市具有人应得的生动形式,必须解决根本的艺术问题,包括创造完美的风格"(《城市建筑艺术史》第333页)。随着当代城市设计理论的崭露头角,布宁先生提出的"城市建设风格完美化"的学术使命,责无旁贷地落在城市设计科学工作者的身上。作为城市规划和城市建设领域的一个中心议题,城市设计自80年代被引进中国,直到90年代方开始受到国内城市学界的关注重视。这其中,东南大学的王建国教授无疑是城市设计科学在中国快速发展的重要拓荒者之一,他在1991年出版的博士论文《现代城市设计理论和方法》,便是这一学科在我国发展初期有开创性的专著,曾先后再版4次,影响波及海外;1999年东南大学出版社再次推出了王教授长达46万多字的系统性专著《城市设计》,则表明我国学者在这一领域再攀高峰,由此中国的城市设计理论也进一步趋向成熟。

新著《城市设计》较之早期的《现代城市设计理论和方法》，实现了全面的超越：内容更加丰富，体系更为完整，应用价值亦有明显的增强。该书由六大板块组成：第一部分，作者从国际城市发展史的角度，全面系统地回溯了城市设计的内涵及其学科演变的来龙去脉，并科学阐明了城市设计与城市规划、城市建筑设计及其他城市社会要素的相关性与相异性；第二部分中对城市设计的对象、层次、类型和设计目标、标准进行了学术界定；第三、第四部分全面论述了城市空间和各个景观要素的设计原理和法则；第五部分则较详细透彻地介绍了城市设计的多种方法和调研技艺；最后，作者结合大量实例探讨了我国城市设计中的组织运作、政策条例、公众参与以及设计成果表达等一系列重大的实施操作问题。笔者认为，该书在促进我国城市设计科学乃至整个城市科学的发展方面，至少有三方面的学术价值：

首先，作者推进了中国城市设计理念由以往客体化向主体化的转型。我们知道城市设计的指导思想在20世纪大致经历了三个发展阶段，即：20年代前后的第一代城市设计理念，它以"视觉有序"（Visual Order）为法则，强调"物质形态决定论"；50年代后的第二代设计理念，更加注重功能和效率，强调建设中体现最新的科学和技术成果，但仍信奉"物质形态决定论"；直到80年代可持续发展理念形成以后，工业化国家在城市发展实践中开始提出了"绿色城市设计"的第三代设计理念。显然前两代城市设计的主要目标都是追求城市客体的布局合理和形态美化，而我国直到90年代前期的城市规划设计中也是侧重于城市建设目标的物质化、客体化。王建国教授的《城市设计》一书与国际先进理念相接轨，在前言中便开宗明义地指出："城市设计的主要目标是改进人们的生存空间的环境质量和生活质量"（P.7），而在"结束语"中又强调我们的城市设计也应"反映绿色思想和生态原则"（P.255）。这些论点实际上体现了作者所持有的先进设计理念，即对城市生活主体——人的生活的发展质量和可持续性更加关注。

其次，作者论证了城市设计方式由简单的项目行为向社会工程的系统化转型。早期的城市设计往往就是城市建筑的单项设计，较为关注城市的地段建设作品表现、大型建筑物风格或街区小品设计等等。而《城市设计》中更突出了城市建设和设计对象的多要素性、整体性及其内在的系统关联性。作者强调了城市设计所关注的是整个城市"环境的关系和城市生活空间的营造"，它"运用综合的设计手段和方法，可更为具体、形象地处理城市空间的物质形态关系,使城市各组成要素、各地区之间的相互空间关系更加完善"(P.38)。在第三和第四部分,作者的确从系统工程的角度揭示了城市景观要素系统构成及其"城市建筑综合体"的设计要求,使广大读者对现代城区形态建设,特别是城市形象设计的系统方式有了更为完整准确的理解。

第三,《城市设计》的问世,标志着中国城市设计在其理论化、体系化和成熟化的道路上又前进了一大步。城市设计是当今国内外城市规划、建设中广泛关注的热点之一,也是一个正在发展完善、逐渐成熟的学科领域。作者站在该学科的发展前沿,为我们提供了全面、系统、新鲜的城市设计理论知识。该书视野广阔、旁征博引,充分吸收参考了国内外同行在城市设计理论和实践中的最新成果;同时又根据中国国情和东方城市的发展特质,前瞻性地提出了中国城市设计的特定目标、方法和导则,可谓既集当代城市设计理论进展之大成,又独辟中国特色之蹊径,蔚然成一家之言,对新世纪中国城市设计的理论与实践都将产生积极而深远的影响。

事实上,该书的价值远不止上列几点,还有譬如全书资料的丰富翔实、图文并茂,作者论证的体系严谨、语言晓畅而富逻辑性等等,不在此一一罗列了。总之,这是一本双重厚重的学术专著:初拿到手,你会为这洋洋40多万言且包容470多幅图表的精装本而立刻产生沉甸甸的感觉;读完全书,你更会因其庞大的信息量和开人耳目的理论见解,而感受到那越来越重的学术分量!

(王建国著《城市设计》,东南大学出版社1999年8月版,46万字)

现代化过程的诊断与整治
——《大转型》的三点新意
原载《江苏社会科学》2000年第2期
叶南客

社会学家迪尔凯姆在他的名著《社会学研究方法论》中,曾强调:"科学地解释社会事实包括社会问题"是社会学"理论上论证的最重要的问题之一",并且提出对于社会问题(广义)的说明"必须分别探索产生此一现象的有效原因与此一现象所发挥的功能";在解释社会问题与社会现象原因的准则时,这位社会学家又揭示"必须从社会环境中去寻找,恰恰就是说明研究社会现象必须从社会内部去进行"。这些思想对于我们今天研究中国现代化过程中的社会问题一点没过时,仍算得上是真知灼见。事实上,在中国社会的大变革、大转型中,各类新旧社会问题层出不穷,而漫步街头书摊关于社会问题的观察写真类书籍也随处可见,但真的运用社会学或其他学科知识对当代社会问题进行系统深入研究和理论论证的著作却不多见,而能对社会变革中出现的新问题作出及时诊断和提出科学整治方案的专著更为稀缺。南京大学社会学系朱力教授的新著《大转型——中国社会问题透视》(宁夏人民出版社1997年版)从某种意义上弥补了这一缺憾,这不仅是当代中国社会学者对社会问题研究最为深入系统的一项成果,而且确实是一本增人知识、震人心魄、发人深思的好书。

该书以40多万字的大篇幅,对中国社会从传统向现代化"大转型"时期所呈现的多种社会问题进行了全景性的扫描,对其社会现象产生的背景、原因、功能与趋势作出了令人信服的科学论证和有社会学特色的诊断,对若干突出而重大的社会问题提出了颇有见解和可供操作的对策方案。和我所看过的多本社会问题研究书籍相比,我觉得《大转型》一书至少具有三方面的新意,即视角新、体系新、论点论据新。

视角新主要表现在作者研究和撰写本书的切入点、目的论和阐释过程上。我国的著名社会学家孙本文先生在其《社会学原理》一书中提出"社会问题就是社会全体或一部分人的共同生活或进步发生障碍的问题",这里实际上便是将社会问题分作两大类,一是相对静态的人群共同生活中的问题,一是相对动态的社会进步障碍问题。现实中我们体验较多也较容易观察和描述的便是前者,而对后者往往因"只缘身在此山中"和理论功力不足而缺乏洞察力和分析深度。《大转型》一书从其书名便可看出作者立意是处在一个更高的起点上,他从社会进步转型的动态视角,对中国现代化进程中出现的社会问题和突出现象逐一评点,不论是对"旁观者的冷漠""关系网矫治""制度化逃避"等新问题研究,还是对"禁毒策略""色情矫治"等老问题的分析,其理论切入点和解释方法特点都是从社会转型的宏观角度进行整体性把握,其目的也在于从动态视角预测各种进步障碍的发展趋势并提出相应的整治方案。应该说中国的现代化变迁,其速度之快、变化之大、波及之广均属空前,对现代化中出现的问题所作的前瞻性分析自然充满着新意。

体系新着重表现为作者对大量社会问题的排序归纳,超越以往大多数书中所作的平铺直叙或简单罗列法,而是运用社会学中的越轨行为理论,依其越轨性程度进行了具有理论创新的体系编排,在第一编对社会问题进行了理论界定和方法论说明之后,第二编到第五编逐层深入地剖析了道德层面的越轨问题、一般社会规范层面越轨的社会治安问题、严重触犯刑律的社会犯罪越轨问题以及最深、最广层面价值观和政治越轨中的社会风险问题。这一体系设置具有新意和较强的逻辑性,在教学和科研中也比较成功可行,体现了作者对转型期各类社会问题认识把握深刻和具有较高的理论概括能力。当然这一新体系也绝非完美无缺,我个人感到值得商榷的一点便是第三编"社会治安问题"中提及的卖淫嫖娼、吸毒贩毒、拐卖妇女儿童等也明显属于犯罪,这样便易和第四编"社会犯罪问题"产生越轨内容、属性以及概念上的混淆,建议作者不妨再作斟酌。

论点论据新在本书中可谓是一目了然。该书中的一些重要观点和篇章在成书前便曾散见于国内一些重要刊物,有不少还被一些权威刊物转载并获奖,如对"旁观者的冷漠"的现象,作者从社会心理学、伦理学、社会学以及个案分析的多学科研究十分深入而富有新意,显示了作为青年学者的广博知识和扎实的理论功底;对"关系网矫治""制度化逃避""富裕者群体分类研究""反黑斗争的思路"以及"白领犯罪"和国际反腐败经验等方面的研究,不仅提出了新见解,而且有不少是作者进行过第一手的调研、占有着大量国际最新成果,因而的确给我们读者以耳目一新的感觉。

此书写作方法上有三个特点:(1)定量分析与定性分析相结合。在分析具体的社会问题时,作者使用了定性分析与定量分析相结合的方法,书中没有越轨与犯罪实情的具体描写,这就避免了"犯罪学习""越轨模仿"等负面效应,但有大量的数据统计,使人们对社会问题有了宏观的了解。(2)借鉴了国外社会学积极的研究成果。在分析"关系网"中借鉴了"社会资源理论""社会交换理论"等;在分析我国犯罪时,借鉴了"社会病理学""社会解组论""价值冲突论""行为偏差论"等理论;在分析腐败问题时,借鉴了西方国家控制腐败的成功措施与制度。这种借鉴是有分析的、说理的。(3)有对策研究。研究社会问题不是为了猎奇,更不是为了暴露,而是为了矫治,这种写作方式是可取的。此书区别于其他描写社会问题的书籍的重要特点是,对每一个分析的社会问题都提出了解决它的对策、思路和措施。我国处于社会急剧变迁的转型时期,形形色色的越轨性社会问题很多,研究得还远远不够深入。因此,《大转型》开了一个好头,是为人们释疑解惑的好书。

对待社会问题,列宁说过:"我们应该有勇气揭开我们的脓疮,以便毫无虚假地、老老实实地进行诊断和彻底治疗好它"(《列宁全集》第7卷,人民出版社,1972年版,第175页)。"用善良的词句来掩饰不愉快的现实,……是最有害最危险的事情。不管现实如何令人痛心,必须正视现实。不符合这一条件的政策是自取灭亡的政策"(《列宁全集》,第24卷,人民出版社,1972年版,第309页)。即使是今天,正视社会问题仍然需要有一定的学术勇气和坚持真理的信念。

应该这样说,朱力教授从社会转型的新角度,以其越轨性程度的理论假设和新体系及其大量新材料、新观点,对中国现代化中的社会问题作出了富有成效的社会学诊断,提出了不少有科学和现实价值的整治方案,推进了中国社会学的社会问题专题理论研究。我们期待着作者在今后的探索中,在对越轨行为规律的总结上和新理论的建立方面更上一层楼。

〔责任编辑:方心清〕

中国现代化的三大主题
——《中国农民富裕化道路》的深层启迪
原载《学海》2000年第5期
叶南客

立志献身于中国农民问题研究的著名学者冯治教授,在近年中陆续推出一系列有较大影响的农民农村研究专著如《吴仁宝评传》《史来贺评传》《中国三大村》之后,又于近日向世人献上了他的最新力著《中国农民富裕化道路——锡山市农村现代化研究》(人民出版社1999年12月版)。这是一部藉苏南农村现代化的成功个案而对中国农村美好图景的热情讴歌,更是一部通过深入调查中国经济发达地区农村发展轨迹,而对21世纪中国农村现代化路径和远景所作深层次思考的学术专著。读罢该书,我们不仅被书中生动系统、大量翔实的农村变革史实所感染,也为作者在多学科融会贯通基础上提炼出的有中国特色的农村现代化发展学说所震撼。全书近40万字的形象描绘和理论阐述,一次次触动我们、启示我们展开对中国现代化道路的深入思考。

一、中国现代化最迫切的问题是农民富裕化

作者在多本书中曾多次强调:"中国最难认识的是农民问题,中国研究最薄弱和最需要加强研究的是农民问题。"而在本书开篇导论中,作者又进一步提出了一个新命题:"中国最迫切需要解决的是富裕农民问题,农民问题是农民的富裕化与现代化问题。"确实,"治国之道,必先富民。民富则易治,民贫则难治也"(《管子》)。当前的农民脱贫致富,已不仅仅是一个区域、少数人的发展问题,而是关系到中国的整体利益所在,可以说,中国的经济低迷、工人下岗、启动农村市场都需要从解决农民问题的"反弹琵琶"做起。而且,21世纪中国的大趋势是城乡一体、产业联动,农业要产业化、社会化,农村要城镇化、可持续化,其中的一个不可或缺的问题便是农民的富裕化,"富裕了农民,就是富裕了中国"!

作者依据中国的国情和对锡山市现代化的经验总结,在书中第一次为我们揭示了农民富裕化、现代化的具体内涵:"以邓小平理论为指导,以改革开放为动力,以发展农村经济为中心,大力推进农村现代化进程,动员亿万农民建设富裕、民主、文明的社会主义新农村和小城镇,在21世纪逐步实现农民经济生活、文化生活、政治生活的富裕化和现代化"(P.24)。以此为内在脉络,作者在书中多次深入地探讨了实现农民富裕化现代化的方式和方法,提出了要使农民"知识化"和"思维创新",使现代农民真正成为"口袋鼓起来,脑袋富起来,腰杆子挺起来的大写的人"。"造厂、造城不如先造人",有了高素质、高质量的现代化的人,什么人间奇迹都可以创造出来。

二、中国现代化最基础的问题是农业现代化

可以断言,在中国尚处在社会主义初级阶段时期,农业问题将始终是中国经济发展的头等大事,因此农业的现代化在相当长的时期内,构成中国现代化的主题和基石。锡山市的成功经验中,非常突出的一点,也正是几十年始终坚持了"农业第一"的战略方针,并且在农业产业化、社会化及其现代化方面进行了众多卓有成效的制度创新。而对锡山市农业发展的众多制度创新的剖析和介绍,也正是《中国农民富裕化道路》一书的闪光之处。书中在正面回答了"布朗命题"即:中国的农村现代化必须坚持"农业第一"的观点之后,详细揭示了苏南农村近二十年

来的多重农业制度创新,如:"以村办农场为载体的农业适度规模经营","原有基础生发的农业产业化","多元投入的农业保护制度的创建与完善",以及农业社会化服务体系创新、科教兴农的战略创新等等。然后,作者又结合对锡山农业现代化的指标评估和世界农业现代化、国际化的比较,对"走有中国特色的、面向国际市场的农业现代化新道路",作出了有新意的探讨,确实能给读者以经验实在、开人耳目并可借鉴操作的感觉。

三、中国现代化最突出的标志是农村城镇化

在世界城市化平均水平已超过50%的今天,中国的城市化进程显然是滞后了;而在江苏,在苏南地区,城市化水平和这一地区的工业化程度也很不合拍,甚至可以说,城市化及其城市第三产业的发展,已构成我国区域现代化的一个必须克服的瓶颈。早在80年代,无锡、苏州等地便逐渐形成了社会学家费孝通所充分肯定的"小城镇大问题、大战略"的农村城镇化格局,众多星罗棋布、美轮美奂的小城镇确已成为太湖流域农村现代化的重要载体和重要标志。本书作者在如实记载锡山地区大力发展小城镇、推进县域城镇化水平的同时,更深入系统地叙述了该地区在"城镇和中心村规划编制制度的创新","城镇规划依法行政制度的创新","城镇经营发展制度的创新","户籍管理制度的改革与创新","城镇化、产业升级和服务社会化相结合制度的创新"等方面所作出的大量实践和成效,同时在对农村城镇化进行科学测评的基础上,深入探讨了"中国应该走什么样的农村城镇化道路",提出了"多种样式、共同'造城'","量力而行、顺乎民心"等有新意、有学术个性的战略见解。

正如作者一向追求的,"做学问要有自己的路子,要有自己的学术优势。"冯治教授在提出并回答上述现代化三大主题的过程中,以"农村制度创新"为分析主轴,突破了单一的学科理论视野,在历史学、社会学、经济学、文化学和统计学等多学科交融的基础上,以大量第一手资料和发人深省的新观点、新论证,逐步构造了一个研究解决农民问题的新学说框架。在方法论层面上,作者也努力实现了定性和定量相结合,逻辑分析和指标实证判断相辅相成,使读者对苏南农村的现代化进程既有了总体上的宏观把握,又可作具体深入的微观透视。

可能是受到篇幅的限制,而且以锡山市为代表的苏南农村现代化经验和启迪又太多太多，咀嚼之余，笔者仍有本书未将中国农民富裕化、现代化理论讲尽讲透之感。如最后一章中提出的"确立自然立国的发展理念"，确实重要而且新颖，但作者仅仅是点到为止，未作进一步的论证；又如对苏南农民新型社会保障体制建设、农民消费方式和结构的转型等较重大问题的探析也有所忽略，我们寄希望于作者在本书今后的修订再版中作更加完善的补充。

〔责任编辑：沈奇磊〕

原创而厚重
——读杨建华主编《经验中国——以浙江七村为个案》

原载《中共浙江省委党校学报》2007年第1期

叶南客

  原创性是科学研究的基础与动力，是社会科学寻求事实、揭示本真的重要方法，也是学科发展与学术规范的追求。最近出版的浙江省社会科学院杨建华研究员主编《经验中国：以浙江七村为个案》一书正是一部关于中国乡村五十年社会变迁研究原创而厚重的著作。此书由中国社科文献出版社正式出版发行，全书共五编，一百九十万余字。这也是杨建华研究员主持的国家社科基金项目《经验中国：50年乡村社会变迁研究》的最终成果。

  中国社会的根基在农村底层，中国的社会发展问题主要是农村的社会发展问题，中国现代化发展的主体内容也正是中国乡村社会的变迁。《经验中国：以浙江七村为个案》是20世纪80年代社会学重建以来，关于中国农村社会变迁研究的一部厚重的著作。该书除了厚重、厚实之外，另一个很突出的特点就是它的原创性和独特性。这主要表现在：

  一是文本的原创性。该书每一编都大致分为历史考察、理论分析和口述实录三个部分。历史考察是对50年来村落中的非农经济、政治活动、技术传播、宗族生活和日常生活的变迁过程进行历时性考察和实证性研究。以国家的农村政策和村落环境为背景，运用丰富的口述资料和文献、方志材料详细描述中华人民共和国成立以来各个时期村落非农经济、政治、技术、宗族、生活世界的基本状况和时代特点。理论分析是根据对50年来村落非农经济、政治、技术、宗族、民俗、宗教等变迁的实证考察,从理论进行阐释解读,透视非农经济、政治、技术、宗族、民俗、宗教等变迁对村落社会发展的影响。口述实录是根据入村入户访谈时所作的录音,整理出一部分有代表性意义的口述资料。口述实录突出了一个"实"字,力求做到原汁原味,不掺杂研究者的观点,不做学术加工,也不顾逻辑系统和理论框架,把口述内容(易引起村落里的人事矛盾等相关内容除外)原原本本呈供给读者。该书的最后还有部分村志节选、会议记录及主要参考文献。

全书材料丰富翔实,调查极具深入,内容丰富,信息量非常大。它重实际生活,挖掘出许多为人忽略的社会事实,带有抢救史料的性质,对于理论研究做出了基础性贡献。这或许是本课题最有理论价值之处,这种对材料(真实材料)的铺陈和挖掘本身就具有一定的学术价值,对于认识中国农村社会变迁具有十分重要的意义。作者以社会变迁理论为主要理论解释工具,同时进行了艰苦扎实、比较规范的实证调查和经验分析,既有一手的调查,又有严肃的文献积累。其所确立的背景,访谈和阐释的写作架构,在一定程度上解决了社会人类学研究中最不容易处理的经验与理论张力问题。

二是视角的独特性。从日常生活本身出发,是作者在该书中对中国村落研究的视角。从日常生活这一"社会事实"本身入手,以浙江省七个行政或者自然村落为研究个案,通过对村民日常生活世界的直接观察,来追踪展示村民日常生活的活动图式、内在结构、实践范围、运行逻辑、历史演变,以及日常生活的冲突与裂变、消解与建构;通过对村民日常生活的细琐叙述,捕捉、描摹出村民日常生活的基本样式及其变化,村落变迁的历程和轨迹,以及隐藏其后的一些变量,如时间安排、空间格局、基本的关系网络等。

作者并试图在对这一"日常生活"的方方面面精细的叙述和解析中,描摹、建构出浙江农民在20世纪下半叶以来的生活轨迹,探讨决定和影响这一生活轨迹的各种宏观和微观变量,并能从大量的社会现象中做出理论概括和归纳,从而以其特有的"地方性知识",丰富了乡村中国的理论映像。

三是方法与观点的创新性。作者将文献资料、口述资料和理论解读三者有机结合起来进行研究,这在国内还几乎没有做过,这在研究方法和研究框架上是一种创新。该书的一个重点就是口述史的研究,侧重于口述资料的采集和整理、分析,旨在通过对一个村落中村民的经商、办厂、做工、上学、民俗、宗教、宗族、技术、入党、通婚、诉讼、游戏等日常生活的历时性追踪描述和经验考察,来阐释农村的变迁及其与社会变迁的互动性。这就将理论研究同经验研究、现实研究同历史分析、宏观研究同微观研究很好地结合了起来。

通过实证研究,作者提出了一些新的创新性的学术新观点:作者从村民日常生活逻辑引出了村民鸡毛换糖是一种流动的交易方式,而这种流动交易方式是一种内生的现代化因素、流动交易方式是一种具有双重再生产能力的文化资本,引出了无论在"刚性政治"时代还是在"柔性政治"时期,中国的乡村社会都没有能够发展出"公共性格",村民民主理念的成熟取决于功利意识的摒弃和获取民主技巧的增进的结合,民主环境的培育植根于基层党组织与村级民主选举的同步配套,温和的宗族活动有利于农村经济社会稳定与发展等结论性的学术新观点。

当然,也应该清醒地看到,该书的研究毕竟只是选取了中国无数村落的有限的7个,而且是局限在浙江省区域内的7个。这正像作者在《绪论》里所说的,作者无意从这7个普通的村落个案来推断整个中国乡村50年社会变迁的全貌,或者营造具有普适意义的中国农村社会变迁的模式及概念,更无意在理论上挑战丰硕的对于中国农村社会变迁研究的成果。

但作者通过踏实、勤勉的学术努力,为中国学者提供了一份原创而厚重的学术佳作。可以说,本书是继费孝通《江村经济》、陆学艺主编的《中国百村调查》之后中国农村社会变迁研究的又一部重要而有代表性的著作,达到了一个新的高峰,为中国农村社会学、发展社会学的学科建设与发展都作出了有价值的贡献。同时,本书也为当前新农村建设提供了新的实证性和理论性经验与启示,为解读中国乡村五十年社会变迁构建一种更有解释力的分析框架而作出了巨大的努力与贡献。

(作者单位:江苏省南京市社会科学院)

责任编辑:严国萍

第五篇　他人书评

向您推荐:《重建人的时代震颤》
原载《社会(上海大学社会学科版)》1989年第11期
叶南客

　　这是由江苏人民出版社最近出版的年沙龙系列丛书第一辑中的一本,由叶南客、唐仲勋编著。该书大量引用我国80年代青年思想与生活现状的调查资料,探讨了当代中国青年的生活取向、社会交往、消费趋向、闲暇模式、政治意识以及面临的落差与歧路等方面的现实问题。该书新的理论观点,主要集中于社会学领域。在第一章中,作者根据美国社会学家A.英格尔斯的观点,把人的思想和精神的现代化称为"第五个现代化";在第二章中,作者应用马斯洛的需要阶梯学说,展示了我国当代青年参与集体生活、增进友谊、追求爱情等"第三级需要"的扩张;在第三章中,作者发挥了奈斯比特关于现代生活十个新方向的理论,通过对青年消费结构与消费文化变化的描述,揭示了我国青年开辟的"第十一个大趋势";在第六章中作者讨论了青年步入"第二心理断乳期"的危机与出路,其中对于青年心理、性别角色,职业收入、社区生活的落差,议论颇有精彩之处。该书定价1.90元,邮购外加0.40元,需购者,可邮汇至210013南京市虎踞北路12号江苏省社科院办公大楼110室胡兆刚收。

江苏省青年研究会推荐意见《重建人的时代震颤——青年生活方式变迁》
江苏省青少年研究所

　　推荐意见:
　　由叶南客等同志著的《重建人的时代震颤——青年生活方式变迁》一书,内容充实,材料丰富,观点正确,文笔生动,融教育性与可读性于一体;对于加强当今青少年思想工作有较强的现实意义,并对我国青年学的创建作出一定的理论贡献,值得广大青年和青年学研究者一读。

江苏省青年研究会
1990—8—15

唤起同时代人的共鸣
——《重建人的时代震颤——青年生活方式变迁》读后

原载《重庆青年管理干部学院学报》1989年第4期

蓝瑛波

青年沙龙系列丛书第一辑《重建人的时代震颤》一书与读者见面了。这是一部探讨当代青年政治生活、文化生活、消费生活和群体生活的青年学著作,展示了八十年代青年人的思想风貌,道德情操,理想追求和他们的人生态度。

青年学在我国尚属未被充分开发的生荒地,本书的问世则为青年学园地增添了一朵绚丽多彩的鲜花。书的两位作者几年来一直致力于青年问题的研究,对青年学有很深的造诣。他们用实证研究方法,深刻剖析了社会主义初级阶段青年的思想意识和观念的变化及其根源,阐释了当代青年困惑迷惘的因由,同时也勾画出了青年人向往的美好明天,以及未来青年人所具备的崭新的人格特征。

本书具有四个主要特点:1.观点新颖,不落窠臼;2.信息量大,资料翔实;3.可读性强,引人入胜;4.针对性强,覆盖面广,对各层次的青年都有启发和教育意义。

观点新颖体现在作者根据自己的研究成果,提出了"第五个现代化""边际人(或称过渡人)""第十一个大趋势"等观点,作者对"第五个现代化"赋予了比英格尔斯所说的"第五个现代化"更丰富更深刻的内涵。法国的精神之父让·莫内有一句至理名言"现代化要先化人后化物"。作者将第五个现代化这一主题自始至终贯穿全书,可谓作者独具匠心之处。作者还将青年生活方式变迁,青年生活取向化为两个系统(以后各章节的写作风格也大致如此),这样一来脉络更加清晰,更便于读者掌握当代青年生活方式的变化和特征,从总体上掌握我国青年自身现代化的进程,作者强调说,要想提高人的素质,加快人的现代化,就必须从改革现代人的生活方式入手。

信息量大表现在作者大量引用近年来有关青年工作、生活、思想的调查材料，其中包括国内国外的、各省各市的大型调查，而且多集中于青年参政意识、收支模式、消费方式等方面，这些材料为读者了解当代青年思想状况提供了依据。

可读性强体现在作者寓深刻的哲理于质朴简练的语言中，时而还配之以一些中外世界名著中的典型人物，使人读起来感到形象生动，也更易理解人生的真谛。

针对性强，覆盖面广表现在作者紧紧抓住青年人的心理，针对他们迈上社会所遇到的困难和困惑，作了极有说服力的回答。本书对各类型的青年都很适宜，不论是农村青年还是城市青年，都会从本书汲取大量营养的。

新世纪城市管理的新钥匙
——《战略与目标——城市管理系统与操作新论》简评

原载《书业导报》2000年2月25日第三版

朱 力

随着中国城市化进程的加快和21世纪城市现代化主题的日益突出，越来越多的城市研究者希望知道当前国内外城市管理的最新动向，越来越多的城市实际工作部门的同志希望学会有效的管理方法和手段，以适应日新月异的城市变更和发展。为此，东南大学出版社适时推出反映国内城市管理最新实践成果以及国际最新理论成就的《战略与目标——城市管理系统与操作新论》一书，为广大城市管理者送上了一把打开现代城市之门的理论钥匙。

该书在总结概括国内外城市发展与管理的最新理论与实践经验基础上，运用城市规划学、管理学、社会学、经济学、发展战略理论等多学科知识，对新时期中国城市管理的基本理论、内涵特征以及发展模式和战略取向进行了深入系统的探讨。全书由三部分组成，作者首先对城市变迁和管理理论与方法进行了概要性的纵向扫描，内容既涉及中外城市管理科学的流派沿革，又重点探讨了马克思主义的城市发展与管理理论，对有中国特色的社会主义城市管理理论建设作出了新的研究。第二部分，从宏观与微观管理的结合上，论述了我国城市管理中城市功能定位、城市分类管理、城市战略决策以及城市管理体制改革、管理模式优化、管理方法创新、管理评估指标体系设立等系列重要的议题。最后，两位作者从城市管理实务（操作）层面，面向21世纪，为我们具体揭示了现代城市中社会、经济、生态管理的内涵重点与方式方法，并提出了我国城市未来发展的三大管理战略及其实施方案。全书至少具有以下三个鲜明的特点：

系统性。该书实现了对80年代中期我国城市管理学理论体系初建时的超越，既有着内容信息的系统完整又有着学科体系的创新。以往国内的不少城市管理学书籍着重于介绍城市管理的内容和方法，本书站在城市发展战略的高度，以城市发展目标、管理目标为中轴，探讨了城市管理理论的来龙去脉、中国城市管理体制、管理机制的改革、管理目标指标的体系化设定、城市形象塑造、城市可持续发展等一系列重大的城市发展课题，并将这些新颖的内容组成了个完整的整体，脉络清晰、图文并茂地展示在读者面前。

前沿性。主要表现在作者熟知城市管理学科的发展脉络，又具备与之相关学科的较新、较广的知识积累，因而全书实现了多学科综合性、探索性与反映城市管理学最新进展的较好组合。书中融城市管理的最新理论知识与大量国内外城市管理实证资料于一体，视野开阔、信息量大，对我国当前的城市管理提出了诸多有新意的理论见解和切实可行的战略建议。

实用性。书中既有对现代城市管理内容、方法较深入的讨论，又附录了大量中外城市管理较成功的实例，特别是对城市微观管理机制、管理方法革新、管理指标研制以及城市具体管理实务等方面的论述，使人看得见摸得着，对广大读者特别是城市决策者和各类城市管理部门人员、城市建设与规划的研制及其操作人员、城市理论研究和教学工作者都将有所裨益。

《一个智库学者群体》

江苏省社会科学院编，社会科学文献出版社，2006年。

获奖成果简介：

边际人——大过渡时代的转型人格

叶南客著。上海人民出版社1996年7月出版。1997年获江苏省哲学社会科学优秀成果二等奖。

《边际人——大过渡时代的转型人格》由5篇20章组成。作者运用社会学、文化学、社会心理学以及现代化理论，对中国改革开放之后的社会经济全面转型进行了剖析，进而对社会转型背景下的由现代人的生活方式、价值取向变迁而共同促成的人格转型"边际人格"作出了全面深入、定量和定性相结合的学术探究。

　　现代化社会中人格转型的突出标志便是一种不同于以往各代人格特质的"新生代"的崛起。这种"新人类"曾被文化学者和心理学家称为"过渡人"，被人类学家称为"边缘人"，被社会学家称为"边际人"。作者通过对中国现代人格转型的深入研究，在本书中较早、较科学地对边际人格的内涵特征作出了解析，提出边际人格是现代化过程中人格变化发展中的新类型，它是个体在与急剧变化的社会文化体制、人际关系规范作用时，其内在心理要素发生矛盾、冲突、自我协调后呈现的多元交织的身心结构，它的文化特质在于跨时代、跨民族的生活要素融于一身，使人格具有过渡性、边缘性和易变性。这些特征不仅凝结在个体之中，而且积淀于一个社区、一个民族乃至一个时代的大多数公民身上。

　　在运用多种理论分析后，作者对边际人现象进行了结构性的分层分析，首先研究了二元结构社会中边际人格的多重二元效应"传统人格与现代人格的颉颃""理想人格与现实人格的落差""都市人格与乡村人格的对峙""东方人格与西方人格的冲突"等等；其次对当代社会中的若干社会阶层的边际趋向进行了理性描述，即当代知识分子的现代化态势、农民工群体的边际效应、青年一代的领潮风采、中国女性的人格进步特征。在此基础上，作者提出了"转型动力论""转型机制论""边际人的发展轴""边际人的发展极"等一些创新的理论观点。

　　本书出版后，《中国青年报》《社会心理研究》《新华日报》等报刊纷纷刊载书评，书中的一些篇章在《社会学研究》《青年研究》等权威期刊发表，有多篇被中国人民大学复印报刊资料转载。

评叶南客等著《中国区域文化竞争力研究》

原载《学海》2009年第2期
潘知常

　　叶南客研究员等的新著《中国区域文化竞争力研究——走向文化强省的江苏之路》，是江苏省"十一五"社会科学规划重点项目《提升文化竞争力,实现向文化强省的战略转型》的最终成果。此项成果被选入江苏省委宣传部主持编纂的《江苏文库》,2008年11月由江苏人民出版社出版发行。承蒙作者惠赠,得以先睹为快,读之获益匪浅。

在科学发展观的指导下,目前,"文化强省""文化强市",已经逐渐成为各级政府的共同目标,而增强文化软实力、提升文化竞争力,更是其中的发展重点。就江苏而言,作为一个文化资源丰富的大省,在经济全球化的背景下,要走向世界,也必须提高国际影响力,而这就亟待以体制机制创新为重点,采取正确的文化发展战略,解放和发展文化生产力,提升文化竞争力。也因此,"提升江苏文化竞争力",就成了一个十分有意义而且颇具挑战性的研究课题。令人欣慰的是,叶南客研究员作为我国文化学研究的知名学者,不失时机地迎难而上,带领南京市社科院同仁,推出了《中国区域文化竞争力研究——走向文化强省的江苏之路》的新著。它以竞争力理论为基础,通过对文化竞争力理论内涵的剖析,从全新的视角对文化竞争力评价模式进行了大胆的探索与尝试,构建了区域文化竞争力指标体系,为各区域测评自身的文化竞争力状况提供了理论基础和操作方法,给人以耳目一新的感觉,应该说,是当前国内对区域文化竞争力评价模式进行专门研究的一部力作。

与国内的同类书籍相比较,从指标体系测评的角度对"区域文化竞争力"进行实证研究,在我看来是该书的最大特色。该书的结构分为发展理念、理论源流、指标体系、全景比较和战略选择五部分,共27万字,采用文献收集和实证研究相结合、定量分析与定性分析相结合、整体研究和具体产业研究相结合、综合研究与个案研究相结合的研究方法,多角度、多视野、纵横交织地对文化竞争力进行了深入研究。

首先,该书基于"软实力——竞争力"关系的角度对区域文化竞争力的概念进行了新的界定和诠释。该书认为,"文化竞争力",是指一个区域在经济全球化和区域一体化背景下,与其他区域比较,在文化资源要素流动过程中,所具有的抗衡甚至超越现实的和潜在的竞争对手,以获取持久的竞争优势,最终实现区域文化价值的能力。在此基础上,该书全面阐述了区域文化竞争力的本质特征和涵盖要素,并构建了文化竞争力的理论框架。

其次,该书以《国家"十一五"时期文化发展规划纲要》的内容分类作为逻辑基础,以增强区域的创新能力和可持续发展能力作为出发点与归宿点,多方汲取竞争力理论的学术养分,根据江苏省"十一五"文化发展规划的目标要求,开创性地设计出了"区域文化竞争力指标体系"。该评价指标体系覆盖范围较广,由基础竞争力、公共文化服务与传媒竞争力、文化资源与文化产业竞争力、人力资源与文化创新竞争力、文化消费与生活质量等五个一级指标,经济竞争力与对外文化交流程度、文化资源竞争力等8个二级指标,文化产业增加值、人均公共图书占有量等24个三级指标构成,能够比较全面地反映区域文化竞争力的状况。同时,评价指标体系所依据的指标数据来自统计年鉴,因而避免了由于软指标(调查数据)的不足而导致的不良评价结果,从而使该研究对区域文化竞争力的评价和排名更加科学合理,也更具说服力。

再次,该书对江苏文化发展现状和水平进行了全景性观照。依据创建的"区域文化竞争力指标体系",该书对全国31个省、直辖市、自治区,全国15个副省级城市和省内13个省辖市的文化竞争力进行了多角度的定量分析比较,从而对于江苏的文化竞争力现状做出了准确的定位,并且进而探讨了江苏文化发展在全国的定位以及自身的缺陷与不足,提出了针对性强的文化强省的路径选择与对策建议。这样,该书就既为政府和有关部门及时、全面、准确地掌握整个江苏省地区文化竞争力情况提供了一种科学的分析和测量方法,也为政府制定相关的文化产业和文化事业的发展政策提供了理论依据。该书"测评"体系的研究得到了各界的关注和好评,如文化部有关领导对此做了重要批示,认为"研究报告'文化竞争力的界定及指标体系的构建'有现实意义,较好的基础,希望继续深化研究";江苏省委的领导认为"该比较研究很具体、很深入、很有启发,望依此听取有关专家及部门同志的意见,结合'文化强省'的总体目标,提出进一步增强文化竞争力的具体举措",等等。

最后,从实践层面上看,该书是对江苏实现由"文化大省向文化强省"战略转型的积极回应。通过对江苏文化实力的测度,该书将抽象理论演绎与具体案例分析相结合,把国外引进的新的学术成果与自创的文化竞争力理论框架分析相融合,突破"文化竞争力"规范性研究的囹圄,提出了"率先实现文化现代化、文化国际化、文化产业化、文化平衡化,促进文化与经济互动发展、事业与产业齐头并进,城市文化辐射农村,使文化发展成果普惠于民"的文化发展战略目标。因此,也具有很强的现实针对性。

当然,作为一个新的研究领域开拓、一种新的评价体系的建立,不可能一开始就达到成熟地步。有些理论观点还有待完善,如指标体系中没能将意识形态、农村文化和一些发展性指标纳入指标体系,这给该书的定量分析造成了一定的欠缺。但无论如何,该书理论创新的精神和勇气,严谨的治学态度值得首肯。文化竞争力毕竟是一个崭新的研究领域,我们不能苛求一个理论一诞生就完美无缺,也不能苛求作者在该书中解决和回答所有问题。作者所做的努力探索和大胆尝试毕竟是非常可贵的,值得所有关心文化竞争力研究的人细细品鉴。

作者简介:潘知常,南京大学教授。

〔责任编辑:沈磊〕

《江苏社会学史》

储兆瑞编,南京大学出版社,2000年。

叶南客简介

男,1960年8月生,江苏淮阴人。1982年毕业于南京师范学院中文系,获学士学位,同年参加武汉华中工学院社会学研究班学习。历任江苏省社会科学院社会学所研究室主任、副所长、所长,现任省社科院副院长、研究员,兼任江苏省可持续发展实验区专家组成员、江苏省经济社会发展"十五"规划专家组成员、江苏省哲学社会科学规划专家组成员、中国社会学学会理事、江苏省社会学学会副会长兼秘书长、江苏省妇女学研究会副会长、江苏省交通经济学会副会长、南京市社会学学会副会长、南京市青年联合会副主席、南京市人民代表大会立法咨询小组成员等。

主要著作有:《重建人的时代震颤》《现代化与社会主义新人》《社会治安综合治理与中国现代化》《边际人》《中国人的现代化》《战略与目标——城市管理系统与操作新论》等;发表各类论文、调研报告300余篇(含合作)。其成果获国家级和省市各级科研奖励20多项,其中有中国科学院、中国社科院、共青团中央颁发"中国青年科技论坛"特等奖一项,共青团中央"五个一工程"入选作品奖,全国中青年改革发展优秀成果一等奖,省哲学社会科学优秀成果二等奖三项、三等奖二项,省"五个一工程"入选作品一等奖二项。叶南客1996年被江苏省政府授予"有突出贡献的中青年专家"称号,1998年被推选为江苏省"333跨世纪学科带头人"培养工程的第二层次人才,同年被授予江苏省"优秀哲学社会科学工作者"称号。

第六篇　诗词选

井冈山即景

原载《学习与传播》2012年第3期

　　四月芳菲春意浓，
　　井冈叠翠杜鹃红。
　　潺潺流水小道远，
　　猎猎红旗五指峰。

忆秦娥　黄洋界

原载《学习与传播》2012年第3期

　　军号吹，
　　万里征战人未归。
　　人未归，
　　杜鹃啼血，马蹄声碎。

　　八十五载风雨催，
　　莺歌燕舞春又回。
　　春又回，
　　挑粮道上，心往神追。

2012礼赞

原载《学习与传播》2013年第1期

　　举国庆新政，
　　民主促民生，
　　美丽中国梦，
　　纵马万里程。
　　笑别末日谈，
　　高扬复兴论，
　　挥手自兹去，
　　龙飞又一春。

贺新年

原载《学习与传播》2014年第1期

叶舞栖霞惊晨钟,
南国俏梅醉春风,
客来客往蛟蟒去,
祝你祝他情谊融。

马踏飞燕描锦绣,
年关轻度笑从容。
大爱人间小桃源,
吉祥绘就中国梦。

《核算人生》读后

原载《诗家》2014年12月第2辑139页

核查一世身匆匆,算却百载影朦朦。
人人同趋名与利,生生不息亦虚荣。
常恨举步未杜渐,修性回首也成功。
上下千年看似梦,善思善行得善终。

贺羊年

《诗家》2015年8月第4辑124页

瑞羊踏冬姗姗到,
未年催春漾漾潮,
傲恭梅兰枝枝俏。
长贺千年人人梦,
心大天大求大道,
鹤吉万里偏偏翱。

元宵追梦

《诗家》2015年8月第4辑124页

三年新政康庄谋,
羊体嵇心汇风流。
开局煌煌筑盛世,
泰然处处祛民愁。

渐行渐远驭飞舟，
　　入情入胜之江头。
　　佳境佳音梅兰俏，
　　境里境外写春秋。

金湖爱莲说
原载《学习与传播》2015年第4期
　　花莲美故乡，
　　藕莲慰衷肠，
　　子莲佑人康，
　　清廉洁官场！
（科普一下：莲共三大类…………花莲、藕莲、子莲，清廉为其文化延伸）

七月赏莲
原载《学习与传播》2015年第4期
　　江淮七月独爱莲，
　　子香藕俏花中仙，
　　清风深处催人醺
　　无穷碧里不忍眠。

丁酉何处寄景
（调寄南吕·金字经）
原载《学习与传播》2017年第2期
　　金凤迎暖春，
　　寒梅浮暗香。
　　灵猴辞岁别旧霜。
　　畅，一池涌动春荡漾，
　　风送爽，
　　明日更芬芳！

破阵子·立言求真
——为《南京社会科学》杂志贺新春而作
原载《学习与传播》2017年第2期
　　观学海千帆争，

辟蹊径破八阵。
穿云拨雾敢立言,
漫卷诗书唯求真。
畅抒社科魂。

觅佳作归一本,
金鸡啼报三春。
铁砚磨穿百万篇,
勇冠华夏更前层。
新年贺同仁。

送旧迎新咏
原载《学习与传播》2018年第1期
一季秋韵一场冬,
七彩芳华七绝咏。
一路耕耘一年丰,
八柱垒起八方颂。

戊戌贺春　调寄南乡一剪梅
原载《学习与传播》2018年第2期
青柳拂残雪,金鸡辞旧朝天阙。
瑞犬迎春正腾跃,蹄声急急,欢语急急。
举盏送离别,笑吟芳华庆佳节。
万物复苏从头越,期盼切切,初心切切。

雨花慰忠魂
原载《学习与传播》2018年第2期
春日洒雨春亦悲,
风轻絮舞风带泪。
红尘滚滚情与义,
花雨滴滴千古垂。

鹧鸪天·感恩良师学友

原载《学习与传播》2018 年第 6 期

香桂喜讯伴深秋,
紫金名家逐风流。
江南学子初心在,
追梦少年渐白首。
志未央,愿将酬,
书山有径须勤游。
同舟倍感良师友,
学海无涯瞻高楼。

浣溪沙·贺新年

原载《学习与传播》2019 年第 1 期

二水中分白鹭洲,
林深鸟欢咏枝头。
一曲红箫不知数?
久久为功年年歌,
如诗如梦谱春秋。
意往神驰逐高楼!

渔歌子·己亥迎春

原载《学习与传播》2019 年第 1 期

晨雾冷,冬阳觅,乌金携春拂残雪。
人烟稀,车马歇,乡愁迢迢唤离别。
拱手处,中国揖,红绡绿袄映佳节。
秦淮梦,香郁烈,应天如歌岁月。

第七篇　随园记事

《我们77级》，钟文主编，南京师范大学出版社，2008年

随园日记五则

叶南客

叶南客，男，1960年8月生，汉族，江苏省涟水县人，大学文化，文学学士。现任南京市社会科学界联合会主席、党组书记，南京市社会科学院院长，研究员。第十四届南京市人大常委，国务院特殊津贴专家江苏省有突出贡献中青年专家，省"333工程"科技领军人才。

（按）我素有写日记的习惯，自1975年2月至今，整整33年间日日不懈，因特殊原因漏记的亦不超过33天。昨天中午（2.16）一帮同学聚会，席间"同学入学30年大庆"的发起人之一薛和问及我们的作业（每人交一篇学生时代的回忆文章）时，我虽惊呼数月来繁忙全然忘了此等大事，但也因有大学4年的"流水账"在手而不至于惊慌失措。今晨为赶写校园生活的感人之文，我翻出了6本微微泛黄的日记，却不料整个身心一下陷入了在随园求学的1500多个日日夜夜的时光隧道之中。最后一页日记合上时已是万籁无声的深夜。再想提笔时，许许多多的感动之事、感怀之人、感人之场景如浪涛拍岸，让我无法选择无法落笔。也罢，干脆偷懒，我决定在入学报到第一天到毕业典礼的最后一天期间每年随意摘出一篇以作"典型环境中的典型案例"。这样既能勾起对逝水流年的回想，也合乎当下的一种时尚——追求原生态的吧。

1978.4.8.（周六）晴

上午妈妈陪我到南师报到。进了校园，我心中便非常地爱上了这个未来的母校。她打扮得花枝招展：在习习春风的吹拂下，桃花、迎春花争相吐艳，显得格外生机勃勃，平坦的柏油路上时不时走过一两个手拿书本或口背外语的学生，两旁草坪上、树荫下、花草旁、清流畔、小溪边也走着或坐着不少青年学子。我们经过了中文系，到了饭堂外的大敞篷下，报了名，交了入学通知书、照片以及必要的东西，填写了学生登

记表,双手接过了洁白的底鲜红的字的校徽,老师通知我们下周一上午7点半到校开会,我们便怀着既愉快又舒畅的心情留恋着两旁校园的大好春光走了回去。可我在回家的路上心情又不由沉重起来,因为在刚才报到时我发现有好多岁数比我大得多的同学,可能在这里我算最小了,因此我的学历经验以及脑子的发达都远不及他们。所以我不得不紧张起来,到学校后,我的成绩一定是要落在后边,我必须要下大力气才有可能赶上他们,否则我就无法挽回因年纪弱势而一时成绩跟不上的面子了。我对我自己下了个命令,也是我的决心:一定要奋力赶上去,不达目的,决不罢休。

1979.9.5.(周三)雨

中午和张亚青、许建军等到人民剧场看了场新片子:《甜蜜的事业》,感到有所创新,较好地达到了创作的目的,但也有缺点,如不自然、做作,宣传色彩太明显等,但不失为一部好喜剧。

下午回学校,进行了班委、团支部改选,班干部:徐凯、罗德真、吴长琪、池天亮、庞瑞英、莫彭龄、刘芳;团干部:张亚青、张雨仁、李益民、屠新、黄晓晋。我被投了3票,还不丢人。

唉,人生,你在青年人中就开始散布了复杂的因素,现在的青年比过去的青年爱用脑子。显然社会进步,人们发展得也快,绝不会像以前那样简单淳朴了。

1980.2.5.(周二)晴

图书馆开得真早,我天未全亮6:50到了那儿,已有不少人,尤其是李大定吸取以往教训,今天连早饭没吃就来了,真够钦佩,都是为了更好地学习。

邵元礼在我的信纸上给我写了首诗,《赠Y君》:"文学坎坷多蹒跚,孩儿福中何知甜?金陵寒窗范进苦,一梦惊来桃花源。"

为了许建军、陈南二人的《文学的基本原理》,我整个一个上午没有复习备考,让他(她)们把掉的书转到借书证上,完成了我这个课代表(文艺理论)的最后一点义务。姚宝红也真够精的,她就是不肯付赔书的钱,我准备以后要有此书的话替她还了算了。

从柳比歇夫那里我知道了应该抓紧时间,可毕竟是"纸上谈抓",而芮习宁告诉我的方法却很值得借鉴:每天晚上,想想明天应干些什么事,这样第二天的时间调配就显得很合理有效,因而一下子成了时间的主人。像我现在这样乱复习,时间上不自觉地耗去很多,真可惜,亡羊补牢吧。我只有成为时间的主人,才能成为艺术的主人、事业的主人。

1981.6.4.(周四)晴

下午,我和江锡民、戴心平等十多位同学在中文系前的草坪上,协助唐圭璋教授拍摄电视纪录片。这还是我第一次上镜头呢,然而我的表情却挺自然,即使是在做样子也装得像那么回事——全神贯注(听课)。过后我们当即看了我们的录像,我看到电视中自己的手在随着唐老的昆曲调子,一下一下地打拍子呢,哈哈,也算为母校作了点贡献了。

1982.1.5.(周二)晴

今天才真正是生命的转折点的标志。

一大早我们就开始提心吊胆了(为宣布分配去向)。上午八点在院小礼堂举行毕业典礼,由院党委书记杨巩做了总结报告。接着教师代表和学生代表也发了言。

图书馆的冷老师还想着我,托人带信要我去玩玩,我便开会到一半时就跑了出来。刚好谈凤梁老师把我拦住,对我说了有关协助做好齐贯之分配的思想工作的一席话。齐同学因父亲原因未能分配随他所,这次被分在幼儿师范,他情绪很不好,谈老师知道我和齐关系较好要我帮忙,老师这时候还在关心同学,我也挺感动的。

然后我到了冷老师那儿,向冷、钱、封老师辞别,图书馆老师对我印象都挺深很好,认为我看书多、学习不错,希望我常去玩,特别是冷老师还把她的家庭地址开给我,使我感到一个学生能和其图书馆老师相处成这样,真是……

十点过后最后的审判来临。吴为公同志先又作了一番动员,后宣布名单。不出意料,我定为新闻研究所了。听了后心里别具一番滋味,很是矛盾,要说好吧,留南京而且是个安分的工作;要说不佳吧,我本身不喜欢新闻哪想去研究什么新闻!还不如到电台当记者呢,那儿又简单,又光荣。分配满意的是吴长琪(他还要说牙疼话呢)、小许和徐宝森夫妇。哭丧着脸的是唐绪军、许松铭和张圣泉等等。张亚青虽然也不高兴,但思想准备做得好。

下午依然用打牌消磨了最后的时光。黄昏时我们领到了毕业文凭和报到证等物,向南师行了最后的注目礼。

十四年寒窗生活真正地过去了,我的学生时代真正过去了。人生的正文真正在我面前翻开了。

随园旧事
——访南京师范学院校友叶南客

原载《南京师范大学校友通讯》2012年第6期

许俊伟

【叶南客,男,1960年8月出生,江苏省涟水县人,中共党员,大学学员,毕业于南京师范学院中文系,南京市社会科学界联合会主席、党组书记,南京市社会科学院院长、研究员,第十四届南京市人大常委,国务院特殊津贴专家,江苏省有突出贡献中青年专家,省"333工程"科技领军人士,中国社会学会常务理事、中国城市社会学会副会长,河海大学教授、南京师范大学教授,博士研究生导师,曾任江苏省社科院社会学所研究人员、副所长、社会学所所长、江苏省社科院副院长。】

引子

1977年,一个历史的标志。恢复高考招生,这对一个十多亿人口大国是一个喜庆而悲壮的历史时刻。

77级以"老三届"为主体。独具鲜明中国特色的"老三届",这代人与共和国一起长大,以最赤诚之心追随信仰,却厄运丛生,颠簸崎岖:在身体发育最需要食品之时却遭遇"天灾人祸",缺吃少穿,稚体摧残,在最求知识之际却为"文革"史无前例地阻断学业,又为"上山下乡"运动驱赶,沦落异乡,被迫重体力劳作,在最渴求进取的黄金年华,却因"阶级斗争"狼烟四起走投无路,报国无门。恢复高考,震动全国,给这代人带来命运之转机,以成绩分优劣,以分数决取舍,燃营营布衣之进取希望,唤泱泱国度之公平理想。

77级大学生年龄相差最大达15岁左右,拖儿带女,胡子拉碴的三十岁上下的"老三届"占比例最大,他们曾在社会最底层苦苦挣扎,繁重劳作之余捡回书本,挑灯夜战,以扎实的功底取得优异的成绩,带着惊喜、含着热泪走进大学校园。77级之中亦有青春的十七八岁的应届中学生,他们人数不多,却为之增了不少青春活力,四年大学的生活风云别致,有父子同窗,姨侄同学之空前情景,更屡现深夜厕所捧书攻读、电线杆下看书之奋发景况。叶老师便是这具有里程碑意义的77级中的一员。

求学篇

当时,叶老师以应届高考生的身份参加了这场史无前例的考试。也许是命运使然,作为恢复高考后的第一届考生,对于填报志愿并不太懂的他,报考了南大图书馆系和中文系、南师大的中文系,最后顺利地被南师大中文系录取。

翻开泛黄的日记本,上面如是写道:"她打扮得花枝招展:在习习春风的吹拂下,桃花、迎春花争相吐艳,显得格外生机勃勃,平坦的柏油路上时不时走过一两个手拿书本或口背外语的学生,两旁草坪上、树荫下、花草旁、清流畔、小溪边,也走着或坐着不少青年学子"(1978.4.8)。这便是南师给叶南客老师最初的印象,在这里,他将经历这辈子最难忘的1500多个日日夜夜……

叶老师学习的是新闻专业,即当时南师院(今南京师范大学)中文系和新华日报社联合办的新闻专业。新闻专业分成4个小组,每个组并到中文系的4个班里,前两年和中文系上的课程完全一样,三年级以后的课都是在新华日报社上。因此新闻专业的同学跟中文系的所有班关系都很好,都很熟悉。新闻专业学的课程要比中文系多一些,除了古代文学、汉语、外语,还有新闻摄影、新闻评论、新闻特写、新闻采访等课程。在采访中,叶老师笑道:"中文系的其他同学都很羡慕我们能学到那么多有趣的东西,大学三年级的时候我就在新华日报社实习,撰写了许多新闻稿在新华日报上发表。还有件有趣的事儿是:我在南京工作了30多年,意外地遇见了当年我的第一个采访对象,当时他是华电的'技术革新能手',我采访他如何治理污染等等。他竟然还保留着那份报纸并且特地找来给我看,真令人难忘啊。"

除了专业上的学习,叶老师有个最大的爱好,那便是阅读,大量的阅读。叶老师在大学期间读了400多本书,算下来每年要读100多本,平均起来每4天就要读完一整本书。叶老师最喜欢读外国文学,像俄罗斯、法国文学还有欧洲一些国家的文学作品都为其所爱,巴尔扎克、托尔斯泰、伏尔泰、雨果都是叶老师当年崇拜的对象。80年代还不像现在经常要写论文,在当时很多大学生眼中可能没写论文的概念,而叶老师在大学时就在《名作欣赏》发表过一篇关于巴尔扎克的论文:《巴尔扎克笔下的"善"——从〈无神论者做弥撒〉说起》。

毛主席说过"身体是革命的本钱",叶老师在大量学习的同时也十分热爱体育运动,单杠双杠是他最拿手的。叶老师进南师报到的那天,经过体育系门口,看到很多体育系的同学在玩单杠,由于才到大学,有些兴奋就想上去试试,结果他上了单杠后那行云流水般的动作,看得所有体育系的学生目瞪口呆。

一旁的体育老师问叶老师是哪个系的?说干脆到体育系来吧。很多年后,叶老师遇见原来中文系的同学,也许是时间太久了,记不清名字甚至没什么印象了,但只要叶老师提到经常玩单杠的那个,当年的同学们就都一拍脑袋道:"原来是你呀!?"

南师中文系的雄厚师资在当时可以比肩全国任何一所名校,唐圭璋、孙望、徐复、许汝祉等一代宗师都给叶老师他们上过课。除此之外还有一些任课老师给叶老师留下了极深的印象,比如讲古代文学的谈凤梁老师,有着一股名士派头,古典文学功底很深,上课片纸不带,便能围绕教学主旨,条分缕析,引经据典,信手拈来,比如在课上讲《红楼梦》时能在黑板上大段地默写红楼诗词,并且能写出书法一般的板书。而且在黑板上写了那么多板书后,他能用剩余的十几分钟,以过人的口才纵横捭阖,议论风生,把课讲得清楚,讲得精彩,从来不会超时。这些都要依赖于谈老师那深厚的知识功底和高超的教学水平,以致后来他的许多学生在为人之师后都模仿着谈老师的教学风格。

还有教文艺理论的王臻中老师,他思维缜密、措辞严谨、不苟言笑,颇有学者风度。他眼睛炯炯有神、不怒而威,说话完全是书面语言,经常以非常复杂的句型,把所有要表达的意思修饰限定得非常严密,没什么人敢在他的课上不遵守纪律或者心不在焉。有这么一件"小事"让叶老师至今记忆犹新:叶老师是王臻中老师的课代表,有一次考文艺理论的时候,叶老师恰好生了肺病,没办法去参加考试。到了第二学期,需要补考,按理说考试肯定得有个考试范围,但王老师没给任何复习范围,叶老师当时就很纳闷:"怎么着自己也是课代表唉,不说给点'优惠',也要有个复习范围呀?"但是老师就真一点范围都没给。他对叶老师说道:"这样子,你广泛地看一下我那本《文学概论》,写几篇文学评论的文章,然后挑一篇最好的给我。"叶老师意识到王老师主要考察的是基本功，不像其他老师的考试就是机械地背诵一些原理，一些概念。因为那是三十年前，思想比较僵化，很多都是机械性的教与学，可不像现在有素质教育。通过写一篇文章来评价学习功底、算作一次考试，在当时几乎是难以想象的，这种开放的思想以及不拘一格的教育方式可以说影响了叶老师的一生。

笔者问道，能不能概括下南师的教育培养模式？叶老师很果断地回答道："这个不能概括。"叶老师解释道，他们那个时候的南师大刚刚从一所工农兵学院转变为普通大学，77级是第一届，当时还处在转型阶段，很多东西都在探索之中，那时候的教育培养模式还是一种探索中的模式，有很多创新。比如叶老师所在的新闻班就尝试了学校与报社合作进行人才培养。所以当时各个系的培养模式可以说是截然不同，无法总体上概括。但是总体上老师们比较强调学生的综合素质，所以这种转型期的培养模式具有探索性、创新性，可以培养学生的探索精神和创新精神。正是这种培养模式对叶老师后来的事业产生了很深刻的影响。他之所以能在后来完成转型，就是因为当年那种具有开放性、探索性、创新性的学习。

工作篇

在准备采访的时候，笔者一直在纳闷一个问题："叶老师是中文系新闻专业毕业的，怎么现在是社会科学院的院长呢？那么他大学所学不是没能物尽其用吗？"

后来，笔者在采访中才了解到，叶老师在中文系毕业以后被分配到江苏省社会科学院，在那儿工作不久，大概是一个月以后，得到了一次很好的学习机会。社会学因为一些历史原因停滞了许多年，为了恢复社会学的发展，培养一批社会学骨干，当时中国著名的社会学家费孝通先生在武汉开办了一个社会学的研习班。本来南京社会科学院是推荐叶老师的大学同学陈颐去参加学习，但由于后者当时正准备结婚就放弃了，于是叶老师就得到了这宝贵的机会，独身一人，沿长江逆流而上，到武汉的华中理工学院（现华中科技大学）开始学习社会学，当时叶老师年仅21岁。这个社会学研习班从1982年的3月份开始到6月份结束，班上共有百十来人，其中最大的学生64岁，最小的就是叶老师，后来这批学员就成了我国改革开放后社会学发展的中坚力量。

在武汉的学习结束后，叶老师非常幸运地跟随费孝通在江苏进行小城镇研究,经常在苏南苏北各个地方开展调研。叶老师负责为费老讲话进行录音,再整理发表。费老亲自指导叶老师如何开展调研,如何写文章、报告,以江苏小城镇研究为范例,几乎是手把手地教学,这样叶老师的社会学水平飞速提升,很快完成了从新闻专业向社会学专业的转型,成为他人生的一个重要转折点。叶老师说自己在社会学上的快速成长得益于生逢盛世,当时是江苏社会学发展的最好的时期,还要非常感谢费孝通老师的悉心教导。曾经有一篇文章统计了全国社会学界从80年代到90年代的学术著作,叶老师发文数量全国第四。十多年中叶老师就写了500多篇文章,20几本著作,在社会学界的成果是令人瞩目的。

  叶老师的社会学研究主要围绕每年省委市委都会下达的一些课题,比如"江苏文化大省"等等,社科院每年也要设立一些重大的课题。接着围绕这些课题,叶老师就组织他的学生和研究人员共同研究。叶老师认为社会学不搞个人研究,研究离不开集体的力量,而且是多学科、多视野进行研究。最近叶老师在研究南京如何率先实现基本现代化,需要从经济学、统计学、人口学、社会测量学多角度出发,叶老师组织的团队还有统计局、发改委多部门的同志。

  叶老师当时跟费老一起学习的时候,有这么一种观点:在社会学研究中,必须要有一些社会学的视野,或者用社会学特殊的体系来观察一个事物,但真正在面对一个事物,需要研究它的时候,一定不能囿于某个单一的学科,必须要有多学科的视角。叶老师之所以能很快地从新闻专业转型成社会学学者的原因,就是社会学与文学是以不同角度研究人和人与人的关系,而叶老师在大学期间又学了心理学、哲学,这种多学科的思维是叶老师工作的强大助推器。

指引篇

  谈到大学学习,叶老师认为学习分为两种,一个是规范学习,一个是"野犊子"学习。规范学习就是学习老师教的东西,毕竟是千百年流传下来的一种学习规律,并且老师更加注重方法传授,应该更加注意学习方法,而不是仅注意某个知识点。叶老师形象地把自主学习比喻成"野犊子学习",就是自己创新,是规定动作和自选动作相结合,并且一定要有自选动作,就是那些突破常规的东西。如果全部按照规矩学,就不可能有个人创新。牛顿的老师没有教牛顿万有引力,牛顿不也通过个人创新、突破常规,才发现了万有引力定律吗?大学嘛,对于本专业的东西必须要认真学习,并且需要多读一些课外书,古人云:"工夫在'师'外",所以理工科的同学应该多学一些文科的东西,文科的同学也应该学一些本专业以外的东西,比如学经济学的学社会学,学社会学的学点逻辑学,学点心理学。大学时期是一个知识全面构建、扩充的时期,这个时候人的大脑最为发达,记忆力好,求知欲也很强,无论在生理心理上都是最适合学习的时期。叶老师拿自己举了个例子,他在大学时不仅学习本专业的知识,还大量阅读外国文学作品,同时还学习作曲,研究欧洲的歌剧,学习围棋、国际象棋,训练单双杠,凡是感兴趣的好奇的就都尝试一下,广泛学习,自己上大学听课倒没有花太大的劲,在班上成绩不算最好的,但由于涉猎广,小有名气,并且为自己以后的发展奠定了坚实的基础。

叶老师还强调了一点,就是人生要有计划:一个学期要有一个学期的计划,每一天要有每一天的计划,今天要把明天应该干什么事情想好计划好,第二天把计划好的事情做完了,就有了自由的空间,不会担心漏做了什么事,而且做事效率会很高。

叶老师也很关注现在类似商学、法学等热门专业人才已经饱和但仍有大量学生报考,而较冷门基础性学科却少有人问津这一现状。他认为对于基础理论研究,国家要进行扶持,一个国家不能太过于强调实用性,在学科建设上不能太急功近利,对于基础学科像数学原理、哲学、社会学,在财政上要补贴,在政策上要扶持,社会也要给基础学科留有一席之地。拿哲学举个例子,俄罗斯、德国、英国对于哲学非常重视,它们非常看重这些人才,并且给他们很好的待遇。一个国家如果没有深层次的科学思考,没有这样一些基础理论,没有一些人文的研究,就没有了灵魂。反过来作为一名学生,即使大部分人都去了热门专业,也应该能做到"抱紧冷板凳"。当年,著名历史学家范文澜先生说过:"板凳要坐十年冷,文章不写一句空",正是需要有这样一种学术精神。当然也应该结合实际,不要当真把自己关在象牙塔里,"两耳不闻窗外事,一心只读圣贤书"。应该在学好本专业以外做到一专多能,学会自己适应社会。

当然对于学校来说,教学课程的设置也应该是开放性的。在专业的教学之外,也要给予学生更多社会实践、社会实习的机会,与社会的发展相结合。还有就是专业设置也要了解社会需求,不符合社会需求,设定大量的冷门学科,那肯定不行。此外,学校应该具有前瞻性,要能预测未来社会发展需求,在此叶老师形象地打了个比方:"今年高铁是个热门,各个院校拼命发展这项专业,到了四年以后发现高铁需要的人才早就饱和了。所以现在应该发展航母专业,要培养航母人才,在四年后才能派上大用场。"教育结构和专业设置内容都要走在社会前面一拍,最少也要半拍,这样培养出来的学生才能为社会所亟需,如果学校、学生始终跟在社会后面,跟在热点后面,那么就不会有未来。

叶老师说目前社会仍处于转型时期,从积极意义上讲,现在的大学生具有更多创新能力,有全球化的视野,信息化程度高,可以学到他们的家长前辈所没有接触到的知识、信息,所以更能适应现代化。但同时这也给大学生带来一系列的消极影响:当代大学生对于中国优秀传统文化不是很了解,外语水平可能远高于古汉语水平。叶老师补充道:"现在大学生大部分从小就开始学外语,学得很好。而中国的传统文化比如古汉语、《三字经》《千字文》《百家姓》基本都不会背。而我们那个时候《三字经》倒背如流,《离骚》《琵琶行》《葬花吟》这些都能背下来。真正像梁启超那一代,费孝通那一代,甚至谈凤梁那一代,对于中国的传统文化都有很高的造诣。"当代学生的西学功底普遍比中学功底要深,对于中国传统文化有所欠缺,叶老师认为良好的现代人格,既要有传统文化的优秀方面,又要有西方文化的优秀方面。

面对这种状况,叶老师认为这关系到核心价值观的建立问题,哪些是好的,哪些是不好的,哪些是先进的,哪些是落后的,哪些是我们要接受的,哪些是我们摒弃的,首先肚子里得有"货",这样才能进行选择。现代化过程中传统文化要进行学习,只有掌握了它才能知道什么是精华、什么是糟粕。如果连《论语》都没看过,《道德经》都没学过,如何能分辨哪些是精华呢?叶老师觉得我们当代学生需要补课,中国传统文化这一课。中国传统文化是中华民族的根,现在反过来说韩国人、日本人、新加坡人,他们对于中华传统文化竟然传承的比我们还要多,他们竟然想把中秋节宣称为自己的非物质文化遗产,连孔子都被说成是韩国人,这都是胡扯!不过客观上这些国家的确是继承了中国的传统文化,现在我们倒是把自己传统文化给丢了不少。现在中国把孔子学院洒向全世界,但中国的大学生有几个能认认真真地把那薄薄的《论语》读完?现在的学生甚至是所有人都应该善于学习国家最先进的思想文化精髓和科技精髓,同时要补中国优秀传统文化的课,只有把自己的根扎牢,才能去别国传授知识,才能识别良莠,才能成为一个健全的人。

后记

非常有幸能够采访到南京社科院院长叶南客老师。作为一名社会工作专业的学生，能够采访到社科类研究院的院长，真是万分荣幸，这也是一堂非常有意义的课。采访前期我特地翻阅了叶老师的著作，从中汲取了不少养分，做了很久的准备。本来还有些紧张，毕竟这是我人生中第一次很正式地采访别人。可我刚到社科院就受到了叶老师热情的迎接，真是让我有些受宠若惊了。在与叶老师的交谈中，经常能听到他爽朗的笑声。叶老师非常平易近人，没有丝毫长辈的架子，呈现出很强的亲和力，让我本来还很紧张的心情瞬间就放松了下来，一个多小时访谈就像是朋友之间的聊天，几乎是眨眼之间就过去了。叶老师的教诲还在耳边回响，采访过后，我没有就此作罢，而是开始给自己补课，补中国传统文化的课。我意识到，作为一个中国人，必须要先学好自己文化中的精华。这次的访谈让我获益匪浅，甚至可能改变了我人生的轨迹。

最后祝叶老师身体健康，工作顺利。祝南京师范大学 110 周岁生日快乐！

文：许俊伟

学术年谱

1978 年,18 岁
通过高考进入南京师范学院(现南京师范大学)中文系新闻专业学习。

1980 年,20 岁
第一次在新华日报公开发表《刻苦钻研锁"黄龙"》人物通讯。

1982 年,22 岁
获南京师范学院文学学士学位,毕业分配至江苏省社会科学院社会学研究所,从事社会学相关科研工作。
3 月至 6 月赴武汉参加中国社会学会举办的社会学研究班。

1983 年,23 岁
取得研究实习员职称。
在《名作欣赏》发表第一篇学术论文《巴尔扎克笔下的善》。
在《国外社会科学快报》发表第一篇译介文《大众传播社会学》。
在《江海学刊》发表第一篇社会学文章《对社会学的启示》。

1985 年,25 岁
在《世界经济与政治论坛》发表《工业社会学和工业社会》。

1986 年,26 岁
取得助理研究员职称。

1987 年,27 岁
在《学术界》发表《对加强我国集镇社区规划研究的社会学思考》。

1988 年,28 岁
在《当代青年研究》发表《落差与歧路——论青春期的现代危机》。
在《青年研究》发表《青年生活方式研究的理论思考》。

1989 年,29 岁

被聘为江苏省团委青年心理问题特约咨询员。

第一部学术专著《重建人的时代震颤》由江苏人民出版社出版。

在《中国社会科学》发表《社会系统的新透析》。

在《人口研究》发表《老年人生活质量初探》。

1990 年,30 岁

在《社会学研究》发表《人的现代化的实证比较分析——江苏等五省调查》。

1991 年,31 岁

学术专著《现代化与社会主义新人》由重庆出版社出版。

在《经济地理》发表《区域发展研究的理论进程》。

在《青年研究》发表《八十年代青年生活方式变迁及其研究》。

1992 年,32 岁

取得副研究员职称。

在《中国社会科学》发表《苏南居民生活质量实证评估与提高战略》,后获江苏省哲学社会科学优秀成果三等奖。

在《社会学研究》发表《中国人的现代化发展因素的综合研究》。

1993 年,33 岁

任江苏省社会科学院社会学研究所副所长。

1994 年,34 岁

在《社会学研究》发表《协调发展:苏南现代化的成功之路与战略导向——"苏南工农业协调发展和现代化"研究报告》。

主要参与撰写的《小康社会的理论与实践》由中国农业科技出版社出版。后获江苏省哲学社会科学优秀成果二等奖。

1995 年,35 岁

赴日本名古屋参加"中日妇女解放与现代化"国际学术研讨会,并做交流发言。

在《社会学研究》发表《论现代人格的转型动力与转型机制》。

撰写的《中国社会的三层次变迁与人的发展》获中国社科学会青年改革研究委员会颁发的全国中青年改革发展优秀科研成果一等奖。

1996 年,36 岁

取得社科系列研究员职称。

《边际人——大过渡时代的转型人格》由上海人民出版社出版,后获江苏省哲学社会科学优秀成果二等奖。

1997年,37岁

被评为江苏省有突出贡献的中青年专家。

任江苏省社会科学院社会学研究所所长。

1998年,38岁

被评为江苏省"333高层次人才培养工程"第二层次人才。

赴澳门参加"亚洲青年问题"国际学术研讨会。

《中国人的现代化》由南京出版社出版,后获1997—1998年度江苏省哲学社会科学优秀成果二等奖。

在《社会学研究》发表《现代中国人的心理取向实证分析》。

在《社会科学》发表《论社会主义初级阶段现代人的发展特征》。

1999年,39岁

被聘为江苏省编制"十五"计划专家组成员。

在《社会学研究》发表《中国人的现代化战略之我见》。

在《当代青年研究》发表《面对21世纪青年的选择——论中国青年的现代化》。

2000年,40岁

任江苏省社会科学院副院长、党委委员、南京市社会科学界联合会常务理事。

获"南京市家庭读书示范户"称号。

申报国家社科规划基金项目《农村家族、家族活动现状及其对现代化影响的研究》,获准立项。

在《学术研究》发表《城市形象塑造战略新论》。

赴台湾参加"海峡两岸青年学术交流"研讨会,任大陆方副团长。

2001年,41岁

获"全省优秀哲学社会科学工作者"称号。

被南京师范大学社会学院聘为教授、硕士生导师。

在《社会学研究》发表《城市现代化进程中的老年生活考察——南京市老年人生活方式与生活质量变迁的个案研究》。

参加江苏省青少年研究所课题组,作为第一执笔人撰写的《江苏新经济组织青年特征及工作对策研究》获共青团中央颁发的2001年度全团调研奖一等奖。

撰写的论文《21世纪中国城市的再生战略》获中国社会学会颁发

的 2001 年年会优秀学术论文一等奖。

2002 年，42 岁

获"南京好市民"称号。

享受国务院政府特殊津贴。

2003 年，43 岁

当选中国社会学会常务理事。

《都市社会的微观再造：中外城市社区比较研究》由东南大学出版社出版，后获 2001—2002 年度江苏省哲学社会科学优秀成果二等奖。

申报国家社科基金项目《循环型社会的理论探索与战略设计》，获得立项。

在《改革》发表《促进文化经济协调发展的新公共政策》。

2004 年，44 岁

任南京市社会科学界联合会主席、党组成员，南京市社会科学院院长。

《文化中国：先进文化的建设与创新》由南京大学出版社出版。

在《江海学刊》发表《当代文化经济一体化的生成动因与实现途径》。

2005 年，45 岁

任南京市社会科学界联合会主席、党组书记，南京市社会科学院院长。

撰写的《南京建设环境友好型城市的现状与对策》获 2005 年度"社科应用精品工程"优秀成果一等奖

2006 年，46 岁

被聘为江苏省民政厅决策咨询专家组组长。

被南京财经大学聘为教授、硕士生导师。

2007 年，47 岁

被评为江苏省"333 高层次人才培养工程"中青年科技领军人才。

被评为南京市有突出贡献中青年专家。

被评为南京市中青年拔尖人才。

撰写的《提升文化竞争力，实现向文化强省的战略转型》获 2007 年度"社科应用精品工程"优秀成果一等奖。

2008 年，48 岁

被聘为全国和谐社区标准化专家委员会委员。

《中国区域文化竞争力研究——走向文化强省的江苏之路》由江苏人民出版社出版,后获江苏省第十一届哲学社会科学优秀成果一等奖。

《中国特色社会主义在江苏的成功实践(文化卷)》由江苏人民出版社出版。

2009年,49岁

《幸福城市论:现代人与文明城市的理想诉求》《科学发展观与城市创新丛书》由江苏人民出版社出版。

撰写的《解放思想、释放活力——加速推进南京文化强市建设》获南京市委办公厅、南京市人民政府办公厅颁发的南京市优秀调研成果一等奖。

2010年,50岁

在《江海学刊》发表《国内六大都市圈综合竞争力比较研究》。

2011年,51岁

被河海大学聘为教授、硕士生导师。

主编的《当代中国城市发展丛书——南京》由当代中国出版社出版。

合著的《中国城市发展转型与创新》由人民出版社出版。

主编的《南京小史丛书》由东南大学出版社出版,后获江苏省第十三届哲学社会科学优秀成果二等奖。

参与主编《南京百年城市史:1912—2012》,由南京出版社出版,后获江苏省第十四届哲学社会科学优秀成果二等奖。

主持撰写的《南京城市竞争力与区域影响力现状及提升策略研究》,获南京市委办公厅、南京市人民政府办公厅颁发的南京市优秀调研成果一等奖。

2012年,52岁

被评为全国优秀社会科学普及名家。

被河海大学聘为博士生导师。

参与编写《第一资源——科学人才观简明读本》由凤凰出版传媒集团、江苏人民出版社出版,后获江苏省第十二届哲学社会科学优秀成果一等奖。

2013年,53岁

被聘为江苏省人民政府研究室特约研究员。

《区域现代化的理论探索与创新实践》由中国社会科学出版社

出版。

主持撰写的《提升江苏文化产业竞争力研究》获2012年度全省宣传思想文化工作优秀调研报告二等奖。

撰写的《南京在苏南现代化示范区中的功能定位研究》获南京市委办公厅、南京市人民政府办公厅颁发的南京市优秀调研成果二等奖。

赴美国参加产业转型与城市规划建设高级研修班。

2014年,54岁

获"2014年青年奥林匹克运动会南京市先进个人"称号。

在《学习与实践》发表《人的现代化:以新道德体系建构为主轴的推进逻辑》。

撰写的《做建设现代化国际性人文绿都的"最强大脑"——南京打造新型智库体系的实践与启示》获2014年度全市宣传文化系统优秀调研成果一等奖。

2015年,55岁

主编的《文化建设迈上新台阶》由江苏人民出版社出版。

主编的《迈上新台阶——南京的战略使命》由中国社会科学出版社出版。

2016年,56岁

被聘为南京市社科院社会发展评估中心学术委员会主任。

主编的《践行新理念　建设新南京》由江苏人民出版社出版。

在《思想教育研究》发表《论中国传统文化对社会主义核心价值观教育现实困境的开解》。

在《南京社会科学》发表《共享发展理念的时代创新与终极价值》。

随团出访法国,参加在法国冈城举行的《共同见证:1937年南京大屠杀史实展》开幕式等相关文化交流活动。

2017年,57岁

当选为中国社会学会学术委员会委员。

《大都市发展的顶层设计——以南京为例》由中国社会科学出版社出版。

在《改革》发表《长三角城市群的国际竞争力及其未来方略》。

在《理论探索》发表《"三社联动"的内涵拓展、运行逻辑与推进策略》被新华文摘作为封面标题全文转载。

在《哈尔滨工业大学学报(社会科学版)》发表《"生活本体论"的回

归与重构》。

主持撰写的《新时期南京城市精神塑造研究》获南京市人民政府办公厅颁发的南京市优秀调研成果一等奖。

2018 年,58 岁

获"江苏社科名家"称号。

当选为中国老年教育学术委员会主任。

后　记

　　2013年，江苏省委、省政府表彰了首届10位"江苏社科名家"，在省内外产生广泛影响。为彰显江苏社科强省建设成效，打造江苏社科名家的整体形象，发挥社科名家的学术引领示范作用，省委宣传部、省社科联决定编纂出版《江苏社科名家文库》(以下简称《文库》)，集中展现社科名家的学术成就和治学经验。2015年6月《文库》(第一辑)问世后，受到广泛好评，《新华日报》曾辟专版予以宣传、推介。2017年1月，《文库》(第二辑)正式出版。

　　2018年10月，江苏省委、省政府表彰了第三届"江苏社科名家"，他们是公丕祥、叶南客、任平、郭广银、徐康宁、赖永海。经请示省委宣传部同意，省社科联正式启动《文库》(第三辑)编纂工作，历时一年。省委常委、宣传部长王燕文，省政府党组成员、副省长王江担任《文库》编委会主任；省委宣传部副部长赵金松，省社科联党组书记、常务副主席刘德海，凤凰出版传媒集团董事长梁勇担任《文库》编委会副主任；省社科联党组成员、副主席徐之顺，省社科联党组成员、副主席尚庆飞，凤凰出版传媒股份有限公司总经理佘江涛，凤凰出版传媒股份有限公司总编辑徐海，省委宣传部理论处副处长刘必好(主持工作)担任编委会委员。编委会下设编辑部，徐之顺兼任编辑部主任，省社科联学会部负责编辑部的具体工作。

　　第三辑《文库》的编纂方针、装帧设计等与第一辑、第二辑基本一致。江苏人民出版社将第三辑《文库》编纂工作列入了2019年度重点出版项目计划，第四编辑室主任张凉具体组织实施书稿的编校工作。

　　《文库》(第三辑)的作者均在岗在职，公务繁忙，但他们克服种种困难，严谨细致撰稿，并按规定时间高质量地完成书稿，为《文库》如期出版付出了辛勤努力。刘德海、徐之顺、尚庆飞等同志参加了书稿的统稿工作。刘必好以及省社科联学会部程彩霞、夏东荣、何国军、鱼雪萍、陈婷、刘名全等同志承担了《文库》(第三辑)编纂出版的组织联络工作。

《文库》(第三辑)编纂出版工作还得到南京大学、东南大学、南京师范大学、苏州大学和南京市社科联等作者所在单位的大力支持,相关单位为作者配备学术助手,为编纂工作顺利推进提供了条件。在此,谨对各有关单位领导和各位专家、学者表示由衷的感谢!

由于水平和时间所限,书中难免疏漏和不当之处,恳请广大读者予以指正。

《江苏社科名家文库》编委会
2020 年 1 月 2 日